エレミヤ書における罪責・復讐・赦免

田島　卓
Tajima Takashi

日本キリスト教団出版局

目　次

　　略号表　*8*
　　旧約・新約聖書諸文書略号表　*9*
　　ヘブライ語対応表　*10*

はじめに　*13*

　　　　概　略　*27*

第 1 章　申命記史家とは誰か　*33*

　1.1. 申命記運動　*33*

　1.2. 申命記史家とは誰か　*35*

　　　1.2.1. レーマーによる申命記主義＝ヨシヤ王のプロパガンダ説　*36*
　　　1.2.2. レーマー説に対する評価　*41*
　　　　　1.2.2.1. 肯定的な側面　*41*
　　　　　1.2.2.2. 否定的な側面　*43*

　1.3. エレミヤ書の申命記主義的編集と申命記史家は同一の学派か？　*45*

　1.4. 申命記史家は悔い改めの説教者か？　*51*

　　　1.4.1. ヒッバード説紹介　*52*
　　　1.4.2. ヒッバード説のまとめと評価　*60*
　　　1.4.3. ヒッバード説の困難　*63*
　　　　　1.4.3.1. エレミヤ書 26-29 章と申命記主義的編集の問題　*64*

1.5. 前八世紀の預言者における「悔い」 *69*

    1.5.1. アモスにおける「悔い」 *70*
    1.5.2. ホセアにおける「悔い」 *71*

1.6. 応報倫理思想の新たな局面 *74*

第2章　応報倫理思想の展開 *79*

2.1. 応報倫理的な悔い改めの条件法が孕んでしまう問題 *79*

2.2. キャロルによるエレミヤ書18章7-10節への評価と
認知的不協和理論 *81*

2.3. イェレミアスによるエレミヤ書18章7-10節への評価 *86*

2.4. 応報倫理思想と存在‐神‐論の暴力 *91*

    2.4.1. ハイデガーによる存在‐神‐論とその受容 *91*
    2.4.2. 存在‐神‐論的暴力の歴史的発露：ホルクハイマー＝アドルノ *94*
    2.4.3. 現代における応報倫理思想 *98*

第3章　エレミヤ書における悔い改め *103*

3.1. エレミヤ書の申命記主義的編集における悔い改め概念 *103*

3.2. エレミヤにおける悔い改め *106*

    3.2.1. エレミヤ書3章1節-4章4節 *107*
        3.2.1.1. エレミヤ書3章1-5, 6-13節について *113*

  3.2.1.1.1. ティール説に対する反論　*117*

  3.2.1.2. エレミヤ書 3 章 14-18 節　*125*

  3.2.1.3. エレミヤ書 3 章 19 節 -4 章 4 節　*129*

  3.2.1.4. エレミヤ書 3 章 1 節 -4 章 4 節の総合的な解釈　*131*

 3.2.2. エレミヤ書 31 章 15-20 節　*141*

  3.2.2.1. 15-17 節のダイナミズムについて　*145*

 3.2.3. エレミヤ書 15 章 10-21 節　*148*

 3.2.4. エレミヤにおける立ち帰り　*159*

  3.2.4.1. インマヌエルの神とシナイの神：エレミヤの立ち帰りに補足して　*171*

3.3. 小括　*171*

第 4 章　救済の条件法　*175*

4.1. 申命記史家における救済の教説　*175*

 4.1.1. 小括　*190*

4.2. エレミヤにおける救済の要件　*193*

 4.2.1. エレミヤ書 4 章 14 節　*194*

 4.2.2. エレミヤ書 5 章 1 節　*196*

 4.2.3. エレミヤ書 17 章 5-11 節　*198*

 4.2.4. エレミヤ書 23 章 5-6 節　*200*

 4.2.5. エレミヤ書 30 章 4-7 節　*206*

4.3. 小括　*215*

第 5 章　災いの条件法　*219*

5.1. 申命記史家における災いの教説　*219*
 5.1.1. 18 章 7-10 節の応報定式の着地点　*220*
 5.1.2. 偽りの預言者とその証明からの帰結　*224*
 5.1.3. 史家的編集における応報法則への確信　*225*

5.2. エレミヤにおける災いの条件法　*229*

5.3. 復讐と正義への熱望　*234*

5.4. 小括　*238*

第 6 章　「新しい契約」をめぐって　*241*

6.1. テクスト上の問題　*242*
 6.1.1.「彼らは破ってしまった」（32 節）の関係節　*243*
  6.1.1.1.「彼ら」とは誰か　*247*
 6.1.2.「そしてわたしは彼らの主人であった」の異読　*250*

6.2. テクスト構造　*252*

6.3.「新しい契約」の特異性　*257*
 6.3.1.「新しい契約」の「新しさ」を認めない諸派　*257*
 6.3.2.「新しい契約」の「新しさ」を認めない諸説の検討　*259*

6.4.「新しい契約」と申命記史家　*263*
 6.4.1. 赦しの概念と申命記史家的発想　*263*

6.4.2. 申命記史家と「新しい契約」との間の思想的対立　*266*

6.5. ポスト申命記主義的編集説　*272*

第 7 章　「新しい契約」の哲学的解釈　*277*

7.1. 赦しをめぐる哲学的思考　*277*

 7.1.1. アーレントの赦し論　*277*

  7.1.1.1. アーレントの赦しの問題点　*281*

 7.1.2. ジャンケレヴィッチと赦し得ないもの　*285*

  7.1.2.1. 人道に反する罪　*286*

  7.1.2.2. 赦しを乞う言葉　*287*

  7.1.2.3. エレミヤとジャンケレヴィッチの親近性　*289*

 7.1.3. デリダによる赦し論　*291*

 7.1.4. 不可能な赦しは思考できるのか？　*293*

 7.1.5. エレミヤ初期預言における無条件的な赦しの範例　*295*

 7.1.6. 恩赦モデルの不備　*297*

 7.1.7. 小括：赦しの要件　*298*

7.2.「新しい契約」の無条件性　*300*

 7.2.1. 忘却する神と黙過する神の近さ　*305*

7.3. 記憶するもの：心に書き込まれたトーラー　*310*

参考文献　*313*

あとがき　*323*

装丁：熊谷博人

略号表

BDB	The Brown-Driver-Briggs Hebrew and English Lexicon
BHS	Biblia Hebraica Stuttgartensia
BThS	Biblisch-theologische Studien
BWANT	Beiträge zur Wissenschaft vom Alten und Neuen Testament
BZAW	Beihefte zur Zeitschrift für die alttestamentliche Wissenschaft
DRB	French Version Darby (1885)（仏訳）
FAT	Forschungen zum Alten Testament
FRLANT	Forschungen zur Religion und Literatur des Alten und Neuen Testaments
JSOT	Journal for the Study of the Old Testament
JSOTS	Journal for the Study of the Old Testament Supplement Series
KJV	King James Version (1611/1769)（英訳）
LSG	Louis Segond Version (1910)（仏訳）
NEB	New English Bible (1970)（英訳）
NEG	Nouvelle Edition Geneve (1979)（仏訳）
NAS	New American Standard Bible (1995)（英訳）
NRS	The New Revised Standard Version (1989)（英訳）
REB	Revised English Bible (1989)（英訳）
RSV	Revised Standard Version (1952)（英訳）
RV	Revised Version (1885)（英訳）
ThDOT	Theological Dictionary of the Old Testament
VT	Vetus Testamentum
WBC	Word Biblical Commentary
WMANT	Wissenschaftliche Monographien zum Alten und Neuen Testament
WUNT	Wissenschaftliche Untersuchungen zum Neuen Testament
ZAW	Zeitschrift für die alttestamentliche Wissenschaft

旧約・新約聖書諸文書略号表

旧約聖書

創………創世記
出………出エジプト記
レビ……レビ記
民………民数記
申………申命記
ヨシ……ヨシュア記
士………士師記
サム上…サムエル記上
サム下…サムエル記下
王上……列王記上
王下……列王記下
イザ……イザヤ書
エレ……エレミヤ書

エゼ……エゼキエル書
ホセ……ホセア書
ヨエ……ヨエル書
アモ……アモス書
オバ……オバデヤ書
ヨナ……ヨナ書
ミカ……ミカ書
ナホ……ナホム書
ハバ……ハバクク書
ゼファ…ゼファニヤ書
ハガ……ハガイ書
ゼカ……ゼカリヤ書
マラ……マラキ書

詩………詩篇
ヨブ……ヨブ記
箴………箴言
ルツ……ルツ記
雅………雅歌
コヘ……コーヘレス書
哀………哀歌
エス……エステル記
ダニ……ダニエル書
エズ……エズラ記
ネヘ……ネヘミヤ記
代上……歴代誌上
代下……歴代誌下

新約聖書

マコ……マルコによる福音書
マタ……マタイによる福音書
ルカ……ルカによる福音書
ヨハ……ヨハネによる福音書
使………使徒行伝
Ⅰテサ…テサロニケ人への第一の手紙
Ⅰコリ…コリント人への第一の手紙
Ⅱコリ…コリント人への第二の手紙
ガラ……ガラテヤ人への手紙
フィリ…フィリピ人への手紙
フィレ…フィレモンへの手紙
ロマ……ローマ人への手紙
コロ……コロサイ人への手紙
エフェ…エフェソ人への手紙

Ⅱテサ…テサロニケ人への第二の手紙
Ⅰテモ…テモテへの第一の手紙
Ⅱテモ…テモテへの第二の手紙
テト……テトスへの手紙
ヘブ……ヘブル人への手紙
ヤコ……ヤコブの手紙
Ⅰヨハ…ヨハネの第一の手紙
Ⅱヨハ…ヨハネの第二の手紙
Ⅲヨハ…ヨハネの第三の手紙
Ⅰペト…ペトロの第一の手紙
ユダ……ユダの手紙
Ⅱペト…ペトロの第二の手紙
黙………ヨハネの黙示録

ヘブライ語対応表

　本稿は簡潔のため、止むを得ない場合を除き、ヘブライ語はカタカナとした。その対応表は以下の通りである。

　子音が語尾に来る場合などは、ウ行もしくはオ行を用いたが、正確な発音とは対応していない場合がある。また、固有名詞など、日本語ですでに受容されていると思われる語については、慣用読みを優先させ、下記の表通りに音写していない場合がある。

א	בֿ	בּ	גֿ	גּ	דֿ	דּ	ה	ו
エ	ベ	ベ	ゲ	ゲ	デ	デ	ヘ	ヴェ
ʼ	bh	b	gh	g	dh	d	h	v

ז	ח	ט	י	כֿ	כּ	ךֿ	ל	מ
ゼ	ヘ	テ	イェ	ケ	ケ	ク	レ	メ
z	ḥ	ṭ	y	kh	k	kh	l	m

ם	נ	ן	ס	ע	פֿ	פּ	ף	צ
ム	ネ	ン	セ	エ	ペ	ペ	プ	ツェ
m	n	n	s	ʻ	ph	p	ph	ṣ

ץ	ק	ר	שׂ	שׁ	תֿ	תּ		
ツ	ケ	レ	セ	シェ	テ	テ		
ṣ	q	r	ś	š	th	t		

エレミヤ書における罪責・復讐・赦免

はじめに

　2001年9月11日に世界貿易センターに突っ込んだ二機の飛行機は、文字どおり、世界を変えてしまった。その後、執拗に続くこととなるテロの連鎖は、かつて二十世紀に生きた人々が二十一世紀という未来に寄せた期待をことごとく打ち砕いた。テロに対して合衆国は直ちに報復を宣言し、その具体的な矛先として、イラクのフセイン政権に照準を絞った。もはや国家主導ではない、国家とは異質なネットワークで結ばれたローン・ウルフ型のテロが流行する現在となっては、国家がテロを主導するというような考え自体が幼稚で単純化された見方であるように思われるが、当時の合衆国は、テロによって傷ついた国民感情を癒す同一化の物語としてテロリズムに対する戦いという物語を必要としたように見える。

　だが、そのテロに対する戦いの結果は、ISに代表される、国家によらない新しいテロリズムを生み出すことでしかなかった。当初テロとの戦いを主導したジョージ・W. ブッシュの支持基盤が、キリスト教原理主義的な傾向の根強い地域であったこともあり、また、おそらくは不用意にブッシュがキリスト教の名を使ったこともあって、それらの戦争は一面では宗教戦争であるかのようにも見えたかもしれない。すなわち、キリスト教対イスラームという、十字軍以来使い古された、一神教同士の戦いという陳腐な構図である。この見方は、二十一世紀最初の十年を絶望の色に染め上げたテロとの戦いを理解するために必ずしも適切なものではないが、しかし、宗教に対する不信を増長させるには十分なものではあった。

　とはいえ、この問題の根はおそらくそこにあるのではない。それよりも2015年1月7日のシャルリー・エブド襲撃事件を嚆矢としてフランスを中心に起こったヨーロッパ諸地域におけるテロリズムが象徴するものが、事態の深刻さをより適切に描き出しているように思われる。というのは、度重なる宗教戦争を実地で経験してきたフランスは、ライシテと呼ばれる政教分離政策を実行してきた世俗国家であり、いうなれば、宗教を公共の空間から追放し、理性という普遍に基づく多文化の共生を目指した国家だったからであ

る。

　もしも、フランスのライシテが信奉するような、理性という普遍が適当なものであったならば、フランスはここまでテロリズムに悩むこともなく、宗教を世俗化あるいは個人化し、理性という普遍に基づく共生へと、人々を教化するプログラムを進めていくことができたかもしれない。だが、テロリズムという形をとって現れたものは、世俗主義とともに、普遍的な理性という理想をも打ち砕いた。それは、理性という超越化された原理に対抗する、神という別種の超越性がいまだに生きており、このものが理性を拒んで自らの超越性を主張しうるということであり、この旧くからの超越性の断言が、理性による同一化の語りに同化されないということの、最も悪夢的な証左でもあった。そうであるなら、フランスのテロリズムにおいて象徴されているのは、普遍を標榜する理性的な倫理と、同じく普遍を標榜する宗教との相剋なのである。その限りで、我々は関根清三による次のような現代認識を認めざるを得ない。「現代は、宗教と倫理が共に自律性を主張し、相互に対立する、両者相剋の時代である」[1]。

　では、このような絶望的な時代に、宗教と倫理の調和をどのような仕方で求めることができるのか。いや、そもそもそのようなものを期待することはできるのか。本稿はこのような問いに対して答えを与えるものでは決してないが、しかし、極僅かとはいえ、その答えを模索しようとした試みであるとは言えるかもしれない。

　本稿の議論を始めるにあたり、まず、悔いという概念を考えてみよう。倫理思想においても、宗教思想においても、悔いという概念が重要ではないとする者はおそらくほとんどいないであろう。倫理あるいは宗教において、悔いという思考はある行為連関の転換点を示しているように思われる。すなわち、過去の行いが過ちであったことを認め、これから行われるべき償いのための転換点であり、あるいは過ちに対する赦しを乞う嘆願のための転換点である。こうした悔いを、我々はどこか普遍的な手続きとして認識し、宗教的な言葉とは独立な、倫理的なことがらとして考えているように思われる。

　行為連関の転換点としての悔いにはもはや宗教的な根とは関係がないよう

---

[1] 関根清三による東京大学における最終講義「倫理と宗教の相剋の時代に　倫理学概論　最終回　回顧と展望」2015 年 12 月 7 日。

に認識されることを促す、最も典型的な場所の一つが政治的な場面であろう。現代において悔いの表明と赦しの宣言は、外交の場面においてしばしば要請される。それは、とりわけ第二次大戦の出来事に関して問題とされることが多い。過ちを認め、改悛し、贖罪するというプロセスは、和解のためになされる。言い換えれば、国際社会として発展しうることを目的として、極度に政治的な負荷と意図のもとで悔いと赦しは語られる。だが、こうした一見平和的なプログラムのなかで、しかし政治的意図によって汚染された赦しがもはや純粋なものではありえず、交換的なエコノミーの一部へと同化されてしまっていることに警鐘を鳴らしたのが、晩年のデリダであった。彼は、如上の一連の手続きが非キリスト教化されたキリスト教的な赦しのプログラムであると看破した。つまり、宗教的なものと切り離されたはずの、倫理的なものの根底には、相変わらず宗教的なものが横たわっているということを、デリダの分析は示唆しているのである。

　デリダは1999年に発表された「世紀（世俗）と赦し」[2]というインタヴューのなかで、改悛、自白、赦しあるいは陳謝という場面が、ここ数年間加速的に増えてきたということを指摘する[3]。それらの赦しを乞う場面は、日本と韓国のように、あるいはフランスとドイツのように国際化の舞台で演じられているという。デリダはそうした国際化のなか演じられる改悛と赦しの演劇空間のうち、南アフリカにおけるアパルトヘイトの事例から、人道に反する罪という概念を取り出す[4]。デリダは、人道に反する罪という概念こそが、近年の国際社会における改悛と赦しの演劇の原因であると考える。そして、人道に反する罪を正当化するものこそが、最終的には人間的な聖性、すなわち、人間における神的な部分であるという[5]。

---

[2] Derrida, Jacques., «Le Siècle et le Pardon», in *Foi et Savoir*, coll. Points, Éd. du Seuil, 2000. なお、このテクストからの引用は、鵜飼哲による邦訳による（ジャック・デリダ「世紀と赦し」鵜飼哲訳、『現代思想』2000年11月号、青土社、89-109頁）。
また、デリダの赦し論は他に、Derrida, Jacques., «Versöhnung, ubuntu, pardon: quel genre?» in *Vérité, Réconciliation, Réparation*, sous la direction de Barbara Cassin, Olivier Cayla et Phillippe-Joseph Salazar, «Le Genre Humain 43», novembre 2004, Éd. du Seuil.; *Pardonner: L'impardonnable et l'imprescriptible*, Éd. Galiée, 2012 でも主題化されている。

[3] Derrida, Le Siècle et le Pardon.

[4] Ibid., p. 106.

[5] Ibid.

デリダが、改悛と赦しの演劇と呼ぶこれらの場面は、二つの意味において、デリダのいう通りアブラハム宗教的なものとなっていよう。第一に、人道に反する罪を根拠づける人間的なるものの聖性とは、すなわち、「人間の、人となった神の、あるいは神によって神とされた人のなかの神的なもの」[6]、さらに言い換えれば、受肉した神に関する概念であるからである。そうして、第二に、赦しを求めるプロセスや言葉遣いは、キリスト教会における告解制度の写しであって、このプロセスは「潜在的にキリスト教的な、痙攣＝回心＝告白（convulsion – conversion – confession）に、キリスト教会をもはや必要としないキリスト教化の過程に似てくる」[7]のであるからである。こうしたカトリック的な意味を負わされたグローバリゼーションを、デリダは世界ラテン化（mondialatinisation）と呼ぶ[8]。だが、この世界ラテン化のなかで展開される、和平化、友好化、あるいは正常化の目的として使われる赦しは、もはや純粋な赦しではない、というのがデリダの主張である。デリダはこう言う。「赦しが、たとえ高貴で精神的な（償いあるいは贖い、和解、救済といった）ものであれ、ある目的に資することになるそのつど、喪の作業によって、なんらかの記憶のセラピーやエコロジーによって、赦しが、（社会の、国民の、政治の、心理の）正常性の回復へと向かうそのつど、そのつど『赦し』は——そして、その概念も——、純粋ではない」[9]。何らかの目的のために用いられる赦しは、ひとつの手段に成り下がり、そうしてエコノミーのなかへと回収されてしまう。

　ラディカルな無神論者であるデリダの指摘は、ユダヤ・キリスト教思想に対して批判的であるとはいえ、しばしば見過ごされがちな、悔いと赦しの相関関係のひとつの根源が、アブラハム宗教のなかにあるということを鋭く抉り出している。

　だが、アブラハム宗教という括り方をするのであれば、デリダの指摘にはいささか不備がある。指摘の第一点、人道に反する罪を根拠づける人間的なるものの聖性が神の受肉という言葉で語られる限り、これはキリスト教的ではありうるにせよ、ユダヤ教的ではないし、なおのことイスラーム的とは言

6　Ibid., p. 107.
7　Ibid.
8　Ibid., p. 108.
9　Ibid., pp. 107-108.

えないだろう。後二者において、神の受肉を中心的な教義と見做すことは困難だからだ。また、デリダの指摘の第二点は、いうまでもなくキリスト教会、それもカトリックに典型的な告解制度をモデルとしているわけであり、それがユダヤ教やイスラームにも同じように適用されうるのかは、疑問がある。

では、改悛と赦しの演劇とデリダが呼ぶものは、彼の言葉遣いに異を唱えて、キリスト教的ではあってもアブラハム宗教的ではないとすべきだろうか。そう断言することもまた困難であるように思われる。というのは、悔いからの赦しという手続きは、あるいは「悔い改めるならば、神もまた思いを改められる」という発想は、これらの一神教の共通のテクストである旧約聖書に確認されうるからだ。そうであればこそ、悔いと償いに対する対価として赦しが与えられるという発想、すなわち、赦しを互酬的なエコノミーに回収しようとする思想の根はより深いのだと言わざるを得ない。

こうした問題意識に基づき、悔い改めと赦しをめぐる思想を、その淵源に遡って見定めようとするなら、旧約におけるその展開を見落とすことはできない。では、旧約における悔い改めと赦しの思想をどのように探索すべきだろうか。この目的に対して、本稿は旧約中の一書、エレミヤ書に注目したい。なぜなら、第一に、エレミヤ書を構成する鍵語の一つがまさに「立ち帰り」あるいは「悔い改め」であるからである。第二に、エレミヤ書に加えられた編集層――通例、その文体的・思想的特徴のゆえに申命記主義的編集と呼ばれる――の大きな特徴が応報倫理的発想であるが、デリダが問題とした悔い改めと赦しのエコノミーも、この応報倫理的な思想の枠内に位置付けられうるからである。

第一の点について少し補足しておこう。ヘブライ語で悔い改めを意味する語であるシューブ[10]は、通常、身体的、場所的、物理的な方向の転換を意味する一般的な語彙である[11]。それゆえシューブの旧約中すべての用例はおよそ1054例にのぼる[12]。さらに、副詞的に「再び~する」という用例にも用いられる。つまり、神に対する帰依、全実存的な方向転換、心理的、感情的な

---

10 ヘブライ語の音写については10頁のヘブライ語対応表を参照のこと。
11 ヘブライ語シューブの旧約全般にわたる用法を精査した古典的な研究として、Holladay, William L., *The Root ŠÛBH in the Old Testament: With Particular Reference to Its Usages in Covenantal Contexts*, Brill, Leiden, 1958.
12 Holladay, *ŠÛBH*, p. 7.

悔いといった意味だけを示すために用いられるのではない、という点に注意が必要である。もちろん、このことはシューブが如上の宗教的な意味で用いられることを排除するものではないが、心の痛みを伴う、神への全実存的な方向転換という意味が第一義ではないということである。

　事実、シューブの用例を探っていくと、神への方向転換という意味だけではなく、これと全く逆の意味、すなわち、神からの離反もまた、同じ語彙を使って言い表されることがある。それゆえ、ホラデイは、シューブの用例をまとめた研究において、とりわけ宗教的な意味で解されるべき用例について、次のような定義を与えている。宗教的な文脈で用いられるシューブとは、「イスラエルの側、あるいは神の側、お互いの他方に対する忠実さの変更」[13]であるという。こうすることによって、ホラデイは、シューブの語が持つ両面性、すなわち、神への転向と神からの離反という二つの正反対の性格を表しながら、両者をともに視野に収めつつ考察することができるような地盤を作り出している。このような神と人との宗教的関係を表すシューブの用例を、ホラデイは「シューブの契約的用法（covenantal usage）」と呼んでいる[14]。

　こうした神人関係の変化を示すシューブの契約的用法の一面が悔い改めとなる。ホラデイによれば、この用法は旧約中に163例[15]ほどが認められるが、このうち、実に全体の30%にあたる最多の48例がエレミヤ書に認められるのだ[16]。すなわち、エレミヤ書における悔い改めの思想は、単にエレミヤ書の主要な構成要素のひとつというにとどまらず、旧約における悔い改めの思想のひとつの典型を示すものとなる。

　上のような理由により、本稿はエレミヤ書における悔い改めと赦しの問題を考察してゆく。

　エレミヤ書に注目する第一の点について以上のように述べたところで、こ

13　Holladay, ŠÛBH, pp. 1, 116.

14　Ibid.

15　なお、ホラデイ自身による計算では164例。Cf. Holladay, ŠÛBH, pp. 78-81, 97, 99, 102f., 106-109, 116.

16　Holladay, ŠÛBH, p. 117. なお、その他の書では、エゼキエル書に26例、イザヤ書に11例、ホセア書に9例、列王記上下合わせて9例、ヨシュア記に7例、等々と続く。また、それぞれの書物の分量を考慮した場合、ホセアにおける9例はエレミヤに次いで注目される。

こで第二の点、応報倫理思想についても触れておこう。

　応報とは、素朴に言えば、善い行為に対しては善い結果が、悪い行為に対しては悪い結果が帰結しなければならない、とする信念である。ここで、応報原理と応報思想を一応区別しておくことが有効であるように思われる。応報原理について、たとえば並木は、「正義を問うためには必須の論理的基盤」[17]というが、「目には目を」といった同害報復（タリオ）の原理がそうであるように、必ずしも特定の宗教を前提とするものではない[18]。とはいえ、善なる行為に対して善が、悪に対して悪が報いられなければならないという信念は、おそらく人間にとって普遍的かつ根本的なものではあるにせよ、証明されるものではない。その意味では、応報原理はやはり信念の域を出るものではない。とはいえ、もしも応報原理が単なる信念であるとしてこれを退けるなら、我々は正義について論じるための基盤の一つを失ってしまうことになるだろう。応報原理はあたかも理念のように人間を触発し、正義へと人間を促す[19]。

　しかし、応報原理は、その基盤と根拠を問うなら、非常な困難に直面することになる。それゆえ、応報原理は非常にしばしば宗教的信念と結びつき、神あるいはそれに類する超越的なものをその担保者・執行者として要請する。

17　並木浩一『並木浩一著作集1　ヨブ記の全体像』日本キリスト教団出版局、2013年、45頁。

18　ただし、並木は「応報原理は元来、共同体の秩序を犯す者の責任を神の処罰意志との関わりで問うものであった」（並木、同上）とし、応報原理をあくまで宗教的基盤の上で考える。なるほど、古代において、応報原理と宗教的表象はしばしば分節化されてはいなかったと考えられるにせよ、しかし、本文で後に見るように、他文化圏では応報原理が神に優先する場合もあるのであり、必ずしも処罰者としての有的な神を想定しなければならないわけではない。それゆえ本稿では、応報原理という語を宗教的な含意とは一応切り離して考えたい。

19　応報原理は、実際、カントにおいても完全には捨てられてはいない。カントが徳福の一致をアンティノミーとしながらも、しかし最高善のためには徳と幸福の両者が一致しなければならないとして、魂の不死と神の存在を要請したことは有名である（Kant, *Kritik der praktischen Vernunft*, A 110f.）。もちろん、カントの主眼は、応報原理の存在よりも、むしろ神の存在の要請にあり、しかもこれは和辻哲郎が指摘している通り、「カントの時勢に対する妥協」（和辻哲郎「カント実践理性批判」、『和辻哲郎全集　第九巻』岩波書店、1962年、293頁）であるとしても、なおもこのカントの弁証論に、善に対して幸福が報いられなければならないという応報原理の残滓を認めることができる。

こうして、応報原理は、応報思想として展開される。すなわち、応報思想とは応報原理を「基礎として発展した宗教的な信念、イデオロギー」[20]である。

こうした応報思想は、ヘブライズムの伝統的な神理解にしばしば見られる。たとえば、詩篇の次のような箇所を挙げることができる。

> まことにヤハウェは公義を愛し、ご自身の敬虔な者たちを見捨てない。
> 彼らは永遠に守られるが[21]、邪悪な者どもの子孫は断ち切られる。
> 　　　　　　　　　　　　　　　　　　　　　　　　　（詩 37:28）[22]

すなわち、善人には幸福が与えられ、悪人にはその悪の報いが与えられることは、ヤハウェの公義（ミシュパート）という属性に結びつけて考えられている。そして、ヤハウェがこの世界と歴史を導く神であると信じられる限り、善因に対して善果を、悪因に対して悪果をもたらす応報への願望は、現実の世界へと投射され、あたかも自然法則のような法則として現象する。こうして応報思想を奉じる者たちにとって実体化し、硬直化した応報原理が応報法則となる。つまり、応報原理が実のところ当為の信念にすぎないにもかかわらず、あたかも実在であるかのように実体化した応報法則によって発展したイデオロギー、ドグマの体系が応報思想なのである。

ところで、こうした応報思想は、必ずしもヘブライズムに限られない。西洋文明を規定するもう一つの思想的源流であるヘレニズムにあっても、応報は考えられていた。たとえば、関根正雄は旧約のヨブ記とアイスキュロスの『縛られたプロメテウス』[23]を比較した論文において、旧約的な応報思想のギリシア化された形として、必然性（アナンケー）の思想、運命（モイラ）の

20　並木前掲書、46 頁。
21　七十人訳には「無法者どもは追い出され」が加えられる。
22　以下、本稿における旧約からの引用は、Elliger, K. et Rudolph, W. (Hg.), *Biblia Hebraica Stuttgartensia*, Deutsche Bibelgesellschaft, 5. Aufl., 1997 (= BHS) を底本とした拙訳である。
23　『縛られたプロメテウス』は、その応報思想がアイスキュロスの他作品と比して異様であることから、偽作説も提唱されている。しかし、以下の論述において注目したいのは、この作品がアイスキュロスの真作か否かという点ではなく、ヘレニズム文学において表明された応報思想の一例であるという点にあり、アイスキュロスの著者性は問題とはならない。

思想があることを指摘している[24]。

　では、ヘレニズム的な応報思想に対して、ヘブライズムの応報思想の特色はどこにあるのだろうか。ヘレニズム的な応報とヘブライズムの応報との違いが、最も顕著に現れるのは、応報法則と神の主従関係である。ヘレニズム的な思考においては、主神ゼウスでさえ、応報法則に服することがある。『縛られたプロメテウス』のなかでの、ゼウスの苦しみはゼウス自身の罪過に由来している。関根正雄の言うところでは、「ゼウスはその父クロノスを倒してその支配の座についたのであるが、その際暴力と術策をもってその地位を獲得したのであり、プロメテウスの対蹠者としてのゼウス自身の苦しみは、このゼウスの支配の由来から由来している。(…) ゼウスとプロメテウスの確執、ゼウスの苦しみの由来は、この世界に〈必然〉の法則が支配しているからであって、この法則とは結局 Aurelio Peretti の言うようにこの世界に内在する正義の法則である、ということが出来よう」[25]。このように、応報思想のヘレニズム的表現は、神をもその支配下に置くことがありうる[26]。

　ヘレニズム的な表現において、応報思想は神をも従えうるが、ヘブライズムにあっては、応報思想の主人は常に神であった。この点を、たとえばフォン・ラートは次のように強調している。「事実一つ一つの行為によって誘発された災い、もしくは救済の出来事を人々は全く直接的にヤハウェ自身に帰した」[27] のであって、罪を犯した者がその罰を受ける倫理的応報連関の発効はあくまでもヤハウェによる。

24　関根正雄『関根正雄著作集　第 9 巻　ヨブ記註解』新地書房、1982 年、374 頁。

25　同、382 頁。また、Peretti, Aurelio., 'Zeus und Prometheus bei Aischylus', *Antike: Zeitschrift für Kunst und Kultur des Klassischen Altertums* 20 (1944), Berlin, Walter de Gruyter, S. 12f.

26　『縛られたプロメテウス』におけるゼウスの問題について、最近の簡潔な概観としては、Podlecki, Anthony J., ed. and trans., *Aeschylus, Prometheus Bound*, Oxford, Aris & Phillips, 2005, p. 34-37. 最終的にもゼウスがモイラとアナンケーに服さねばならないのか、それとも最終的にはゼウスが頂点に立つ調和が打ち立てられるのかという問いは、後続するはずのアイスキュロスの残りの作品が失われている現在、開いたままにしておかざるを得ない。

27　Von Rad, Gerhard., *Theologie des Alten Testaments, Band I, Die Theologie der geschichtlichen Überlieferungen Israels*, München, Chr. Kaiser Verlag, 1957, S. 383. 翻訳は、G. フォン・ラート『旧約聖書神学 I ──イスラエルの歴史伝承の神学』荒井章三訳、日本基督教団出版局、1980 年、508 頁による。

ところで、旧約における応報原理・応報思想が果たして本当に応報と言えるのかという点については、何人かの研究者が疑義を呈している。たとえば、コッホは明確に、旧約において一般に応報思想と見做されてきたものは応報ではないと主張する。コッホによれば、古代イスラエルにおける行為と結果の関連を応報と呼ぶのはふさわしくないという。なぜなら、応報という概念は、第一に、法的審級を前提とし、法規に照らした比較考量を喚起させるとともに、第二に、行為者の行為から内在的に展開しないはずの賞罰を外部から与えることを含んでいるが、古代イスラエルの場合には、どちらも妥当しないからだという[28]。すなわち、コッホによれば、古代イスラエルにおいて、行為の結果として生じる禍福は程度の差を持たず、滅亡か繁栄かといった二者択一である。しかも、この禍福は、ちょうど種子から植物が成長していくように、最初に行われた行為自体から内在的に発展するのであり、行為と結果は等質なものであって、法的審級が与える罰のように最初の行為にとって異質なものではない、とコッホはいう[29]。このように古代イスラエルにおける行為と結果の必然的連関は応報思想には当たらないとするコッホの見解にはフォン・ラートが賛同している[30]。

だが、コッホやフォン・ラートが、古代イスラエルにおける行為−結果−連関を応報ではないとすることは正当だろうか。コッホは「応報」に法的審級や、内在的発展とは無縁な外的な裁定が必須の条件だとしているわけだが、これらが「応報」に必須の条件だとは思われない。たとえば、上で触れたアイスキュロスの『縛られたプロメテウス』を見れば、プロメテウスの恩を忘れて[31]、彼に不正を加えるゼウスを追い詰めるのは法ではなく、モイラとアナンケーの定めである[32]。しかも、法については、むしろゼウスの作った法が恣意的である[33]という非難がなされているのであって、法はあくまでもモイラとアナンケーの下位に置かれている。そのうえ、ゼウスに降りかかる災

---

28 Koch, Klaus., *Um das Prinzip der Vergeltung in Religion und Recht des Alten Testaments*, Darmstadt, Wissenschaftliche Buchgesellschaft, 1972, S. 133, 167-168.
29 Koch, *Um das Prinzip der Vergeltung*, S. 166-168.
30 Von Rad, *Theologie des Alten Testaments I*, S. 382-384.
31 アイスキュロス『縛られたプロメテウス』、221-223.
32 『縛られたプロメテウス』、511-518.
33 『縛られたプロメテウス』、150-151.

厄は、ゼウス自身の子孫によってもたらされるのであるから[34]、ここにはゼウスの行為の必然的・内在的な展開を認めることができる。ところが、ゼウスの場合のこうした行為と結果の連関こそ、因果応報という言葉で想定されるものである。「応報」には法的審級や外的裁定が含まれるとするコッホの議論は、おそらくは旧約の諸テクストを応報と報復の連鎖と見做す批判から擁護するためとはいえ、応報という言葉の意味をあまりに狭く考えている。

したがって、もし、『縛られたプロメテウス』のゼウスの運命を語る視座を応報と呼びうるならば、旧約において、罪責とその結果としての罰や災厄の連関を語る信念もまた応報と呼ぶべきだろう。そうして本稿もまた、応報という語についてはこの広い意味で考えてゆくこととしたい。

さて、古代イスラエルにおける応報原理・応報思想の特色について、もう少し述べておく必要がある。上で触れたコッホやフォン・ラートの見解は、ペデルセン[35]から強い影響を受けたファールグレンによって提出された総合的生理解（synthetische Lebensauffassung）という概念を前提としている。これは、現代の我々にとってはそれぞれ独立の事象であるようなもの（ここでは罪と罰）が、古代イスラエル人にとっては、同一の事柄の異なった側面にすぎないという考えである[36]。ファールグレンはヘブライ語の語彙の意味論的研究をするなかでこの概念を提出したわけだが、ヘブライ語の語彙では、しばしば同じ語が道義的な罪悪の意味と、そこから帰結する不幸や罰などの意味の両方を含む。たとえば、ラウは「悪」を表わすと同時に「不幸、不運」を指すし[37]、ハッタアト[38]、アーヴォーン[39]といった語は「罪」を意味する

---

34 『縛られたプロメテウス』、761-775.

35 Pedersen, Johannes., *Israel: Its life and Culture I-II*, London, Oxford University Press, 1940, pp. 411-452; J. ペデルセン『イスラエル——その生活と文化』日比野清次訳、キリスト教図書出版社、1977 年、580-641 頁。

36 Fahlgren, K. Hj., 'Die Gegensätze von ṣedaqā im Alten Testament', in Koch, Klaus., *Um das Prinzip der Vergeltung in Religion und Recht des Alten Testaments*, Darmstadt, Wissenschaftliche Buchgesellschaft, 1972, S. 126.

37 Fahlgren, *Die Gegensätze*, S. 122-126.

38 Vgl. ibid., S. 93-106.

39 Vgl. ibid., S. 112-115.

とともに、そこから生じる「罰」や「災厄」なども意味する[40][41][42]。また、逆にトーブの語は「善」を意味するとともに「幸せ」をも意味するし、「正義」を意味するヘブライ語ツェダーカーは「幸い」をも意味しうる[43]。

　原因となる行為・状態とそこからの帰結の語彙的な一致は、古代イスラエルにおける応報原理・応報思想の特徴を示している。すなわち、このようなヘブライ語の言語感覚には、善因善果悪因悪果の連関を自明なものとする古代イスラエルの応報感覚が表れているのだと考えられる[44]。では、こうした語が示す応報感覚は、応報思想と呼ぶべきだろうか、それとも応報原理と呼ぶべきだろうか。

　もし、コッホ[45]やフォン・ラート[46]が強調していたように、総合的生理解のプロセスの発動や進行に際し、ヤハウェがその担保者として含まれなければならないとすれば、総合的生理解のプロセスは応報ではないとする彼らの主張にもかかわらず、このプロセスを応報思想と呼ぶことが適切であろう。なぜなら、たとえヤハウェが直接手を下すわけではなく、プロセスを通して行為が行為者に報いるのだとしても、このプロセスを発効させる力はヤハウェに帰されることになるからだ。

　しかし、総合的生理解の概念を提唱したファールグレン自身に立ち戻ってみると、ファールグレンはヤハウェを総合的生理解の欠くべからざる担保者

40　Koch, *Um das Prinzip der Vergeltung*, S. 161f.

41　コッホやフォン・ラートによれば、むしろヘブライ語には「罰」のみを意味するような語彙がなく、そのような語は常に罰を惹起するような罪悪の意味を伴っている。Koch, *Um das Prinzip der Vergeltung*, S. 164; Von Rad, *Theologie des Alten Testaments, Band I*, S. 382.

42　なお、ファールグレンはペシャウも同様に考え（Vgl. Fahlgren, *Die Gegensätze*, S. 106-111）、また、*The Brown-Driver-Briggs Hebrew and English Lexicon*（= BDB）もペシャウに「罪に対する罰」という意味を与えているが、通例、ペシャウには「罰」という用例はなく、BDB が典拠として挙げるダニ 8:12, 13, 9:24 を「罰」と読むことは困難に思われる。

43　Koch, *Um das Prinzip der Vergeltung*, S. 161f.

44　関根清三『倫理思想の源流〔改訂版〕——ギリシアとヘブライの場合』日本放送出版協会、2005 年、244-245 頁参照。この箇所で関根清三は、こうしたヘブライ語の含意が、応報の機能しない場合を鑑みた「神を免罪する隠れた神義論」である可能性をも示唆する。また Koch, *Um das Prinzip der Vergeltung*, S. 160ff.

45　Koch, *Um das Prinzip der Vergeltung*, S. 135.

46　Von Rad, *Theologie des Alten Testaments I*, S. 383.

としては考えておらず、むしろ共同体原則から総合的生理解を説明しようとしている[47]。すなわち、共同体の秩序を損なうような行為は、その行為の行為者自身を共同体から排除することによって、それ自体が罰でもありうる、というのがファールグレンの考えである[48]。彼によれば総合的生連関から、罪と罰が分離され、それぞれ別箇の事象として認識されるようになったのは、むしろヤハウェが共同体の規範の見張り役となった後のことなのだ[49]。

　ファールグレンの元の発想では、罪と罰の密接なつながりを可能にしているのは、何よりも共同体である。すなわち、共同体への帰属が幸福であり、共同体からの離反が不幸に直結する。それは、たとえば荒野に暮らす民にとって、共同体から追放され、ひとりで荒野を彷徨うことがほとんど死を意味することを思えば納得できる。共同体の秩序を乱すような罪は、共同体からの離脱を余儀なくさせ、このことによって生命の危機に曝されるゆえに罰ともなるのだ。あるいは、当時の社会では未だ近代的な意味での個人が成立しておらず、個人とはあくまで共同体の成員としての個人であったという想定に立つとすれば、共同体の秩序を害するような罪は、それ自体が、共同体への帰属を自らの存在の基盤とする個人自身のアイデンティティを害することになる[50]。このように、共同体の存在が罪と罰の間を媒介している[51]。

　したがって、ヘブライ語の語彙における罪と罰の一致、またその裏面としての徳と福の一致は、両者を媒介する共同体が維持され、リアリティを持つ限りでは応報原理（あるいは、その両極が未分化であれば、応報原理の萌芽）として理解され、自明なものと認識されうるのに対して、この共同体のリアリティが薄れ、共同体の原理に綻びが生じた場合には、別の説明基盤を持ち出さざるを得ず、そこにヤハウェを置いて応報プロセスの保証者とし、応報連関を説明しようとしたときには、応報思想へと転化する。

47　Fahlgren, *Die Gegensätze*, S. 90, 106-111, 113, 115, 121. Cf. Pedersen, *Israel I-II*, pp. 412, 415, 417; ペデルセン『イスラエル』、581, 585, 589 頁。

48　Fahlgren, *Die Gegensätze*, S. 90, 127.

49　Ibid., S. 128.

50　Pedersen, *Israel I-II*, p. 412; ペデルセン『イスラエル』、581 頁。

51　ヤハウェが総合的生理解のプロセスを発効させると考えるフォン・ラートもまた、行為と結果の間のこの密接な連関を古代イスラエル人が自明視することとなった経験の場を、反省に基づく神学理論ではなく、共同体における日々の生活に求めている。Von Rad, *Theologie des Alten Testaments I*, S. 384.

では、応報原理から応報思想への転化が決定的なものとなったのはいつのことだろうか。応報思想が決定的なものとなるためには、相異なる二つのものが必要となる。すなわち、応報原理がすでに破れているという現実認識と、それにもかかわらず、応報が果たされなければならない、必ず果たされるはずだという信念である。ところで、上に触れた通り、応報原理が最も自明なものであったのは、それが共同体のリアリティと結びついていたときであった。逆に言えば、罪と罰あるいは徳と福の一致を媒介していたはずの共同体が生の基盤としてのリアリティを持たなくなり、あるいは崩壊した時代には、応報原理の自明性は疑われることになる。そのような時代が、新バビロニア帝国による捕囚期だったと考えられるのである。

　確かに、捕囚期以外にも、たとえば王国建設以降、イスラエルはもはや遊牧民的な共同体ではなくなり、定住と都市生活における経済がもたらした貧富の差によって、応報原理を自明なものとする共同体の基盤はある程度揺らいでいたと考えられるにせよ、それでもなお、捕囚前のイスラエルは「複数の同格的集団によって構成された分節的社会で、そこにはまだ連帯責任の原則が生きていた」[52] と考えられる。「しかし捕囚期以降、巨大帝国が中央集権的に経済に介入してくると、この分節的な社会構造は崩れ、ヤハウェに背いて異教国家の宗教道徳に取り入る不義なる者が、言わば法の網をくぐって経済的に繁栄し、しからざる者はかえって没落するという事態が出来した。この事態は、連帯責任の原則では説明がつかず、それに基づく単純な応報法則にむしろもとるものである」[53]。捕囚がもたらした共同体原則と連帯責任原則の崩壊によって、応報原理はリアリティと自明性を失うこととなる。しかし同時に、逆説的だが、悪人が繁栄し、経済的な恵みを享受しているという現実を生きてゆくときに、ヤハウェがいつか必ず裁きを下すという信念への信仰もまた、ひそかなルサンチマンを養分として、その地盤を与えられることになる。応報原理に綻びが見えるからこそ、正義実現への欲求は応報思想に向かうことになったと考えられる。

　そうしたことの一方で、捕囚期にはもう一つの注目すべき思想的運動が起こった。しばしば申命記主義と呼ばれるこの運動は、国家の滅亡と民族の捕

52　関根清三『旧約聖書の思想　24の断章』講談社学術文庫、2005年、60頁。
53　同。

囚という危機に直面して、この危機の状況を、自分たちの国家の神であったヤハウェがバビロニアの守護神たちに敗北した結果だと認識する代わりに、イスラエルの民がヤハウェに対して不実であり、不信仰であったことへの罰として理解する。この運動の主要な問いは、なぜヤハウェがイスラエルの国家神であったにもかかわらず、イスラエルは捕囚の憂き目に遭わなければならなかったか、という点にある。この思想的運動は捕囚を罰と解釈し、イスラエルがこの罰を受けることになった理由を、イスラエルがヤハウェに対して罪を犯したからだと説明する。ここにはヤハウェの弁神論を背景として、応報原理が持ち出されている。捕囚をイスラエルの罪に対する罰であるとする説明に力を与えるのは、応報原理なのである。

そうして、この説明が維持されるためには、応報原理は、たとえ個々人の現実の経験においては破綻しているように見えたとしても、保たれなければならない。ここに、応報原理が存在しなければならないとする思想的動機が発生することになる。ヤハウェが世界と歴史を導く神とされる限り、バビロン捕囚について語るためには神義論が必要とされ、そこに応報原理が使われることによって、応報原理は応報思想へと硬化する。ここにおいて、応報原理から応報思想への転換は決定的なものとなったと考えられるのだ。

してみると、捕囚期において、応報思想は主要な関心の一つであり、古代ユダヤ教の成立に、またそこからキリスト教への展開に大きく関わってくることが窺われる。そうした意味で転換点となった王国末期から捕囚期にかけて活躍した預言者の一人こそがエレミヤであり、書かれ、また編集された書物がエレミヤ書である。本稿がエレミヤ書に注目する第二の理由はここにある。

概　略

本稿のおおよその道筋は以下のようになる。

第1章では、近年の旧約聖書学のなかで最も盛んに議論されている問題の一つである、申命記史家の問題について、導入的な記述を行う。申命記史家と呼ばれる編集者・神学者たちは「悔い改め」を中心的な概念としながら、パレスティナ移住から捕囚期までのイスラエルの歴史を記述しようとした。多くの研究者によってエレミヤ書にも申命記史家の編集の痕跡が認められるに至っており、エレミヤ書について議論するためには、現在では申命記史家

は不可避の問題となっている。本稿はまず、申命記史家という問題を初めて提唱したノート以来の研究史をごく大まかに振り返るため、レーマーによる申命記史家研究の成果を参照する。そこでは、クロスやスメントといった主要な研究者たちによる申命記史家研究の意義を振り返りながら、しかし相互に異なる両者の申命記史家像を統一する見方としての、レーマーの特徴的な見方の意義が再確認されるはずである。

　レーマーの成果に従うなら、おおよそ申命記史家に対する印象は、官僚主義的・冷徹・合理的な歴史記述を行う者たち、というものである。しかしこれは、イスラエルの歴史を神の介入による救済史と捉えようとする、古くから旧約学の領域で広くみられた歴史理解とはかけ離れていると言わざるを得ない。ここに、レーマーの議論に内在的ではないが、レーマーの唱える申命記史家像に関連する第一の問題がある。さらに、申命記史家をエレミヤ書における申命記主義的編集と関連させるにあたっては、両者を同一視することに疑問を抱く意見がある。これが第二の問題となる。

　本稿はまず第二の問題について検証し、エレミヤ書に見られる神殿説教から、両者を同一視することに問題がないことを示す。

　そののち、第一の問題について考察するために、レーマーの申命記史家理解とは異なる傾向を持つと思われる研究を、レーマーに対置し、吟味する。そこで考察の中心になるのは、ヒッバードによる議論である。ヒッバードはエレミヤ書の申命記主義的編集句を取り上げながら、それらの意図が社会的・倫理的・宗教的改革にあることを主張する。それゆえ、ヒッバードの議論から推測される申命記史家像は、熱心でありつつ真摯な宗教家というものになる。

　本稿はヒッバードの議論の細かな点を検討しつつ、前八世紀の古典的な記述預言者における「悔い」の概念を確認することで、「悔い改め」と応報思想を結びつけた者たちが申命記史家であったことを確認する。

　第2章では、しかし、「悔い改め」と応報思想が結びつくことによって生じてしまう問題を検討していく。具体的には、エレミヤ書における申命記主義的編集句の最も原理的な表明であるエレミヤ書18章7-10節を取り上げ、これに関する議論を確認する。キャロルが心理学における認知的不協和理論を用いた研究を参照することによって、本稿は、申命記主義的編集句の掲げる悔い改めの条件法が持つ、ある欺瞞的な機能を炙り出す。ついで、イェレ

ミアスによる研究を参照することで、真正な悔い改めと欺瞞的なそれとの間の差異を見出すことを試みる。その結果見出されるのは、悔い改める者とともに、悔い改めの説教を説く者自身が砕かれるという、両者の自己無化こそが真正な悔い改めの要素となるということである。

ところが、悔い改める者が砕かれる一方、説教者・宗教家の側には自己無化が生じることがない場合が考えられる。これはどこか胡散臭さを感じさせるものになるが、その根が或る教義体系の自同性にあると考えられるとき、この自同性が単に宗教の忌避を招くという事態に留まらず、ある破滅的な帰結に至りうるということを、ハイデガーの存在 - 神 - 論とそれに加えられた批判、及び、ホルクハイマー＝アドルノによる反ユダヤ主義の分析から確認してゆく。

存在 - 神 - 論が持つ自同性の暴力を確認した上で、レーマーとヒッバードに代表される二つの申命記史家像に立ち戻ると、どちらが申命記史家像としてより適切かという問いは、史家の心情的な意図に近いかどうかという問題よりも、むしろ、史家の奉じる応報思想の構造が孕んでしまう危険に対する批判として設定し直される。

第3章では、ホラデイによって示された「シューブ」の語のエレミヤ書における用例を、それぞれ申命記史家とエレミヤの真正句に分けて、両者の思想的な偏差を探ってゆく。その結果として、申命記史家による編集句には、応報思想が深く刻印されていると言いうるとはいえ、これを乗り越えるような視座は史家には欠けているということが示されるはずである。

これに対し、申命記史家的編集句との分離作業を経て示されるエレミヤの場合には、応報思想的発想がなく、むしろ悔い改めとは独立に赦しが布告されていることが観察される。エレミヤ書3章に基づいたこの観察は、エレミヤ書31章15-20節や15章10-21節にも確認される。特に後者には預言者自身の罪と断罪、また神の自己限定の痕跡が示唆される。後者に関して、さらに宮本による研究を参照するなら、そこに生じているものを、預言者自身の背教と立ち帰り、及び罪咎にもかかわらずこれを赦すインマヌエルという働きとして特徴付けることができる。

第4章は、悔い改めという概念から少し離れ、申命記史家とエレミヤのそれぞれにおいて、救済に対して人間が行いうる功績の有無について調べる。その結果、史家においては基本的にシナイ契約の遵守において救済が達成さ

29

れると考えられていることが明らかとなるはずである。もっとも、律法の遵守は単に外形的な遵守にとどまるものではなく、むしろ内面的な側面が重視される。とはいえ、それでも、史家の救済の教説が持つ条件法的な語りは、史家の基本的なスタンスが、救済はつねに人間の自力的な努力によって達成されうるという姿勢にあることを裏付けるものとなる。

これに対して、エレミヤの真正句では、確かに、人間の善行によって救済が到来しうるということは原理的には表明されている。しかし、エレミヤの場合には、これはあくまで原理的なものにとどまり、実際には不可能だと考えられていることが、救済に関するテクストに見られる皮肉から示唆される。すなわち、エレミヤにおいては、史家と異なり、自力救済の道が閉ざされていることが明らかとなるはずである。

第5章では、第4章とは対照的に、災いの条件法がそれぞれのテクストにおいてどのように表現されているかを確認する。そこで確認されることは、史家においては、悪因悪果の応報法則が破綻しているかに見える場面においても、なお応報法則の有効性は疑われていないということである。史家における応報思想信仰の硬さがここで確認される。

これに対して、エレミヤの場合には、罰が下されるべき場合に下されないという、応報思想の破綻の経験が看取される。そこには、一面で応報思想の成就を願いつつ、他面でその破綻をも願うという非合理性があることが確認されるとともに、正義実現の欲求がこの預言者を復讐に駆り立ててやまない局面があることも見られるはずである。

第6章では、これまでに確認してきたエレミヤの捉えがたさ、すなわち無条件的な赦しの布告と限りない復讐の願いという、エレミヤの極端な二面性が交わる点、エレミヤの到達点を求め、一般に「新しい契約」と呼ばれるエレミヤ書31章31-34節の解釈に挑む。第6章では先行研究を参照しながら、できる限り文献学的な作業を行うことで、「新しい契約」の構造が持つ意義を明らかとしてゆきたい。

その上で、ともすればキリスト教的な視座から、あるいはもてはやされ、あるいはその反動として過剰な意味づけを削ごうとした諸説を検討しつつ、「新しい契約」の中核の一点がどこに収斂することになるのかを考察する。その結果導かれてくる「赦し」の思想に注目するとき、「新しい契約」の著者は、申命記史家ではないという主張がなされることになる。

最後の第7章では、第6章を引き継いで、これを文献学的な側面からではなく、哲学的側面から読み解くことを試みる。そのために、「赦し」をめぐる哲学的議論が参照される。参照される哲学者たちは、アーレント、ジャンケレヴィッチ、デリダ、そしてリクールである。彼らの議論に学びつつ「新しい契約」を読解するとき、「新しい契約」の持つ忘却、黙過、そして記憶という契機が、エレミヤ自身の預言者としての生涯とともに、ある一点で円環をなすことが確認されるはずである。

第1章

申命記史家とは誰か

1.1. 申命記運動

　古代イスラエルに存在した南ユダ王国の末期、ヨシヤ王による宗教改革に端を発した運動は、まもなく到来する南ユダ王国の滅亡、エルサレム神殿の崩壊とバビロン捕囚といった激動の時代を通して、ゆるやかに一つの流れを形成する運動となっていった。この運動は、ヨシヤの治世下に「発見」された申命記をその思想的中核としており、ごく大まかに、広義の意味で申命記運動と呼ぶことができよう。

　この申命記運動において悔い改めは中心的な役割を果たしている。「申命記学派は、捕囚を異教崇拝、偶像崇拝に対する神の審判であると位置付けた。このようにして、捕囚に対し正当な理由付けがなされることになる。そして、罪に対する審判（国家の滅亡と民族の捕囚）からの回復（捕囚からの帰還と国家の再建）の契機として導入されたのが悔い改めである」[54]と評される通り、悔い改めは、バビロン捕囚の地にあるユダヤ人たちに、来たるべき救いを招来するための契機、あるいは前提条件として解されている。これを端的に図式化すると「罪→悔い改め→赦し→救い」[55]という図式となる。悔い改めに応じて赦しが与えられるという図式については、一見、何の問題もないように思われる。

　また申命記運動とは別に、預言者たちの存在を考えてみても、彼らの職務の中心は悔い改めへの呼びかけにあったとふつうは理解されている。たとえば近年、キャロル・J. デンプシーは、「悔い改めは呼びかけとしても、またテーマとしても、預言者たちの説教と彼らが書いたもののメッセージにとっ

54　深津容伸「悔い改めをめぐって」、『基督教論集』47、青山学院大学同窓会基督教学会、2003年、35頁。
55　同。

て中心となるもの」だとして、悔い改めが彼らの使信全体に浸透しているテーマと考えている[56]。

こうしたことを踏まえて、預言者のなかの一書、エレミヤ書の研究を眺めてみよう。ドゥームの研究以来、エレミヤ書にはいわゆる申命記主義的編集が色濃いことが多くの研究者によって認められている[57]。主として文体的な特徴を論拠として申命記主義的編集の存在が主張され、これらの編集は捕囚期にバビロンの地で、エレミヤのテクストに加えられたものだと考えられているのだが、こと、民を悔い改めに導こうとする意図においては、預言者エレミヤと申命記史家的編集者は一致しているという見方が多いように思われる。たとえば、『旧約神学事典』によれば、「この〔申命記主義的〕編集的再解釈の目的は、罪を証拠立てること」であるとし、「申命記史書と同様に、エレミヤ書の申命記主義的編集は、イスラエルのあらゆる自己正当化の可能性を否定することに関心を持っており、それはイスラエルを神の前における本当の状況の認識と、神による懲らしめの行いの承認へと導くためであった。それゆえ、エレミヤの使信をかなりの程度再解釈しているにもかかわらず、この編集は預言者の意図に対して忠実なのである」[58]。

だが、本稿はこのような見方に対して疑義を呈したい。エレミヤにおける悔い改めの捉え方とエレミヤ書の申命記主義的編集における悔い改めの捉え方には、少なからぬ隔たりがあるように思われるのである。

---

56 Dempsey, Carol J., '"Turn Back, O People": Repentance in the Latter Prophets' in Boda, Mark J. and Smith, Gordon T. ed., *Repentance in Christian Theology*, Collegeville, Minnesota, Liturgical Press, 2006, p. 47.
57 なお、反対に、エレミヤ書のほとんどがエレミヤの真正な言葉だと考える学者のうち、とりわけ中心的な人物として H. Weippert の名を挙げることができる。彼女はエレミヤ書の多くの部分がエレミヤ自身に遡りうることを、「技巧的散文（Kunstprosa）」という考えを用いて示そうとしている。Weippert, Helga., *Die Prosareden des Jeremiabuches*, BZAW 132, Berlin, de Gruyter, 1973. しかし、多くの研究者の賛同を得ているとは言い難い。
58 "*sub*," *Theological Dictionary of the Old Testament* (=ThDOT), ed. by Botterweck, G. Johannes., and Ringgren, Helmer., trans. by Stott, Douglas W., Grand Rapids, William B. Eerdmans Publishing Company, 2004, 14:494.

1.2. 申命記史家とは誰か

だが、議論を始めるにあたって、近年の旧約学においておそらくは最も厄介な問題の一つである申命記史家の問題について触れるところから始めなければならない。

まずはエレミヤ書の編集者と考えられる申命記史家について触れておきたい。申命記あるいはヨシュア記から列王記に至る一連の歴史記述には申命記、あるいは申命記法に似た記述が散見されることから、申命記史書と呼ばれ、これらの歴史書を申命記の思想と文体に則って描き出したその学派は申命記史家と呼ばれてきた[59]。そして、エレミヤ書にも色濃く見られる申命記的、あるいは申命記史書的な文体と思考から、エレミヤ書の編集者たちは申命記史家であると、ドゥームの註解以来、異論がないわけではないとはいえ、広く受け容れられてきた[60]。

申命記史家の存在が明らかなものとされるようになったのは、旧約の研究史において比較的近代になってからである。というのも、『歴代誌』のように独立した書物として成立した歴史書とは異なって、『申命記史書』なる歴史書がそれ自体明確な形で旧約に書かれているわけではないからである。申命記史書が一つのまとまった歴史書として考えられるようになったのは、本文批評の一手法である編集史的研究が発達した結果、ヨシュア記から列王記の歴史記述が一貫しているという仮説が広く受け容れられてからのことだ[61]。申命記史書という概念が史上初めて提唱されたのは、マルティン・ノートによる『旧約聖書の歴史文学』においてであった。ノートは申命記史書の著者として一人の歴史家を考えるが、その壮大な歴史記述の分量や思想的な揺れ

59　その研究史については Noth, Martin., *Überlieferungsgeschichtliche Studien: die sammelnden und bearbeitenden Geschichtswerke im Alten Testament*, Tübingen, Niemeyer, 1957 (1943); Römer, Thomas C., *The So-Called Deuteronomistic History: A Sociological, Historical and Literary Introduction*, T & T Clark, New York, 2007 (2005) 等参照。

60　関根清三「解説」、『旧約聖書Ⅷ　エレミヤ書』岩波書店、2002 年、340 頁 ; 同『旧約聖書と哲学——現代の問いのなかの一神教』岩波書店、2008 年、202 頁以下。

61　Römer, Thomas., and de Pury, Albert., 'Deuteronomistic Historiography (DH): History of Research and Debated Issues', in Römer, Th., and Macchi, J. D. ed., *Israel Constructs its History, Deuteronomic Historiography in Recent Research*, JSOTS, 306, 2000, p. 24.

などを鑑みて、一つの学派の筆による記述であるという見方のほうが一般的である[62]。

エレミヤ書において確認される申命記主義的編集箇所の発見の功績はドゥームに帰され、いっぽう申命記史書の発見と申命記史書の著者としての申命記史家の発見はノートの功績であることから分かるように、エレミヤ書の編集層と申命記史家とは独立に発見されており、両者はただちに同一視されるわけではない。

また、さらに混乱を招く用語法となってしまうが、「申命記的（deuteronomic = Dtn）」と「申命記主義的（deuteronomistic = Dtr）」という二つの形容詞もそれぞれ意味するものは異なる[63]。「申命記的」と述べる場合、旧約の一書である『申命記』を念頭におき、申命記の性格を示すものや申命記の著者について述べる場合に用いられる。『申命記』の成立は何時かという問題にも諸説あるが、本稿では、申命記の中核的部分はすでにヨシヤ王の宗教改革期には成立していたと見做す。すなわち、「申命記的」という言葉によっては、時代区分としては南ユダ王国末期が考えられ、この宗教改革の担い手たちは主として南ユダ王国の宗教的指導者層を中心とした学派が考えられることになる。

これに対して「申命記主義的」といった場合には、南ユダ王国滅亡後、バビロン捕囚期に主としてバビロニアの地で、すでに中核が成立していた申命記的な価値観に基づいて、「申命記史書」や預言書などを編集した学派の存在が考えられる。

こうした問題について、理解を深めておくために、近年展開された議論を振り返っておきたい。近年までの申命記史書に関する問題を広く調査し、まとめているトーマス・レーマーの見解が注目される。

1.2.1. レーマーによる申命記主義＝ヨシヤ王のプロパガンダ説

レーマーの議論が注目される理由は、ノート以降展開され、定着した申命

---

62 山我哲雄「解説」、マルティン・ノート『旧約聖書の歴史文学——伝承史的研究』山我哲雄訳、日本基督教団出版局、1988年、455頁。

63 Thiel, Winfried., *Die deuteronomistische Redaktion von Jeremia 1-25*, WMANT 41, Neukirchener Verlag, 1973, S. 33f.

記主義的歴史家の年代設定をめぐる、大きくわけて二つの学説を突き合わせ、申命記史家という概念設定のメリットを生かしながら、より実際的な解決を行っているからである。つまり、山我哲雄も評価している通り、レーマーの著作は「申命記史書の成立について、相互に対立しあってきた主たる二つの見方の調停、総合を目指す壮大な試みであり、しかもそれにかなりの程度成功しているように思われる」[64]のである。もちろん、レーマーの見方も一つの仮説にすぎず、決定的なものではないにせよ、議論が何らかの仮説から出発しなければならない以上、最高の仮説ではなくとも、より良い仮説であり、したがって、我々が依拠する学説としてこれを選択しておきたい。

　さて、申命記史家の年代設定をめぐる、大きく二つの学説というのは、F. M. クロスとその弟子による、ハーヴァード大学を中心にした二重編集説と、ルードルフ・スメントとその弟子による、ゲッティンゲン大学を中心にした三重編集説（多層モデル）である。両者の大きな違いは、申命記における本質的な部分が、一体いつ成立したのか、という二つの理解を反映している。以下、レーマーによるまとめを概観しておく[65]。

　クロスによる二重編集説[66]は、申命記史書の主要部分がすでに王国末期に成立していたが（申命記史書の第一稿）、それがエルサレム陥落後に補完された（第二稿）とみる。申命記史書が編まれた理由は、ヨシヤ王による宗教改革のプロパガンダのためであり、この改革を裏付けるためであった。しかしながら、ヨシヤ王が戦死し、南ユダ王国を取り巻く政治的状況が悪化していった結果、王国滅亡とバビロン捕囚に直面し、このプロパガンダは改変を余儀なくされることとなる。これらの破局は民の罪によって引き起こされた神の裁きであったという説明が二次的な加工となり、現在の申命記史書となったというのが二重編集説のスタンスである。クロスの二重編集説は、「ア

64　山我哲雄「訳者あとがき」、トーマス・C. レーマー『申命記史書——旧約聖書の歴史書の成立』山我哲雄訳、日本キリスト教団出版局、2008 年、297 頁。

65　Römer, *The So-Called Deuteronomistic History*, pp. 27f.; レーマー『申命記史書』、56 頁以下。

66　Cross, Frank Moore., 'The Themes of the Book of Kings and the Structure of the Deuteronomistic History', in idem, *Canaanite Myth and Hebrew Epic: Essays in the History of the Religion of Israel*, Cambridge, MA, Harvard University Press, 1973, pp. 274-289;「列王記の主題と申命記学派的歴史の構造」、『カナン神話とヘブライ叙事詩』輿石勇訳、日本基督教団出版局、1997 年、328-345 頁。

メリカとその他の英語圏の学界で急速に支配的な見方となった」[67] ものである。

　スメントによる三重編集、あるいは多層モデルは、ドイツ語圏で発展・受容された学説である。スメントはヨシュア記の分析から、そこに軍事的な語り口と律法主義的な語り口の二つがあることに気づいた。スメントはこれを二つの編集層に帰し、軍事的な語り口のものを歴史家的申命記史家（der Verfasser des deuteronomistischen Geschichtswerkes = DtrG [68]）、律法主義的（nomistisch）なものを法規主義的申命記史家（DtrN）と名付ける[69]。こうしたスメントの姿勢を受け継ぎ、その弟子たちは、スメントが行った分析をさらに細分化した。たとえば、預言（Prophetie）に強い関心を抱く申命記主義的編集層は預言者的申命記史家（DtrP）[70]と言われることになる。だが、スメントらゲッティンゲン学派の問題点は、レーマーが指摘するように、「申命記史家の層のインフレーションを引き起こすものであり、統一的で首尾一貫した一つの申命記史書という発想とは理論的に矛盾してしまう」[71]点にある。要するに、編集層を細分化するのであれば、そもそも「申命記史家」という考え方を採用する必要がないのである。

　ところで、二重編集説と多層モデルの違いは、単に編集層の数に尽きるものではない。山我哲雄によれば「ここで最も重要な違いは、編集層が二つか、三つか、という数の問題ではなく、申命記史書の本質的部分が成立したのは、すでに捕囚以前の王国時代末期においてであるのか、それともあくまで捕囚時代になってからなのか、という歴史的問題である」[72]。すなわち、二重編集説の場合は王国末期に主たる編集が行われ、多層モデルの場合には捕囚期に編集の中心を置くわけである。それゆえこの歴史的問題はさらに、申命記史家による編集の中心的意図が王朝的イデオロギーにあったのか否かという問

67　Römer, *The So-Called Deuteronomistic History*, p. 28; レーマー『申命記史書』、58 頁。
68　英語表記では the Deuteronomist Historian = DtrH 。
69　Smend, Rudolf., 'Das Gesetz und die Völker: Ein Beitrag zur deuteronomistischen Redaktionsgeschichte,' in *Probleme biblischer Theologie: Gerhard von Rad zum 70. Geburtstag*, Wolff, Hans Walter. (Hg.), München, Chr. Kaiser Verlag, 1971, S. 497.
70　Dietrich, Walter., *Prophetie und Geschichte: Eine redaktionsgeschichtliche Untersuchung zum deuteronomistischen Geschichtswerk*, Göttingen, Vandenhoeck und Ruprecht, 1972, S. 46, 102.
71　Römer, *The So-Called Deuteronomistic History*, p. 30; レーマー『申命記史書』、61 頁。
72　山我哲雄「訳者あとがき」、レーマー『申命記史書』、298 頁。

題とも関連することになる。

　では、こうした二つの見方をレーマーはどう調停するのか。彼は申命記法における祭儀集中法（申 12 章）を分析することに手がかりを求める[73]。ここには、エルサレム神殿の存在を前提にしている部分（12:13-18）と、その存在を前提にせず、むしろパレスティナ以外の土地にいることを前提とする部分（12:8-12）、さらに、神殿の存在を前提にするが、非正統的な祭儀の脅威を前提としている部分（12:2-7, 20-27）が区別されることになる。これらの部分それぞれが、第一神殿時代（すなわちヨシヤ王期、あるいはアッシリア時代）、捕囚期（バビロニア時代）、第二神殿時代（ペルシア時代）に対応するとレーマーは見る[74]。つまり、レーマーは申命記史書の成立に三つの段階を考える。

　こうした三つの編集段階の存在を、レーマーはさらに、ヨシュア記から列王記までの歴史書に範囲を広げ、検証していく。レーマーは、前七世紀のレヴァント（シリア・パレスティナ）に関する歴史的研究から、この時期に、アッシリアの影響下で、南ユダ王国に中央集権化へと向かう力学が働いていたことを主張する[75]。そのような時代状況にあって、ちょうどヨシヤがユダの王として即位した頃、アッシリアは内憂外患を抱え、弱体化に見舞われることになったが、このことは「一部のサークルに民族主義的な夢を抱くことを許した」[76]。このサークルに、申命記主義者たちも参加していくことになる。さて、もしこの時期に申命記主義学派の萌芽を認めるとすれば、「申命記主義学派の著作は、まず第一に、エルサレムの『シオニスト派』の民族主義的、拡張主義的政策を支持し、促進させる意図で書かれたものだ、ということになろう。換言すれば、それは単なる文学的なプロパガンダ著作だったことになる」[77]。こうした王朝イデオロギーが、ダビデ王朝の永続の約束などに表出することになる。申命記主義の発端が要するに王のためのプロパガンダにすぎなかったという点において、レーマーはクロスによって提唱された二重編

73　Römer, *The So-Called Deuteronomistic History*, pp. 56ff.; レーマー『申命記史書』、92 頁以降。
74　Ibid., pp. 56-65; 同、92-105 頁。
75　Ibid., pp. 69-70; 同、109-110 頁。
76　Ibid., p. 70; 同、111 頁。
77　Ibid., p. 71; 同、111 頁。強調レーマー。

集説を採用しているわけである。

　王国が存在していたこの時期において、レーマーは、しかし、歴史書として現在伝えられているまとまりとしては、申命記史書が成立したとは見ない。それらは申命記主義的な志向をもって書かれてはいるが、「一連の異なる文書群（巻物群）」であり「ある種の叢書（ライブラリー）」のような形で存在していたと見る[78]。そのような叢書群が、バビロン捕囚期になって、ヨシヤの申命記主義的著作家たちの後継者によって、ひとまとまりの歴史書として成立したと考える。つながりをもった歴史書としての体裁はバビロン捕囚期になって初めて成立したとみる点、またライブラリーという形で一連の文書群の存在を想定する点において、レーマーはスメントの多層モデルを生かしている。

　申命記史書の捕囚期稿は、一種の「危機文学」であるとレーマーは考える。すなわち「申命記史書の捕囚期稿は、ユダの滅亡の諸原因を明示することを試みた一つの危機文学である。この時点では、未来を探索しようとする現実的な関心は存在しなかった。すべての努力が、過去を描写ないし構成することによって、現在を説明することに集中されたのである」[79]。

　ただし、注意を要することに、バビロン捕囚の現状を説明しようとする申命記史家的な反応は、決して預言者的でもなければ祭司的でもなく、むしろ官吏（マンダリン）的な反応であると、レーマーは規定する[80]。レーマーはいう。「祭司的な環境にいる人々とは異なり、ユダ王国の宮廷の書記官たちやその他の役人たちの子孫である、バビロニア時代の申命記主義学派の人々にとって、王国の終焉とユダのエリートたちの強制移住は、強迫観念のようなものになっていた。これらの出来事と、前七世紀末に書かれた最初の申命記主義的諸著作に見られる民族主義的イデオロギーは、いかにして両立し得るのであろうか。この申命記主義者たちにとって、捕囚は、説明のつくものでなければならなかった。そして、そのような説明を与えるものが、一つの歴史の構築、しかも、モーセ時代の端緒からエルサレムの破壊と上層階級の捕囚までを包括するそれ（申命記一章―列王記下二五章）〔すなわち「申命記史書」〕の構築だったのである。（…）この歴史の目的は、すべての否定的

78　Ibid., pp. 71, 72; 同、111, 113 頁。
79　Ibid., p. 163; 同、223 頁。
80　Ibid., pp. 111f.; 同、163 頁。

な出来事——ダビデ王国の分裂や、アッシリア、バビロニアの侵攻——を、民とその指導者たちがヤハウェの意志に従わなかったことの『論理的』な帰結として描き出すことであった」[81]。

さて、このような大きく二重のプロセスを経て申命記史書の大部分が成立したと考えられるわけだが、なお、その後の編集活動もレーマーは想定する。一般的には、捕囚時代の終了とともに申命記史書の編集も終了したと考えられているわけだが、当事者たちが再びパレスティナに帰還したこと、さらに、異教や非正統的な信仰の脅威に曝されていることを窺わせる記述があることから、それらは捕囚から帰還後、ペルシア時代の社会的、思想的状況で成立したものと、レーマーは考える[82]。申命記史書の最終的な成立をペルシア期にまで拡張したのは、やはりレーマーの独創的な点となるだろう。

以上がレーマーによる、申命記史家たちの概略となる。

1.2.2. レーマー説に対する評価

1.2.2.1. 肯定的な側面

本稿の主たる関心はエレミヤ書とそこに書き込まれた申命記主義的編集であるわけだが、この問題を考えてゆくときに、レーマーが展開する申命記史家のモデルを採用することで預言者エレミヤが抱いていた申命記主義に対する評価を推測しやすくなるというメリットが与えられる。すなわち、エレミヤと申命記史家の歩みを同時代的に捉えることができ、その後の編集が加えられた理由をある程度一貫的・整合的に考えやすくなるのである。さらに、エレミヤの思想傾向と申命記主義の思想傾向の違いをより明確に裏付けることができる。

たとえば、エレミヤが生前に行ったエルサレム神殿に対しての批判的な行動[83]などを考えることができる。神殿説教の中心となった出来事はエレミヤに遡るのだと考えられるが、エレミヤが神殿を非難した理由については、エルサレム神殿を中心に民族主義的、政治神学的な思想が蔓延しており、これがヤハウェによる保護という国家神学的な安心感を生み出していたからだと

---

81 Ibid., pp. 113f.; 同、165 頁以下。
82 Ibid., pp. 165-169; 同、225-230 頁。
83 エレ 7, 26 章。

考えられる[84]。こうした国家神学的な思想が、エレミヤの生きていた当時すでにある程度完成していたとすれば、そこには官僚的機構と結びつき、政治と宗教の中央集権化を進めた一派が存在したと考えることが自然である。すると、そこにヨシヤ王期、あるいはアッシリア時代の申命記主義的なサークルを当てはめることができるようになるのである。

しかしまた、現在の神殿説教のテクストを見ると、実際には非常に重く申命記主義的な言葉遣いが見られるという問題が生じている[85]。するとここでは、一見して、エレミヤはむしろ申命記主義的姿勢に同調的だったという見解が生じるかもしれない。だがその際に、レーマーのモデルを導入することで、エレミヤと申命記主義、あるいはエレミヤと当時のエルサレム神殿との関係を別の視点で反省する契機が与えられることになる。すなわち、神殿説教のエレミヤが申命記主義に対して同調的だったという想定を第一の可能性とすれば、第二の可能性として、権威化された神殿に反感を抱いていたエレミヤが、すでに人口に膾炙していた申命記主義的スタイルを皮肉って用いた可能性にも目を開かれるのである。実際、7章4節などに直接引用で語られる「ヤハウェの神殿、ヤハウェの神殿、ヤハウェの神殿だ、これは」などという言葉はそうした皮肉として理解するほうがより適切に思われる[86]。さらに穿った第三の可能性として、次のようなものも考えられる。ヨシヤ王の時代にエルサレムを中心に官僚的な権力を要した申命記史家たちは、王国の崩壊後、政治神学的に守られていたはずのエルサレムが滅亡したのはなぜかという問題の説明の必要に駆られた結果、滅亡は神とその意志に民が背いたからだというロジックを発案し、このロジックに対する理想的な模範例をエレミヤに求めた。なぜならエレミヤはすでにエルサレム神殿に対する批判を史家たちに先んじて行っていたからであり、その予告的な言動を自らのロジックのなかに（事後予言的に）回収することで、王国崩壊にともなって揺さぶられた自分たちのアイデンティティをかえって強化することができるからで

84　エレ 7:4, 10, 14。
85　Vgl. Thiel, 1973, S. 103-128.
86　エレミヤが皮肉的な表現を用いる例は、他には、3:4-5, 4:10, 6:14, 20:10 などにも見られ、エレミヤにとって皮肉はどちらかといえば馴染んだレトリックだったことが窺われる。また、Holladay, William L., 'Style, Irony, and Authenticity in Jeremiah', Journal of Biblical Literature, 81-1, 1962, pp. 44-54 も併照。

ある。

　レーマーの唱えた申命記史家モデルに合致して考えるなら、エレミヤ書における申命記主義的な文体と思考は、上の第二と第三の可能性によって説明されうるわけだが、このことによって、王国末期から捕囚期、あるいは捕囚以後のペルシア期に至るまでの時代の変転においても、首尾一貫した思想傾向を持つサークルとしての申命記史家という像を考えることが容易となる。

　その上、さらに王国滅亡後から捕囚期にエレミヤ書に加えられたと思しき、しかし相互に対立する編集についても、申命記史家の内部抗争として考えることがレーマーのモデルによって可能となる。たとえば、キャロライン・シャープは、エレミヤ書29章の読解から、同様に、反捕囚派と捕囚肯定派の二つのテクスト層があることを指摘する[87]が、この両者も申命記主義内部の揺れ、ないし思想的展開として考えることができるのである。すなわち、申命記主義の一つの極には、旧来のエルサレム中心的・中央集権的な姿勢を保持しようとする者がおり（保守派）、他方の極には、上述した応報倫理のロジックによってアイデンティティを回復し、バビロニアの支配下で生き延びる道を発見したグループ（革新派）がいたこととして説明できる[88]。

1.2.2.2. 否定的な側面

　レーマーの議論は、非常に冷徹に、申命記史家を知識的・経済的エリート、すなわち高級官僚と断じることになる。あるいはこういってよければ、レーマーは申命記史家の宗教家としての側面をほとんど認めないのである。レーマーの見方によれば、申命記史家たちは王国滅亡の原因を、イスラエルの民がヤハウェの意志に従わなかったからだとして、宗教的な合理性の体系で説

87　Sharp, Carolyn J., *Prophecy and Ideology in Jeremiah*, Edinburgh, T & T Clark, 2003, pp. 105-111.

88　もっとも、レーマー自身の考えに従うなら、新バビロニア時代におけるパレスティナ残留派（保守派）は申命記主義ではなく、申命記主義の主流派は捕囚肯定的な革新派であるということになる（Römer, *The So-Called Deuteronomistic History*, pp. 115-116; レーマー『申命記史書』、168-169頁）。

　ただ、その場合でも、パレスティナ残留派を支えるイデオロギーが、申命記主義の旧派の奉じていたそれだったと考えることはできるだろう。むしろ、パレスティナ残留派のイデオロギーが旧派のそれだったことが、パレスティナ残留派に起因するテクスト層が根絶・抹消されずに生き残った理由であると考えることもできるのである。

明したことになるが、その際、申命記史家にとって重要だったのは、宗教でも宗教性ではなく、むしろ災厄を説明するための体系的な合理性のほうだった、ということになる。つまり、心情で結びつくような神と民との関係が問題なのではなく、神話的であるとはいえ、冷徹で理知的な合理性こそが申命記史家にとっての問題であったということになる。あるいはまた、因果的に、ある行為の結果として現在を記述しうることが史家にとって重要だったのであるということになる。それは、要するに、申命記史家の思想的な中心点が、悪因悪果善因善果の法則を拠り所とする応報倫理的思考にあったということを示すことになるだろう。しかも、そうした応報倫理的思考の帰趨は、人間が普段安住しているような安心や自明なものを砕き、自己無化と生の転換を促すというような宗教性に至るのではなく、結局のところ、官僚的な自己保身に汲々とするものでしかない、という点に、レーマーの異様に現実的な分析の特徴がある。

　だが、こういったレーマーのあまりに批判的な見方に対して、申命記史家の宗教家としての側面を主張する論陣からは反論が出てくることになるだろう。第一に考えられるのは、申命記史家がなによりも民に対して悔い改めを説いた宗教指導者層であったのであり、申命記主義的発想は、体制的機構に守られていた官僚たちが、体制の変更にともなって発案した自己保身の結果などではなかった、という見方であろう。

　また、少し視点を変えれば、レーマーが論じた申命記史家の特徴は、歴史記述として結実した申命記史書において、応報倫理の枠組みで歴史を構築した歴史家たちに対する批判ではあるが、エレミヤ書という預言書に加えられた編集は、もはや申命記史書的な意味での歴史よりも、預言者の言行録を主たる関心としているのであるから、歴史の構築によって危機を解決しようとする官僚的な反応ではない、という批判もありうるかもしれない。また、これに加えて、申命記史書の著者たちとエレミヤ書の申命記主義的編集者との間には、少なからぬ思想的隔たりがあるという主張も、何人かの学者によってなされている。すなわち、レーマーが申命記史書研究において提示した図式は、エレミヤ書における申命記主義的編集には用いることができないのではないか、という疑問も生じよう。この点について、確認しておきたい。

1.3. エレミヤ書の申命記主義的編集と申命記史家は同一の学派か？

　申命記史書の作者としての申命記史家と、エレミヤ書に加えられた申命記主義的編集との間には深い溝があると主張する論者たちに反対して、レーマーはむしろ両者の親近性を主張する[89]。

　申命記史書の作者たちとエレミヤ書の申命記主義的編集の断絶を主張するものたちの論拠は次のようなものである。エレミヤ書7章に見られる神殿説教はエルサレム神殿を排撃しているが、これはエルサレムの神殿の権威を保とうとする申命記史書のイデオロギーに反してしまうからだ、ということである[90]。この指摘に対してレーマーは、エレミヤ書7章に見られるのは、神殿自体に対する排撃ではなく、魔術とポピュリズムに対する排撃であることを論拠として挙げる。そして、エレミヤの申命記主義的編集は、前587年に神殿が破壊された出来事を説明しようとしたのであり、さらに、2-7節では、エルサレム神殿が存続するための条件を述べているのであって、これは申命記史書のエルサレム神殿イデオロギーとは矛盾しない、とレーマーは主張する[91]。

　では、レーマーとその対手たちの、どちらの議論が首肯されうるだろうか。この点をめぐって、本稿は、エレミヤ書の申命記主義的編集を逐一洗い出した記念碑的研究であるティールの研究[92]を検討することによって回答したい。

89　Römer, Thomas C., 'How did Jeremiah Become a Convert to Deuteronomistic Ideology?', in Schearing, L. S., and McKenzie, S. L. (ed.), *Those Elusive Deuteronomists, The Phenomenon of Pan- Deuteronomism*, JSOTS, 268. 1999, p. 194. Auch, Seidl, Theodor., 'Jeremias Tempelrede: Polemik gegen die joschijanische Reform? Die Paralleltraditionen Jer 7 und 26 auf ihre Effizienz für das Deuteronomismus problem in Jeremia befragt', in Groß, Walter. (Hg.), *Jeremia und die 'deuteronomistische Bewegung'*, Bonner Biblische Beiträge, 98, Weinheim, Beltz Athenäum, 1995, S. 175.

90　Stipp, H. J., 'Probleme des redaktionsgeschichtlichen Modells der Entstehung des Jeremiabuches', in Groß, W. (ed.), *Jeremia und die 'deuteronomistische Bewegung'*, Bonner Biblische Beiträge, 98; Weinheim: Beltz Athenäum, 1995, p. 232.

91　Römer, op. cit. p. 194.

92　Thiel, Winfried., *Die deuteronomistische Redaktion von Jeremia 1-25*, WMANT 41,

ティールは、レーマーとは反対の立場をとる。つまり、ティールによれば、エレミヤ書の申命記主義的編集は祭儀や神殿に対して無関心であり、これらは重要視されていないのだと見る[93]。つまり、神殿への言及がそれ自体としては重さ（Eigengewicht）を持たず、つねに他のテーマに従属しているから、申命記主義的編集は神殿に対して無関心であるというのである。そしてティールは論拠として、エレミヤ書7章10, 11, 14, 30節、32章34節、34章15節などを挙げる[94]。

　しかし、ティールの論拠にはいくつか疑問を呈さなければならない。第一に、彼の挙げる典拠については、それが適切であるとは思えない。ことに7章の神殿説教について、そこで展開される神殿への否定的態度が申命記主義的編集に固有のものであるかどうかについては、疑義がある。というのはティール自身が、1973年の論文においては、4, 9a, 10a, 11, 12(?), 14の各節をエレミヤの真正の言葉に遡りうると判定していたのであった[95]。つまり、7章全体にわたって、申命記主義的編集があることが事実であるにしても、神殿への偽りの信頼を糾弾する態度が、元来はエレミヤに由来していたことを妨げないのである。いうまでもなく、神殿への信頼を糾弾する態度は神殿説教の中核部分であり、神殿それ自体への嫌悪感や否定的態度の表明として、エレミヤ書の中で展開されている言葉のなかでは、最も積極的なものの一つである。神殿それ自体への信頼が誤りであるという、最も積極的な否定的見解が申命記主義的編集にとってオリジナルな思想でないなら、少なくとも神殿への無関心・否定的態度を申命記主義的編集の思想的功績に帰することはできない。それゆえ、申命記主義的編集が「祭儀や聖所に対して無関心である」というテーゼに対して、7章10, 11, 14節の3箇所を典拠とすることはできない。

　もちろん、このことは、編集行為を通じて、申命記主義的編集がエレミヤの思想に賛同を示し、エレミヤと同様に神殿への非難を行った可能性を排除するものではない。だが、それでは、申命記主義的編集が示した神殿への否

Neukirchener Verlag, 1973; *Die deuteronomistische Redaktion von Jeremia 26-45*, WMANT 52, Neukirchener Verlag, 1981.

93　Thiel, 1981, S. 110f.
94　Thiel. 1981, S. 111.
95　Thiel, 1973, S. 112.

定的見解はエレミヤ自身のそれと同じ程度か、それ以上に強度のあるものだったのだろうか。それとも、エレミヤの展開した批判に比して、いささか生温いものでしかなかったのだろうか。これがティールのテーゼに対する第二の疑問となる。

　神殿説教の、とりわけ申命記主義的編集に帰される部分で、ティールが彼のテーゼの論拠とするものには7章30節がまだ論じ残されていた。7章30節はテーマとしては32章34節と同じく、ヤハウェの神殿に混入した異教的祭儀の非難を扱っている。7章30節及び32章34節で申命記主義的編集が非難する事実は、ヤハウェの神殿に異教の神々の偶像が置かれた、ということである。このネガティヴな事実が含む主張を取り出して積極的に言い換えるなら、「ヤハウェの神殿から偶像を取り除け」という命令法が申命記主義的編集による積極的な主張となるはずである。であるなら、この命令法が目指しているところは、ヤハウェ神殿の純粋化以外の何ものでもない。とすれば、これはむしろティールが主張しようとするところとは逆に、神殿への極めて積極的な関心であり、理想の神殿への肯定的態度を示している。理想の神殿に対して、現実の神殿が隔たってしまっているから、これを排撃しようとしているのであって、この排撃しようとする態度は神殿そのものへの積極的関心が反転してしまったものにすぎない。

　してみると、理想の神殿と現実の神殿とのギャップを受けて、神殿を純粋化しようとする申命記主義的編集の態度は、エレミヤの持っていた神殿への態度とは相当程度異なっていると言わざるを得ない。なぜなら、エレミヤが誤りだと排撃する信仰は飽くまでヤハウェ宗教の枠内で思考しつつ、ヤハウェの守護を頼みとして、そこに安住せんとする信仰だからである。エレミヤがこう思考するとき、彼の洞察は、理想的・純粋なヤハウェ宗教であったとしてもなお、神殿それ自体が偶像に堕するという危険までを視野に収めている。しかしながら、エレミヤの洞察がこうした射程にまで及ぶのに対して、申命記主義的編集の態度は、ヤハウェ宗教の純粋化を目指すという点に留まるものでしかなく、純朴な信仰、あるいはむしろ熱心な信仰がファナティックな偶像崇拝に堕する可能性にまでは、彼らの洞察は及んでいない。

　それゆえ、第二の疑問に対してはこう言わねばならないだろう。確かに、現実の神殿に対して申命記主義的編集とエレミヤは表面上、協調して否定的態度をとるように見えるかもしれないけれども、エレミヤが純粋な信仰それ

自体に胚胎する偶像崇拝への傾向を看破したのに対して、申命記主義的編集はただ信仰の純粋化のみを問題にしたにすぎない。だから、申命記主義的編集が示した神殿への否定的態度は、エレミヤのそれに比して、どこか不徹底なものでしかない。

さらに、この神殿への不徹底な態度を裏書きしているように思われるのが、レーマーも言及していた、7章5-7節に付加された申命記主義的編集である。このテクストは次のように語る。

> ⁵「もし、ほんとうに、あなたがたが行いとわざとを改め、あなたがたが人とその隣人の間で公義を行い、⁶在留異国人、みなしご、やもめをしいたげず、罪のない者の血をこの所で流さず、ほかの神々に従って自分の身に災いを招くようなことをしなければ、⁷わたしはこの所、わたしがあなたがたの先祖に与えたこの地に、とこしえからとこしえまで、あなたがたを住まわせよう⁹⁶」。(エレ 7:5-7)

この引用箇所では択一形式の語法が語られるが、これは申命記主義的編集の最大の特徴の一つである。この箇所では、結局のところ、神殿が置かれたエルサレムが肯定的に受容されており、少なくとも理想状態においては、神殿が受容されることを示しているように思われる。もちろん、実際には、申命記主義的編集者たちはこのパッセージを捕囚の地での説教に用いることで、「この所」には「留まる」のではなく「帰還する」ことへの希望が述べられていることになるのだが、エルサレムへの肯定的態度であることには変わりない。

なお、ティールは慎重にも、上記引用箇所において「この所」が神殿を指すわけではなく、それゆえ、この箇所において神殿が受容されているわけではないという理解をほのめかしている。ティールによれば、「この所（ハム・マーコーム・ハッゼ）」は神殿の置かれた場所、エルサレムの町か、この町が代表するイスラエル全土を指すという。一方で、この一連の箇所では神殿に対しては、「家（バイト）」「宮（ヘーカール）」あるいは「わたしの場所（メコーミー）」という語が使われて区別されていることをティールは指摘す

96　少数のヘブライ語写本及びウルガータでは、「わたしはあなたがたと共に住もう」。

る[97]。それゆえ、ティールは「この所」への肯定的態度は神殿への肯定的態度とは区別されるとするのである。

　だが、「この所」がエルサレムを指すとした場合、エルサレムが重要視されるまさにその理由である神殿の存在を省くことによって、エルサレムという町の意義そのものは非常に希薄にならざるを得ない。それこそ、ヤハウェの臨在が去ったシロの町と同様になりうるのであり、エルサレムにこだわる理由がなくなってしまう。極端な話で言えば、バビロンにヤハウェの臨在が移ることが可能であるなら、バビロンを新たにヤハウェの選ばれた地とすることさえ可能なのだ。エルサレムはかつての王都ではあるかもしれない。だが神殿のないエルサレムはもはやエルサレムではないだろう。

　また、もし「この所」がイスラエル全土を指すとした場合、イスラエル全土が言及される理由は、このカナンの地こそヤハウェがイスラエルの民に与えた嗣業であり故郷であるから、ということになるだろう。このことは、7節の「わたしがあなたがたの先祖に与えたこの地」という史家的表現とも整合的であって、保持されうるようにも思われる。だが、イスラエルが嗣業の地であるということだけが問題ならば、この箇所（5-7節）は神殿とは直接に関係しない、土地取得伝承に関する話であるということになって、神殿説教という主題に対しては異物でしかなくなる。

　しかし、2節から続く史家的編集の文脈のなかでは、イスラエルという地は、単にユダヤの民の故郷というにとどまらず、ヤハウェの臨在の眼前にあるがゆえにヤハウェの正義が行われるべき地という意味を帯びるのであり、その意味で、イスラエルの地という表象の中心にはやはり神殿が存在する。

　つまり、神殿、エルサレム、イスラエル全土を区別するとしても、それぞれの関係は神殿を中心とする同心円的なものであり、後二者それぞれの表象の中心にはやはり神殿がある。それゆえ、7章5-7節に展開された申命記主義的オルタナティヴは、これを神殿説教という主題のもとに語られたものと認める限り、神殿に対する肯定的態度と受け取らざるを得ないのである。これはティールのテーゼに対する第三の疑義となる。

　ティールが挙げた申命記主義的編集による神殿への否定的態度の論拠に対する、第四の疑義は、他のテーマに従属しているから、神殿はそれ自体とし

97　Thiel, 1973, S. 108f.

ては幾分軽んじられているというロジックが、適切なものであるように思われない点である。

　だが、よく考えてみると、神殿への言及が他のテーマに従属していることは、神殿自体に無関心であったからなされるというよりは、神殿に多大な関心があるからこそ、一見否定的に見えるにせよ、他のテーマと結びつけられることとなったのではないだろうか。このことを示しているのが、ティールが彼のテーゼの論拠としている 34 章 15 節であるように思われる。34 章 15 節の属する 34 章 8-22 節の単元では、バビロニアとの戦時下において、おそらく兵糧攻めに遭ったエルサレムが奴隷に与えるべき食糧を惜しむという政治的理由によって、あるいは奴隷を傭兵に用いようという軍事的理由によって[98]、奴隷が解放されるという出来事が報告されている。奴隷を解放する宣言に対する誓約が行われた場所がエルサレム神殿であり、それが 34 章 15 節に記載されている。この神殿での誓約にもかかわらず、状況が変わったことを受けて、ゼデキヤ王とその高官たちは一度解放すると宣言した奴隷を再び奴隷化した。奴隷解放宣言とその撤回というこの出来事を、申命記主義的編集者たちは咎め立てるのである。

　では、ここで神殿はこの単元のテーマに対してどのような機能を与えられているのだろうか。奴隷解放をめぐる醜聞と、あるいは奴隷解放に関する律法（出 21:2-6、申 15:12-18）を破ったことへの非難というこのテーマに対して、神殿は何か否定的な意味において語られているのだろうか？　そうではないと思われる。神殿で誓約したにもかかわらず、この誓約を反故にしたのはゼデキヤとその高官たちであり、神殿を軽んじたのはこれらの王侯である。むしろ、申命記主義的編集者たちは、ゼデキヤ王たちが神殿を蔑ろにしたことに憤っているのである。そして、この憤りはやはり、神殿に対する敬意や愛着から来ているのであって、神殿への高い関心が反転したからこそ憤っているのだと見るべきだろう。そうであるなら、34 章 15 節も、ティールの意図とは異なって、むしろ神殿への多大な関心を証明していると見るべきである。

　ここまで四点を挙げて、申命記主義的編集が「聖所に対して無関心である」というティールのテーゼの難点を指摘してきた。これに付け加えるとす

98　関根清三訳『エレミヤ書』岩波書店、2002 年、210 頁、註四。

れば、やはりティールが挙げている 27 章 16 節以下の神殿の祭器に関する記述もまた、かえってティール自身に対する反証となるだろう。確かに 27 章 16 節以下は 28 章 3 節で言われることになる偽預言者ハナニヤの預言の先取であり、ハナニヤが偽預言者であることを証明する物語の前置きとして機能するわけだが、それでも、なぜ、とりわけ神殿の祭器というどちらかといえば些末なものが注目されるのだろうか。そしてまた、真の預言者ならば祭器が略奪されないように祈るはずだ（27:18）という想定も、祭儀が行われるべきだという祭儀に対する肯定的見解を含んでおり、ティールの議論に反するものである。さらには、19, 20 節には祭器のそれぞれの品目について、目録的に数え上げられ、挙句、その消息についても補足されるわけだが、神殿と祭器に関心がないのであれば、ここまで細部にこだわった書き方をする理由がわからない。もちろん、並行箇所である 52 章 17 節以下、また列王記下 25 章 13 節以下のテクストを手本として、エレミヤ書の申命主義的編集者は逐語的にこの箇所に書き写しただけであるという可能性は残るが、それでも申命記主義的編集者たちがこれらの祭器に多大な関心を払っていることには変わりがなく、したがって、申命記主義的編集者たちにとって神殿は大いに関心の的であり、いつの日か、肯定的に復興されるべきものであるという考えを払拭するには至らない。

以上をまとめれば、エレミヤ書の申命記主義的編集が「聖所に対して無関心である」というティールのテーゼは成り立ち得ないのである。それゆえ、この問題の始めに立ち戻るなら、レーマーらのいう通り、エレミヤ書の申命記主義的編集と申命記史書の著者は、思想的には矛盾していない。むしろエレミヤ書の申命記主義的編集が申命記史書の著者と近しいことを証明している。こうして、王国末期からペルシア期に至るまでのいわゆる申命記史書の著者たちと、エレミヤ書の申命記主義的編集者たちを区別する必要はないことになる。以降、本稿は両者を区別せずに記述することにする。

1.4. 申命記史家は悔い改めの説教者か？

前節では、申命記史書の著者とエレミヤ書の申命記主義的編集者の間には有意な区別がなく、むしろ両者は同一のグループに属すること、それゆえ、

両者ともにレーマーの提示する申命記史家のモデルに属しうることを確認した。

では、レーマーの見方に対する、別の疑問のほうはどうだろうか。すなわち、申命記史家は自己保身的な官僚の子孫などではなく、熱心な宗教家であり、その中心的な関心は悔い改めの説教にあったはずだ、という考えはどうなるだろうか。以下、この点を検討していきたい。申命記史家的な悔い改めの思想を評価し、悔い改めを預言者の真贋問題について適用した近年の論文として、J. トッド・ヒッバードによる議論[99]を確認することを通して、申命記史家的な悔い改めの思想の広袤を探る手掛かりとしたい。

1.4.1. ヒッバード説紹介

旧約における預言者の真贋問題を論じるにあたり、ヒッバードはまず、預言者の真贋をめぐる基準が旧約にごくわずかしかないことを認めることから始める。つまり、ある預言者の正統性に問題が生じたとき「事実、この問題に何らかプログラマティックな方法で取り組んでいる唯一の試みは、モーセ五書のうち、申命記の二カ所に現れているのみ」[100]なのである。そしてそのような試みの第一のものとして、ヒッバードは申命記13章2-6 (1-5)節を挙げるが、この箇所は「イスラエルを惑わして他の神々に従おうとする預言者は、たとえヤハウェが預言者たちを通してヤハウェに対する共同体の忠誠を試しているのだとしても、殺すように共同体の成員に促している」[101]箇所である。だが、ヒッバードの論定を待つまでもなく、実はこの箇所は預言者の真贋問題という問題設定からは外れることが明らかであろう。預言者の真贋が重要な問題になりうるのは、ヤハウェの名前で語りつつも、実はその内容がヤハウェによるものではない場合であり、申命記13章2-6節のように、そもそも他の神々の名前で語る預言者は、ヤハウェ宗教の内部問題としての預言者の真贋には動揺を与えない。

そこで、ヒッバードが注目するのはもう一つの申命記の箇所、申命記18

99　Hibbard, J. Todd., 'True and False Prophecy: Jeremiah's Revision of Deuteronomy', JSOT, 35.3 (2011), pp. 339-358.

100　Hibbard, *True and False Prophecy*, p. 340.

101　Ibid.

章 15-22 節となる。「ここでは、真の預言者とはモーセのような者であり、ヤハウェは言葉を預言者の口に置くので、そのため、預言者はその言葉を話すことで彼の責務から解放されることになる。資格がなくなる（したがって死に値する）条件は二つある。第一に、他の神の名によって語る預言者である。第二に、僭越にもヤハウェが命じていない言葉を語る預言者である。後者はさらに複雑な条件、すなわち仮想的な問いとして共同体に認識されていた事実を呼び込む。『我々はどのようにしてその言葉をヤハウェが語られていないと知ることができるのでしょうか？』（申 18:21）。これに対する答えが預言者を評定するための予言的正確性という基準を導入するのである」[102]。すなわち、

> 預言者がヤハウェの名によって語っても、そのことが起こらず、実現しないなら、それはヤハウェが語られた言葉ではない。その預言者が不遜にもそれを語ったのである。彼を恐れてはならない[103]。（申 18:22）

これはあまりにも単純な表現かもしれないが、確かに、ヒッバードのいう通り「これが、この箇所から与えられる唯一の現実的な基準」なのである[104]。なるほど、これを見れば我々もヒッバードとともに次のように言わざるを得ないだろう。「しかしこの基準が与える評価の枠組みは良く言えば明らかであるが、悪く言えば無価値である」[105]。こうしてヒッバードの議論は、申命記 18 章 22 節に示された真贋基準、すなわち予知の正確さ、あるいは成就するか否かという基準に不満を認めるところから展開する。

では、預言者の真贋基準として、こういってよければ、より実用的な基準はどこにあるのだろうか。このような基準を求めるにあたり、ついでヒッバードが注目するのがエレミヤ書なのである。その理由をヒッバードは二つ挙げる。第一に「コンコルダンスを検証してみると、ネビーイーム〔預言者たち〕への言及は、後の預言者たちのなかでも、エレミヤのものが著しく多い。

102　Ibid., p. 341.
103　マソラでは動詞は単数形だが、タルグーム偽ヨナタンでは複数形で「あなたがたは彼を恐れてはならない」。
104　Hibbard, *True and False Prophecy*, p. 341.
105　Ibid.

ナービー〔預言者〕という語はイザヤ書では7回、エゼキエル書では17回登場するが、この語はエレミヤ書では95回登場する。そのうえ、この書は、本物も偽物もふくめ、他のどの預言書よりも多くの預言者を名指しているのである」[106]。つまり、エレミヤ書自体の内在的なテーマに、預言者論が含まれている、ということになる。次に、第二に、ヒッバードはエレミヤ書と申命記との文学的・思想的つながりを理由として挙げる。すなわちエレミヤ書における申命記主義的編集の存在である。申命記主義的編集の枠組みにおいて彼が特に注目するのが26-29章である。ヒッバードが述べるところによれば、「これらの章ではエレミヤを除いて6名もの預言者が名指されている。そのうえ、これらのエピソードのうち、エレミヤとハナニヤの対決は申命記18章に訴えているように思われる」[107]。こうして、先ほど問題含みだとした申命記18章の基準が、エレミヤ書においてどう受容され、展開しているのかを問うことが、ヒッバードの主たる議論を構成することになる。

　偽預言者の問題を取り扱うエレミヤ書の議論において、ヒッバードは28章に注目する。そこでは典型的に偽預言者ギベオンのハナニヤとエレミヤの対決が描かれているからである。ここで議論の土台となる背景を簡単に振り返っておく。なお、王の名前の混乱など、編集史的な問題が生じているが[108]、あくまで物語としての文学的な筋をたどれば次のようになる[109]。

　27章において、エレミヤはヤハウェからの命令を受け、頸木と横棒をつけるという象徴行為を行って（2節）、当時ユダの王イェホヤキムのもとに派遣されていた諸国からの使者のまえに現れた（3節）。その主たる目的は、バベルの王ネブカドネツァルに服従せよという告知を伝えることであった（3-7節）。しかし、バベルの王に服従しないならば、ヤハウェは不服従の国を罰するし（8節）、バベルの王に服従しないことを忠告し預言する宗教家たちは、偽預言者である（9-10節）という告知がなされる。同様の告知は、イェホヤキムの二代後のユダの王ゼデキヤに対しても告げられ、バベルの王に降る勧めがなされる（12-13節）。ここでもやはり、バベルの王に仕えることに反対する預言者たちは偽預言者だと宣言される（14-15節）。そうして、

106　Ibid., p. 342.
107　Ibid.
108　エレ 27:1, 12。
109　以下、27-28章の概略は田島による。

奇妙に、16 節以降は神殿の祭器の話へと唐突に転換して 27 章は閉じられるのである。

　28 章はゼデキヤ王の時代に設定され（1 節）、事件は偽預言者ハナニヤの登場によって幕を開ける。ハナニヤは 27 章のエレミヤの言葉とは正反対に、前 597 年に行われた第一回捕囚で持ち去られた祭器や、王、民が二年以内に帰還する預言を告げる（2-4 節）。

　ハナニヤの言葉に、エレミヤは「アーメン（そのとおりだ）」と、共感とも皮肉とも取れる言葉[110]を発し、次の言葉を続ける。

> [7]「しかし、聞きなさい、この私があなたの耳とすべての民の耳に語っているこの言葉を[111]。[8] 私やあなたの前に先立つ預言者たちは、昔から、諸々の地と大きな王国について、戦いと災い[112]と疫病[113]を預言してきた。[9] 平安を預言する預言者は、その預言者の言葉が成就することによって、真実にヤハウェが遣わされた預言者だと知られるのだ」。（エレ 28:7-9）

　しかしこれを聞いたハナニヤはさらにエレミヤに対抗して、エレミヤが 27 章以来身につけていた象徴行為の頸木を砕き（10 節）、二年以内にバベルの王の頸木が砕かれると宣言する。しかし、それに対するエレミヤの応答は語られずに、エレミヤはその場を立ち去る（11 節）。その後どれほどの時間が流れたのかはわからないが、しばらくしてエレミヤは再び現れ、ハナニヤが砕いた木製の頸木のかわりに鉄製の頸木を作ることになる、という預言を告げ、バベルの王の支配から逃れられないことを告げる（12-14 節）。最後に、エレミヤはハナニヤに対する裁きの言葉を下す。

> [15] そうして預言者エレミヤは預言者ハナニヤに言った。「聞きなさい、ハナニヤ。ヤハウェはあなたを遣わしていなかったが、あなたはこの民を偽りに頼らせた。[16] それゆえ、こうヤハウェが言われる。『見よ、わたしはあなたを地の面から追い出す。今年、あなたは死ぬ。ヤハウェへ

110　実際、この点が共感か皮肉かについて、研究者の意見は分かれている。
111　「この言葉を」は七十人訳では、「主の言葉を」。
112　多くの写本では「飢え」。またウルガタでは「戦いと苦痛と飢え」となっている。
113　七十人訳には「災いと疫病」は欠けている。

の反逆の言葉を起こしたからだ[114]』」。[17]そして預言者ハナニヤはその年の第七の月に死んだ[115]。(エレ 28:15-17)

　以上が 28 章に描かれたエレミヤとハナニヤの対決の顛末である。ここで申命記 18 章に表明されていた預言者の真贋基準を思い起こすなら、それが理想的な形で実現しているように思われる。しかし、まさにこの点に、ヒッバードは異議を申し立てる。ヒッバードはむしろここに、思想的な違いを認めようとする。彼はその綻びを預言の期日に見つける。「ハナニヤの死は申命記 18 章の規範に照らし合わせてみると早すぎるように思われるのだ。ハナニヤの発言(28:17)のわずかに二ヶ月後にそれは起こっているけれども、予知を基準として彼の預言の不正確さを確定するには二年が必要となるはずであろう」[116]。第二に、28 章でエレミヤがハナニヤを非難するふたつの言葉、「偽り(シェケル)」とヤハウェがハナニヤを「遣わして(シャーラハ)」いなかったという表現が、文言としては申命記 18 章に現れていないことを、ヒッバードは指摘する[117]。第三に、エレミヤがハナニヤにかけたもうひとつの非難の言葉、ヤハウェへの「反逆(サーラー)」を唆したという表現は、申命記 18 章ではなく、申命記 13 章 6 節の規定であることを、ヒッバードは指摘する[118]。

　ヒッバードによるこの三点の指摘は主として語句上の表記揺れに注目したものだが、思想的にも揺れが見られることを彼は付け加える。すなわち、エレミヤ書 28 章には、申命記ではそもそも問題にされない「平安の預言者」に対してのみ成就基準が適用され、災いの預言者にはこの真贋判定を適用されずとも正当性が付与されてしまう、とヒッバードは論じる。「つまり、エレミヤ書 28 章は預言を成就の基準に属するものと理解してはいるのだが、一方で、その基準の適用は申命記 18 章とは異なっているのである」[119]。

　エレミヤ書 28 章に現れた申命記 18 章の基準と揺れは、エレミヤ書 26 章

114　七十人訳には「ヤハウェへの反逆の言葉を起こしたからだ」は欠けている。
115　七十人訳では「そして彼は第七の月に死んだ」。
116　Hibbard, *True and False Prophecy*, p. 347.
117　Ibid., p. 348.
118　Ibid.
119　Ibid., p. 349.

でさらに大きくなることをヒッバードは確認する。

> ⁴ それで、あなたは彼らに言え。「こうヤハウェは言われる。もしあなたがたがわたしに聞かず、わたしがあなたがたの顔前に置いたわたしの律法に歩まず、⁵ わたしの僕（しもべ）たち、すなわちわたしがあなたがたに以前からたびたび遣わしている預言者の言葉に聞かないなら——あなたたちは聞かなかった——、⁶ わたしはこの家をシロのようにし、この町を [120] 地の諸々の国々の呪いとする」。（エレ 26:4-6）

　この箇所については、ヒッバードは「この警告では、申命記的な言葉遣いとテーマが織りあわされ、エレミヤはエルサレムに流布している政治神学を傷つけている」[121] という。続く箇所ではエレミヤは捕縛され、死刑に価すると宣言されるが（26:7-11）、その理由はエルサレムに反する預言をしたことに求められている（11 節）。「彼ら〔エレミヤに反対する祭司と預言者〕の判断するところでは、エルサレムと神殿の破滅を意味するエレミヤの預言的使信は正しいはずがなかった。宗教的、政治的エリート層のあいだに流布していた、神殿とシオンの支配的な神学を考えるならば」[122]。

　しかし、この強力な政治神学的な状況下において、なぜかエレミヤは死刑を免れることになる（12-16 節）。ヒッバードの見るところでは、これはエレミヤの預言者としての正当性が確認されたからではない。「彼らがエレミヤを死刑にすることを躊躇った理由は、彼が正しいという確信にあるのではなく、むしろ単に、ヤハウェのために語っているというエレミヤの主張のためである」[123]。すなわち、真にエレミヤがヤハウェの預言者である場合に備えた予防的な判断であるにすぎず、「預言の正確性に結びつく預言者の正当性という概念とは関係がない」[124] のである。

---

120 「この町を」は七十人訳には欠けている。また、この箇所のヘブライ語の綴りは通常と異なっている。Cf. Keown, Gerald L., et al., *Word Biblical Commentary: Jeremiah 26-52*, Vol. 27, Zondervan, 1995, p. 3.
121 Hibbard, *True and False Prophecy*, p. 350.
122 Ibid., p. 351.
123 Ibid., p. 352.
124 Ibid.

さらに問題含みとなるのが、17 節以降である。17-19 節では、突然、長老たちが立ち上がり、エレミヤに先立つこと一世紀前の預言者ミカの言葉（ミカ 3:12）を語り出して、エレミヤを擁護する。ヒッバード自身がまとめるところによれば、「このテクストは、ヘブライ語聖書中、預言書が他の預言者の名前を引いている唯一の箇所であり、ユダの預言者であったミカがエルサレムとその神殿の破壊を予知しているのである。エレミヤの擁護者たちが指摘するように、しかし、この破壊はヒゼキヤ王がミカの警告の言葉を受け容れて悔い改めたことによって現実のものとはならなかった。ヒゼキヤはミカの不吉な預言に応えてヤハウェに嘆願し、結果として、ヤハウェは考え直して、気持ちを和らげた。彼らがここでミカを引いた目的は、彼をエレミヤの預言的役割と使信を理解するための模範とするためである」[125][126]。なお、この長老による弁護とミカへの言及の箇所について、ヒッバードは「エレミヤ書 26 章 17-19 節はこの場面に予期せぬ歪みを加えている。この歪みは語られていた審理の観点からは必要とされない」[127]と言い、後世の付加としている。

ともあれ、このミカへの言及に、ヒッバードの議論の中核が存在している。

> 申命記 18 章の基準に従えば、ミカは偽預言者なのだ。エルサレムの破壊に関する彼の預言は事実として誤っていた。エルサレムは八世紀にアッシリアの手に落ちなかった。しかし、そのことでエレミヤ書 26 章がこの預言者を思い出しているのではない（また、そのことでこの書がミカの名前を残しているのでもない）。26 章におけるエレミヤの擁護者と、この書の編集者の加筆が問題としている点は、ミカの使信は王と宗教的な政策の転換のための触媒であったということなのである。エレミヤ書

125　Ibid., p. 353.
126　ただし、ミカ書にはヒゼキヤ王が悔い改めた顛末は語られておらず、それに類する記述が見られるのは申命記史書に属する王下 18 章以下である。しかしそこにミカの名前は出て来ない。この問題に対し、ヒッバードは「正典に登場するこの預言者への言及が少ないということを考えると、このことはそれほど驚くにはあたらない」（Hibbard, *True and False Prophecy*, p. 353. fn. 51）と断じているが、そこに申命記主義的な編集傾向と特徴がなにほどか混入していると見るべきであるように思われる。
127　Hibbard, *True and False Prophecy*, p. 353.

26 章 3 節が明らかにするように、同じことがここでエレミヤによって提唱されている。彼らの見方によれば、預言者は共同体の態度と振舞を修正する意図を持って警告し忠告するのである。一般に認められるように、エレミヤはこのことを指し示すためにシューブという語の幾つかの語形を使っている 。この光に照らしてみるなら、預言の予知能力というのは、宗教的態度や政治的政策を変える必要があるという緊急の呼びかけを前にしては、後に引くのである。そのようなものとして、真の預言の尺度としての成就という基準は、改革の源泉としての預言の機能にとって代わられる。28 章でエレミヤがなぜあれほど猛烈にハナニヤに異議を唱えたかという理由を議論することができるだろう。第一に預言者としてのハナニヤを損なったのは、ハナニヤが予知する者として失敗したからではなく、むしろ、彼の使信が心と行いの変革を促進することに対して無力だったからである。事実、エレミヤの観点からすると、それまでの行いの方向が有効であると肯定してしまうことによって、ハナニヤの預言はちょうど正反対のものを生み出してしまっている。[128]

　この考えを裏付けるべく、ヒッバードはさらに例証を挙げる。「ヤハウェがご自身の思いを変えうる」ということが、成就という基準に対する否認となっていると、ヒッバードは言う。なぜなら、もしヤハウェ自身の意志が変わるのなら、ちょうど預言者ヨナの例のように、その預言は確実に外れることになるからだ。こうした、ヤハウェ自身が思いを改める可能性についての言及は、26 章 3, 13, 19 節の 3 箇所に、それぞれヤハウェ、エレミヤ、長老たちの口を通して語られていることを、ヒッバードは指摘する[129]。
　すると、このエレミヤ書 26 章に、成就という基準に代わる預言者の真贋基準の原理的な定式が浮かび上がってくるが、これをヒッバードはさらにエレミヤ書 18 章に遡って、その最も基本的な表現定式を 18 章 7-10 節に見る。これは次のようなものだ。

　　[7]「わたしが一つの国民、一つの王国について、引き抜き、引き倒し、

128　Ibid., pp. 353f. 強調田島。
129　Ibid., p. 354.

滅ぼすと語ったそのとき、⁸もし、わたしがそれについて告げた[130]その民が悪から悔い改めるなら、わたしはこれに下そうと考えていた災いを思い直す。⁹わたしが一つの国民、一つの王国について、建て、植えると語ったそのとき、¹⁰もし、これがわたしの目に悪[131]を行い、わたしの声を聞かないなら、わたしはこれを幸せにすると言ったところの幸いを思い直す。（エレ 18:7-10）

　これはヒッバードが「このテクストはしばしば悔い改めについての申命記的概念と述べられてきたし、事実そうである」[132]と言うように、申命記主義的な概念として広く受容されている。ヒッバードの主張の主眼は、この申命記主義的な定式が、実は申命記的ではなく、申命記的な預言者理解（申 18 章）を撹乱しているというところにある。

　第一に、エレミヤ書 26 章とともに、この観察は神の代弁者とされた預言者の確信を潜在的に揺るがせる。なぜなら、神はその思いを変えるものとして現されているからである。このことは未来の予知が考慮されている場合は特に問題になる。第二に、もし預言者を評価しようとして申命記 18 章のみを用いるのであれば、潜在的にすべての真正な預言者を非正統的な預言者だと解釈することになる。初期の見方の代わりに、このパッセージは、預言者とは信仰深く神の意思を告げる者であり、国家のポジティヴな応答を引き出すことを目的としているという考え方を提供している。[133]

1.4.2. ヒッバード説のまとめと評価

　長くなったが、ヒッバード説の紹介を終え、ここでその小括と要諦を示しておきたい。ヒッバードは、エレミヤ書に散見される一見申命記的な思想が、

130　ギリシア語七十人訳、シリア語ペシッタには「わたしがそれについて告げた」の句が欠けている。
131　ケティーブに従って名詞と解する。ケレーは形容詞と読む。
132　Hibbard, *True and False Prophecy*, p. 355.
133　Ibid., p. 356.

その実、申命記の規定そのままではなく、むしろ細部においては破綻していることを、28 章の読解によって示した。そうして、しかもその破綻は決して偶然的なものではなく、26 章に加えられた加筆が含んでいる悔い改めの思想によって動機づけられたものであり、その原理的な定式がすでに 18 章に表れていたことから、申命記的な思想が意図的に改変されたことを主張しているのである。そして、申命記の元来の文言を改変し、預言者の真の役割を、確実な未来を告げる予言者から、悔い改めの促進者、すなわち社会的・倫理的・宗教的改革者へとシフトさせた思想家たちこそ、申命記主義的な編集者たちであったのだと、ヒッバードは次のように主張する。

> エレミヤの申命記主義的な箇所が、事実、申命記に見られる預言とは異なったモデルを提示しているという認識は重大である。この提案が妥当な限りで、これは、後代のエレミヤの申命記主義的編集者たちが、この預言者を用いて、申命記における預言に対する初期の見解を修正し、そうして、それによって、預言の機能について異なった理解を提供しているということを示している。我々が見るように、彼らが到達したこのモデルはすっかり新しいものというわけではなく、八世紀の預言者たち及びエレミヤの詩文箇所と際立った類似性を帯びている。それはすなわち、社会的及び宗教的批判者としての預言者である。預言者と預言についてのこの理解は預言文学のいたるところに見られるものだが、申命記に見られる支配的なモデルではない。以上のことが示唆しているのは、エレミヤの申命記主義的編集者たちはこの預言者を用いて申命記に見られる見解を批判し、エレミヤにおいて新しい「申命記主義的な」預言理解を提示しているということであり、これは預言文書のなかのその他の場所でのイメージやモデルと合致している。[134]

ヒッバードがこのように主張する申命記主義的編集による「新しい」預言者理解は、ちょうど申命記史書における預言者理解とも一致している。申命記史書において理解されている預言者の役割については、次の箇所によく表れている。

---

[134] Ibid., p. 344.

ヤハウェはすべての預言者たち[135]とすべての先見者を通して、イスラエルとユダとに次のように警告し、仰せられた。「あなたがたは悪の道から立ち帰れ。わたしがあなたがたの父祖たちに命じ、また、わたしのしもべである預言者たちを通して、あなたがたに[136]伝えた律法全体に従って、わたしの諸々の命令、[137]諸々の掟を守れ」。(王下 17:13)

　すなわち、預言者とは、なによりも律法教師であり、またこれに反する人々を訓戒し、ヤハウェへと立ち帰ることを呼びかける者であるという理解である。こうして、ヒッバードの議論に従うならば、預言者の役割をこう理解する申命記主義的編集者たちもまた、悔い改めの説教者たちだったという評価が導き出されることになるだろう。
　ところで、エレミヤ書26章の神殿説教において攻撃されているのは政治神学的傾向を帯びていた宗教的集団であるが、先に触れたようにレーマーの申命記史家理解を援用すれば、この攻撃対象はヨシヤ王の治世以降誕生し繁栄したユダ王国末期の申命記主義者たちにほかならない。すると、ヒッバードが語る偽預言者に関する理解のシフトは、次のようなモデルを示すことになる。すなわち、バビロン捕囚期以降に活動したエレミヤ書の申命記主義的編集は、王国末期の申命記史家、すなわち彼らの思想的な父祖である者たちに反対し、そうすることで、いわば自ら属する思想的伝統に自己批判を加え、修正したのだ、と。こうして、エレミヤ書の申命記主義的編集は、ユダ王国末期に活動した申命記史家とは一面では連続しつつも、他面では断絶したグループだという主張をヒッバード説は帯びることになる。
　そして、ヒッバードの考える方向で議論を展開してゆけば、エレミヤ書の申命記主義的編集は、自らの編集作業を主として社会改革を目的とする倫理的・宗教的な観点から為したのであって、レーマーが冷ややかに見つめるように、官僚的な自己保身の説明体系、応報思想に基づく合理的な歴史記述な

135　ケレー及び幾つかの写本に従って、人称接尾辞なしの複数・合成形ととる。ケティーブは「彼の預言者」、七十人訳では「彼の預言者たち」、少数の写本では人称接尾辞なしの単数・独立形で「預言者」。
136　七十人訳とペシッタでは、「彼らに」。
137　多くの写本では、ここに接続詞が入る。

どを作り上げようとしたのでは決してない、という主張を語ることになると推測される。

それゆえ、ヒッバードはレーマーとは真っ向から対立しているのである。ヒッバードの見るところでは、エレミヤ書の申命記主義的編集者は真正な悔い改めの説教者であり、この基本的な姿勢は預言者のそれと一致している。これに対して、レーマーの見る申命記史家は、在りし日の王国の高級官僚であり、王国崩壊後は知識と技術を生かしてバビロニアの中枢に居場所を確保し、おそらくはバビロニアのプロパガンダをも利用した（つまり、バビロニアをヤハウェの怒りの道具と形容することで、バビロニアによるユダヤ人支配に思想的基盤を与えている）、非常に怜悧な計算を行う合理主義者である。ただし、レーマーの見方においても、もちろん、申命記史家は王国期から捕囚期への以降にともなって、彼らの預言者理解に変更を加える必要に迫られたことは説明できる。しかし、これはかつての神学的ドグマが崩壊したことを受けて取り繕う必要があったから、という方向で説明されることになるだろう。

とはいえ、ヒッバードの側に立つにせよ、レーマーの側に立つにせよ、王国崩壊から捕囚期にかけて、預言者の理解が申命記18章のような預言の成就という基準からエレミヤ書18章のような悔い改めの促進という基準へとシフトしたという事実が争われているわけではない。争われているのは、この預言者理解のシフトの意図がどこにあったかである。

だが、この預言者や宗教的な正統性に関する理解のシフトの意図は、最終的に確定することは非常に困難となるだろう。そこで、まずはヒッバードの説を検討し、それから、「悔い改めるならば／悔い改めないならば」という条件法の語りが持つ応報倫理の構造的な特徴を確認してゆきたい。

1.4.3. ヒッバード説の困難

これまで、ヒッバード説について、可能な限り忠実に紹介することを試みてきたが、ここでヒッバード説において問題となりうる点を指摘しておきたい。

1.4.3.1. エレミヤ書 26-29 章と申命記主義的編集の問題

まず問題としたいことは、ヒッバードが一つの文学単位として取り上げる、エレミヤ書 26-29 章のまとまりについての妥当性である。ヒッバードは 26-29 章を一つのまとまりとしているが、ここには若干の問題がある。というのは、より細部に注目するなら、一つのまとまりとして成立するのは 27-29 章であり、26 章は 27 章以下のまとまりの緊密さに比べると、幾許かの距離があるからだ。

表現上の特徴に注目すると、27-29 章では、エレミヤ書の他の箇所と異なり、預言者自身とバビロン王の名の表記が異なっている。エレミヤの名は、他の箇所では「イルメヤーフー」と記されるが、27-29 章でのみ、「イルメヤー」という短形で表記される。これと同じようにバビロン王の名も、他の箇所に見られる「ネブーカドレツァル」という表記ではなく、「ネブーカドネツァル」という表記で書かれる。このことは 27-29 章がエレミヤ書の他の箇所とは別の伝承の系列を持っていることを示唆している[138]。これに対して、26 章では依然エレミヤの名は「イルメヤーフー」という長形であり、このことは 27-29 章のまとまりに対して、26 章が遊離していることを示している。

26 章がいささか遊離している点について、ヒッバードは、キャロルの議論を引きながら、26 章が 27-29 章に対する序文だと説明している[139]。しかし、ヒッバードがこれらの箇所の連続性を主張しようとするのに対して、キャロルはむしろ非連続性に注目しているようにも見える。なぜなら、26 章の祭司たちはエレミヤに敵対する人々であるのに対して、27-29 章での祭司たちは、「エルサレムであれバビロンであれ、共同体組織の重要な要素」[140]として描かれており、祭司に対するこの態度の違いにキャロルは注意を喚起するからだ。

だとすれば、文学上の単位として密接に繋がっているのはあくまで 27-29 章であって、26 章をこのまとまりの中へ編入することには、若干の留保がなされるべきだろう。

では、26 章には、どのように申命記史家の意図が表れているだろうか。

---

138 関根正雄『関根正雄著作集 第 14 巻 エレミヤ書註解（上）』新地書房、1981 年、65 頁 ; 関根清三訳『エレミヤ書』、168 頁、註一。
139 Hibbard, *True and False Prophecy*, p. 343, fn. 13.
140 Carroll, Robert. P., *Jeremiah: A Commentary*, London, SCM Press, 1986, p. 529.

そこでまず問題になるのが申命記主義的編集の分量である。それぞれの研究者によって申命記主義的編集と認める箇所は異なるにせよ、申命記主義的編集句の逐語的な洗い出しを行ったティールの研究に従うとすれば、26章における申命記主義的編集句は、わずかに3,4b,5,6,13節を数えるにすぎない。とりわけ注目されることに、預言者ミカの言葉が想起される17-19節をティールは申命記主義的編集には帰さないのである。

ところで、ティールとは反対に、ホスフェルト＝マイアーは17-19節を含む26章の諸編集箇所を申命記史家とする[141]。ホスフェルト＝マイアーがこれらの箇所を史家のものとする根拠は、次のように、(1) 動詞「命じる（ツィッヴァー）」の用法、(2) 動詞「立ち帰る（シューブ）」の用法、(3) ヤハウェが自らの企図した災いを悔やむということ、(4)「諸々の行い（マアラーリーム）」の用例、具体的には、(5)「（ヤハウェの）トーラーに歩む」、(6)「ヤハウェの与えたトーラー」、(7)「あなたがたの諸々の道と業を正せ」という要求、(8)「ヤハウェの声に聞き従う（及び、聞き従わない）」という用例、の八つの点がある[142]。

なるほどこれらの文体的・語彙的な特徴は確かに申命記史家に特徴的であり、ティールが申命記史家と判定した26章3,4b,5,6,13節にはよく当てはまる。しかし、17節以降、とくに17-19節となるといささか問題が生じる。確かにこの箇所では、ホスフェルト＝マイアーの(3)の点、「ヤハウェが自らの企図した災いを悔やむ」という思考は確認できるのだが、その他の点については確認できない。注目すべきことに、19節では、申命記史家ならば「立ち帰る」、「行いを改める」、トーラーを遵守する、あるいは「ヤハウェに聞き従う」という表現を用いそうな箇所の言葉は、「（ヤハウェを）畏れる（ヤーレー）」と「（ヤハウェに）願う（ヒッラー）」という語なのである。

「ヒッラー」という動詞についていえば、確かに、「ヤハウェに願う」とい

---

141 Hossfeld, F. -L., Meyer, I., 'Der Prophet vor dem Tribunal: Neuer Auslegungsversuch von Jer 26', ZAW 86, 1974, S. 41f., 45f. この論文でホスフェルト＝マイアーが二次的加筆と判断する節は、1, 2b（「彼らに向かって語れとわたしがあなたに命じたすべての言葉を」「一言も省いてはならない」), 3, 4b（「もしあなたたちがわたしに聞かず～」), 5, 7 及び 8節の「そしてすべての民」、13, 17-24節。要すれば、ティールとホスフェルト＝マイアーの違いは、17節以降を申命記主義的編集とするか否かという点である。

142 Hossfeld - Meyer, *Der Prophet vor dem Tribunal*, S. 41f.

う用例は今問題としている箇所の他に 12 例[143] あり、そのうち 4 箇所は申命記史書に属し、残りの多くは捕囚期以降の用例である。しかし、それでも、エレミヤ書において用いられる箇所はここだけであり、エレミヤ書のその他の申命記主義的編集箇所には見られない。

つまり、17-19 節をエレミヤ書の申命記主義的編集者に帰することは文体上・語彙上の根拠にいささか欠けるところがある。そこから、申命記主義的編集者がミカを用いて申命記的な成就という基準に挑戦したというヒッバードの議論は揺さぶられうる。確かに、26 章 17-19 節は、裁定が下された（16 節）後での弁護という不自然さがあり、二次的に挿入された公算が高い。しかし、この箇所の著者が申命記主義的編集者だという点、また申命記主義的編集の意図を示すものだという点には、留保がつけられることになる。

その留保の上で、ヒッバードの主張が成り立つ場合を考えれば、17-19 節のミカのテクストが申命記史家に伝承され、それに賛同した申命記史家がほとんど手を入れずにこの場所に置いたという場合か、あるいは、申命記史家に賛同するより後代の編集者が史家たちを補強する意味で加筆した場合となるだろう。しかし、前者の場合には、預言者ミカが悔い改めを促したゆえに真の預言者と見做されるという預言者理解の根源は申命記史家にではなく、史家とは独立にミカの物語を伝承してきたグループにあることになる。したがって、ヒッバードの主張するように旧来の預言者の真贋基準理解に対し、申命記史家独自の思想的貢献があると言えるのは、厳密には後者の場合に限られる。この後者の場合でも、より後代の加筆者が史家たちの思想とどれほど一致しているかを吟味しておく必要はあるだろう。

そこで、もう一度、エレミヤ書 27-29 章に立ち帰って、預言者の真贋問題についての史家の見解を確認しておきたい。

やはりティールの研究を参照してみるなら、彼は、27 章については 5-10, 12-15, 16-22 節、29 章については 2, 4b, 8-24, 25, 31aβ-31b, 32aβ-32b 節と、多くの部分を申命記主義的編集句に帰している。しかし、この物語の中核であ

---

[143] 出 32:11、サム上 13:12、王上 13:6（2 例）、王下 13:4、ゼカ 7:2, 8:21, 22、ダニ 9:13、代下 33:12。ヤハウェに対して二人称で使われる例は、詩 119:58。一般名詞としての「神（エール）」で使われる例はマラ 1:9。Stipp, Hermann-Josef., *Deuterojeremianische Konkordanz*, Arbeiten zu Text und Sprache im Alten Testament Bd.63, Ottilien, EOS Verlag Erzabtei, 1998, S. 48.

る、エレミヤとハナニヤの対決が語られる 28 章については、1aα 節、16bβ 節を申命記主義的編集とするのみである。すなわち、ティールに従えば、申命記主義的編集は 28 章の中核的素材をもとに、27 章及び 29 章をいわば枠物語として創作したわけである[144]。

　このとき、史家の編集の分量は決して少ないものではない。それどころか史家は自分たちの主張のために、かなり冗長な語り口を採用している。そして、幾度も重ねられる表現に見られるその中心的な思想は、バビロニアへの降伏、あるいはバビロニアのユダヤ人共同体の正当性である（27:6, 8, 9, 12, 14, 16, 17, 29: 8, 16-20, 21, 31f.）。してみると、申命記史家たちが偽預言者を判定するとき、当時のバビロニア以外での活動を扇動することが隠れた基準となっているようにも思われるのである。つまり、悔い改めの促進のみが、申命記史家における預言者の真贋基準ではないとも考えられる。

　さらに注目されるのは、27 章において、申命記史家の編集句が暗に採用してしまっている真贋基準である。27 章 19-22 節の神殿の祭器に関する記述について、ティールはこれが実際に起こった歴史的経緯と矛盾しており、したがって、申命記 18 章 22 節及びエレミヤ書 28 章 9 節を前提として、平安の預言者たちこそが偽預言者であったことを示すために書かれたことを指摘している[145]。27 章 18 節以降で唐突に登場する神殿祭器への言及が挿入された意図が、偽預言者たちの預言と歴史的事実との間の矛盾の指摘にあったとすれば、ここで申命記史家たちは相変わらず預言の成就を預言者の真贋基準として用いていることになるだろう。

　してみると、27-29 章において文体的・思想的に申命記史家の手によると見られる編集箇所の示す預言者理解が、旧来通り預言の成就を真贋の基準としていることは、これと文体的にも思想的にも若干の隔たりを示す 26 章のミカの物語（すなわち、悔い改めを呼びかけるという基準の導入）を挿入した者が申命記史家ではなかったということをも示唆しかねない。

　では、26 章のミカの物語を挿入した者がが申命記史家であると積極的に

144　これに対して、ヒッバードは 27-29 章に見られるこれらの物語の中核に歴史的な出来事があったとは見ず、むしろその反対のものと見る方向に傾いている。彼によれば、これらの物語は抽象的な議論を物語の形で肉付けし、具体化したものである（Hibbard, *True and False Prophecy*, p. 342）。

145　Thiel, 1981, S. 8f.

主張しうる根拠はどこかに見つかるだろうか。少なくとも、ホスフェルト＝マイアーの挙げていた根拠のうち、(3)「ヤハウェが自らの企図した災いを悔やむ」ということの思想的な親近性だけは有効な根拠となる。すなわち、神は人間の悔い改めに応答して災いを撤回しうるという、ヒッバードの議論の骨子となる思想だけは、依然として有効である。この点は、文体的・語彙的にはっきりと申命記史家のものと認められる26章3, 13節[146]と共有されている。

> もしかすると彼らは聞いて、それぞれ悪の道から立ち帰るかもしれない。そうすれば、わたし〔ヤハウェ〕が彼らに彼らの悪い行いのゆえに下そうと思っていた災いを、わたしは思い直す。(エレ 26:3)

> 今こそ、あなたがたの諸々の道と行いを正し、あなたがたの神ヤハウェの声に聞き従いなさい。そうすればヤハウェもあなたがたに語った災いを思い直される。(エレ 26:13)

これらの箇所は、いずれも人間の側の立ち帰りが神の思い直しを導くことを定式化しつつ語る箇所であり、17-19節のミカの逸話を先取りしつつ、端的に要約している。そして、これら26章3, 16節は、先にヒッバードとともに確認した申命記史家による基本的な定式であるエレミヤ書18章7-10節の肯定的な半面と調和するのである。

それゆえ、26章3, 16節が史家の手によると見做される限り、そしてこの挿入が預言者を悔い改めの説教者として描き出す[147]という史家の思想傾向と一致することが認められる限りで、26章17-19節のミカの逸話の挿入が史家によると考えることはできるし、あるいはより後代の加筆者によるとしても、史家がその挿入に賛成することは推察されるのである。したがって、この編集によって史家が旧来の申命記の基準にない要素を付加し、補完した可能性は排除しきれない。

こうして、ヒッバードの主張の基本線は生き残る。とはいえ、若干の留保

146　Ibid., S. 4.
147　Ibid., S. 109. エレ 7:25, 25:4, 26:5, 29:19, 35:15, 44:4。

が付せられなければならない。すなわち、この編集によって申命記史家は旧来の申命記の基準に真っ向から挑戦したということは難しい。なぜなら、偽預言者を排撃し、真の預言者の正当性を主張する 27-29 章の文脈では、史家は依然として預言の成就を真贋基準として用いているからである。つまり、悔い改めの促進の̇み̇が申命記史家にとって預言者の真贋基準となっていたとは言えないだろう。

したがって、ヒッバード説に対して次のような修正が提案されることになる。申命記史家は、あくまで申命記 18 章に見られる従来の預言者の真贋基準を保持しつつ、悔い改めの説教者としての預言者像を補完したのだ。

さて、以上のようにヒッバードの議論を吟味するなかで、ヒッバードの議論の骨子となる点は、神は人間の悔い改めに応答して災いを撤回しうるという思想であった。ところで、神が考えを改めるという主題、すなわち「神の悔い」という主題は、旧約中に散見されるし[148]、また、ヒッバード自身も言っていた通り、政治的・社会的・宗教的批判者としての預言者像は、前八世紀の預言者たちの活動に遡る[149]ものであろう。そうであるなら、神が人間の悔い改めに応答して災いを撤回しうるという思想のオリジナリティをことさらに申命記史家に帰す必要はあるのだろうか。そこに、申命記史家たち独自の思想的寄与というべきものはあるのだろうか。次に問いたいのはこの点である。

1.5. 前八世紀の預言者における「悔い」

そこで、前八世紀の古典的な記述預言者において「神の悔い」という文学類型がどのように表出されていたかをごく簡単に確認し、それと対比することによって、申命記史家たちの悔い改めの教説を特徴付けるものを明確化す

---

148 Jeremias, Jörg., *Die Reue Gottes; Aspekte alttestamentlicher Gottesvorstellung*, 2. Aufl., BThS 31, Neukirchener Verlag, 1997 (1975), S. 15; イェルク・イェレミアス『なぜ神は悔いるのか――旧約的神観の深層』関根清三・丸山まつ訳、日本キリスト教団出版局、2014 年、23 頁。なお、以下イェレミアスからの引用は基本的にこの邦訳を用いるが、場合によっては一部改変させて頂いた。

149 Hibbard, *True and False Prophecy*, p. 344.

ることを目指したい。前八世紀の預言者として注目されるのはアモスとホセアである。

1.5.1. アモスにおける「悔い」

アモスの場合には、神の悔いという概念と預言者による執り成しとの関係がはっきりと現れている。アモス書7章2-3, 4-6節において、イスラエルに到来する審判を意味する幻がアモスに示され、アモスはヤハウェに執り成し、その結果、イスラエルに下されるべき裁きは中止されるという出来事が二度繰り返されている。ここに、ヤハウェの「思い直し」あるいは、「悔い」という概念がはっきりと現れている。

だがしかし、ヤハウェが思い直し、災いを中断することはアモスの最終的な使信ではない。イェルク・イェレミアスが適切に指摘しているように、むしろアモスにおいては、二度の「神の悔い」（あるいはイェレミアスの解釈に従えば、「神の処罰意志の自制」）の幻のあとに、裁きが不可避であることを告げる二つの幻（7:8-9、8:1-2）が続いている。告げられた災いが撤回される幻と、災いが必ず下される幻のそれぞれが対となっていることによって、全体の構造としてはむしろ裁きが不可避であることが強調されている[150]。

であるとすれば、エレミヤ書26章で史家たちが行おうとした悔い改めの呼びかけの仕方と、アモスのそれとは、注目すべき違いがある。つまり、史家たちは人間の側の悔い改めによって生じる「神の悔い」によって災いを回避する可能性が生まれることを示し、悔い改めを促そうとする。だが、これに対して、アモスの場合にはむしろ「神の悔い」を否定し、徹底的な破滅を告げることによって、人間の側の悔い改めという問題は背後に退いている。

アモスの預言において、人間の悔い改めが問題となっていないことは、実は、7章3, 6節で二度告げられた「神の悔い」においても暗示されていた。ここでも、やはりイェレミアスが正鵠を得ているが、ヤハウェが災いを思い直すのは、決してイスラエルの罪に対して罰が不相応だからではない。アモスは、むしろ、罰がイスラエルの罪に十分相応しいことを認めた上で、その罰が下されたならば、イスラエルはもはや存続し得ないことを訴えることに

150　Jeremias, *Die Reue Gottes*, S. 41-43; イェレミアス『なぜ神は悔いるのか』、66-70頁。

よって執り成すのである[151]。

したがって、アモス書が語る「神の悔い」において、人間の側の自力的な悔い改めの行為などそもそも問題とはなっていなかったのだ[152]。あるのはただ、イスラエルに対するヤハウェ自身の愛情を、ヤハウェに想起させようとする預言者の徒労であり、「神の悔い」はただこのヤハウェの恩情に基づくのである。

1.5.2. ホセアにおける「悔い」

次に、ホセアの場合にはどうだろうか。ホセア書には、さまざまな仕方で人間の側の立ち帰りと神の悔いが表出されているが[153]、人間の側の立ち帰りの表現としては、ホセア書2章9〔7〕[154]節や、3章5節、6章1-3節という箇所が注目される。このうち、3章5節は、王ダビデを探し求める点や、用語の点から後代の編集が考えられる[155]にせよ、これらの箇所は、人間の立ち帰りが促されることになる構造においてある程度共通している。たとえば異教の神託を得る手段がイスラエルから失われるという処置を通して（2:8-9〔6-7〕、3:4）、あるいは今度はヤハウェ自らがイスラエルから離れ、隠れるという（5:15）、神の沈黙という訓戒を通して、イスラエルは真の神を求めるようになるという構造が見られる[156]。

すると、ホセア書6章1-3節は、神に見放されたことによって初めて己の過ちに気づいたイスラエルが、神に立ち帰ろうという意志を告白しているよ

---

151 Ibid., S. 43-47; 同、70-76頁。

152 アモ5:14-15については、Jeremias, *Die Reue Gottes*, S. 74; イェレミアス『なぜ神は悔いるのか』、118頁。

153 Vgl. Jeremias, Jörg., Zur Eschatologie des Hoseabuches, in: Ders., *Hosea und Amos: Studien zu den Anfängen des Dodekapropheton*, FAT 13, Tübingen, J.C.B. Mohr (Paul Siebeck), 1996, S. 67-85, 68f.

154 ホセア書の章節数は、ヘブライ語マソラ本文に基づき、括弧内にギリシア語七十人訳に準拠したものを表記する。なお、マソラと七十人訳が一致している場合には、括弧は表記しない。

155 Jeremias, Eschatologie des Hoseabuches, S. 76; Biberger, Bernd., *Umkehr als Leitthema im Zwölfprophetenbuch*, ZAW 123, 2011, S. 565-579, 566.

156 Vgl. Biberger, *Umkehr als Leitthema im Zwölfprophetenbuch*, S. 566.

うにも見え、イスラエルは懲罰の後で自力的に立ち帰る能力があるとされているかに思われる。しかし、後続する6章4-6節との対応関係が明らかにするように、「イスラエルの立ち帰りは皮相的」[157]なのだ。しかも、このことを裏付けるように、ホセア書4-11章の基本的な方針はイスラエルの罪を指摘し、神に立ち帰らない彼らの頑なさを非難することなのである[158]。

つまり、ホセア書を全体として見たときに、これらの箇所の内容が示しているのは、ヤハウェが庇護を撤回するという訓戒によってイスラエルが立ち帰ることが期待されつつも、それらの訓戒は悉く挫折し、結局、イスラエルがヤハウェに立ち帰ることなどなかったということの確認なのである。

こうした人間の自力的な立ち帰りの不可能さに対して、神の悔いについてはどうだろうか。ホセア書では、神が「悔いる」際に使われる動詞(語根 nḥm)は現れないが、その派生名詞が11章8節と13章14節の2箇所で用いられている。興味深いことに、この二つの箇所は、神の悔いについて真っ向から対立する見方を提示している。

ホセア書13章14節は「憐れみ(ノーハム)はわたしの目から隠されている」と断言し、アモスにおいてそうであったように、神の悔いがもはやありえないことを告げている。これに対して、ホセア書11章8-9節は、無条件的に、神の悔い、あるいは憐れみ(ニフーミーム)が発動されることを告げている。

ホセアのこの解きがたい矛盾について問うことは本稿の課題ではないが[159]、目下の議論においては、いずれにせよ次の点だけは確認することができる。すでに告げられた処罰意志について神の悔いが発動するにしても、その発動に人間の側の立ち帰りの行為はなんら関係していない。上で確認したように、ホセア書において人間の側の立ち帰りは悉く不可能と見なされており、人間の回心がヤハウェの憐れみのパトスを喚起するわけではない。にもかかわらず、ヤハウェのなかに憐れみ(ニフーミーム)のパトスが燃え立つとすれば、それはヤハウェの「心」における、全く自発的なものなのである。

---

157 Biberger, *Umkehr als Leitthema im Zwölfprophetenbuch*, S. 567.
158 Ibid., S. 566f.
159 穏当な解釈としては、審判の言葉は歴史的に限定されているが、救済の約束は時間を超えて原則的に妥当するとするものがある。Jeremias, *Die Reue Gottes*, S. 57-59; イェレミアス『なぜ神は悔いるのか』、91-92頁。

以上のことと調和するように、ホセア書の最後の章に置かれた立ち帰りの主題（ホセ 14:2-9〔1-8〕）のなかでの、立ち帰りへの呼びかけは、あくまでイスラエルの罪を根拠としているし（2〔1〕節）、その上、回復の約束もまた、あくまでヤハウェがイスラエルの背信を癒すことによって開かれる（5〔4〕節）[160]。

　したがって、ホセア書における「神の悔い」においても、それを発動させるためには、人間の側の悔い改めの行為は問題とはなっていないのである。

　こうして、アモスとホセアから、前八世紀の記述預言者における「神の悔い」という概念を確認してきたが、そこから明らかになったのは、両者とも、「神の悔い」という概念を人間の行為とは結び付けてはいないということであった。そして、裁きは全く人間の罪に相応しく（アモス）、人間はおよそ立ち帰ることができない（ホセア）という認識において、両者は人間の罪性の消し去りがたさ、根深さを目のあたりにしている。

　以上のように前八世紀の古典預言者を確認した上で、エレミヤ書に加えられた申命記主義的諸編集に見られる「神の悔い」を見直してみると、そこには有意な思想的差異が発見される。すなわち、「神の悔い」という主題も、政治的・社会的・宗教的批判者としての預言者像も、それぞれ別個には前八世紀の預言者たち自身の活動に遡りうるのだが、しかし、前八世紀の預言者たちにおいては、両者は相互に独立な概念であり、結び付けられてはいない。むしろ、エレミヤ書 18 章 7-10 節、26 章 3, 13 節（及び 17-19 節）というエレミヤ書の申命記主義的編集において初めて、神の悔いと人間の立ち帰りという二つの概念が結合されている。そうであるなら、神の思い直しと人間の立ち帰りという二つの概念を相関関係に置いたことこそが、あるいは少なくとも、この相関関係を定式化したことこそが、申命記史家独自の思想的寄与であったといえよう[161]。

160　Biberger, *Umkehr als Leitthema im Zwölfprophetenbuch*, S. 568.
161　このことは、イェレミアスの判断と一致する。Jeremias, *Die Reue Gottes*, S. 75; イェレミアス『なぜ神は悔いるのか』、119-120 頁。

1.6. 応報倫理思想の新たな局面

　神の思い直しの可能性と人間の立ち帰りを相関付けたものが申命記史家であったとすれば、ここに、ヘブライズムにおける応報倫理は新しい局面を迎えたことになる。アモスが考えていたように、イスラエルの罪はヤハウェから下される罰に相応のものであるという理解はすでにあり、悪因に対して悪因が下されるという応報倫理のネガティヴな側面は、前八世紀の時点ですでに表現されていた。しかし、アモスの場合も、ホセアの場合も、救済の側面は全面的に神の側の自由に委ねられていた。救済という表現ほど積極的な言い方ではないとすれば、決定された処罰の撤回はあくまで神の自発的な恩情に依拠しており、人間の行為には依拠していない。すなわち、善因に善果が報われるという応報倫理のポジティヴな側面が表出しうることは、この時点では、ほとんど期待されていない。しかし、申命記史家において、災いから救済への転向を促す神の思い直しは人間の悔い改めに関係づけられることとなり、救済という善果が悔い改めという行いの結果として期待されるようになった。こうして悔い改めは応報倫理思想のなかへ組み込まれることになったのである。このことをいささか誇張して表現するなら、「悔い改めるならば救われる」という条件法の定式となるだろう。

　悔い改めが応報倫理思想のなかへと組み込まれるという、この思想的転換の意義は決して小さいものではない。実際、前八世紀の預言者において、悔い改めは何か別の目的、たとえば自分たちの救済のためのものであるという性格は薄い。アモス、ホセア、ミカといった預言者は「悔い改めるならば救われる」というような条件法の定式を語ることはほとんどない。なるほど、「ヤハウェを求めて生きよ」（アモ 5:4, 6）という句などは、内容的には悔い改めの条件法ではありうるが、「悔い改め、立ち帰り」を意味する「シューブ」の語は使われておらず、形式上は命令形である[162]。あるいは「善を求めよ、悪を求めるな」（アモ 5:14-15）[163] という句もまた、内容的には悔い改め

162　これに対して、申 4:40, 5:16 などの典型的な条件法の定式は、帰結節に未完了形、もしくはヴァヴ継続法における完了形（すなわち意味上は未完了形）が用いられることが多い。

163　その上、アモ 5:14-15 は後世の加筆と考えられる。Wolff, Hans Walter., *Dodeka-*

の条件法を語っていると思われるが、やはり「シューブ」の語はなく、15節末尾の帰結は「もしかすると万軍の神ヤハウェはヨセフの残りの者を憐れまれるかもしれない」となっており、必ずしも救済を保証しようとするものではない。むしろ、救済のための条件を尽くしてもなおそのあとに災いが続く可能性へ開いてしまっている。すなわち、上でも確認したように、アモス書の基調は裁きの強調にある。さらに、イザヤの場合も、「立ち帰りと安息のなかで、お前たちは救われ、静けさと信頼において、お前たちの力はよみがえる」(イザ 30:15) と言うことはあるが、これも直後に「それなのにお前たちは、そうしようとしなかった」という叱責の言葉が続き、アモス同様に、むしろ悔い改めることなどなかったという非難の文脈に置かれている。

つまり、前八世紀の預言者が人間の悔い改めに言及するとき、この概念は人間が悔い改めることができないことの確認として言及される[164]。

では、前八世紀の預言者において、悔い改めへの言及が基本的に叱責や脅しの言葉の中で用いられることを認めつつ、しかし、数少ない悔い改め・神への立ち帰りの促しの呼びかけを手掛かりとするなら、彼らが人間の悔い改めにおいて期待していた目的について、何か読み取ることはできるだろうか。ちょうどホセア書の最後に 14 章で展開される呼びかけの言葉などを手掛かりとする限りでは、立ち帰りへの呼びかけの主眼は救済を導くというより、むしろ罪によって断ち切られた関わりにおいて、人はいかにしてその罪を自覚することができるのかという点にあるように思われる。神との関係の回復に向けた人間の動きそのものの発動が目的なのであって、悔い改めは他の何ものかのための手段ではない。

だが、応報倫理のなかに置かれることになった悔い改めの場合、もはや立ち帰りそれ自体が目的であるという意味が損なわれる。悔い改めは、より

---

propheton 2, Joel und Amos, Biblischer Kommentar Altes Testament, Bd. XIV/2, Neukirchen-Vluyn, Neukirchener Verlag, 1969, S. 274, 276, 294f.; Jeremias, *Die Reue Gottes*, S. 74; イェレミアス『なぜ神は悔いるのか』、118 頁; Jeremias, *Der Prophet Amos*, ATD24/2, Göttingen, Vandenhoeck & Ruprecht, 1995, S. 71. なお、これに反対し、5:14-15 をアモスの真正句とするのは、Andersen, Francis I., and Freedman, David Noel., *Amos*, The Anchor Bible, vol. 24A, New York, Doubleday, 1989, p. 510.

164 Wolff, Hans Walter., 'Das Thema „Umkehr" in der Alttestamentlichen Prophetie', in Ders., *Gesammelte Studien zum Alten Testament*, Theologische Bücherei 22, München, Chr. Kaiser Verlag, 1964, S. 130-150.

「高次」の目的、救済や赦しを発動させるための条件・手段となってしまう。具体的には、悔い改めは、捕囚期ならばエルサレムへの帰還の条件、捕囚期以降であれば国家存続の保障の条件となってしまう。なるほど、救済の到来も赦しの布告も、神の絶対的な主権性のもとに発せられるのだから、悔い改めが一箇の条件だとしても、所詮人間的な条件にすぎず、最終的な裁量は神にあると考えることはできるかもしれない。しかし、それでも、人間が悔い改めない限り、救済も赦しも到来しないことになるのであり、悔い改めは条件として応報思想のなかに置かれていることには変わりない。

　しかも、そういった応報思想への強固な信仰は、エレミヤ書26章3節、36章3, 7節のそれぞれ微妙な副詞の用法に現れているように思われる。「もしかしたら（ウーライ）」という副詞は、これらの箇所では人間の悔い改めの行為に対して用いられている。すなわち、ユダの民は、「それぞれ悪の道から立ち帰るかもしれない」というのが共通の用例である。これに対して、出エジプト記32章30節、アモス書5章15節、ゼファニヤ書2章3節、ヨナ書1章6節[165]などに見られる用例は、いずれも神の思い直しの可能性について用いられている[166]。すなわち、人間の行為を受け取るかどうか、神に自由の余地が残された書き方となっている。ところが、エレミヤ書26章3節、36章3, 7節では、不確定なものとして考えられているのはあくまで人間の側の行為であって、神の側については不確定だとは考えられてはいないのである。

　このウーライの使い方から、二つの異なった態度を読み取ることができるはずである。一つは、好意的に解釈するなら、人々が自力でヤハウェの警句に耳を傾け、行いを改めることのできる力をまだ持っていることを申命記史家は信じ、期待を寄せているということである。この種の期待は、上で見たように、前八世紀の預言者には確認できなかったものだった。

　もう一つは、しかし穿った見方をするなら、神の反応について留保を示す他の箇所とは対照的に、人間の悔い改めを承けて神が考えを改めることは疑われていないということである。これは、悔い改めをヤハウェは確実に受け容れてくださるという信頼であるかもしれない。しかし、この言い方は敬虔

165　ヨナ3:6、ヨエ2:14も併照。
166　Jeremias, *Die Reue Gottes*, S. 78; イェレミアス『なぜ神は悔いるのか』、123頁。

さの裏面でヤハウェを単なる法則へと貶めかねない。

　この二つの見方のうち、どちらがより適切な見方だろうか。ここでエレミヤ書18章7-10節、26章3-6, 13節、36章3, 7節といった箇所に共通に見られる定式的表現という特徴、あるいは断言的な表現の特徴を鑑みると、むしろ、後者の見方、ヤハウェの思い直しを単なる法則へと格下する危険へと傾いているという見方に支持が与えられているように思われる。

　だがしかし、後者の見方はやはりあまりに穿った見方とならないだろうか。これらの定式的・断言的表現は、ヤハウェを法則性へと引き下げることを狙ったものなどではなく、「悔い改めるならば、ヤハウェは必ず救ってくださる」という真摯な信仰告白の言葉なのではないか。この表現は、捕囚の地で苦汁を嘗める者たちに希望を与えんがための断言形式なのではないか。そしてその断言の裏面にあるのは、両手を広げて立ち帰る者を迎え入れる神の姿への信仰なのではないだろうか。そのように反論されるかもしれない。

　そのような反論の真摯さを疑うわけにはいかない。しかし、その真摯さにもかかわらず、私見では、悔い改めを組み込んだ新たな応報思想は、より大きな問題を招きかねないと思われる。この点を、章を改めて問うてゆきたい。

第 2 章

応報倫理思想の展開

2.1. 応報倫理的な悔い改めの条件法が孕んでしまう問題

　たとえば「〜すれば救われる」、あるいは裏返せば「〜しないと災いが下る」というような警句は、現代の我々にしてみれば、非常な胡散臭さを感じさせるものになってはいないだろうか。この胡散臭さはなぜ生じるのだろう。一つの回答として考えられるのは、この命題自体が反証不能であることと、そして、この反証不能性がこの命題を語る者の免責として機能してしまうことである。

　ここで、「悔い改めるならば救われる」といういささか誇張した定式ではなく、議論をあくまでも史家的編集に基づく表現に定位するなら、史家による最も基礎的・原理的な定式はエレミヤ書18章7-10節となるだろう。繰り返しになってしまうが、ここでもう一度示しておけば、これは以下のようになる。

> [7] わたしが一つの国民、一つの王国について、引き抜き、引き倒し、滅ぼすと語ったそのとき、[8] もし、わたしがそれについて告げたその民が悪から悔い改めるなら、わたしはこれに下そうと考えていた災いを思い直す。[9] わたしが一つの国民、一つの王国について、建て、植えると語ったそのとき、[10] もし、これがわたしの目に悪を行い、わたしの声を聞かないなら、わたしはこれを幸せにすると言ったところの幸いを思い直す。(エレ 18:7-10)

　この表現に従う限り、もし災いが下らなかったとしたら、災いの撤回は民の回心に依るものだったと説明できてしまう。また逆に、もし事実、災いが下ったとしたら、それは民が悪を行い、聴従しなかったからだと理由づける

ことで、預言の正しさは裏付けられてしまう。悔い改めたかどうかの最終的な判定が、個人の内面におけるものである以上、悔い改めたかどうかを客観的に判定することはできない[167]。すなわち、この表現が含んでいる応報倫理的な条件法を誤りだと証明することはできないのである。応報思想に基づく条件法の定式は、端的に反証不能なのだ。

こうして、応報倫理的な条件法に基づいた体系は異様な強固さを持ってしまう。そして、この条件法の体系を語る者は、自らが表明する思想の誤りに直面することを避けることができ、この強固さに安住することができる。このことによって条件法の定式を語る者が責任から解放されてしまうことこそが、胡散臭さの一つの原因ではないだろうか[168]。

しかも、このような応報倫理的な条件法は、未熟であるとはいえ、本質的には神の業を因果律の中で捉える合理的な思考であり、悔い改めを救済の対価として差し出す交換経済を作り出してしまう。このように限定的なエコノミーの枠組みの中へと組み込まれ、交換経済へと還元・回収されてしまう思想は、現代的な宗教性・霊性理解にあっては浅薄であると言わざるを得ない

---

[167] ところで、悔い改めが内面的なものであるという点については異論があるかもしれない。なぜなら、悔い改めがあくまで全人格的なものであり、したがってこれは生活の態度の転換、具体的には律法の遵守や祭儀の遂行などをも含むのだし、殊に旧約における場合、そのような用例が多いではないか（士20:26、サム下12:16、王上20:31-32、21:8-10、王下6:30、19:1-2、イザ22:12、58:5、ヨナ3:5-8など。「悔い改め」、X. レオン＝デュフールほか編『聖書思想事典』Z. イェール翻訳監修、小平卓保・河井田研朗訳、三省堂、1999年、295頁以降参照）、とも考えられるからだ。

しかし、この点については次のように答えられる。悔い改めが十分でなかったといって史家的編集がユダを非難する箇所では、彼らはむしろ心の純粋さを論点としており（エレ3:10、7:22-23。また24:7、29:13）、祭儀などによって表明される外形的な悔い改めの遂行は問題とされてはいない。もちろん、彼らにとっても、悔い改めに外形の表現が伴わなければならないことは自明のことだったであろうが、しかし、彼らはその上でなお内面的な点を問題としているのである。

[168] だとすれば、絶えず災いを告げた前八世紀の預言者たちもまた免責されてしまうのだろうか。そうではないと思われる。なぜなら、彼らは救済のための行為、あるいは災いを回避するための行為を説いたのではなく、むしろ、徹頭徹尾、罪を非難し、災いが不可避であることを断言していたのであり、そこには彼らを免責しうるような条件節がなかったからである。確かに、微視的に見るなら、そのような条件節は確認されうるが（イザ30:15、アモ5:4, 6, 14-15など）、結局のところその主眼は救われるための条件が満たされることがなかったという非難の表明にあった。

だろう。この浅薄さもまた、応報思想に基づく条件法の定式が胡散臭いという印象に寄与している。

2.2. キャロルによるエレミヤ書 18 章 7-10 節への評価と認知的不協和理論

　こう考えてゆくとき、注目される研究がエレミヤ書に関する著作を多く発表している旧約学者ロバート・P. キャロルによってなされている。キャロルもまた、エレミヤ書 18 章 7-10 節に現れているような、申命記主義的な応報倫理的発想に疑義を付している。キャロルが考えるところでは、この箇所には神学的に問題点が二つある。一つ目は、この概念は擬人神観をドグマ化しており、限定的なメタファーの柔軟で適切な取り扱いとは言えないということだ[169]。どういうことかというと、神が悔い改めを受け容れるというのは、(ホセアの場合に見られるような、不実な妻と裏切られてなお妻を愛する夫という) メタファーであって、擬人神観を超えるものではない。もしこのメタファーを定式化されたドグマへと昇格させるなら、本来限定的に機能すべきメタファーの範囲を逸脱してしまう。

　二つ目としては、こちらのほうがより大きな問題であろうが、契約関係のように条件づけられることによって、神の行動が人間の行いによって決定されてしまうということである。キャロルはここでバルトなどの例を考えて、神の絶対性と自由を強調する論者にとって、悔い改めのドグマが深刻な欠陥になるだろうということを考えている[170]。

　申命記史家的な悔い改め概念にはこのように二つの問題があることをキャロルは認めているわけだが、だからといって彼はこの悔い改め概念が深刻な謬見だとするわけではない。彼によれば、この加筆が為された、捕囚期という時代的背景を考慮するなら、この申命記史家的悔い改め概念には、悔い改めればまたヤハウェが癒してくださるという望みをつなぎ、捕囚の地におけるイスラエルの民を悔い改めへと促すという意義があるという。つまり、エ

169　Carroll, Robert P., *From Chaos to Covenant: Uses of Prophecy in the Book of Jeremiah*, London, SCM Press, 1981, p. 81.
170　Carroll, *From Chaos to Covenant*, pp. 81f.

レミヤ書 18 章 7-10 節にある、一見狭量な普遍化に見えるものは、悔い改めの教説の普遍化を意図したものではなく、民の悔い改めを促すための誇張にすぎないと、キャロルは見るわけである[171]。

しかし、キャロルのように、この悔い改めの応報思想を楽観視することはできるのだろうか。悔い改めが如何に敬虔な宗教的体験の物語であるにしても、それが救済と回復の希望に接続されてしまうなら、結局のところ、単なる交換経済になってしまうのではないだろうか。その点を確認するために、もう少しキャロルの議論をたどっておこう。キャロルはまた、別のところでも悔い改めの構造について興味深い指摘をしている。

キャロルは心理学者のレオン・フェスティンガーによって提唱された認知的不協和理論を援用して、預言が成就しなかった場合に、成就しなかった預言を正当化する仕掛けとして、悔い改め概念が使われうることを指摘している。認知的不協和理論とは、信条と行動、あるいは期待と現実の間にギャップがあるときに、このギャップに対しての社会的反応を記述するための理論である。たとえば、ある信条が現実と異なっている場合、その信条を持つ人間は当該の信条と現実とのギャップを解消するためにありとあらゆる試みを行う。たとえば、無視、態度の再考、似た考えを持つ者同士の仲間付き合いを求める、当該の信条に対して批判的な人間をその者の視点へと改宗させる、あるいは態度や実践を諦めるなどである。分かりやすい例としては、イソップ物語にあるキツネとブドウの話が挙げられる。

この認知的不協和理論を使って、フェスティンガーらは、予言の外れた宗教団体が、予言が外れたことによって信仰を放棄するのではなく、かえって信仰を強めることになるという逆説を研究している[172]。キャロルもこの研究に注目している。

キャロルが認知的不協和理論によって考えようとすることの要点は、予言が外れた場合に、それを解釈し直すことによって、予言に正当性を与えようとすることにある。これに関して、キャロルは、予言の成就時期がどこまでも延長可能であるゆえに、終末論は誤りだとは証明され得ないという興味深い指摘も行っているが、目下我々が議論しているエレミヤ書においても、26

171　Carroll, *From Chaos to Covenant*, p. 82.
172　Festinger, L., Riecken, H. W., and Schachter, S., *When Prophecy Fails*, University of Minnesota Press, Minneapolis, 1956.

章でのミカへの言及について同様に指摘している。

　キャロルは、ミカ書のどこにも悔い改めが可能であるというヒントが表れていないことを指摘し、そこから、エレミヤ書26章の長老たちがミカの預言にはないはずの要素を付け加え、テクストからは容易に看取することのできない条件づけを与えたのだと考える。このような付加が為されたことへの可能な説明を、キャロルは二つ挙げる。一つ目は預言者のすべての説教は本質的に条件づけられており、したがって、悔い改めの呼びかけが明らかでない場合であっても、実は悔い改めの促しが内在的であるという理解があったという説明である。二つ目は、成就しなかったミカの預言の問題を何とか解決するための方法であったという説明であり、すなわち、認知的不協和に対する反応として預言の再解釈が行われた実例だという説明である。そして、キャロルは、後者の可能性を取ろうとする。「ミカを偽預言者であるとの誹りから救い出すためには、予知を回避させるような彼の説教に対する公衆の反応があったものと仮定する必要」があったとするのである[173]。

　つまり、キャロルの見るところでは、ミカの預言は客観的には外れたのだが、それを認めない支持者たちがミカの預言を再解釈し、ヒゼキヤが悔い改めたことによって、神の思い直しを促したのだと理解を変え、そのような物語を付け加えたのだということになる。

　キャロルの指摘は、悔い改め概念が孕む、深刻な問題へと目を向けさせている。すなわち、民の悔い改めによって神が思い直すならば、ありとあらゆる預言について、それが偽りの預言だったと証明することは原理的に不可能なことになってしまう。極端な場合には、たとえ民の多数が悔い改めなかったとしても、ソドムの破壊をめぐっての神とアブラハムの問答（創世記18章）のように、ごく少数の人々のために審判が回避されてしまい、預言が外れたことは正当化されてしまう。

　つまり、悔い改めの呼びかけは社会的革新を促進するように好意的に捉えられる一方で、ある教団のドグマが不可謬であることを保証してしまい、したがって、その教団の体制と権威を強化してしまう。ここから問題とされなければならない点は、悔い改めの教説は、実のところ、教団側の権威を強

173　Carroll, Robert P., 'Prophecy, Dissonance, and Jeremiah xxvi', in *A Prophet to the Nations: Essays on Jeremiah Studies*, ed. Perdue, Leo G. and Kovacs, Brian W.; Winona Lake, Eisenbrauns, 1984, p. 388.

化し、ヤハウェ宗教の正当性を主張するために用いられていなかったかどうかということである。このことは、とくに王国期の政治神学の存在を考えるときに看過できない。南ユダ王国のナショナリズムと結びついた神学思想が、捕囚期に至ってもなお巧妙に生き残った可能性も棄てきれないのである。

　フェスティンガーを援用したキャロルの議論は、人間の悔い改めと神の思い直しという、より中心的なテーマに肉薄するものであるゆえに、ヒッバードの議論全体に対して重要な意味を持つものとなっている。それは、応報倫理的な悔い改めの教説が孕んでいる不純で欺瞞的な側面を抉り出す。しかし、キャロル自身は、それでも、人の高ぶりを砕き、無化へと導く純正な悔い改めへの希望を捨ててはいない。「（…）ある段階には、悔い改めという考えは預言を誤りから守るために用いられることがあり、この用法は純正な預言の悔い改めの呼びかけと混同されるべきではない」[174] というキャロルの指摘は十分に踏まえられる必要がある。

　では、実存を根底から揺さぶる純正な悔い改めと教義の綻びを取り繕うような欺瞞的な悔い改めの違いはどこに求められるというのだろうか。

　この問題に対して、キャロルは次のような示唆を与えている。

　　人間的な概念としては、悔い改めという考えは、過去は未来を完全に決定するものではないということを主張する重要な仕方なのだ。それは人間の自由と責任の系である。それは、変化の可能性を含み、それゆえ、生への実存主義者的なアプローチに訴える。過去に囚われているという恐れなく、人は彼自身において決断し、おそらくは彼自身において決断し続けるだろう。神学的な概念としては、悔い改めという考えは人間の行為に応答して変わる神を含む。人間と共同体の活動を述べるために預言者によって用いられたメタファーから生じて、それは神自身にも措定されるようになった。相互的な関係は両者のお互いへの転向を通して、神と人との間に打ち立てられる。この考えの持つ強く人間的な要素のゆえに、予定説に基づく決定論的な世界観を好むいくつかの神学の伝統には、この考えは訴えることは少なかった。しかしながら、この考えの視野の広さとその想像力に富む未来の構築は、この考えを、これまでに人

174　Carroll, 'Prophecy, Dissonance, and Jeremiah XXVI', p. 390.

によって発展させられた最も見事な概念としている。[175]

　このようにキャロルが素描したものから考えてゆくならば、弁証法的、あるいはむしろ対話的に考えられた悔い改めという概念の本質は、因果的な決定論からの解放という点にこそあるのではないか。ファールグレン＝コッホによる総合的生理解に基づいた旧約的な応報の観念を想起すれば、古典的には、罰は罪という系列からの必然的な展開であった。そしてこの応報連関の支配者がヤハウェである以上、その応報連関を停止しうるものもヤハウェである。そしてヤハウェにより頼むことよって、この応報連関から解放されることが悔い改めによって望まれていることであるなら、悔い改めの本質は、この因果性の破壊になければならない。過去から連なる罪という因果の系列を破壊し、この系列に絡め取られた者を解放する契機の人間的な側面が悔い改めだということになる。すなわち、自由と未来のために、過去からの系列を破壊しつづける無化の作用こそが、純粋な悔い改めの本質的な要件であると思われる。

　そうであるからこそ、悔い改めが原理的・定式的に表現されてしまうことは悔い改め自体のこの本質に反するのだ。「悔い改めるならば」という条件法は、過去から続く因果の系列を破壊しはしない。この条件法は、災いという因果系とは別の因果系へと罪を犯した者を移動させはするだろうが、因果系それ自体を破壊するものではない。むしろ、救済的なものであるとはいえ、もう一つの別の因果系を作り出し、そこへと縛り付けてしまう。しかもそこでは、神もまた思いを改めるということが約束されることになるが、救済を約束する神の名において、この神の名の絶対的な主権性において、新たな因果系の強固さが保障されてしまうのである。すると、逆説的ではあるが、人は相変わらず因果系のなかで再び過去に囚われることになり、結局、人が自由な未来に向かって解放されることなどありえないことになってしまう。

　そうであるなら、こうも問えるかもしれない。人の慢心を打ち砕くような純正な悔い改めの教説と、教義の綻びを巧妙に隠蔽する欺瞞的な態度は、いずれも応報思想という語り方を採用する限り、実は区別され得ないのではないだろうか。もしそうなら、純正な悔い改めのためには、応報思想的な語り

175　Carroll, *From Chaos to Covenant*, p. 301, n. 50.

方は放棄される必要がある。さらに、応報思想それ自体が放棄されるべきであるとするならば、何よりも、応報思想の担保者として要請された存在に留保がつけられなければならない。すなわち、応報の義を貫徹する神の絶対的な主権性こそが揺さぶられなければならない。次に問いたいのはこの点である。

2.3. イェレミアスによるエレミヤ書18章7-10節への評価

　悔い改めの条件法に基づき応報倫理的に語る限り、それが欺瞞的な自己保身の語りであるか、それとも純正な自己無化への呼びかけであるかを区別することはできないのではないか。また、純正の悔い改めのためには、応報を支配する神の絶対的な主権性こそが揺さぶられなければならないのではないか。このことを問うために参照したいのがイェルク・イェレミアスである。キャロルの研究が悔い改めの人間的側面に注目したものだとすれば、イェレミアスによる研究は神の側の思い直しに注目している。
　イェレミアスは「神の悔い」について旧約を横断的に調査した研究において、エレミヤ書からは3箇所を取り上げて、神の悔いを考察している[176]。それが26章、42章、18章である。イェレミアスは史家的編集に対してどちらかといえば好意的に、エレミヤの思考を忠実に受け継ぎながら、それを分かりやすく解釈し敷衍したと見て、26章、42章の分析においては、神の悔いという概念が救いへと結びつくと評価している[177]。エレミヤ書に限らず、イェレミアスにとって、神の悔いは救済へと開かれてゆく概念なのである[178]。

176　Jeremias, Jörg., *Die Reue Gottes*, S. 75-87, 143-145; イェルク・イェレミアス『なぜ神は悔いるのか』、119-138頁。

177　なおイェレミアスはのちに自身の論に多少変更を加え、エレミヤ書における神の悔いについて述べる中で、エレ42章が最も古く、初期申命記史家に、26章は典型的に申命記史家に、18章の定式は申命記史家以降に位置づけられるとしている（Jeremias, *Die Reue Gottes*, S. 143-145; イェレミアス『なぜ神は悔いるのか』、136-138頁）。つまりイェレミアスは、ゲッティンゲン学派の傾向を受けて史家たちの編集をより細かく分類していくなかで、3箇所の時代区分を行っているわけだが、もしレーマーの図式を適用してよければ、18、26、42章のそれぞれを申命記史家サークルとして統合することができる。

178　たとえば、Jeremias, *Die Reue Gottes*, S. 109f., 153f.; イェレミアス『なぜ神は悔いるの

だが、そのイェレミアスは18章だけは例外的に厳しく批判する。イェレミアスは、エレミヤ書18章7-10節が、教義命題的言明になっていることに注目し、そのことが深刻な問題を生じさせていることを指摘する。彼は、批判の論点を四つに分けているが、再構成を加えて次のようにまとめ直しておきたい[179]。

1. ヤハウェの悔いが、災いの業にも恩恵の業にも同じように転用できる。これに対し、神の悔いについて語る旧約中の他の箇所では、ヤハウェの恩恵の業と災いの業は同一平面では語られていなかった（すなわち、恩恵の業がつねに優位に置かれていた）。
2. ヤハウェの行動が厳密な意味で人間の行動に対する反作用ということを意味する。
3. 2. の点を踏まえ、ヤハウェの行動が予見可能となる。
4. したがって、エレミヤ書18章7-10節の言明によっては、執筆者が本来意図していたであろう「ヤハウェの統治の自由」よりも、ヤハウェが法則性に束縛されていることが言明されてしまう。
5. ヤハウェの悔いはイスラエルだけではなく、すべての民に適用される。
6. ヤハウェの悔いは、もはや如何なる具体的な歴史状況にも左右されない。
7. エレミヤ書26章、42章では、ヤハウェの悔いが、前587年の危機に臨んで発された、一回的、最終的な可能性であったことが保持されていたが、エレミヤ書18章ではこの考えが稀薄となり、緊急性が失われている。

以上の論点は、さらに次のような点にまとめられる。
すなわちエレミヤ書18章7-10節は次のような問題点を持つ。

（一）災いの告知とは次元を異にする、救済へのヤハウェの意志を損なう（上記1.）。
（二）ヤハウェの超越性、主権を損なう（上記2~4.）。

か』、171, 193頁以下など。
179 以下のイェレミアスの要約は、Jeremias, *Die Reue Gottes*, S. 83-87; イェレミアス『なぜ神は悔いるのか』、130-136頁を再構成したものである。

（三）歴史的空間的特殊性（上記 5, 6.）に束縛されない。
（四）「ヤハウェの悔い」という考えの持つ深刻さを軽減する（上記 7.）。

　これらの点に対する問題意識が、イェレミアスにエレミヤ書 18 章 7-10 節を厳しく批判させている。
　以上のイェレミアスの指摘は、すでに触れたキャロルの指摘と重なる点もあるが、とくに、ヤハウェの救済意志とヤハウェの悔いという概念の重大性を考えさせる点で重要な貢献を果たしている。では、イェレミアスの議論の核心はどこにあるのだろう。
　イェレミアスの議論を踏まえると、ヤハウェの悔いという考えが元来持っていたはずの価値は、ヤハウェによる救済意志や、緊急性、一回性といった性質であった。しかし、エレミヤ書 18 章 7-10 節では、空間的・時間的な普遍化が行われることによって、これらの元来の価値が傷つけられていることになる。空間的には、イスラエル民族に固有の運命の問題であったはずのものから、イスラエルを離れてすべての諸国民の問題へと変質し、時間的には、古代イスラエルにおいて就中、前 587 年の危機に際して布告されたはずのものが、すべての時代状況において妥当するものへと変質してしまっている。
　つまり、イェレミアスが神の悔いを語るとき、彼の注目する主要な点の一つは、悔いの一回的な性格である。彼によれば、神の悔いとは神人同感説ではなく、いわば超越の神を語る為に人間的経験を象徴として転用したものであるが、だからこそ、この転用においては人間的次元における用法とは含意が異なる。そして、「悔い」の概念が神に転用される際に付加される含意のうち最も重要なものは「拘束力」だとイェレミアスはいう[180]。「その拘束力をもって、変更は——あるいは創世記 6 章とサムエル記上 15 章の場合は、変更の変更は——今度限りだと約束されるのである」[181]。この「拘束力」は神の悔いの一回的な性格を強調している。
　では、なぜこのように神の悔いの一回的な性格が強調されねばならないのか。それはイェレミアスが、神の悔いはつねに救済の意志と結びつく概念だと考えているからである。すなわち、神の悔いについて、「神はその決断を

180　Jeremias, *Die Reue Gottes*, S. 150f.; イェレミアス『なぜ神は悔いるのか』、190 頁。
181　Ibid., S. 151; 同、190-191 頁。

随意にどんな方向にも変えることができる、などという意見の聖書記者は一人もいない」[182]のであり、神の悔いは神の恣意性の表明などではないと彼は見る。そうではなく、神の悔いによって生じる変更は「その都度人間の有利になるような変更」[183]であり「神のイスラエルに対する救済の約束は、ダビデへの約束（サム上 15:29、詩 110:4、ヘブ 7:21）と全く同様に、最終的なもの、つまり『悔やむことのあり得ない』もの、変更することのあり得ないものだ（民 23:19、ロマ 11:29）」[184]ということになる。すなわち、歴史神学的な省察において、神の悔いという神学概念は「常に『二度とすまい』（創 8:21）と結びつき、変更することのできないヤハウェの救済預言がいっそう際立つための、暗色の下敷き箔の役を果た」[185]すものである。「つまり、いずれのテキスト群においても、結局ヤハウェの救済意志の、処罰の正義に対する勝利が、この神学的言明の目的なのである」[186]。

　歴史神学的省察において示された、神の悔いが根本に持つ救済的性格を、イェレミアスは預言者的神学構想においても追認する。「アモスにとって神の『悔い』、より適切に表現すれば、神の『自制』と『自己限定』とは、イスラエルの罪があまりにも甚だしくなり、神にとって赦し、つまり罪の除去の、可能性が絶対的に排除された時に、神が自身の根絶計画に介入する最後の究極的な手段なのである」[187]。

　以上のような、神の悔いに関するイェレミアスの見解をまとめるなら、およそその要諦は次のようなところにあることになるだろう。神の悔いとは、罪深い人間を救済しようという意志のために、神が自らの絶対性を制限する自己限定の働きであり、それが救済への意志に裏付けられているからこそ一回的な性格を帯びる――言い換えれば、それが、ヤハウェは悔いることはありえない、という言明になる――のである。

　するとここに、純正な悔い改めと欺瞞的な悔い改めとを隔てるような、一つの区別がほのかに見えてくるように思われる。すなわち、悔いにおいては、

182　Ibid., S. 151; 同、191 頁。
183　Ibid.; 同。
184　Ibid.; 同。
185　Ibid., S. 37; 同、64 頁。
186　Ibid., S. 38; 同、64 頁。
187　Ibid., S. 154-155; 同、194 頁。

自らが砕かれるという経験、自己無化の経験が必要だ、ということである。イェレミアスにおいて注目されたのは、神の側の悔いの表明だった。しかし、それが神におけるものであるにもかかわらず、自己無化は必須の契機として立ち現れることになった。つまり、神は人を救うために、根絶計画を断念し、己を限定したのである。であるなら、人間の悔い改めの場合にも、結局のところごく当たり前のことではあるが、この自己無化の経験が真に生起しているか否かが、純正な悔い改めと欺瞞的なそれとを隔てることになるのではないか。つまり、純正な悔い改めの場合には神と人の両者の相互的な自己無化という事態が生じ、欺瞞的なそれの場合には、どちらかあるいは両者に自己無化が生じていないのではないか、ということである。

　人の側の自己無化が必要なのは、何よりもそれが悔い改めという自らの砕かれる経験だからである。一方、神の側の自己無化が必要なのは、もし、神の側の自己無化がなされなければ、それは人間を因果性から解放するどころではなく、因果性の主権者として、人を新たな因果性に拘束してしまうからである。

　こうした視座をもって、もう一度、応報法則に基づく、欺瞞的な悔い改めのケースを考えてみよう。「悔い改めるならば幸いを、悔い改めないならば災いを」という条件法的な応報思想の語りは、先にも確認したように、反証不能である。幸いが生じたのであれば、誰かが悔い改めたのだと説明されうるし（たとえそれがすべての民ではなく、一人の義人だとしても）、災いが生じたのであれば、悔い改めが徹底していなかったからだと説明されうる。ここには反証不能性が成立してしまっている。それゆえ、応報思想は、その内部において、誤りであることが証明されない。つまり、ここにおいて、応報思想自体が破れるという道は閉ざされているのである。絶対者とその擁護者には自己無化が生起することがない。すると、絶対者の権威において保証された応報法則によって説教を語る者自身、宗教家自身は、その確信が揺るがせられないということになってしまう。絶対者の主権性を笠に着ることで、説教者は高踏的に語ることができ、自己無化から免れることができてしまう。

　応報法則を語る説教者自身に自己無化が生起するためには、応報法則自体が打ち棄てられ、応報法則が知らず知らずのうちに作り出す欺瞞的な自己保身機能が破られなければならないはずである。応報法則が所詮は合理的な発

想に基づく拵えものにすぎないということが自覚され、諦められなければ、自己無化など起こりようがないのである。

ここで若干の異論があるかもしれない。そもそも反証可能性という概念は、カール・ポパーに遡る科学哲学の用語であり、科学と非科学を弁別するために案出された概念であるはずだ。ならば、それを用いて、とりわけ宗教的な救済の教説を批判することは筋違いなのではないか、という異論である。

この異論に答えようとするなら、本稿が注目したいのは、あくまで反証可能性という概念が持っている自己批判的機能である、ということになるだろう。とはいえ、その答えは、宗教的なものに自己批判が必要なのは何故かという問いに対する答えと合わせて答えられなければならない。

2.4. 応報倫理思想と存在 - 神 - 論の暴力

2.4.1. ハイデガーによる存在 - 神 - 論とその受容

もしも、ある宗教教団が己のドグマに固執し、その絶対性を主張しようとするとき、この集団が自らのドグマの反証となるようなものを排除していくなら、そこには避けがたく自同性の暴力がつきまとう。この問いを最も先鋭に展開したのはエマニュエル・レヴィナスだったが、おそらくレヴィナスの名前を出すまでもなく、いま上に挙げた例からも窺われるように、民族であれ国家であれ宗教であれ、あるいは最も理性的な営みのひとつであるはずの哲学であれ、自らの奉じる体系に固執し、原理主義的にその体系の普遍性を強弁しようとするなら、その原理や体系の外に立つ他者や異質なものを排除する力学が働いてしまう。その排除の仕方は、あるいは物理的、精神的、社会的に発現する種々の暴力のみならず、異質な部分を解体して取り除き、再構成して同化・吸収するという仕方でもありうる。それはちょうど、典型的に生物の生存が、他の生物である食物を同化・吸収していくことでしか保たれ得ないように、ある原理や体系が自己の同一性を保存していくときに避けがたく直面してしまう暴力性である。

そのような暴力性を帯びた同一性として、しかも西洋思想史を長く規定してきた伝統として、存在 - 神 - 論（onto-theo-logia）がある。これはハイデガ

ーによって名づけられたものだが、レヴィナスを始めとして、ジャン＝リュック・マリオンや宮本久雄といった論者によって主題的に問題とされている概念である。

「存在 - 神 - 論」という名は、ハイデガーの「形而上学の存在 - 神 - 論的構成」[188] に遡る。この中でハイデガーはあらゆる形而上学は存在 - 神 - 論であるという[189]。

「かくして存在者の存在は、根拠づける根拠としてあらかじめ考えられる。それゆえあらゆる形而上学は、根本において根拠から根拠づけることであり、この根拠づけは、その根拠について説明を与え、その根拠を言明することであるが、それは結局、根拠に言明を求めることである」[190]。つまり、あらゆる形而上学は、存在者の存在を根拠づけるような働きであるとハイデガーはいう。

これに対し、「しかし存在論と神学は、両者が存在者そのものとして根拠を求め、かつ全体において存在者そのものに根拠を与える限りにおいて、『Logien〔論・学〕』である。存在論と神学は存在者の根拠としての存在に説明を与える。存在論（Ontologie）と神学（Theologie）はロゴスに言明を与え、本質的な意味においてロゴスに応じ、すなわちロゴスの論 - 学（Logik）なのである。それに応じて、存在論と神学は、より精確には、存在 - 論（Onto-Logik）と神 - 学（Theo-Logik）なのである。形而上学は、より事柄に即してより明瞭に考えられるならば、存在 - 神 - 論（Onto-Theo-Logik）なのである」[191]。すなわち、存在者の存在の根拠として、最も普遍的な存在や第一存在者としての神を考え、これに基づいて諸存在者を説明する体系は、一方では存在論であり、他方では神学である。そのうえで、いわゆる存在論的差異が忘却され、存在と存在者が混同されて存在が隠蔽されたとき、存在者を基礎付ける存在は、至高の存在者——とはいえ一箇の存在者——と化し、諸々

188　Heidegger, Martin., 'Die Onto-Theo-Logische Verfassung der Metaphysik', in Ders., *Identität und Differenz*, Gesamtausgabe, Abt. 1. Veröffentliche Schriften 1910-1976, Bd. 11, Frankfurt am Main, Vittorio Klostermann, 2006, S. 51-79; マルティン・ハイデガー『同一性と差異性』大江精志郎訳、ハイデッガー選集 10、理想社、1960 年。

189　Heidegger, Die Onto-Theo-Losiche Verfassung, S. 63, usw.

190　Ibid., S. 66.

191　Ibid.

の存在者はこの存在者のもとに基礎づけられることになってしまう。こうして、至高の存在者としての神と基礎付ける存在者が等価となったときに、存在論と神学の両者は重ね合わされて、存在 - 神 - 論と呼ばれることになるのである。

このように、ハイデガーらしい言葉遊びに彩られたハイデガー自身による存在 - 神 - 論の性格を、より簡潔に表現しようとするなら、宮本による次の要約が有益だろう。つまり、存在 - 神 - 論とは、「あらゆるものを包摂できる『存在者』という普遍を立て、他方でその諸存在者を統一支配する最高原因を立て、それを頂点としてあらゆるものをその最普遍的な存在概念の中に位置づけ、因果関係の網中で連関付け、各存在者の意義と価値を決定する思索」[192]なのである。

だが、このように第一存在者としての神を立てることによってその他の諸存在者を説明するという体系が、たとえ暴力的だとしても、なぜそれほどまでに注目される必要があるのだろう。この暴力はそれほどに重大なものなのだろうか。むしろ、生物が他の生物を喰うことでしか生きていけないように、学問的営為にとっての必要悪なのではないか。

このような問いに対して、存在 - 神 - 論が導くある破局的な光景を、エマニュエル・レヴィナスは次のように描き出している。

> 存在についての思考に代えて存在 - 神 - 論を立てるこの同じ動きは、相次ぐ忘却をへて、ある学に行き着くことになります。諸存在者にしか注意を向けない学で、それは、諸存在者を自分に仕えさせ、それらを制覇し、自由に操り、諸存在者に対する権力を追求します。こうして、この運動は権力への意志に逢着するのです。(…) それは技術に直面することになるのです。神の死に行き着いた形而上学の終焉や技術の世界の危機は実は、存在 - 神 - 論の延長線上にあるものなのです。[193]

---

192 宮本久雄『旅人の脱在論――自・他相生の思想と物語りの展開』創文社、2011 年、10 頁。

193 Lévinas, Emanuel., *Dieu, La Mort et Le Temps*, Éditions Grasset & Fasquelle, 1993, p. 140; エマニュエル・レヴィナス『神・死・時間』合田正人訳、法政大学出版局、1994 年、167 頁。なお、訳文は一部改変させて頂いた。

ここでレヴィナスが言おうとしていること、すなわち、アリストテレス型の存在 - 神 - 論から、デカルト的存在 - 神 - 論、ニーチェ的存在 - 神 - 論への移行という、相次ぐ存在 - 神 - 論の転回[194]の先に逢着する、諸存在者に対する権力を追求するある学（science）のことを、我々はおそらく全体主義として考えることができるはずである。というのは、全体主義が、殺された神の座に経済、技術、官僚制などを置きつつも[195]、それらの根本原因から、他の諸存在者を同化吸収し、それに馴染まない他者を排除していく同一化の動きだと考えられるからである。

2.4.2. 存在 - 神 - 論的暴力の歴史的発露：ホルクハイマー＝アドルノ

　こうした存在 - 神 - 論と全体主義の親和的な結合は、ホルクハイマー＝アドルノが『啓蒙の弁証法』で展開したファシズム批判、反ユダヤ主義批判を想起させる。実際、レヴィナスらによって展開された存在 - 神 - 論批判は、ホルクハイマー＝アドルノの反ユダヤ主義批判と奇妙に符合するのである。
　ドイツにおける反ユダヤ主義とキリスト教の最も破滅的な結合は、ドイツキリスト教徒（die deutschen Christen）のナチス支持によって象徴されるだろう。ナチスという全体主義にとっての他者であったユダヤ人排斥に加担したのは、何よりもキリスト教という宗教であったのだ。それはちょうどこういうことになるだろう。「啓蒙と支配との同盟は、宗教の持つ真理性の契機が意識にもたらされる通路をふさぎ、宗教の物象化された諸形態を保存する。結局両者はファシズムに役立つものとなる」[196]。
　だが、なぜキリスト教は反ユダヤ主義に加担したのか。ホルクハイマー＝

---

[194] 西洋哲学史における存在 - 神 - 論の変遷をたどったものとして、宮本久雄『他者の原トポス』創文社、2000 年、10-25 頁 ; 同『旅人の脱在論』、10-15 頁。

[195] 十戒の第一戒に寄せたルターの神理解によれば、神とは何であれ人間が信頼を寄せるもののことであった。Luther, M., *Deudsch Catechismus* (Der Große Katechismus), in Ders., Sonderedition der Kritischen Gesamtausgabe (Weimarer Ausg.), Werke, Teil 3, Bd. 30-1, Verlag Hermann Böhlaus Nachfolger Weimar, 2005 (1910), S. 132-134.

[196] Horkheimer, Max., und Adorno, Theodor W., *Dialektik der Aufklärung: Philosophische Fragmente*, in Adorno, Theodor W., Gesammelte Schriften Bd. 3, 2. Aufl., Frankfurt a. M., Suhrkamp, 1984, S. 200; ホルクハイマー＝アドルノ『啓蒙の弁証法──哲学的断想』徳永恂訳、岩波文庫、2007 年、366-367 頁。なお、訳文は一部改変させて頂いた。

アドルノはキリスト教の特徴をこう描き出す。ユダヤ教の神にはまだ啓蒙以前の存在であるデーモンという色彩が残っていたが、「前アニミズム的な原始時代以来、自然へ向けられていた恐怖は、しだいに自然の創造者であり支配者として君臨する絶対的な自己存在［＝神］という観念へと移行していく。この観念は、そういう自然からの疎隔によって筆舌に尽くし難い力と栄光を帯びることになるが、なおかつ思考によって捉えることができるのであり、まさしく最高の存在、超越者へかかわることによって、思考は普遍性を持つようになるのである」[197]。

　そうして、キリスト教は「かつて自然宗教の呪縛を脱する上で貢献したのと同じモメントによって、ふたたび精神化された形で偶像崇拝を生み出す。絶対者が有限なものに近づくにつれて、それだけ有限なものは絶対化される。肉化された聖霊としてのキリストは、神化された魔術師である」[198]。こうして、理性的な啓蒙の力によって、キリスト教は魔術的自然を精神化し、合理化し、また呪術を聖化してゆくが、「これによってキリスト教は宗教に、ある意味では唯一の宗教になる。つまり［合理的］思考からすれば疑わしいものへ［合理的］思考によって関係付けるという意味で、文化的特殊領域になる」[199]。

　そのような、魔術的自然を合理化する力であるキリスト教が救済の知を語り出すとき、そこには自然と超自然との宥和があると言われるのだが、ホルクハイマー＝アドルノによれば、そこには欺瞞がある。なぜなら、キリスト教会は「とにかく教会の定めた教えに従えば人々は救済への道を見出すだろうということを基にして成り立っているはずなのに、（…）じつはこの目標となる救いそのものには保証がないからである」[200]。

　こうした、自然的なものを精神的なものだと僭称する欺瞞、あるいはまた救いの確証の不在という欺瞞を前にして、「心の疚しさを感じながらも、キリスト教を確実な所有物と信じ込んだ別の人々は、曖昧な気持で理性に犠牲を捧げなかった人々の現世での不幸を引き合いに出して、自分たちの永遠の救いの証しとせざるを得なかった。これが反ユダヤ主義の宗教的起源である。

197　Ibid., S. 201; 同、367 頁。
198　Ibid., S. 201f.; 同、368 頁。
199　Ibid., S. 202; 同、369 頁。
200　Ibid., S. 203; 同、371 頁。

父の宗教の信者たちは、息子の宗教の信者たちから、この間の事情をよりよく知っている者として憎まれることになる。それは救済知という形に自己を硬化した精神が、精神そのものに対して抱く敵意である」[201]。

　ドイツキリスト教徒がアウシュヴィッツへと続くユダヤ人虐殺の道に加担した消息が、ホルクハイマー＝アドルノによる上の分析のごとくであるとすれば、そこにはまさに存在 - 神 - 論の持つ自同性の暴力が発現している。ショアーに加担したキリスト教徒は、まさに、救済の名の下に、あらゆるものを包摂する「存在者」という普遍を立て、それを頂点とする救済の体系を作り出すとともに、その救いの証を立て、救済の体系の同一性を維持するために、その救済の体系を無化する異邦人を排斥せざるを得なかった。そうであるなら、いささか極端な表現ではあるが、次のように言わなければならないはずである。存在 - 神 - 論はアウシュヴィッツの思想的温床とさえ考えられるのだ。

　存在 - 神 - 論の自同性の暴力が究極的にはアウシュヴィッツに行き着くものであるなら[202]、そして、その自同性の暴力が絶えず拡大し続けようとする普遍の力によって他者を抹殺し続けるのであれば、果たして一体どこで他者と出会うことができるのか。その一つの方途こそが、自己否定、あるいはむしろ自己無化だと考えられる。すなわち、無制限な自己保存を留保し、己の存在を己の所有から手放して、他者のための場所を開くとき、他者に出会う困難で細い道がかろうじて見えて来るのではないかということである。もちろん、これは他者への無制限的な服従を意味するものではない。そのような他者への服従もまた、「他者」が強要してくる同一化の暴力に加担するにすぎないことになるからだ。そうであればこそ、自己と他者がともに同一性へ

201　Ibid., S. 203f.; 同、372 頁。
202　このことは、おそらくデリダの問題意識とも通底している。高橋哲哉による研究を参照するなら、「存在－神－目的論は、メシア的なもの＝黙示録的なものと呼ばれる、他者へ開かれたその開口部を自ら抹消してしまう。現前した、または現前する存在者（起源）から、現前する予定の存在者（目的＝終末）に向かって延びた軌道上を、多かれ少なかれ規定可能な規則にしたがって進行する目的論的＝終末論的歴史は、この過程そのものの他者――予見不可能な特異性、回帰する幽霊、『まったき他者』――をあらかじめ排除」（高橋哲哉『デリダ――脱構築と正義』講談社学術文庫、2015 年、284 頁）してしまう。そうして、他者－死者を排除して成立する「絶対的生」こそが、デリダにおいては「絶対悪」にほかならない（同、274 頁以下参照）。

の傾向を放棄し、互いに否定し、相互に無化していくところに、自己と他者の共生の道が開けてくるのではないか。

　してみれば、存在 - 神 - 論の深い根のひとつは、存在と存在者を取り違えるという存在論的差異の忘却、あるいは神を一箇の存在者とするところにあったのであった。であるならば、存在 - 神 - 論からの脱却は、一方では、存在者を存在へと帰していくこと、他方では、神を一箇の有的な存在者という表象から無的なものへと解き放つことによってなされることが期待される。もしここで、存在する神がとりもなおさず我々の作り出した偶像であるというジャン゠リュック・マリオンの指摘[203]に与するなら、有的な神の像を無化していくことは、むしろ偶像の破壊を通して真の神を探求する道でもあるだろう。

　このように、自己無化は単に悲観的な自己犠牲を強要するものではない。むしろ、自己無化という事柄が示しているのは、ある硬直した同一性という在り方から超出していく、自己超出という事柄でもあるからである。そうして、自己と他者が不断に無化しあうところから、互いに過去の固定された在り方から超出していくというヴィジョンこそが、自己無化ということばの示そうとしているものにほかならない。

　さて、我々は、応報思想について論じる上で、反証可能性という概念を持ち出すことが妥当かという異論に対する説明を試みようとして、存在 - 神 - 論の議論へと導かれたのだった。この異論に対しては、今やこう答えられることになるだろう。いかに宗教的・倫理的な問題といえどもそれが自己反省へと促される契機を欠くのであれば、これは他者を抹殺する暴力へとつながり、抽象的な次元を超えた具体的・物理的な暴力として発現しうるからであると。そうであればこそ、反証可能性は科学哲学の領域を超えて、宗教を自己無化へと導くメタファーとして用いられうるはずである[204]。

203　ジャン゠リュック・マリオン『存在なき神』永井晋・中島盛夫訳、法政大学出版局、2010 年、35-74 頁。
204　もっとも、反証可能性はあくまでメタファーに留まる。ポパーの考える反証可能性のモデルは「問題（Problem）→暫定的理論（Tentative Theory）→誤りの排除（Error Elimination）→新しい問題」という進化論的モデルだが、この進化論的なモデル自体は、ポパー自身が認めるように、反証可能な理論ではなく、形而上学的なプログラムにすぎないからだ（野家啓一『科学哲学への招待』ちくま学芸文庫、2015 年、159-172 頁参照）。

以上のように存在 - 神 - 論の展開を確認してきたところで気づかされるのは、本稿が論じてきた応報思想に基づく救済の教説も、結局は存在 - 神 - 論的な構造の中で、応報法則を担保すると僭称された絶対的な存在者の主権性の輝きにおいて同一性を保つような、自同的な体系だということである。「悔い改めるならば」と定式化された応報思想に基づく救済の教説は、反証不能な強固さを持つものであり、また、ときにはどこか高圧的で胡散臭さのつきまとうものではあったが、これらの背後には、絶えず自己同一化しようとする存在 - 神 - 論の暴力性があるのだと考えることができるだろう。

2.4.3. 現代における応報倫理思想

ところで、応報思想に基づく懲罰と救済の教説は、決して遠い過去の問題ではない。それは現在でもなお先鋭で、かつ深刻な問題でありうる。事柄のデリケートさを損なう恐れがあることは承知してはいるが、その現代的な発露の一つをここで見ておきたい。

たとえばユダヤ教正統派はアウシュヴィッツをユダヤの民が犯した罪に対する罰と認識している。ヤコヴ・M.ラブキンに従えば、ユダヤ教正統派の信仰において、ディアスポラを終結させ、イスラエルの民を解放するのはもっぱら神の主権性に基づく。「つまり、解放の合図はもっぱら神によって発せられるものであり、流謫に終止符を打つのも、もっぱら神のみの所業とされているのだ」[205]。この思想は、ディアスポラ前夜のユダヤ人が立てたという「三つの誓い」によってこう表現される。「民としての自律を獲得しないこと、たとえほかの諸々の民の許可が得られても〈イスラエルの地〉に大挙して組織的な帰還を行わないこと、そして、諸々の民に盾を突かないこ

本稿で述べた反証可能性という語は、この進化論的モデルを含意するものではなく、誤りに開かれている態度を象徴して用いている。もしもここで進化論的モデルを採用するなら、それはいかに批判的理性に基づくものといえども、理性に基づく新たな存在 - 神 - 論を招来するものとなるだろう。

205 ヤコヴ・M.ラブキン『トーラーの名において──シオニズムに対するユダヤ教の抵抗の歴史』菅野賢治訳、平凡社、2010年、139頁。

と」[206]。

　にもかかわらずシオニズムは、こうした神の主権性に反し、シオンの地への帰還を自らの力によって成し遂げようとした。ユダヤ教正統派にとってはこれこそがホロコーストを引き起こした罪なのだ。シオンへの帰還を自助努力によって成し遂げようとしたシオニストの罪は、次に列挙するようなさまざまな具体的な形で示される。たとえば、好戦的なシオニストの一派による挑発は、ドイツ国内でのユダヤ陰謀論に説得力を与えてしまい、かえって反ユダヤ主義者たちにとって好都合なものとなった[207]。あるいは、あのアイヒマンとの協調体制を築くことに成功したシオニストたちは、「イギリス委任統治政府によってパレスティナへのユダヤ移民が厳しく制限されると、(…)パレスティナ以外の場所にユダヤ移民を受け入れさせようとする活動を妨害するようになった」[208]。すなわち、反ユダヤ主義を逃れる術として、シオニズム以外の道を閉ざすことで、かえって反ユダヤ主義に加担していた。のみならず、パレスティナに入植できるユダヤ人を「選抜」することで、シオニズムに貢献し得ない同胞を見捨てた[209]。そして、ナチスが破滅した後でなお、シオニストたちはショアーの記憶を、イスラエルの軍事行動に対する免責証として利用している[210]。つまり、シオニストをはじめとした多くのユダヤ人にとっては、ショアーは「イスラエル国の究極的な正当性証明」[211]なのである。このようにラブキンはシオニズムの罪を糾弾する。

　そのように重畳する罪のゆえに引き起こされた大災厄が、ユダヤ教正統派の理解によれば、アウシュヴィッツなのである。「少なくとも、すべての解釈に〝ショアーはわれわれの罪によって起こり、われわれを改悛へと導く〟という思想が共通分母として見出されるように思う」[212]とラブキンは述べる。この思想がユダヤ教の最も長い伝統に位置付けられうることは容易に想像できる。「つまり、ショアーも、金の子牛、モーセとアロンに対するコラの反

206　同。
207　同、278頁。
208　同、281頁。
209　同、285-286頁。
210　同、292-299頁。
211　同、295頁。
212　同、301頁。

逆、二つの〈神殿〉の破壊など、聖書の物語に引きつけて解釈されるべき一つの出来事なのである」[213]。こうして、アウシュヴィッツという比類ない悪の出来事も、あくまで応報思想の中での、ひとつの瑣末な出来事になってしまう。

とはいえ、ここで、ユダヤ教正統派のラビたちが、いかに真摯かつ深刻な覚悟で、この応報思想を語ったかを疑うことはできない。ユダヤ教正統派の信仰に立つ者にとっては、ユダヤ人たちがつねに直面せざるを得なかった「強烈な憎悪を説明するための方法として、この因果関係を持ち出す以外になかった」[214] ことは、計り知れない重さを持っている。また、ショアーのなかで死んでいったラビが、信仰心を失うことで自らの苦しみの意味を知らないという「人間たちのあいだでもっとも不幸な存在」になるよりは、意味付けされた災厄を選び取ったことも、決して軽薄に理解したと言ってすませることのできる性格のものではない[215]。なにより、ショアーをシオニズムに対する罰だと解し、シオニズムを痛烈に批判したこのラビ自身が、自ら批判した同胞のために自分の死を贖罪の犠牲として捧げようとしたこと[216] は、第二イザヤ以来のユダヤ・キリスト教の代理贖罪の伝統に深く根ざしつつ、しかしいまだなお我々が決して十分に理解し得ない、無化の出来事である。

しかしながら、そうした問題の非常な深刻さとデリケートさにもかかわらず、また、シオニズムの持つやはり存在 - 神 - 論的な暴力[217] に対する抵抗という意義にもかかわらず、ユダヤ教正統派の抵抗にもなお存在 - 神 - 論の暴力が残っていることを、我々は看過できない。応報思想に基づく理解は、アウシュヴィッツの悪に意味を与えることによって、アウシュヴィッツの暴力

---

213 同、303 頁。
214 同、273 頁。
215 同、277 頁。
216 同、272 頁。
217 ラブキンによれば、シオニズムは宗教的なものではなく、むしろ近代的ナショナリズムを起源とするが、もしもそこに宗教的な根を認めようとすれば、それはプロテスタントの「字義尊重主義(リテラリズム)」と「経綸主義(ディスペンセーショナリズム)」である。すなわち、経典を字義通りに受け止め、ユダヤ人の聖地帰還がメシアの到来を早めるという神学がそこにある。ヤコヴ・M.ラブキン「シオニズム・イデオロギーの宗教的起源――現代イスラエルの成立と展開における、キリスト教シオニストの役割」、『キリスト教学』第 55 号、立教大学キリスト教学会、2013 年、221-242 頁。

を図らずも肯定してしまう。件のラビが自ら選び取ったはずの贖罪死という物語、自己の裂開の可能性をその中核に孕んだ小さな物語も、罪の贖いのための犠牲という存在 - 神 - 論の大きな物語の中に回収され、応報法則の保証人たる存在者の主権性の輝きに供されるならば、この大きな物語は小さな物語が持っていたはずの限りない差異を黒く塗りつぶしてしまう。それでいて、アドルノ、アガンベン、宮本らが言うように、アウシュヴィッツが人から死をも奪いうる限り、言い換えれば、人間が人間として死ぬ意味を奪おうとするニヒリズムの機構であり、死の記憶をも抹消するものである以上、アウシュヴィッツはこのラビのような犠牲的な贖罪死をも空洞化し、戯画化し、ナンセンスなものとしかねない[218]。

　このような問題は深刻さにおいても、重大さにおいても本稿が扱いきれるものではないが[219]、それでもここでひとつの点だけを指摘しておきたい。存在 - 神 - 論がアウシュヴィッツの思想的温床となるのは、なにも虐殺するものの側においてだけではないのだ。虐殺される側の思想においても、その思想の真剣さ、真摯さにかかわらず、存在 - 神 - 論はアウシュヴィッツの思想的温床となりうるのである。

　応報思想に基づく教説がどのように展開されうるかを、我々は上のように確認してきた。そして、この応報思想の問題がどこにあるかといえば、それは、この応報思想の担保者としてある絶対的な主権を持つ存在者を要請する思考にあり、また、その名のもとにあらゆる他者と差異を吸収し、抹消しようとする自同性の暴力にあり、すなわち存在 - 神 - 論の暴力にあった。そう

218　Adorno, Theodor W., *Negative Dialektik*, Suhrkamp Taschenbuch Wissenschaft 113, Frankfurt a. M., Suhrkamp Taschenbuch Verlag, 2. Aufl., 1980, S. 355 ; テオドール・W. アドルノ『否定弁証法』木田・徳永他訳、作品社、1996 年、439 頁 ; ジョルジョ・アガンベン『アウシュヴィッツの残りのもの——アルシーヴと証人』上村忠男・廣石正和訳、月曜社、2001 年、100 頁 ; 宮本久雄『旅人の脱在論』、16-21 頁。もちろん、たとえば V. E. フランクルのように、自らの生死に意味を与え続けることは可能であるとしても。

219　アウシュヴィッツを応報思想に基づいて罪に対する罰と解するユダヤ教正統派、あるいはまた来るべきメシアのための犠牲と捉えようとする立場に対して、ユダヤ思想の側から反対する論者については、Rubenstein, Richard L., *After Auschwitz: History, Theology, and Contemporary Judaism*, Second Edition, Baltimore and London, The Johns Hopkins University Press, 1992, pp. 157-200 を参照。

して、この存在 - 神 - 論の暴力を保持しようとする力は、その存在 - 神 - 論の体系を奉じる者の心情的な真摯さの如何によらず発動しうるのである。

　したがって、申命記史家を官僚的・合理的な歴史記述を行う者と見做す、レーマーに代表される立場と、彼らを真正な悔い改めの説教者と見做す、ヒッバードの議論から推測される立場の、どちらがより彼らの真意に近いのかという問いは、形を変えて次のように問われることになる。それは、彼らの心情的な事実にもかかわらず、彼らの依拠した教説の構造において、その構造が結局のところ、自己同一化の力を打ち破る自己無化に開かれているか否か、という問いである。

　これは、いささか極端に言い換えれば、申命記史家たちが、自らの歴史記述の方法論とした応報思想及びその担保者の輝きを棄て、そのことによって絶対者の代弁者としての自らの在り方をも棄てる用意があったかどうかということである。あるいはもっと控えめに言えば、申命記史家たちが自らの歴史記述の仕方に疑いを差し挟んだか否かということになる。

　とはいえ、申命記史書全体にわたってこの検証を行うことは本研究の課題を超えるので、以下は、エレミヤ書における申命記主義的編集に限って検討していきたい。

第3章

エレミヤ書における悔い改め

3.1. エレミヤ書の申命記主義的編集における悔い改め概念

　エレミヤ書における申命記主義的編集において、悔い改めはどのように理解されているのだろうか。先に、ヒッバードの議論を紹介する中で中心的な原理を表出していた、エレミヤ書18章7-10節のような思想、すなわち「悔い改めるならば幸いを、そうでないなら災いを」という択一的な発想は、その他の申命記主義的編集句でも確認できるのだろうか。

　エレミヤ書における申命記主義的な悔い改め概念を探るにあたり、ヘブライ語で悔い改めを意味しうる語「シューブ」が史家的編集句でどのように使われているかを確認しておきたい。とはいえ、すでに触れたようにシューブの用例には必ずしも悔い改めとは関係のない意味で用いられるものもあり、すべてを網羅的に探索することは得策ではない。だが、すでにシューブの用例を網羅的に調査したホラデイの研究があり、しかも彼はそこで神と人の関係における変化を示すとしたシューブの用例、すなわちシューブの契約的用法（covenantal usage）と彼が呼ぶものをまとめているので、これを用いたい。

　ホラデイのまとめによれば、エレミヤ書の申命記主義的編集句で契約的用法のシューブが現れる箇所は次の19例である。3章6, 7（2例）, 8, 10, 11節、11章10節、18章8, 11節、24章7節、25章5節、26章3節、32章40節、34章15, 16節、35章15節、36章3, 7節、44章5節[220]。活用などの形態上の区別についてはホラデイの研究が精密に展開しているが、興味深いことに、エレミヤと申命記主義的編集句では命令法で用いる場合の意味が異なるとホラデイは指摘している。すなわち、エレミヤがシューブをカル態の命令

---

[220] Holladay, *ŠÛBH*, pp. 137f. なお、ホラデイが申命記主義的編集に帰したこれらの箇所は、後にティール（Thiel, 1973, 1981）が申命記主義的編集とした箇所とも一致している。

103

法で用いる場合は、「神に立ち帰れ」あるいは「悔い改めよ」という意味で用いるのに対し[221]、申命記主義的編集は「悪から立ち帰れ」という意味で用いる[222]とホラデイはいう[223]。では、こういった用法上の違い以上に、両者に思想的な差異は見られるだろうか。

18章7-10節で最も鮮烈に表明されたような択一形式の発想、悔い改めを赦しや救済の条件とするような箇所は、25章5節、26章3節、36章3節で確認される。悪から立ち帰るならば、救われ、赦されうるのである。これらの箇所は、未来に向けて開かれており、選択の余地を与えるような書き方をされている。これらはいわば陽画として、救済の条件法を語っている。

これとは方向が異なり、いわば陰画として災いの原因・理由として、「立ち帰らなかった」ことが語られるのが、11章10節、34章15, 16節、35章16節、44章5節である。11章は、「父祖の咎」に「立ち帰った」こと、すなわち他の神々を崇拝したことが、災いをもたらし、ヤハウェが顧みないことの原因（11, 14節）とされる。34章の用例では、悔い改めの行為として行われたらしい奴隷解放宣言を取り消したことの結果として、事後預言的に、災いが与えられバベルの手に落ちることが告げられる（17-19節）。35章では、レカブ人の物語と交錯するようなかたちで、預言者に聞かず、悪から立ち帰らなかったことから、災いが帰結するとされる（17節）。44章でも、民が悪から立ち帰らなかったことが、エルサレム滅亡の原因である（6節）。

18章11節と36章7節の後には、「そうすれば」というような表現はないが、しかし両者とも、すぐ上で見たように、先行する箇所に条件法的な言明がなされている。

さて、ところが、3章の用例では、条件法的な言明は必ずしも明確ではないようにも見える。3章6-10節では北イスラエルと南ユダがともに、ヤハウェに立ち帰ることをしなかったという事実を述べているが、それはどちらかというと糾弾するような口調ではなく、むしろ情感に訴えるような書き方である。3章の用例は条件法的ではないとはいえ、それではこれが全く条件的でないかというとやや疑問が残る。というのは、11節「背信の女イスラエルは、不実な女ユダよりも義とされた」という一句があるからだ。すると

221　エレ 3:12, 14, 22。
222　エレ 18:11, 25:5, 35:15。
223　Holladay, *ŠÛBH*, p. 139.

これは 12b 節のエレミヤの真正句において、なぜ北イスラエルに向けて救済預言が告げられているのかを説明するための理屈を導入するために付加されたと考えることもできるのである。もしそうなら、3 章 6-10 節のシューブの編集は、いささか不可解なエレミヤの救済預言に合理的な説明を与えようとしたものであり、ここでもシューブは何らかの合理性のもとに語られていることになる。

　24 章 7 節はいささか微妙である。この節は、「また、わたしは彼らに与える、まことにわたしこそがヤハウェであると知る心を。彼らはわたしにとって民となり、またこのわたしは彼らにとって神となる。まことに彼らは全心でわたしに立ち帰る」となる。問題は、最後の「彼らは全心でわたしに立ち帰る」の節の初めに置かれた接続詞「キー」が、「まことに」という強調を示すのか、それとも「なぜなら」という理由を示すのかが判然としないことによる。24 章でバビロンの捕囚民が祝福される理由は明確ではなく、24 章 7 節のみが理由らしきものを示しているので、「キー」を理由と解することも正当化であるように思われる。だが、24 章 8-10 節で非捕囚民が呪われる理由は全く述べられておらず、こちらに理由が存在していない以上、捕囚民に対する祝福の理由も不在であり、ここでは祝福も呪いも断言として表現されているとすることもできるのである。

　ただ、しかし「キー」の意味をどちらにとるにせよ、ここでも救済は決して無条件的ではないことに注意しておこう。祝福を受けるのはバベルに下った捕囚民であることが条件であり、エルサレムの残留民やエジプトへの亡命者は祝福に与ることができない。それゆえ、24 章 7 節も応報的な発想から自由であるとは言えないのである。

　こうして、申命記主義的編集句が語るシューブの契約的用法において、完全に応報的発想、条件的発想から自由であると言い得るのは唯一 32 章 40 節のみである。だが、実はこれはもはや人間の側の「悔い改め」を問題とはしていない。「これはエレミヤ書における契約的シューブのカル態で神が主語となる唯一の例」[224] なのである。つまり「わたし〔ヤハウェ〕は彼らから離れず」という神の決意を示す用例である。

　要するに、これまでに見たところでは、申命記主義的編集箇所では、肯定

224　Ibid., p. 132.

形表現であれ、否定形表現であれ、人間を主語とする悔い改めは、そのほとんどが禍福の条件法に組み込まれてしまっており、これを外れると完全に言い切れるような用法はない、ということになるだろう。

　以上見てきたところからすると、申命記主義的編集箇所において悔い改めが説かれるとき、そこでは応報法則の条件法が破れるという道は閉ざされていると言わざるを得ない。そして、この応報法則の内部に留まる限り、この法則が誤りであることは証明され得ないのであるから、応報法則を語る説教者自身は、意図的であると否とにかかわらず、応報法則の作り出す欺瞞的な自己保身機能によって守られてしまう。

　それゆえ、如何に心情倫理的に、史家たちの中心的な意図が悔い改めの呼びかけにあるとし、彼らの意図の純粋さを主張しようとしても、応報法則的条件法の保護機能がある限り、体制的機構に守られていた官僚たちが発案した自己保身の結果であるというレーマー流の見方に対する反論を行うことは極めて難しい。意図によって、というよりも、構造的に反論できないのである。それゆえ、申命記史家の編集意図については、「本当は」悔い改めへの呼びかけが純粋であった可能性を完全には排除しないとしても、形式上・構造上、官僚的な自己保身の説明体系、応報法則に基づく合理的な説明体系に陥ってしまっているとせざるを得ない。

　こうして、レーマーの提示するモデルを受容するなら、申命記史家の思想的特徴は次の点に集約することになるだろう。申命記史家は、応報法則に基づく合理的な歴史記述・説明を主たる特徴とするのであり、知的な応報倫理的思考こそがその中核にある。

3.2. エレミヤにおける悔い改め

　これまで、エレミヤ書における申命記主義的編集について、悔い改めの教説がもつ機能と特徴を確認してきた。では、預言者エレミヤにおける悔い改めはどのように考えられるのだろうか？　やはりエレミヤにおける悔い改めもまた、申命記史家と同じように「罪→悔い改め→赦し→救い」という図式のなかにおいて理解されるような悔い改めとなるのだろうか。あらかじめ結論を先取りしておくなら、答えは否である。エレミヤにおいては、「罪→悔

い改め→赦し→救い」という図式は成り立たない。だが、エレミヤに生じた思想的な変転を踏まえると、彼の生涯のすべてにわたって、この図式が退けられるというわけではない。それゆえ、エレミヤの思想の展開に即して、悔い改めがどのように踏まえられていったのかを見ておきたい。

3.2.1. エレミヤ書3章1節-4章4節

エレミヤの初期の預言と考えられるもののうち、悔い改めが主題化される箇所が、エレミヤ書3章1節-4章4節という単元である。この箇所は、多くの論者が30-31章に散りばめられた救済預言との関連で言及する箇所である[225]。それゆえ、本稿がのちに取り扱うことになる「新しい約束」との関係においても注目されるべき箇所であり、悔い改め、神への立ち帰り、捕囚からの帰還という一連の思想の関係を考察するために格好のテクストである。とはいえ、もちろんこの箇所には多くの申命記史家的編集が加えられている。のみならず、この箇所に加えられた申命記史家的編集の程度については、研究者たちの意見は一致しているとは言い難い。それゆえ、この箇所の申命記史家的編集とエレミヤの真正な預言句を分離し、その思想的中核を析出するためには、各研究者の主張を瞥見しておく必要がある。

長くなるが、まずはテクストを引用しておこう。

> [3:1] こう言われる。
> 「もし、人が自分の妻を去らせ、彼女が彼のもとから出て行き、他の男のものになれば、この人は再び先の妻のもとに戻れるだろうか[226]。大い

---

225 たとえば、Lalleman-de Winkel, H., *Jeremiah in Prophetic Tradition: An Examination of the Book of Jeremiah in the Light of Israel's Prophetic Traditions*, Leuven, Peeters, 2000, pp. 132f. を参照。

226 ヘブライ語マソラ本文の読みに従う。七十人訳は「彼女はその男のもとに帰るだろうか？」。文脈上も、申 24:4 との関連も、七十人訳のほうが滑らかであるが、関根清三も指摘する通り、マソラが「夫がそれでもよりを戻す気になれようか」という意味で語っていることも否定できない（関根清三訳『エレミヤ書』岩波書店、2002年、20頁、註六）。この箇所が申 24:4 のパロディであるとするなら、かえってマソラの読みを積極的に支持することもできるだろう。Word Biblical Commentary（= WBC）は、マソラと七十人訳の読みの違いを、七十人訳の底本となったヘブライ語テクスト伝承との違いに

に汚れていないだろうか、その地は[227]。お前は、多くの愛人と淫行を行って、しかも、わたしのところに帰ると言っている。——ヤハウェの御告げ——

² 目を上げて禿げた山々[228] を見よ。どこに、お前が共寝をしなかった所があろう。道ばたでお前はすわり込んだ、彼らのために。荒野のアラビア人[229] のように。お前の淫行[230] と悪行[231] によって、この地を汚した。

³ それで止められたのは夕立、後の雨もなかった[232]。それでも、お前は遊女[233] の額をして、辱められることを拒んでいる。

⁴ 今でも[234]、お前はわたしにこう呼びかけてはいないか[235]。『私の父よ。私

求めようとしている。Craigie, Peter G. et al., *Word Biblical Commentary: Jeremiah 1-25*, Vol. 26, Zondervan, 1991, p. 49.

227 七十人訳は「女」。ギリシア語の「ゲー（地）」が「ギュネー（女）」と誤って読まれた可能性がある。また申 24:4 の文脈と参照しても、地に言及されることは不思議ではない。ゆえに、マソラの読みを採る。

228 WBC は原語のシェパーイームの意味が不明とし、マッケインを参照しつつ、「開けた土地、田舎」などと訳す（WBC, *Jeremiah 1-25*, pp. 49f.）。しかしマッケイン自身の注解では、「丘の頂」という訳が採られている（McKane, William, *Jeremiah 1-25*, London, Bloomsbury T & T Clark, 1986, pp. 58f.）。本稿では、「裸である」ことを意味するヘブライ語「シャーパー」との関連で「禿げた山々」とする。異教祭儀という恥を明らかにする場所として、バアル礼拝の行われた場所と解す（「補注 用語解説」、関根清三訳『エレミヤ書』、13 頁参照）。

229 七十人訳は「カラス」。おそらく七十人訳は原語のアラービーをオーレーブと読んでいる。

230 マソラでは複数形、少数のヘブライ語写本とシリア語ペシッタ及びアラム語タルグームでは単数形。

231 マソラでは単数形、少数のヘブライ語写本と七十人訳、ウルガータでは複数形。

232 マソラに従う。七十人訳に従えば「そしてお前は多くの牧者たちをお前自身の躓きの石とした」。ヘブライ語「レビービーム（夕立）」を「ローイーム（牧者たち）」（エレ 3:15）と読んだのかもしれない。いずれにせよ、全く異なるテクスト伝承が窺われる（WBC, *Jeremiah 1-25*, p. 50 参照）。

233 原語「イッシャー・ゾーナー」。イザ 48:4 との関連で、「ネフーシャー（青銅）」とする提案もある。本稿ではマソラのままに読み、頑なさの表現と解する。

234 マソラに従う。七十人訳では、「ホース・オイコン（家を）」。したがって、七十人訳を意訳すれば、「共に暮らすことをお前はわたしに呼びかけてはいないか」。

235 多数の写本及びケレーの読みに従って、二人称女性単数とする。ケティーブは一人称単数。

の若いころの連れ合いです、あなたは。

⁵ 彼は永久に怒られるだろうか、いつまでも根に持たれるだろうか』と。見よ、お前はこう語りつつも[236]、能うるかぎりの悪を行っている」。

⁶ ヨシヤ王の時代に、ヤハウェは私に言われた。「あなたは見たか、背信の女イスラエルが行ったことを。この女はすべての高い山の上、すべての茂った木の下に行って、そこでお前は淫行を行った[237]。

⁷ わたしは思った、彼女がすべてこれらのことをしたあとで、わたしに帰って来るだろうと。しかし、彼女は帰らなかった。また不実な妹のユダもこれを見た。

⁸ 背信の女イスラエルが、姦通したというその理由で、わたしは彼女を追い出し、[238]離縁状を渡したのに、不実なユダという妹は恐れもせず、自分も行って、淫行を行ったのをわたしは見た[239]。

⁹ 自分の淫行を軽く見て[240]、彼女はその地を汚し[241]、石や木と姦通した。

¹⁰ このようなことをしながら、不実な妹のユダは、心を尽くしてわたしに帰らず、ただ偽っていたにすぎなかった。──ヤハウェの御告げ──」

¹¹ またヤハウェは私に言われた。「背信の女イスラエルは、不実な女ユダよりも義とされた。

¹² 行って、次のことばを北のほうに呼ばわって言え。

帰れ、背信の女イスラエル。

──ヤハウェの御告げ──

わたしはお前たちの中で顔を伏せることをしない。

恵み深いから、わたしは。

236　多くの写本及びケレーに従う。ケティーブは一人称単数形。

237　BHSの脚注は三人称女性単数の読みを提案している。七十人訳は三人称複数。ここではマソラに従い、二人称女性単数とする。ただし、6節前半での二人称男性単数とは「あなた」「お前」で訳し分ける。

238　ウェネトゥス写本を除く七十人訳では、「彼女自身の手に」が加えられる。申24:1参照。

239　マソラに従う。BHSは七十人訳のマルカリアヌス写本、ルキアノス校訂本など、またシリア語ペシッタに従って二人称男性単数の読みを指示しているが、本稿は採らない。

240　七十人訳は、「そして彼女の淫行は無となった」。

241　七十人訳には、「彼女はその地を汚し」の句は欠けている。

――ヤハウェの御告げ――
わたしは永久に怒ることはしない。
¹³ ただ、知れ、お前の咎を。
まことに、お前はお前の神、ヤハウェに反逆し、すべての緑の木の下で、他国の男にお前の道をばらまき、
そして、わたしの声を聞き入れなかった²⁴²。
――ヤハウェの御告げ――
¹⁴ 帰れ、背信の子らよ。
――ヤハウェの御告げ――
まことに、わたしがお前たちの夫となる。わたしはお前たちを、町からひとり、氏族からふたり選び取り、シオンに連れて行こう。
¹⁵ また、お前たちにわたしの心にかなった牧者たちを与える。彼らは知識²⁴³と悟りをもってお前たちを牧する。
¹⁶ お前たちがその国中に多くなり、増える、その日々に、――ヤハウェの御告げ――彼らはもはや何も言わない、ヤハウェの契約の箱について。それは心に上らず、彼らはそれ²⁴⁴を思い出しもせず、気に留めることもなく、それは再び作られもしない。
¹⁷ そのとき、エルサレムは『ヤハウェの御座』と呼ばれ、すべての国民はそこへと、ヤハウェの名へと、エルサレムへと²⁴⁵集められる。彼らは二度と悪い頑なな心のままに歩むことはない。
¹⁸ それらの日々、ユダの家はイスラエルの家と共に歩み、彼らはともどもに、北の国から、わたしがお前たちの父祖たちに²⁴⁶継がせた地に帰って来る」。

---

242 マソラでは二人称男性複数。七十人訳、ウルガタに従って二人称単数と読む。
243 マソラに従う。七十人訳では「牧することは」。
244 少数の写本では「それ」の代わりに「再び」とするものがあり、あるいはまた単に「再び」を挿入するものがある。
245 七十人訳は「ヤハウェの名へと、エルサレムへと」を欠く。
246 七十人訳、ペシッタ、ロイヒリン写本タルグームでは「彼らの父祖たちに」。

¹⁹「わたしは思っていた。どのようにして[247]、お前[248]を息子たちの中に置き、お前に、望ましい地、諸国のうちで最も美しい[249]相続地を授けようかと。また、わたしは思っていた。我が父とお前[250]がわたしを呼び、わたしに従って、もう背くことはない[251]だろうと。

²⁰ところが、妻が夫を裏切るように、お前たちはわたしを裏切った[252]。イスラエルの家よ。

——ヤハウェの御告げ——

²¹声が、禿げた山々の上[253]で聞かれる。イスラエルの子らの哀願の泣き声だ。まことに、彼らは自分たちの諸々の道を曲げ、自分たちの神、ヤハウェを忘れた。

²²帰れ、背信の子らよ。わたしが癒そう、お前たちの背信を」。

「ご覧ください、私たちはあなたのもとにまいります[254]。まことに、あなたこそヤハウェ、私たちの神です。

---

247 七十人訳では、「アーメン、ヤハウェよ、まことに……」。この三つの単語をヘブライ語に戻し、頭文字をとると、「どのようにして」と訳したヘブライ語エークの三文字となる。

248 マソラでは二人称女性単数。BHSの脚注では二人称男性単数が提案されてはいるが、ここではむしろ、本来相続権のないはずの女子にも相続させようとしたという特別の配慮を読み取るべきであると思われる（関根清三訳『エレミヤ書』、27頁、註七）。

249 マソラに従う。七十人訳では「万軍の神の」。七十人訳はおそらく「最も美しい」と訳したヘブライ語「ツェビー・ツィブオート」を「エローヘー・ツェバーオート」と読んでいる。

250 ケレー及び多くのヘブライ語写本、タルグーム、ウルガータに従って、二人称女性単数とする。ケティーブ、七十人訳、ペシッタでは二人称男性複数。

251 ケレー及び多くのヘブライ語写本、タルグーム、ウルガータに従って、二人称女性単数と読む。ケティーブ、七十人訳、ペシッタ、ロイヒリン写本タルグームでは二人称男性複数。

252 マソラに従う。七十人訳では、「彼はわたしを裏切った」。シナイ写本七十人訳では「彼らはわたしを裏切った」。

253 マソラに従う。七十人訳では「唇から」。七十人訳はおそらく「シェパーイーム」を「セパータイム」としている。

254 マソラに従う。七十人訳では「奴隷である私たちはあなたのもとにおります」。ペシッタでは「ごらんください、私たちはあなたに」。

²³ 確かに、諸々の丘から生ずることも²⁵⁵、山々の騒ぎも²⁵⁶、無駄でした。確かに、私たちの神ヤハウェに、イスラエルの救いがあります。

²⁴ しかし、恥ずべき者が食い尽くしました。私たちの若いころから、私たちの父祖たちの産物を、彼らの羊の群れ、牛の群れ、²⁵⁷ 彼らの息子たち、彼らの娘たちを。

²⁵ 私たちは私たちの恥の中に伏し、私たちの辱めが私たちを覆い尽くしています。私たちの神ヤハウェに対し、私たちも父祖たちも、私たちの若いころから今日まで罪を犯して、私たちの神ヤハウェの御声に聞かなかったからです」。

⁴:¹「もし帰るのなら、イスラエルよ、──ヤハウェの御告げ──わたしに帰れ。もし、お前が忌むべき物をわたしの顔前から²⁵⁸ 除くなら、²⁵⁹ お前は迷うことはない。

² お前は『ヤハウェは生きておられる』と誓う、真実と公義と正義とによって。国々は彼において互いに祝福しあい、彼において讃えあう」。

³ まことにヤハウェは、ユダの人とエルサレム²⁶⁰ とに、こう言われる。「開墾せよ。お前たちのために、未墾の地を。茨の中に種を蒔くな。

⁴ ヤハウェのために²⁶¹ 割礼を受けよ、またお前たちの心の包皮²⁶² を取り除け、ユダの人とエルサレムの住民たちよ。さもないと、わたしの憤りが火のように発して燃え上がり、消す者もいないだろう。お前たちの悪い行いのためだ」。

---

255 BHSの脚注は七十人訳、ペシッタ、ウルガタに従い「諸々の丘も」と読むよう指示している。
256 多くの写本では定冠詞が付されている。
257 幾つかのヘブライ語写本、七十人訳、ペシッタ、ロイヒリン写本タルグームでは接続詞が加えられている。
258 カイロ・ゲニザ写本では「お前の眼前から」。
259 マソラ本文にはここに接続詞があるが、カイロ・ゲニザ写本、七十人訳、ペシッタ、ロイヒリン写本タルグーム、ウルガータには接続詞がない。
260 少数のヘブライ語写本、七十人訳、ペシッタ、タルグームでは「の住人たち」が加えられている。
261 七十人訳では「お前たちの神のために」。
262 マソラ本文では複数形。これに対し、多くのヘブライ語写本、七十人訳、ペシッタでは単数形。

この箇所の編集について、研究者たちの見解は一致しているとは言い難い。この単元をさらに分割してゆくと、3章1-5節、6-13節、14-18節、19節-4章4節という小単元に分割しうる。だが、これらの単元がそれぞれの編集層ごとにすっきりと配分されるわけでもなく、むしろテクストはかなり複雑な成立過程を経てきたことが窺われる。こうした複雑なテクストの問題はあるが、便宜上、3章1-13節、3章14-18節、3章19節-4章4節の三つのまとまりに分けて考えていきたい。

3.2.1.1. エレミヤ書3章1-5, 6-13節について

　ティールは、6-18節の単元がさらに6-13節と14-17, 18節の下位区分に分けられることを認める。なぜなら、6-13節では北イスラエル王国と南ユダ王国が対照的に描かれているにもかかわらず、「14節以降では、イスラエルとユダのヤハウェに対する関係という問題は全く見捨てられて」[263]いるからである。その意味で、この節には「それ自体として明らかに統一感がない」[264]。そうして、6-13節はさらに二つの部分に分かれるとティールは見る。なぜなら、「11節ではヤハウェの語りにある新たな導入形式のあとで、これまでの議論のまとめが関連づけられ、そこで、12節にある語りの命令とともに、この言葉の囲みが接続する」[265]からである。こうして、ティールはエレミヤの元来の預言は、悔い改めることへの招待を述べる12aβ-13bα節であり、6節から続く散文部分は、この預言に対する注釈と解釈する[266]。

　ティールが12aβ-13bα節をエレミヤの真正句であるとし、6-13節のその他の箇所が申命記史家の手によると判断する根拠は、主として、「すべての緑の木の下で（タハト・コル・エーツ・ラアナーン）」という言い方が申命記主義的文書によく見られる言い方であることに依っている[267]。今問題としているエレミヤ書3章6-13節では、「すべての緑の木の下で」という言い方は6節と13節に出てきており、これが「囲み」を形成しているからである。

263　Thiel, 1973, S. 85.
264　Ibid.
265　Ibid.
266　Ibid. Vgl. auch S. 93.
267　Ibid., S. 86-88.

さらに、申命記史家的な表現形式としては「わたしの声を聞き入れなかっ
た（ヴェ・ベコーリー・ロー・シェマウテム）」（13 節）の原型と見られる「ヤ
ハウェの声を聞いた（シャーマウ・ベコール・ヤハウェ）」という表現のほ
とんどの箇所が申命記、申命記主義的に関連する文献に現れることから、13
節の「わたしの声を聞き入れなかった」も申命記主義的な表現であると、テ
ィールは考える[268]。また、10 節に見られる「心を尽くして（ベコル・レーブ）」
も多くの例証から、申命記主義的の典型的な言い回しであることが窺える[269]。
　以上のように、3 章 6-13 節には、6, 10, 13 節の三箇所に申命記主義的な表
現が確認される。これは現象としては、この箇所全体が申命記史家に帰され
るべき理由としては、十分だとは言えないし、ティールもその点は認識して
いる[270]。にもかかわらず、ここに見られる三箇所の表現が史家による断片的・
部分的な加筆ではなく、6-11 節が内的な連関を持った小単元であり、これ
がしかも申命記史家に帰されるべきだとする理由については、ティールはそ
れぞれ次のように考えている。「ヤハウェは私に言われた（ヴァイヨーメル・
ヤハウェ・エーライ）」という導入句は「これ以外ではエレミヤ書のなかで
は一度も独立した単元を開いていない」[271]が、このことから「このテクスト
は最初から接続箇所として作成され、独立した単元としては存在しなかった
ということがよく推測される」[272]。この箇所は接続箇所として起草されたと
いう意図を想定するなら、この意図が 6-11 節を一つの小単元として構成す
る内的な連関になるだろうし、この小単元の中にある二つの申命記主義的表
現は、この小単元の著者を示す、いわば「署名」になっていると考えられる
わけである。
　接続箇所として起草されたというこのアイディアは、ティールにとって、
彼が申命記史家に由来すると主張したいこの箇所に、申命記主義的表現が少
ないことを説明するためにも都合が良いものになっているはずである。なぜ
なら、この箇所は前後との連絡を取るために、そこから表現を借用しこれを
敷衍・解釈していると考えられ、このことが、申命記主義的な表現の少ない

268　Ibid., S. 86f.
269　Ibid., S. 88f.
270　Ibid., S. 89.
271　Ibid., S. 88.
272　Ibid.

ことの原因となっていると考えられるからだ。そしてこのことを裏付けるかのように、先行する3章1節を敷衍した3章8節には「離縁状（セーペル・ケリートゥート）」という表現が見られる。「離縁状」は申命記24章1節にある言い方であり、元来の申命記的表現を補強するような方向で働いている[273]。

　6-12aα節が接続箇所として作られたという考えは、また、この単元が、申命記史家による独立した単元であるにしては、あまりにも前後の文脈に深く適合しているゆえに、申命記史家の作品だとは認めにくいという異論に対する答えともなっているだろう。語彙的な観点からしても、内容的な観点からしても、この箇所の独立性は疑わしいが、接続箇所として書かれたものであるなら、それらの難点はむしろ史家の編集に対する例証となる[274]。そうであれば、問われるべきは、ここで史家がこのような編集を加えようとした意図、あるいはむしろこのような編集を加えなければならなかった、その理由であろう。しかし、今はもう少しこの箇所にとどまり、3章6-12aα節が史家に由来するという、ティールの判断の根拠をもう一点確認しておきたい。

　接続箇所として作成されたという考えに加えて、ティールはこの箇所の思考が示す性格もまた、このテクストが史家に由来するという判断の証左とする。ティールは次のようにいう。「この〔6-12aα節という、エレミヤの真正句3:1-5, 12aβ-13bαに対する〕コメントづけが申命記主義的編集に帰されることは、論じられたテクストの性格からして、ほとんど疑いがない。この論及が遂行されたところの訓戒的な性質と、また、まさに内容それ自体がこの判断の明確な支えである」[275]。こうしてティールは、この箇所を読む際に我々の脳裏に浮かび上がってくる訓戒的、教条的な印象の存在を指摘する。

　ここでティールが訓戒的な性格として考えているのは、北イスラエル王国の滅亡を目の当たりにしながらも行いを改めなかった南ユダ王国の住人たちに対する叱責であろう。「イスラエルの優位性の権利、ユダに先んじて恩赦を受けるその第一の権利は（…）、ユダが姉妹国に降りかかった裁きによって自らを律することもせず、ヤハウェへの一致した立ち帰りへと動くこともしなかった、ということによって証明されるのである。そこから、ユダの過

273　Vgl. ibid., S. 88.
274　Ibid., S. 89.
275　Ibid.

失はイスラエルのそれよりも深刻であるという判断が生じる」²⁷⁶。

こう述べるティールの論の運びはやや入り組んでいるが、再構成すると次のように言いうる。まず、1-5 節では分化されていなかった北イスラエルと南ユダは 7 節以降、対置されることになる。だが、そうであれば、「北王国イスラエルと南王国ユダを不実な姉妹という寓喩で、慎重に対置させることは、文脈においては類比とはみとめられず、文脈からもまた如何なる仕方においても意図されていない」²⁷⁷ はずである。こうして密かに導入された北王国と南王国の二分法は、ひきつづいて、南王国のほうが罪が重い（あるいは、北王国のほうが罪が軽い）という傾斜をつけられることになる。その傾斜の理由付けは、南王国が北王国の破滅を自らの手本とせず、ヤハウェに立ち帰ろうとしなかったことに求められている。最後に、この南王国のほうが罪が重いという傾斜づけによって、相対的に南王国の罪が強調されることになるが、これは直接的にはヤハウェに従おうとしない南王国への非難であり、間接的には南王国にヤハウェへの立ち帰りを勧める説教になっている。こうして、6-12aα 節に、訓戒的な性格が付与されることになる。このような訓戒的性格は史家に由来しているとティールは見ている。

さて、これまで 3 章 6-13 節におけるティールの考えを見てきた。ティール説が持つ意味を積極的に評価するなら、3 章 1 節から始まり 4 章 4 節に至る、悔い改めと帰還――すなわちシューブというヘブライ語の多義性をめぐる、大きな単元について、エレミヤ、申命記史家、捕囚期以降の加筆者の態度を思想的に分離し、整理することができる点にある。ティールはときおり十分な明確さで述べているわけではないが、それらの加筆が為されるに至った理由を、時代ごとのイデオロギーに関連付けて説明できることも、ティール説の強みだと考えられる。そうして、こうした分析が、大枠においては、散文部分・詩文部分という区別による分離という研究史の古い伝統と期せずして一致していることも、興味深い点である。

だが、ティール説では、大きく二つの点において難点を認めうるだろう。第一に、とりわけ 6-13 節の分析において、ティールは思想的・内容的な観

276　Ibid.
277　Ibid., S. 84.

点から分析を遂行するが、これを裏付ける語彙的な例証が十分ではない。主として三つの表現形式については、申命記主義的であるというところまでは言えるのだが、エレミヤがこれらの言い回しを用いることがありえなかったという証明になっているわけではないのである。この点をティール自身が自覚しているゆえに、彼の分析は思想的・内容的な吟味に傾斜していく。だが、この点が第二の難点に結びつく。

第二の難点は、エレミヤの真正句と考えられる 12aβ-13bα 節については、これがエレミヤのものでしかありえないという積極的な理由付けがなされていないことである。エレミヤの真正句に特徴的な性格が提示されていないゆえに、申命記史家的について、彼らの訓戒的性格、教条的性格が強調されるとき、エレミヤもまた預言者として持っていたはずの訓戒的性格との分離が曖昧となってしまう。単に訓戒的性格があるというだけでは、実は申命記史家の特徴付けとしては不十分であり、それぞれの訓戒的性格がさらにどのような特徴をもつのかという点を論じなければ、エレミヤと史家のテクストを分離する十分な根拠とはならないはずである。確かに、ティールの研究の意図はエレミヤ書における申命記史家的箇所を割定することにあり、エレミヤの真正句の剔抉はティールの第一の関心からは外れてしまうのだが、我々としてはその点について考察を加えてゆかねばならない。

・3.2.1.1.1. ティール説に対する反論

関根正雄はティールを詳細に検討しつつも、ティールの結論に反対し、多くの箇所をエレミヤの真性の言葉に帰そうとする。関根正雄は、3 章 6-13 節と 14-18 節前半部[278]までに、所々の部分に申命記史家的表現や後代の加筆があることを認めつつも、エレミヤの発想に遡りうる可能性を指摘し、この箇所が申命記史家だとする決め手はないと考えている[279]。関根正雄によれば、6-13 節と 14-18 節の主要部分はそれぞれ別の著者に由来するのではなく、エレミヤの預言の初期と最後期による。6-13 節は初期に捕囚の地にある北イスラエルに向けられたものであり、14 節以降はエレミヤの預言活動の最後

---

278 ただし、17 節の「エルサレムにあるヤハウェの名のために」は加筆とする。関根正雄『関根正雄著作集 第 14 巻 エレミヤ書註解(上)』新地書房、1981 年、82, 85 頁。
279 関根正雄『エレミヤ書註解(上)』、88-89 頁参照。

の時期にあたる、と関根正雄は見ている[280]。

関根正雄が3章6-13節のティールの所見に反対する理由のうち最も大きいものは、ティールがエレミヤの真正句に帰した12aβ-13bα節が対象とする聴衆である。関根正雄によれば、ティール説の最大の難点は「一二節後半から一三節前半（前述）の部分で『叛逆のイスラエル』を七二一年に捕囚になったイスラエル王国の中の残存した住民と解する点」[281]にある。「『叛逆のイスラエル』を残存した下層の人々とすることはエレミヤには思いもよらなかったことではなかろうか。七二一年の北王国滅亡の時、アッシリア人は上流階級をメソポタミアにつれて行き、下層民を残したのであるが、その残された下層民にエレミヤが『叛逆のイスラエル』とよびかけた、とは思われない」[282]と関根正雄はいう。むしろ関根正雄によれば、6-13節の預言が向けられた相手は、捕囚に連れて行かれた北イスラエルの住民、すなわち、北イスラエルの上流民なのである[283]。ただし関根正雄は「背信のイスラエル」が北イスラエルの残留民ではなく、アッシリアの地にある捕囚民であると判断する理由について、それ以上踏み込んだ根拠を示してはいない。

関根正雄は、とはいえ、北イスラエルの捕囚民と南ユダの両者がともに呼びかけられていると見るが[284]、キャロルは、もっと進んで、3章1-5節の対象はユダであると断じ、むしろ6-11節の著者によって、本来の対象である南ユダから北イスラエルにすり替えられたと考える[285]。同様に、近年のラレマン＝デ・ヴィンケルも、3章1-5節の呼びかけが北イスラエルを指しているはずがないと見る。なぜなら、当時北イスラエルはすでに滅んでいたからであり[286]、すでに取り返しのつかない時点にまで事態が進行してしまった北イ

---

280 同、85頁。
281 同、87頁以降。
282 同、88頁。
283 同、85, 88頁。
284 同、85, 86頁。
285 Carroll, *Jeremiah: A Commentary*, London, SCM Press, 1986, p. 145.
286 Lalleman-de Winkel, H., *Jeremiah in Prophetic Tradition*, pp. 135, 137. ラレマン＝デ・ヴィンケルは、3:1-5をイスラエルに向けた呼びかけと解する学者として、オースターホフとジョーンズを挙げる Oosterhoff, *Jeremiah I*, pp. 136-137, Jones, *Jeremiah*, p. 97（ラレマン＝デ・ヴィンケル上掲書による）。オースターホフはすでに北王国の捕囚が現実態になった事態を考えているが、ジョーンズは未だ潜在態である事態を考えている。

スラエルに悔い改めを説くことはナンセンスであるように思われるからである[287]。「アッシリアに生きる部族の生き残りについてはいうまでもなく、ヨシヤの支配下に置かれることになった残留民に対する説教を想定する十分な根拠はない」[288]というのがラレマン゠デ・ヴィンケルの結論である。このことから、この預言はイスラエルという名で呼びかけてはいるが、これは一種の当てこすりであり、本当の対象は南ユダであるということになるだろう[289][290]。

さらに、預言が誰に向けられていたのかという点と関連するのが、「シューブ」の意味の展開である。ティールは、「背信のイスラエル」の後に続く、この「帰れ」という呼びかけを、「悔い改める」という意味だと解釈する[291]。その場合、「シューブ」という語の持つ多義性は、その都度一面だけが取り出されることになるのだが、関根正雄はこの点について「『帰る』を『神に立ち帰る』か『帰国する』のどちらかだ、とする前提はエレミヤの言葉の含みから考えて当らないのではないか」[292]と疑義を呈する。関根正雄によれば、「『帰る』（シューブ）という語は一二節においても、一四節においても、祖国帰還と同時に神に立ち帰る、という意味で用いられる。そのどちらかに片付けることは抽象的である。むしろこの両者が一つである所にエレミヤにおける信仰の具体性歴史性がある」[293]という。あるいはエレミヤの詩人的性格を考えるなら、ここに、エレミヤはシューブの語が持つ多義性を十全に活用したはずであるという想定を付け加えてもよいであろう。

以上のような関根正雄の議論は、幾つかの点で確かに魅力がある。「背信のイスラエル」がアッシリアの捕囚の地にある北イスラエル人だと解せるなら、「帰れ」という呼びかけが捕囚からの帰還の約束と神への立ち帰りを意味することにも問題はないようにも見える。しかし、「背信のイスラエル」

287　Cf. Carroll, *Jeremiah*, p. 147.
288　Lalleman-de Winkel, *Jeremiah in Prophetic Tradition*, p. 139.
289　近年の注解者でこの方途を取るのは、マッケイン、キャロルなど。McKane, William., *Jeremiah 1-25*, London, Bloomsbury T & T Clark, 1986, pp. 31, 59, 63; Carroll, *Jeremiah*, pp. 122, 145, 147. また、Lalleman-de Winkel, *Jeremiah in Prophetic Tradition*, pp. 138-139 を参照。
290　もちろん、別様の可能性としては、「イスラエル」が契約共同体としての、北王国、南王国の総称として使われていることも考えられる。Cf. Carroll, *Jeremiah*, p. 122.
291　Thiel, 1973, S. 87.
292　関根正雄『エレミヤ書註解（上）』、88 頁。
293　同、85 頁。

がアッシリアにいる捕囚民を指すという決め手は、この語からは出てこない。むしろ、6-12aα 節という解説があって初めてアッシリアの捕囚民だと劃定されることになるように思われる。なぜなら、第一に、「北のほう」（12 節）という表現は、しばしば敵国を指して使われるからであり[294]、第二に、8 節の離縁状という比喩が捕囚をほのめかしているからである。そして、8 節は 1 節の敷衍・解説であることを踏まえると、一見、ティール説よりも関根正雄説のほうに分があるように思われる。

　だが、そこで 3 章 1 節と 3 章 8 節でそれぞれ語られる婚姻法の比喩に注目してみると、事態はそれほど単純ではない。これらの婚姻法の由来は、明らかに申命記 24 章 1-4 節だが、1 節と 8 節では、それぞれ比喩の内容が示す事柄が完全には一致していない[295]。1 節で語られる出来事は、(1) 男が妻を去らせる、(2) 妻が他の男と婚姻関係を結ぶ、(3) さらに妻は複数の男と不倫を行う、という順番で起こっている。もちろん、1 節で語られてはいないが、(1) で男が妻を離縁するのは、妻に「恥ずべきこと」を見つけたからであり、(1) には暗黙のうちに、(0) 夫が妻に問題（姦淫？）[296]を見つける、

---

[294] 初期には、「北からの災い」は騎馬民族のキンメリア人、スキタイ人を指し、中期以降は新バビロニアを指す（関根清三訳『エレミヤ書』、8 頁、註二）。また、新バビロニアに対する敵も同様に北から来る（エレ 50:3, 9, 41, 51:48。関根清三訳『エレミヤ書』、286 頁、註二）。しかし、いずれも、「災い」や「敵」であるという点では一致している。

[295] なお、ラレマン＝デ・ヴィンケルは申 24 章とエレ 3:1 との違いに問題を提起している。「申命記 24 章によれば、男がその妻を去らせたようであり、彼女が他の男と結婚したあとでふたたび離縁した場合、その男はその女を取り戻すことはできない。しかし、エレミヤ書 3 章 1 節では夫のもとを去ったのは妻であり、そのうえ、ひとりの別の男と結婚するというよりも、『多くの』別の男たちと節操のない関係を持っている。このことの含意は何だろう？」（Lalleman-de Winkel, *Jeremiah in Prophetic Tradition*, p. 135）。ただし、ラレマン＝デ・ヴィンケルの見方が成立するためには、本文中で述べているように、3 章 1 節と 8 節を切り離して考える必要がある。3:1 で夫が妻を去らせた理由である「恥ずべきこと」（申 24:1）を姦淫と理解するなら、申 24:1 とエレ 3:1 との違いは、不貞の妻が関係を結んだ男が、単数か複数かという違いだけになる。

[296] 状況から見て、夫が妻を離婚させた原因は姦淫のためであるようにも思われるが、しかし、この妻の非が姦淫であったとは、実は考えづらいはずである。「何故なら姦淫者は離婚されるまでもなく、石で打殺されたからである」（関根正雄『エレミヤ書註解（上）』、78 頁）。それゆえ、1 節の離婚の原因を姦淫だと理解する時点ですでに、8 節の先入見が混入している。あるいは、同じように神とイスラエルの関係を婚姻と姦淫の比喩で語った、ホセアの理解を織り込んでしまっているだろう。

という段階がある。1節が語る出来事はこの（0）〜（3）の4段階がある。

これに対し、8節で語られる婚姻法は、（0）妻が姦淫を行う、（1）夫は妻を追い出し、離縁する、という2段階で止まっている。

さて、ここでしかし大きな問題は、離婚の比喩の持つ機能が、実は1節と8節では相当程度異なっていることである。いうまでもなく、8節では離婚は罰として機能しており、それゆえ、離婚の比喩はアッシリア捕囚という出来事に対応している。これに対して、1節では、確かに離婚がアッシリア捕囚を意味するとすることは可能であるが[297]、それでもなお、離婚は罰としては全く機能しておらず、それどころか、離婚された妻が懲りずに罪を重ねることの原因とすらなっているのである。であるからこそ、イスラエルは、離婚という処罰を受けてなお、元の夫に戻りうるという甘ったるい期待を抱いていることで糾弾されているのだ。だが、1節が糾弾しているイスラエルの罪とは、単にヤハウェを離れたことにあるのではない。ヤハウェを離れたことによって、ヤハウェから見捨てられたにもかかわらず、さらに罪を重ねた点こそが、イスラエルの罪となるはずなのである。

だが、こうした視座は8節には欠けている。8節が言及する「離縁状」はユダがそれを見て恐れおののき、自らの振る舞いを反省するための罰だと考えられている。であるなら、8節は、実は1節の語りを正確に敷衍しているわけではない。のみならず、8節は、イスラエルが、処罰されたにもかかわらず、罪を悔い改めず、なおも罪を犯し続けた、という含意を見落としている。8節がこの含意を落としたことは、軽微なことには思われない。1節が示している意味は、現実に処罰が下されたにもかかわらず、処罰を処罰として認識することがなく、罪を悔い改めることがない、あるいはできないという、罪性の重苦しさへの洞察に繋がっている。だが、8節の理解では、処罰

---

[297] この点に関して、ラレマン＝デ・ヴィンケルは興味深い見解を展開している。「3章1節で離婚が捕囚と解釈されなければならないことは、強い可能性であるとは思われない。申命記のケースのように『妻』を去らせたのは神ではなく、彼女自身が去って行ったのだ。強調点は『去らせたこと』にあるのではなく、『戻るか否か』という点にある」（Lalleman-de Winkel, *Jeremiah in Prophetic Tradition*, p. 140）。イスラエルが自発的に神の元を去ったという点については、1節後半-3節の内容から首肯される。しかし、1節前半では「男が彼の妻を去らせ」とあり、これは明らかに、神がイスラエルを去らせたことを意味する。それゆえ、ラレマン＝デ・ヴィンケルの見解は、支持し難い。

が処罰として認識されうると考えている点で、この罪性の重さの洞察には至っていない。

以上のような比喩の対応の破れを見るならば、6-12aα節が1-5節を正確に解釈し、敷衍しているという見方が難しく、また同じ著者に遡ると見ることも同様に困難となるはずである。

すると、11節でイスラエルがユダよりも義とされた理由は、より複雑となる。「強いて言えばイスラエルはすでに罰せられたからユダよりも義しとされるのである」[298]という見方は、離婚＝捕囚が罰として機能しているという理解からしか導かれない。そして、1節が暗に含意していたように、離婚が罰として機能していないのであるなら、イスラエルが義とされる理由は全く不可解となる。

罰を受けていないイスラエルが義とされたという意味は、その他の可能性としては、イスラエルを範としなかったユダの罪が重いがゆえに、相対的にましであるというほどの意味になることもありうるだろう[299][300]。しかし、その場合でも12aβ節以降のように救済が告げられるほどの、積極的な意味にはなり得ない。

残る可能性は、イスラエルの義認が、もはや人間的な合理性では割り切れないものであり、神からの恵みだと解する道である[301]。しかし、そうであれば、なぜここでイスラエルの義を強調せねばならないのだろうか。11節でイスラエルの義が強調されることは、12aβ節で語り出される救済のための理由付けとして機能している。しかし、罪にもかかわらず、突然救済が語り出されるという図式のほうが神の恵みの法外さを表す表現にならないだろうか。11節で義認を語ることは、むしろ神の恵みの絶対性を削ぎ、合理性の枠内でこれを捉えようとする試みであるように思われる。

結局のところ、11節でイスラエルが義とされる理由として有力なのは、

---

298 関根正雄『エレミヤ書註解（上）』、84頁。
299 関根清三訳『エレミヤ書』、23頁、註九。
300 ベーマーは、エレミヤ自身が罪の大小を比較考量しただろうと考え、23:13ff.を例証として挙げる。Böhmer, S., *Heimkehr und neuer Bund: Studien zu Jeremia 30-31*, Göttingen, Vandenhoek & Ruprecht, 1976, S. 25. しかし、23:13ff.は、預言者が罪の多寡を考量している例証とはなっていない。
301 関根正雄『エレミヤ書註解（上）』、84頁、関根清三訳『エレミヤ書』、23頁、註九。

イスラエルがすでに罰を受けたという発想であるが、これは 8 節からしか導けない。別の可能性として、相対的にイスラエルの罪が軽いという理解では、12aβ 節以降の救済の説明がつかない。してみると、これは 6-12aα 節というまとまりが、その前後の節とは異質であることを示すものとなってはいないだろうか。であるなら、これはむしろティール説の正しさを裏付けるものとなっている。

では、関根正雄がティール説の瑕疵と見る、「背信のイスラエル」が北イスラエルの残留民を指すという点についてはどうなるのだろうか。実は、この点は、それほど考えにくいことではないと思われる。この 12aβ-13bα 節の預言の聴衆である「背信のイスラエル」を北イスラエルと解する場合、エレミヤが北イスラエルを対象に預言活動を行った時期は初期であったと考えられるので[302]、この預言年代は 6 節の補足的解説が述べるようにヨシヤ王の時代と合致する。そうであるなら、ヨシヤ王がかつての北イスラエル王国の一部を併合し、宗教改革をかつての北王国に広げようとした時期[303] に、この出来事と重ねて発せられた預言だと解釈することは可能である。すなわち、国を失い、宗教的な中心をも失って、宗教的にバアルの祭儀と混交した状態

---

302 多くの研究者は、エレミヤの活動時期の初期に北イスラエルに向かって預言したと想定するが、キャロルはこの見方を退ける。「なぜなら、多くの研究者が信じるところでは、620 年代に、エレミヤは熱心に北に向かって説教を行ったというが (e.g. ブライト、ヘルツベルク 1952)、この見方はエレミヤの職務時期を非常に早い時期に設定してしまうことと、イスラエルが未だはっきりとした存在物として実在していたという信条に基づいている」(Carroll, *Jeremiah*, p. 147)。しかし、前者については、エレミヤの活動開始時期をヨシヤ王の治世 13 年、すなわち紀元前 627 年として良いなら (「エレミヤ」、『旧約新約聖書大事典』教文館、1989 年、240 頁)、必ずしも不可能な想定ではない。また、後者については、アッシリア捕囚でかなりの知識人層・上流層が捕囚に連れて行かれたとしても、それ以外の一般民衆の多くが北イスラエルの地に残っていたという想定も、それほど突飛ではない。むしろ、特殊技能や知識を持たない下層民までを連行するコストを考えるなら、すべての民衆が捕囚に連れて行かれたという想定のほうが現実味に欠けるはずである。のみならず、上流民ではなく、一般民衆に呼びかけるという姿勢は最後期のエレミヤの姿勢にも合致する (エレ 40:1-6。また、「告白録」20:13 の「貧しき者」。なお、宮本久雄『聖書と愛智——ケノーシス (無化) をめぐって』新世社、1991 年、168 頁も併照)。一般民衆に対するこの眼差しが初期エレミヤにあってはいけないとする理由はない。

303 Böhmer, *Heimkehr und neuer Bund*, S. 26.

にあったと考えられる[304]。北イスラエルの残存民に対して、ヤハウェに帰って来いという呼びかけをすることは、不可能ではないはずである。否、むしろ、北イスラエルが宗教混交の状態からヨシヤの支配する南ユダに編入される際に、この類の祭儀の浄化は祭儀の中央集権化を進めていた王政からも要請されたことであっただろうし、預言者自身の目にも必要なことと映っただろう。もちろん、ベーマーも述べる通り「この〔ヨシヤ王の〕野心に対するエレミヤの立場は知られない」[305]が、「いずれにせよ、北イスラエルにとっての救済及びヤハウェとの共同は、預言者の視座にあって、罪の告白なしには到達可能なものではなかったことは明らか」[306]であったはずである。確かに、北イスラエルの残留民は捕囚の憂き目に遭い、苦境を強いられていたかもしれないが、罪責に鋭敏なエレミヤの感覚が、残留民を罪なき者としたとは考えづらいのである。

　シューブの多義性についてはどうだろうか。シューブは確かに、神への立ち帰りと祖国への帰還をともに意味しうる語である。しかし、両者の意味が同時に満たされることが可能となるのは、ユダの場合なら、ペルシア期に入ってから初めて可能となるのではないだろうか。王国滅亡以前には、神への立ち帰りという意味を持ち得るが、まだ存続している祖国への帰還を意味することはナンセンスである。捕囚期では、神への立ち帰りを意味しうるが、祖国への帰還はいまだ希望として潜在態で語られるのみであって、現実態とはならない。また、もしも祖国への帰還が現実態となってしまえば、捕囚の地で生きながらえよという史家の思想的中核の一つと矛盾してしまい、史家たちの思惑に反してイスラエルの残留民を擁護することになってしまうだろう。となれば、シューブが帰還と同時に神への立ち帰りを意味する状況は、バビロニアから解放され、エルサレムの地に帰還することが公然と可能になった時代に最も適合する。なぜなら、この時代にはバビロニアの地で、バビロニアの習俗に馴染んで私腹を肥やした富裕層は荒廃したエルサレムに帰還することを拒んだと考えられるからであり、それまでの状況とは打って変わって、エルサレムへの帰還が、頑なさを捨てて神に立ち帰ることを意味しうるからである。そのような時代とは、ペルシア期である。

304　エレ 23:13 参照。
305　Böhmer, *Heimkehr und neuer Bund*, S. 26.
306　Ibid.

このことを踏まえるならシューブの多義性を過剰に強調することによって、時代ごとに変転した神と民との関係のダイナミズムを、いささか平板で短絡的な図式に塗り込めてしまう危険がある。
　しかし、3章12節のシューブの語は、北イスラエルの残留民に対して語られるとするなら、シューブの多義性を生かしつつ歴史的状況に即して理解することが可能である。その場合、ヨシヤの北方政策を前提としつつ、第一には滅んだ王国（北王国）から、存続している王国（南王国）へ帰還せよという呼びかけであり、第二に、そのためにヤハウェに立ち帰れという呼びかけであると解することができる。第一の点については、厳密には帰還ではないという異論があるだろうが、南北に分裂する以前の、ダビデ王朝への回帰、統一王国への回帰を目指そうとしたヨシヤの政策から見れば、大局的に帰還だと言い得る。もちろん、ヨシヤのこの野望、とりわけダビデ王朝復興についてエレミヤがどれほど共感したのかは疑わしい。だが、ダビデ王朝の復興を措いても、とりわけ北王国の預言者ホセアの伝統を継ぐエレミヤにとって、北王国と南王国が再び統一されるという希望は、それほど疎遠なものではない[307]。
　以上、3章1-5, 6-13節について、本稿はティールの見方を支持したい。

3.2.1.2. エレミヤ書3章14-18節

　では次に、14-18節についてはどうだろうか。ティールはこの箇所について、申命記史家以降、捕囚期以降の編集を考える。彼の挙げる理由は、次の通りである。

1.「シオンは史家的編集の中では一度もはっきりと言及されたことはない。シオンはエレミヤの言葉か申命記主義以降のテクスト（50-51章）、伝記的記事には26章18節にミカ書3章12節の引用として出てくるにすぎない。14-18節についてはエレミヤ的な由来は、とはいえ問題とはならない」[308]とティールはいう。
2.「14節の『わたしが夫となる（バーアルティー）』は31章32節にある

307　関根正雄『エレミヤ書註解（上）』、86頁。
308　Thiel, 1973, S. 91.

史家的編集の箇所にのみ現れるが、機能が異なっている。31章32節は14節の著者がすでに手本としたものだろう」[309]とティールは述べる。

しかし、この点については31章32節、すなわち「新しい契約」の問題と関わってくるので、そう簡単に判断を下すことはできない。「新しい契約」を申命記史家のものと見るティールには問題とならないかもしれないが、「新しい契約」の中心的思考がエレミヤに遡るか否かは争われうるのであり、それゆえ、この「夫となる」という意味の語の存在はそれほど強い証左になるわけではない。

3.「16節の『多くなり、増える（ラーバー・ヴ・パーラー）』は祭司文書の語法を想起させ、エレミヤ書23章3節にも現れる。この動詞の配列はにもかかわらず、こことエゼキエル書36章11節にしか例証がなく、そこがこの配置のテクスト上の根拠があるだろう」[310]。こうティールは述べる。

「多くなり、増える」と訳した語は、たとえばノアの洪水伝承に見られるように「産めよ、増えよ」（創9:1）と同じ語であり、この配列が逆転していることは、編集史上興味深いことである。しかし、エゼキエルからの影響だとするためには、どれほど有効なのかは疑問が残る。確かに、エゼキエル書36章11節では、イスラエルがヤハウェを知ることになると言われており、テーマとしては、同じくエレミヤ書3章16節に述べられている、契約の箱が思い出されることがないという内容と重なり合うようにも思われる。だが、契約の箱が思い起こされる必要がもはやないということは、エレミヤ書31章31-34節の「新しい契約」が述べようとしている事柄と密接に結びついているのでもあり、この点を落としてエゼキエルと結びつけることは、一面的で強引な試みだということになってしまうだろう。

4.「『心に上る（アーラー・アル・レーブ）』は史家的編集ではつねにヤハウェに関連付けられ、人間を主語として用いられることはない。この語法は、とはいえイザヤ書65章17節、エレミヤ書51章50節には例証があり、そこでは同様に動詞ザーカル〔思い出す〕が関連して現れている」[311]とティールはいう。

この点についても、上の3.と同様に、「新しい契約」の問題と切り離して、

309　Ibid.
310　Ibid.
311　Ibid.

文法上の用例だけを論じることは、厳密さを遁辞として、事柄に迫ることを怠ってしまってはいないか、と問い返すことは許されよう。また、ティール自身が挙げる二つの例証もまた、内容的にどれほどエレミヤ書3章16節と連関しているか、疑義が付される。

5. ティールは「帰還するものの数が少ないということ（14b 節）は捕囚期以降の時代の初期の経験と幻滅を反映しているように思われる」[312] とし、この節が帯びている未来的なヴィジョンを削ぎ、後付けの歴史として解釈しようとしている。しかし、歴史家としての冷静な見方は、この単元が希望的な語り口で語ろうとすることを捉えているだろうか。上でも触れた通り、ここには「新しい契約」の問題と絡むような、ある種の救済的なヴィジョンが語られているのであり、これを単純に歴史に即して見ることによっては、この預言の語る事柄を捉えそこなってはいないだろうか。しかも、この歴史家の見方では、この節は、捕囚の地からユダの民を導くことができなかったというユダヤ人指導者層の無能力さを慰めるために書かれたかのような印象を与えることになるが、これはあまりに事態を矮小化してはいないだろうか。

たとえば、関根正雄が言うように、「イスラエルないしユダの町々で町毎に唯一人が選ばれる。一族の中で唯二人だけが救われる」という神の恵みの厳しさ[313] が表現されていると解することは不可能ではない。むしろ、町ごとに一人、あるいは氏族ごとに二人という数を文字通りに捉えると、この数は極端に少ないのであって、実際に帰還した者の数が少なかったことへの指導者たちの幻滅と解するよりも、救済の希望はごく限られた者にしか開かれていないといういささか悲観的なトーンを読み取ることのほうが適切であるようにも思われる。

6. さらに、「契約の箱（16 節以降）をめぐる説明は捕囚期以降の神殿の問題を前提としているように思われる」[314] とティールはいう。これについても、上記 5. の点と同様に、ティールは捕囚期後のユダヤ教団の実情を踏まえ、指導者たちが後付け的に契約の箱なしで成立するための神学教説を作り出したという考えに傾いている。

しかし、やはり上で指摘したように、ここにも「新しい契約」の問題は関

312　Ibid.
313　関根正雄『エレミヤ書註解（上）』、84 頁。
314　Thiel, 1973, S. 92.

連しているはずある。このことを裏付けるように思われるのが17節の記述である。民が「悪い頑なな心のままに歩むことはない」という事態は、ヤハウェの律法が内面化されることによって達成されうるような理想状態と考えられるが、これが契約の箱が廃棄される理由となっているはずである。だが、ここで、捕囚期後の宗教的環境を考えてみるなら、確かに契約の箱が捕囚期以降失われたことはすでに事実となっていたとしても、民が「悪い頑なな心のままに歩むことはない」という理想が実現されていたとは考え難い。実際に、帰還民は指導者たちが思い描いたよりも少数であり、宗教的熱心さは一般民衆に共有されていないことが露呈したはずである。であるなら、誰の目にも破れが明らかであったはずのこの夢想的理想を理由として、契約の箱が失われたという事実を説明するという試みが、説得力を持ったとは思われない。

7.「エルサレムとその住人が、幸福を約束する名前を来たるべき救済の時代に添えられるということは（17節）、しばしば後代のテクストに見られる。とりわけ、エレミヤ書33章16節、イザヤ書62章2, 4, 12節、65章15節を参照せよ」。

8.「シオンへ向かう民の巡礼という神学教説はあきらかに捕囚を前提としており、最も早くとも、捕囚期－捕囚期以降の時代に適合している。この判断は確かに争われうるだろう。シオンに向かって民がなだれ込むという捕囚期以前の伝統が、捕囚期以降の時代にシオンに向かう民の巡礼という考えに作り変えられたという想定は、にもかかわらずつねに満足のいく解決を提供してくれる。『すべての国民はそこに集められる（ヴェニクヴー・エーレーハー・コル・ハッゴーイーム）』という表現ははっきりとイザヤ書2章2節の表現を想起させる」[315][316]。

9.「『ヤハウェの名へ（レシェーム・ヤハウェ）』がシオンに向かう民の巡礼と結びつけられて現れるのは、後代の、捕囚期以降のテクストである。イザヤ書60章9節（同様にカーヴァーと関連がある）、18章7節を参照せよ。しかしこの見解は貫徹しておらず、17節の用法は『そこへ（エーレーハー）』

---

[315]　Ibid.
[316]　ティールはイザ2:2が捕囚期以降のテクストだと判断して、根拠とするわけだが、イザ2:2がイザヤの真正預言だと考える関根正雄はこれに反対する（関根正雄『エレミヤ書註解（上）』、89頁）。

を具体化するための付加だと説明することも可能である」[317]。

10.「『頑なな心（シェリールート・レーブ）』という用法は、史家的編集においては好んで用いられるが、つねに己の民についてであり、異邦の民に対して用いられることはない」[318][319]。

以上、批判的に見てきたところでは、この3章14-18節が申命記史家以降、捕囚期以降のテキストであるというティールの意見は、それほど説得力があるとは思われない。そして、各論点を論じつつ触れたように、そこには「新しい契約」に関する問題が横たわっている。ティールの研究は、ここでは語句的、文法的な例証に限られ、この範囲を踏み越えないように禁欲的に遂行されているが、このことがかえって、「新しい契約」をはじめとするエレミヤ書中の他の救済預言への眼差しを妨げている。それゆえ、14-18節の編集について問うなら、単に語句の上での対応だけではなく、「新しい契約」との関係、すなわち、「新しい契約」がいかに需要され、解釈され、伝播していったかという視点が必要である。

しかし、もちろんこのことは、14-18節が最初からこの箇所に置かれていたということを意味しない。14-18節をエレミヤの真正預言としようとする研究者もこの箇所は後期エレミヤに属すると見るのであり[320]、3章以降続いている初期預言に元来は含まれていなかったことを認める。以上のような留保のもとでなら、しかし、3章14-18節が預言の本来の形には含まれていなかったという判定は生き残るのである。

3.2.1.3. エレミヤ書3章19節-4章4節

テクストの真正性について述べると、3章19節-4章2節に対しては、多くの研究者はこれがエレミヤの真正なテクストであることを認めている。問

---

[317] Thiel, 1973, S. 92.
[318] Ibid.
[319] やはり関根正雄は「申命記の影響を受けているエレミヤがエルサレムの滅び以後の時点で諸外国人について『心のかたくな』について語ることはありうるであろう」（関根正雄『エレミヤ書註解（上）』、89頁）とし、この箇所がエレミヤの真正預言に遡る可能性を指摘する。
[320] 関根正雄『エレミヤ書註解（上）』、83, 85頁。

題が発生するのは、掉尾に付された 4 章 3, 4 節の二節である。ティールはこの箇所をエレミヤの真正預言に由来する小片（3aβb 節）が、史家の手による編集と加筆を経て、申命記主義的な枠構造を構成するものと見る[321]。ティールがこの節を申命記史家に由来すると見る根拠は、第一に、4a 節の言い方が申命記 10 章 16a の言い方を敷衍したものであること[322]、第二に、4b 節の表現がエレミヤ書 21 章 12 節と文字通りに一致するが、内容的・構造的に 21 章 12 節のほうが元来の箇所であると考えられることから、4b 節は 21 章 12 節から取られたものであること[323]、である。ティールが語句的な側面に拘って得られた結果は、内容的にも 4 章 1-2 節と 3, 4 節が繋がらない[324]ことと

---

[321] Thiel, 1973, S. 96-97.

[322] 心の包皮を取り除けという点について、申命記との対応箇所は 10:16 のほかに 30:6 も挙げられる。30:6 が捕囚期の成立と考えられるゆえに、むしろエレミヤの言い方が申命記に影響したのだとする学者もいるが、ティールの述べる通り、言葉上の結びつきは 10:16 のほうが強く、ティールの見方のほうが蓋然性は高いと思われる Thiel, 1973, S. 96; 関根正雄『エレミヤ書註解（上）』、100 頁併照。

[323] Thiel, 1973, S. 94-97.

[324] ただし、内容的に 4:3-4 がそれまでの預言と一致していると見ることが全く不可能なわけではない。その場合の含意は、悔い改めが存在の根底からなされなければならない、という意味を、それまでの預言に付け加えて強調しようとする意図が働くことになる。「未墾の地」を耕せという一文は、ホセ 10:12 との対応から、おそらくは当時の諺か、エレミヤがホセアから受けた影響と考えられるが、いずれにせよ、文脈的にはスムーズに対応しない。だが、未墾の地がそれまでとは全く異なる地盤を意味しており、同様に、心の割礼も身体的・表層的な悔い改めの印ではなく、精神的・内面的な悔い改めだと考えられることから、悔い改めがそれまでの存在の地平にしがみつくような悔い改めではなく、むしろこの存在の地平を崩すような悔い改めでなければならないという思考を示していることになる（関根正雄『エレミヤ書註解（上）』、98-99 頁 ; Weiser, Artur., *Das Buch Jeremia, Kapitel 1-25,14*, Das Alte Testament Deutsch, Bd. 20, 8. Aufl., 1951-1981, S. 34-35.）。

こう解釈するなら、この箇所にこの一見唐突な編集を加えた人々とその理由について、また新たな視野が得られる。エレ 3:6-11 は本文中で見た通り、申命記主義的編集と考えられるが、この箇所の強調点の一つは、ユダが心の根底からは悔い改めていないということであった（10 節）。この思考と 4:3-4 の思考は親和性が高く、4:3-4 が申命記史家によって加えられたという蓋然性をさらに高める。

外面上の悔い改めではなく、精神の内奥からの悔い改めを求めるということは宗教的な熱心さの発露と解せるが、同時に、救われなかったのは心の底から悔い改めていなかったからだという言い訳によって、申命記主義の神学に反証不可能性を付与し、申命記史

一致しており、首肯しうる。

3.2.1.4. エレミヤ書3章1節-4章4節の総合的な解釈

以上、3章1節-4章4節の編集の経過について、主としてティールの見解に沿いつつ、ティールに対して出された異論として大きなものを検討してきた。その結果、本稿の立場としては、大枠としてティールの見解に従ってよいと考える[325]。さて、それでは、ティールの示した提案に従って、この箇所のエレミヤの真正句を再構成してみると、その思想的中核はどこに求められるのだろうか。冗長かもしれないが、ティールに従って、エレミヤの真正預言を再構成すると次のようになる。

[1] こう言われる。
「もし、人が自分の妻を去らせ、彼女が彼のもとから出て行き、他の男のものになれば、この人は再び先の妻のもとに戻れるだろうか。大いに汚れていないだろうか、その地は。お前は、多くの愛人と淫行を行って、しかも、わたしのところに帰ると言っている。──ヤハウェの御告

家たちの地盤を強化することに寄与している点も見逃してはならない。そこまで踏み込むなら、心の奥底からの悔い改めを要求することが、かえって、こう要求する説教者の独善性を黙認してしまうことによって、真正な悔い改めの呼び声から遠ざかってしまっているとも言いうるだろう。

325 念のため、もういちどティールの考えを示しておく。彼自身のまとめによれば、
「1. エレミヤの言葉（12aβ-13bα節）があり、これは北王国の住人に対する立ち帰りへの促しを含んでいる。これに
2. 申命記主義的編集による枠構造と注釈（6-12aα、13bβ節）が付され、このことによって北王国に救済を告げることの正しさが、類比的なユダの振る舞いの関連のもとで反省され擁護されることとなる。この解釈は、その立場によって
3. 捕囚期以降の訂正（14-17節）を招くことになる。この訂正は、欠けていたユダに対する救済の約束を補い、ユダに比してイスラエルに好意的な判断が下されていたことを、同等の立場のものに変えている。この訂正には
4. さらなる捕囚期以降の加筆（18節）が接続している。この加筆は6-13と14-17節の違いを平均化しようと試みている。この加筆は6-13節のユダ－イスラエル問題に遡りつつ、14節以降の約束を両王国に関連付け、こうすることによって幾分淡白な14b節の約束を補強するだけでなく、6-17節の単元全体を枠付け、角を取り、19節以降に繋がるように接続したのである」(Thiel, 1973, S. 93)。

げ――

² 目を上げて禿げた山々を見よ。どこに、お前が共寝をしなかった所があろう。道ばたでお前はすわり込んだ、彼らのために。荒野のアラビア人のように。お前の淫行と悪行によって、この地を汚した。

³ それで止められたのは夕立、後の雨もなかった。それでも、お前は遊女の額をして、辱められることを拒んでいる。

⁴ 今でも、お前はわたしにこう呼びかけてはいないか。『私の父よ。私の若いころの連れ合いです、あなたは。

⁵ 彼は永久に怒られるだろうか、いつまでも根に持たれるだろうか』と。見よ、お前はこう語りつつも、能うるかぎりの悪を行っている。

¹² 帰れ、背信の女イスラエル。

――ヤハウェの御告げ――

わたしはお前たちの中で顔を伏せることをしない。

恵み深いから、わたしは。

――ヤハウェの御告げ――

わたしは永久に怒ることはしない。

¹³ ただ、知れ、お前の咎を。

まことに、お前はお前の神、ヤハウェに反逆した。

¹⁹ わたしは思っていた。どのようにして、お前を息子たちの中に置き、お前に、望ましい地、諸国のうちで最も美しい相続地を授けようかと。また、わたしは思っていた。我が父とお前がわたしを呼び、わたしに従って、もう背くことはないだろうと。

²⁰ ところが、妻が夫を裏切るように、お前たちはわたしを裏切った。イスラエルの家よ。

――ヤハウェの御告げ――

²¹ 声が、禿げた山々の上で聞かれる。イスラエルの子らの哀願の泣き声だ。まことに、彼らは自分たちの諸々の道を曲げ、自分たちの神、ヤハウェを忘れた。

²² 帰れ、背信の子らよ。わたしが癒そう、お前たちの背信を」。

「ご覧ください、私たちはあなたのもとにまいります。まことに、あなたこそヤハウェ、私たちの神です。

²³ 確かに、諸々の丘から生ずることも、山々の騒ぎも、無駄でした。確かに、私たちの神ヤハウェに、イスラエルの救いがあります。
²⁴ しかし、恥ずべき者が食い尽くしました。私たちの若いころから、私たちの父祖たちの産物を、彼らの羊の群れ、牛の群れ、彼らの息子たち、彼らの娘たちを。
²⁵ 私たちは私たちの恥の中に伏し、私たちの辱めが私たちを覆い尽くしています。私たちの神ヤハウェに対し、私たちも父祖たちも、私たちの若いころから今日まで罪を犯して、私たちの神ヤハウェの御声に聞かなかったからです」。
⁴:¹「もし帰るのなら、イスラエルよ、――ヤハウェの御告げ――わたしに帰れ。もし、お前が忌むべき物をわたしの顔前から除くなら、お前は迷うことはない。
² お前は『ヤハウェは生きておられる』と誓う、真実と公義と正義とによって。国々は彼において互いに祝福しあい、彼において讃えあう」。

　こうして再構成された預言は詩文を主体とし、また 3 章 1 節で提起された比喩、不貞の妻とそれに憤りつつ、妻を思慕する夫というテーマに沿って、より内的に相互に連関した、一貫した構成が流れるようになる。その展開は、おおよそ、1. 不貞の妻への糾弾（3:1-5）、2. 立ち帰りの呼びかけ（3:12）、3. 罪の自覚・罪の告白の要求（3:13）、4. 再び、イスラエルの罪の糾弾（3:19-21）、5. 再び、立ち帰りの呼びかけ（3:22a）、6. イスラエルの応答と罪の告白（3:22b-25）、7. ヤハウェの約束（4:1-2）という形になる。これをさらに大きく分けると、3 章 1-5, 12-13 節までと、3 章 19 節-4 章 2 節という二つの部分にまとめられるだろう。では、この二つの部分の関係はどのように考えられるべきなのだろうか。
　多くの研究者は 19 節からの預言が、それまでの継続ではなく、新しい預言であると考えているが、その理由の一つは、それまでの箇所のもつ厳しいトーンが、19 節以降、幾分和らげられることである[326]。だが、さらに踏み込んで見ていくと、19 節以降は必ずしも 3 章 1-5 節と対照的な立場を示すだけではなく、むしろこれと近い関連にあることがわかる。

326　関根正雄『エレミヤ書註解（上）』、94 頁。

たとえば、フォルツは3章19節-4章4節が3章1-5節と近いことを示す証左として次のことを挙げている。まず、何よりもテーマと語彙において「立ち帰り（シューブ）」が語られていること、第二に、3章4節と3章19節が意味においても字面においても関連していること、第三に、21節の「禿げた山々」が2節の「禿げた山々」と関連していること、第四に、20節以降の民の罪の描写が2-3節と類似していること、である[327]。

こうして、フォルツは（またルードルフも同様に）3章19節-4章4節が3章1-5節に接続する箇所だと見ているが、その際、3章19節-4章4節が3章12節に接続しないとも主張している[328]。彼らによれば、12節で恵まれ、癒されたエフライム（ルードルフの場合はイスラエルとユダ）が、20節で再び咎められることは考えづらいからである[329][330]。

したがって、このような断絶を考えると、3章19節-4章2節が3章1-5, 12-13節に直接後続することは考えづらい。だが、同様に、類似点も否定し難いことから、本稿が提案したいのは、3章1-5, 12-13節と3章19節-4章2節が並行構造になっているという見方である。

327　Volz, Paul., *Der Prophet Jeremia*, Kommentar zum Alten Testament band X, 2. Aufl., Leipzig, A. Deichertsche Verlagsbuchhandlung D. Werner Scholl, 1928, S. 34.

328　Volz, *Der Prophet Jeremia*, S. 34; Rudolph, Wilhelm., *Jeremia*, 2. Aufl., Tübingen, Mohr, 1958, S. 27 (3. Aufl. 1968, S. 29).

329　だが、フォルツとルードルフが見落としているように思われるのは、12節に後続する13節の存在である。確かに、12節の赦しは唐突であり、なんらの先行する条件を必要としていないが、赦しのあとで罪の告白を求めているのである。

330　19節以降の「イスラエル」が北イスラエルを指すのか、それとも、南ユダを指すのか、あるいは契約共同体としての両王国を指すのかは争われている。この点についての古典的な研究は、Rost, L., *Israel bei den Propheten*, BWANT 19, Stuttgart, Kohlhammer, 1937で、ロストは「イスラエル」の名称が具体的にはユダを指して用いられていることを主張しており（S. 59, 61, 66）、その後の研究者もロストの見方に従う者が多い（Rudolph, 1968, S. 29; 関根正雄『エレミヤ書註解（上）』、94頁）。しかし、本稿が主として依拠しているティールはこれに反対する（Thiel, 1973, S. 84, 91）。本稿としては、ロストの詳細な研究に説得力を認めつつも、本文中で述べた理由に基づいてティールの見方を支持したいが、決定的なところは言えない。ただし、3:19-4:2と同様の構造（罪の告白の定式的表現と神からの反応）を持つエレ14:2-10（及びその申命記主義的敷衍14:17-15:3）を考慮すると、ユダについては同様の告白がヤハウェによって拒まれるという図式が明白である。これは、3:19-4:2がやはり北イスラエルの残留民を指していることの証左になりうる。

そこで、19 節以下の各節を見て行こう。

19 節は、神の懐古的な独白で始まるが、それは神がイスラエルにいかに相続地を嗣がせようと苦心したかという、神の愛を表すものになっている。ただし注目しておくべきは、「お前」と呼びかけられるイスラエルは、二人称女性単数が使われており、それゆえ、本来の法規上は相続権がなかったということである[331]。これは単に「相続法的には断然優位にある息子たちと同等に扱う」[332] という以上のことを示していよう。なぜなら、神がイスラエルに与えようとしているのは「諸国のうちで最も美しい相続地」だからである[333]。しかも、神がこの恵みを与えようとすることは、慣習的な法を破ることにほかならない。だからこそ、神は「どのようにして」と自問し、腐心しているのだと考えられる[334]。このいわば非合法な手段を用いてさえイスラエルを偏愛する神は、確かに愛の神であるが、特定の愛に傾きすぎているがゆえに、厳密に見るなら、正義と公正の神という図式から離れたものになっている[335]。

20 節では、こうした神の愛が裏切られることになる。ただし、この箇所だけでは、イスラエルの裏切りがどのようなものであったかは、さほど明確ではない。この点について、関根正雄の指摘は傾聴に値する。「一九、二〇節の言葉づかいから、その〔背信の〕理由を察することは不可能ではないと我々は思う。一九節の終りの『父』は三章四節で用いられている語と全く同じで、前に『わが父』と訳した語である。この訳語で示したように一九節の『わたしの父』（…）は本来はもちろん子に対する父であるが、それが愛

331　民 27:1 以下、36:1 以下、ヨシ 17:3 以下、ヨブ 42:15、また王下 8:3, 5 以下、ルツ 4:3, 5。Schmidt, Werner H., *Das Buch Jeremia Kapitel 1-20*, Das Alte Testament Deutsch, Bd. 20, Göttingen, Vandenhoeck & Ruprecht, 2008, S. 114; 関根正雄『エレミヤ書註解（上）』、94 頁。
332　Weiser, *Das Buch Jeremia, Kapitel 1-25,14*, S. 32.
333　Schmidt, Werner H., *Das Buch Jeremia Kapitel 1-20*, S. 114.
334　「それだけ一層、イスラエルの忘恩、背信の罪は重いということになる」（関根清三訳『エレミヤ書』、27 頁、註七）。
335　これに対して、民数記の二つの規定、27:1 以下及び 36:1 以下は、対照的に公正さが問題になっている。27 章ではツェロフハデの子に男子がいなかったために相続地が失われることの不公平さの解消が図られており、36 章では土地を相続した女子が他部族に嫁ぐことによって生じる部族間の土地の不均衡の解消が図られている。

人の呼称ともなったものである。すなわちここにイスラエルのそもそもの間違いは神のあたたかき愛に甘えて、これに馴れ過ぎた点にあったことが知られよう」[336]。もちろん、3章1-5節の基本的な比喩の設定は夫婦関係にあり、19-20節の設定は父娘関係にあるのだが、20節で父娘関係の比喩の中に夫婦関係の比喩がはめ込まれていることは、3章1-5節の理解をここに導入することを正当なものとするだろう。そして、3章4節での「私の父よ。私の若いころの連れ合いです、あなたは」という表現を想起するとき、ともに厳粛な愛に基づくべき夫婦関係と父娘関係が、片方の誤解に起因する甘えによって破綻を迎えていることが十分に考えられる。つまり、3章19-20節で告発されているイスラエルの罪は、3章1-5節とよく似ている。それは神の愛に一方的に依存し、これを独りよがりに誤解し、この愛に甘えて、その結果神から離反することなのである。

21節の「イスラエルの子らの哀願の泣き声」は、この単元全体にイスラエルの苦悩と悲哀の色を与えており、これがすでに一つの悔い改めであるかのような印象を与えるが、ここに注意が必要である。「禿げた山々」はバアル祭儀の行われた場所を示す用法であり、そこで聞かれる声とは、バアル祭儀の喧騒の声を意味している。つまり、「イスラエルの子らの哀願の泣き声」は、ほかならぬバアル祭儀の狂騒の真っ只中で聞かれるのであって、決して静かな、敬虔な反省のなかで語り出される声ではない。これを踏まえると、イスラエルの哀願の声とは、「迷子が自責の念にかられ」[337]て上げる声だという解釈は難しいのではないかと思われる。

文脈上も、21節を単純に悔いの表明だとすることが困難であることを示しているように思われる。20節はイスラエルの底意に潜む罪を暴いており、21節後半も、イスラエルの人々が「自分たちの諸々の道を曲げ、自分たちの神、ヤハウェを忘れた」ことを指摘している。罪に対する容赦ない非難であるこの二つの表現に挟まれた20節前半が、自責の念に駆られた悔いであるとするなら、文脈の方向性はいささか散漫となってしまう。

文脈上の問題は、もしも、21節の接続詞「キー」を理由の意味に取り、「彼らは自分たちの諸々の道を曲げ、自分たちの神、ヤハウェを忘れたから

---

336 関根正雄『エレミヤ書註解（上）』、94-95頁。
337 Weiser, *Das Buch Jeremia, Kapitel 1-25,14*, S. 33.

だ」と訳すなら、多少は改善されるかもしれない。しかし、その場合、第一に、20節の罪の告発からの繋がりがいささか不自然になってしまうし、第二に、「禿げた山々」がバアル祭儀の場所を指す以上、バアル祭儀に熱狂する人々が如何にしてヤハウェから離反してしまったという認識を獲得し、これを悲しむことができるのかが説明できない。バアル祭儀にコミットしている人々が、おのずとその過誤に気づくことができるのなら、預言者は敢えてこの人々に呼びかけることをしただろうか。

したがって、「イスラエルの子らの哀願の泣き声」は、第一義的には、ヤハウェではなく、バアルに向けられた哀願の声であると解するべきだろう。この読みは、後続する23, 24節の罪の告白とも整合的である。バアルに救いを求めようとして行われた祭儀は、家畜の犠牲だけでなく、息子や娘などの小児犠牲をも要求した（24節）。救いを求める宗教的営みがかえって苦しみの元になっており、それが哀願の二重の含意となっているだろう。

もちろん、このことを踏まえた上でなら、この哀願が間接的にヤハウェに向けられている、というよりも、潜在的に神を求める叫びになっているという解釈も可能である。イスラエルはバアルに求め、熱狂していたが「しかもエレミヤはこのような民の罪の奥に真の神を求める民の魂の深き悩みと歎きをききとらざるを得なかった。二一節はそれを表わす。バール宗儀に熱狂する人々が歎きや求めを自覚しているというのではない。むしろ彼らは異教の祭儀の与える恍惚に酔っている。しかしエレミヤには彼らの熱狂の姿は真の神を忘れた人間が神を忘れてその途を曲げたことを泣き悲しみ、絶望しつつ、真の神を慕い求めている姿と映じたのである」[338]。ただし、この場合にも明らかなように、エレミヤの鋭敏な感性が、バアル祭儀の混乱のなかに、民の真の望みの声を聞き取っているのであって、民が発する哀願の泣き声は、第一にはバアルに向けられていることには変わりがない。それゆえ、21節の「哀願の泣き声」は、混乱した叫び声ではありえても、到底罪の告白でもなければ罪の自覚でもなく、またそれ以前の自責の念などでもないのである。

すると、22節が語り出す、「帰れ、背信の子よ。わたしが癒そう、お前たちの背信を」という救済の声は、かなり唐突な印象を与えることになる。19-21節までは神はひたすらイスラエルの罪を描写していた。21節に至って

338　関根正雄『エレミヤ書註解（上）』、95-96頁。

もなお民はヤハウェに立ち帰ろうとはしていない。にもかかわらず、このような民に対して、神は救いを告げるのである。

　W. H. シュミットが正しく指摘するように、ここでは「あらかじめ（22a節）、神の言葉の直接的な語りかけにおいて、勧告や悔い改めの呼びかけというかたちで、ある招きが生じている。この言葉は要求や激励などを超えて、同時に可能にするものなのである。（…）この招くような救済の告知（約束）に続いて、——これに刺激され、導かれて——嘆きと告白への自己洞察が起こるのである」[339]。また、「時間的にも事柄的にも、神の言葉が民の罪の告白に先行する」[340]。それゆえ、「ここでも（3:22a）また悔い改めは、救済の約束の前提でもなければ、条件でもない」[341]のである。

　さらに注目すべきなのは、「わたしが癒そう、お前たちの背信を」と言われる通り、ここでは民の決意や自発性、あるいは自助努力によって罪が克服されるのではないことである。言い換えれば、罪を贖いうる主体が民ではなく、神であると述べられている。やはり、W. H. シュミットも述べるように、22節で語り出される「この言葉は、ある新しい道を指し示しそうとしており、そうして、その道は歩まれうるものとなり、救済に関わり合うことを目指している。神自身が（…）この転向の可能性、あるいは用意を作られるのであり、自ら『癒す』のである」[342]。

　しかも、こうした神の救済意志の表明は、単なる思いつきでもなく、また書き間違いでもなく、あるいは後代の編集によるものでもないことを、W. H. シュミットの研究は保証する。なぜなら、「民が立ち帰ろうと欲さないこと、あるいはむしろ立ち帰ることができないということの一方で、他方、神の救済意志、まさにこの民の頑なさを変容させる備えがあるという神の意志は、ホセアの名の下に手渡されてきた伝承のなかにすでに見出される。そこでは全体から次のようなことが生じている。『わたしがあなたの背信を癒そう』という神の約束は、事柄的に立ち帰りの呼びかけ（14:2）に先行してお

339　Schmidt, Werner H., *Das Buch Jeremia Kapitel 1-20*, Das Alte Testament Deutsch: neues Göttinger Bibelwerk in Verbindung mit Beyerlin, Walter., ... [et al.], (Hg.) Kaiser, Otto., und Perlitt, Lothar., Bd. 20, Göttingen, Vandenhoeck & Ruprecht, 2008, S. 119. 強調原文。
340　Schmidt, Werner H., *Das Buch Jeremia Kapitel 1-20*, S. 120.
341　Ibid.
342　Ibid.

り、この約束が、立ち帰りの備えを生じさせるのである」[343]。こうして、エレミヤがホセアから多大な影響を受け、ホセアの思想がエレミヤのなかに生きていたことを踏まえれば、エレミヤがその預言活動の初期からすでに、立ち帰らせる主体は神であるという思想を抱いており、また、神は民の頑なさにもかかわらずこれを癒そうと決意していると考えていたことは、十分に根拠のあることになる。

以上のことから、1-5, 12節という構成と、19-22節の構成はパラレルになっていることが窺える。まずイスラエルの罪が示される（1-3, 19-20節）[344]。そうして、一見敬虔で、その実不敬なイスラエルの態度が続く（4-5節前半、21節前半）。しかし、直後に、そうしたイスラエルの態度を拒む新たな断罪が語られ（5節後半、21節後半）、なぜか、突如として立ち帰りの促しと赦しが語られるのである（12, 22節）。

もし、19-22節の構成と1-5, 12節の構成がパラレルであるなら、5節のあとに12節が継続し、突如として赦しが語られることが、元来の構成であった可能性は高い。さらに、ティール自身が示唆しているように、5節から12節に移行することの唐突さが、6-11節の編集の誘引となったと考えるなら[345]、この唐突さを真正なものとして保持する蓋然性は高まる。

しかしながら、こうすると大きな謎が浮き彫りになってくることが看取される。12節及び22節で立ち帰りが呼びかけられ、赦しが告げられることになる、その道理が全く不条理なものになっているのだ。

3章1-5, 12-13節のまとまりにおいて、問題はより深刻なかたちで現れる。5節までで、イスラエルはヤハウェに対する背きの罪を犯していることが描かれているのみならず、その内心においても、ヤハウェは結局のところは我々を赦してくださるだろう、というイスラエルの慢心と傲慢さが抉り出されていたはずである。にもかかわらず、この元来の構成では、そのようなイ

343　Ibid.
344　さらに興味深いことに、1節も20節も、ある種の律法からの逸脱が示唆される。1節は申24:1-4を下敷きにしているが、1節の述べている状況は、複数の男と関係を結んでいる点で、申命記よりもさらに悪い。また、20節は民27, 36章と比較すると、男子がいるにもかかわらず、女子に相続させようとしている点、及び子供たちの間の公正さよりも女子の優先権を確保しようとしている点で異なっている。
345　Thiel, 1973, S. 86. Vgl. Stade, B., Jer. 36-16, ZAW 4, 1884, S. 153.

スラエルの慢心と傲慢を崩そうともしないヤハウェの言葉が続くことになってしまう。このようなヤハウェは、イスラエルの民に媚びへつらうような神の姿であって、およそ厳然とした応報を執行しない、頼りない神の姿に映る。ただでさえ、明らかに、3章1節は申命記の婚姻法（申 24:1-4）を意識して書かれており、法律上、イスラエルがヤハウェに立ち戻ることが不可能であるばかりか、そもそも「お話にならない」[346] 事態であることが強調されていたのであった。このような罪の剔抉に接続する部分としては、12節は極めて異様なのである。

　この問題はまた、幾分柔らかい調子であるとはいえ、19-22節にあっても解消されてはいない。21節が描き出しているのは、上に述べたようにバアル祭儀に熱狂し混乱している民の姿であって、19, 20節が暴露しているイスラエルの罪の姿の延長線上にある。上で見たように、こうした罪を誘発したのは、神の愛に馴れてこれを軽んじたことにあった。そうであればこそ、22節が告げる赦しは、やはり、それまでの描写から見ると異様なのである。

　たとえ、申命記史家的な、厳密な応報的因果法則を支持せずとも、このようにして見える神はあまりに軟弱であり、甘やかす神であり、赦されるべきではない罪を看過する神である限りにおいて、もはや正義の神ではなくなってしまっているのではないかと疑問を呈することも正当な態度であるように思われる。

　ところで、この異様さ、唐突さは一体何に起因しているのだろうか？　罪を犯した者が、なんの反省も経ず、悔い改めもせず、すなわち、赦されるに価する者となっていないにもかかわらず、赦されてしまうという不条理さこそが、この唐突さを引き起こしている。彼らが赦されるべき者となりえないのは、彼らが神の愛に馴れており、しかもこれに安んじており、神はきっと赦してくださるだろうと神を軽視しているためである。そんな彼らを赦すことは、それゆえ、彼らが赦されるべきでない者のままであることを黙認することになる。だが、この不条理さは、エレミヤの思考のなかにあって、異質なものなのだろうか。

　エレミヤの真正句と考えられる $12a\beta$-$13b\alpha$ 節をもう一度見てみよう。ここにも、似たような不条理さが表れている。注目すべきは、罪の自覚なり告白

346　関根正雄『エレミヤ書註解（上）』、78頁。

なりがなされてから赦されるのではない、ということである。むしろ、まず赦しが告げられ（12aβ 節）、そうして後に、初めて罪の自覚が促される（13bα 節）のである[347]。すなわち、12aβ-13bα 節をミクロに見てみると、ここにはすでに通常の赦しのプロセスとは異質な不条理さが出来している。とはいえ、多くの注釈者たちが認めるように、12aβ-13bα 節の順序が真正なものであるなら、5 節から 12 節への飛躍も、21 節から 22 節への飛躍も、同様に首肯されてよいはずである。これらのことはみな、通常の赦しプロセスが破綻しているという点で一致している。少なくとも、以上のことからすると、3 章 1 節-4 章 4 節では罪の悔い改めが、罪の赦しに先行する条件ではなく、むしろ赦しこそが罪の悔い改めのための条件であることが窺われる。これは、明らかに、悔い改めを赦しの条件と考える申命記主義的発想とは真っ向から対立している。

それでは、エレミヤ書に同様の事柄を示すような例証があるだろうか。

3.2.2. エレミヤ書 31 章 15-20 節

悔い改めと赦しの関係について注目される箇所として、エレミヤの初期預言、エフライムとも呼ばれる北イスラエルに向けられた救済預言である 31 章 15-20 節がある。テクストを引用しておく。

> [15] ヤハウェがこう言われる。「声がラマ[348] で聞こえる。苦しみの嘆きと泣き声。ラケルがその息子たちのために泣いている。自分の息子たちのことで慰められることを拒んで。まことに息子[349] はもういない」。
> [16] ヤハウェがこう言われる。「とどめなさい、あなたの声から泣きごえを、あなたの両目から涙を。あなたの労苦には報いがあるからだ。――ヤハウェの御告げ――[350] 彼らは敵の国から帰って来る。
> [17] あなたの将来には望みがある。――ヤハウェの御告げ――息子たちは

---

347 Weiser, *Das Buch Jeremia, Kapitel 1-25,14*, S. 29; 関根正雄『エレミヤ書註解（上）』、84 頁; 関根清三訳『エレミヤ書』、24 頁、註一三。
348 BHS 脚注はヨシ 18:25 などに従って、定冠詞付きの読みを提案している。
349 BHS 脚注は、「息子たち」と複数形を提案している。
350 七十人訳には「ヤハウェの御告げ」は欠けている。

自分たちの領土に帰って来る[351]。

[18] わたしは、エフライムが嘆いているのを確かに聞いた。『あなたが私を懲らしめられ、私は懲らしめを受けました。調教されなかった子牛のように。私を立ち帰らせてください。そうすれば、立ち帰ります。まことにヤハウェよ。あなたは私の神です。

[19] 私は、背き去った後で[352]、悔い、思い知らされた後、ももを打ちました。私は恥をかき、はずかしめを受けました。まことに私は、私の若いころのそしりを負っているからです[353]』と。

[20] エフライムはわたしにとって掛け替えのない息子なのだろうか[354]。また喜ばしい子供なのだろうか[355]。まことに、わたしは彼のことを語るたびに[356]、彼のことを再び必ず思い出す。それゆえ、わたしの腸(はらわた)は彼のために悶え、わたしは彼を憐れまずにはいられない。──ヤハウェの御告げ──

　この単元はエルサレムの北に位置するベニヤミン族の町、ラマで泣き声が聞こえることから始まる。この泣き声の主はラケルだと語り出されるが、彼女はヨセフの母、それゆえヨセフの息子エフライムを祖とするエフライム族の原母であり、預言書でしばしばエフライムと呼ばれる北イスラエルの母の一人である。ラケルの墓はラマにあったと言われており、エレミヤの郷土アナトテとラマは比較的近いところにあった。ラケルが嘆くことからも、また

351　この節の七十人訳は「あなたの息子たちにうつろわざるものを」。
352　七十人訳は「私は囚われた後で」。原語の「シューブ」を注釈した可能性もあるが、「シェビー（監禁、捕囚、捕虜）」と読んだ可能性や、別の底本を基にした可能性も考えられる。BHS 脚注は、もう一度「再び」の意味で「シューブ」を挿入する提案をしているが、それほど説得的には思われない。Cf. McKane, William., *Jeremiah 26-52*, London, Bloomsbury, Edinburgh, T & T Clark, 1996, pp. 801f. マソラに従って、本文のように訳す方向が最も適切に思われる。
353　七十人訳は、「私は恥の日を呻き、そして、あなたに示しました、私が私の若いころのそしりを負ったことを」。
354　七十人訳とペシッタでは疑問文ではない。
355　この文も、七十人訳とペシッタでは疑問文ではない。
356　BHS 脚注は「わたしが彼から遠ざかろうとするときに」という読み替えを提案するが、WBC の述べる通り、校訂がなくとも拒絶の感情をマソラから読み取ることはできると思われる。Cf. WBC, *Jeremiah 26-52*, p. 117.

ラケルの息子たちが敵の地から帰ってくるということからも、ここでは捕囚に連れて行かれ失われた北イスラエルが主題[357]となっている。こうして、この箇所は先に言及した3章1節-4章4節と（少なくとも部分的には）時代的、地理的に近い関係にある預言であることが窺われる。すなわち、この単元は、エレミヤの預言活動の初期に述べられた、北イスラエルへの救済預言である。

　この箇所で確認しておきたいのは、神の発する赦しと、ラケル及びエフライムがそれぞれ発する嘆きとの関係である。この嘆きは、ちょうど申命記史家たちが考えたように、赦しが発動するための前提条件であるような悔い改めの嘆きなのだろうか？

　たとえば三田和芳は、悔い改めが回復のための条件だと考える[358]。だが、関根正雄は、18-19節の悔い改めと20節以降に発現する神の憐れみには直接的な関連がないことに、次のように注意を喚起する。

> この場合神はイスラエルの悔改めの気持をみて心を動かされると書いてないことである。神はイスラエルの悔改めの心そのものを起し給う方であるから神の憐れみの心はイスラエルの心に依存せず、神御自身の側から起ってくるというのである。もちろん一八節以下のイスラエルの悔改めが事柄の上の連関としては存在しつつ、二〇節でそれに依存せず、神独自の深き憐れみの発現として記されていることは神らしき事である。ここに神の憐れみは神の審きにかち、神の赦しの愛は神の心の内側からほとばしり出たのである。[359]

　関根正雄のこの指摘は重要である。20節に見られる神の自問によって、神の自由が述べられているからである。「エフライムはわたしにとって掛け替えのない息子なのだろうか。また喜ばしい子供なのだろうか」という一節

---

[357] 3-4章においては、「イスラエル」と名指される人々が、南ユダ王国を指すのか、北王国を指すのか、また北王国の捕囚民か残留民か、あるいは、南北両王国の総称か、という解釈上の問題があったが、この箇所では、北イスラエル王国の捕囚民を指すことが確からしい。
[358] 三田和芳『信徒のための聖書講解－旧約 第15巻 エレミヤ書・哀歌』聖文舎、1982年、498頁。
[359] 関根正雄『エレミヤ書註解（下）』、114頁。

を考慮すると、神はイスラエルの罪の告白に対して、直接的に反応するわけでもなければ、機械的に対応するわけでもない。神は、イスラエルの罪の告白を受けて、一度自問する。しかもこの自問の内容は、「本当にイスラエルは自分にとって重要な価値を持っているのか、あるいは自分のなかにイスラエルに対する愛はあるのだろうか」というものである。ここでは一度、愛なる神という表象が判断停止される。このとき、実は、神が愛なる神という在り方をとらないこともできるという、ラディカルな思考に開かれていることを看過できないだろう。

こうして20節前半に見られる神の自問の意味を考えるなら、悔い改めと赦しの間には距離があることを否定できない。この距離は、神が自由であるということによって生じている。この神の自由は、裁きの神へと転じる自由、あるいはむしろ、18節でエフライムが懲らしめについて語るところを踏まえれば、裁きの上に裁きを増し加える悪魔的な神たりうる自由にも開かれている。だが、このように開かれている自由を、神は愛するための自由として用いたことが、20節の後半から窺える。

上に引いた関根正雄の指摘において重要な第二の点がここにある。すなわち、民の悔いと神の憐れみは直接的な関係にはないという第一の指摘に加え、第一の指摘が基礎とする神の自由は、神の愛と憐れみの自発性のために用いられているのだ、という点である。「自分はイスラエルを愛しているのか」という問いに導かれて、神は自省のなかに潜って行く。神の自省の底で湧いてきた答えが、「まことに、わたしは彼のことを語るたびに、彼のことを再び必ず思い出す」(20節後半) という洞察であった。しかも、この洞察は単に反省的な次元ではなく、腸という身体的な次元を想起させる表現で語られる。「それゆえ、わたしの腸(はらわた)は彼のために悶え、わたしは彼を憐れまずにはいられない」(20節後半)。

以上のことを見れば、31章15-20節において、民の罪の嘆きと神の憐れみには直接的な相関はないことが明らかである[360]。

---

360 関根正雄と同様に、近年の註解ではW. H. シュミットも癒しと悔い改めが直接的な相関にないことを主張する。W. H. シュミットによれば、「20節以降の癒しの約束は無条件に生じ、30章5-7節、12-17節、とりわけ31章2-6節と同様に、憐れみのためには、エフライムの悔いを前提としない。望まれる立ち帰り (3:12f.) が条件ではなく、むしろ神の『恵み』の結果であるように、神の配慮は自由な行いなのである」(Schmidt,

3.2.2.1. 15-17 節のダイナミズムについて

　嘆きに対して神は直接反応するのではなく、その嘆きに直接心を動かされるのでもなく、神自身の自発性に基づいて憐れむことを選び取るという、こうした嘆きと憐れみの連関を踏まえて、15-17 節の連関を見てみよう。

　一見、神はラケルの嘆きに対して直接的に反応し、慰めているようにも思われる。しかし、ラケルは「慰められることを拒んで」おり、いわば、悲しみのなかに自閉している。だが、16 節でヤハウェは、こうして悲しみのなかに孤絶したラケルを慰めようとする。ここにはヤハウェの自発性がある。慰めは求められていないにもかかわらず、悲しみのなかに自閉した者に、ヤハウェは慰めの言葉を語りかけるのである。

　こうしたラケルへのヤハウェの共感は、子を喪った親という立場において理解されるべきものだが、そうであるなら、喪われた子に対する愛情の自覚が、この共感の基盤となっていなければならない。ラケルの場合は子に対する愛情はほとんど自明であるが、もしヤハウェが彼女に対して共感を示しうるのであれば、あるいはその共感が彼女を癒しうるためには、ヤハウェ自身において、子を喪うことの痛みが経験されていなければならないはずである。表面上の慰めであるなら、言葉はラケルの悲しみの表層を上滑ってゆくにすぎない。経験の伴わない言葉で慰められることは、かえってみずからの苦境の惨めさを自覚させるだけであり、それゆえに、ラケルは「慰められることを拒んで」いるのだと考えられる。

　そうであるなら、ヤハウェの慰めと共感がラケルを癒しうるだけの強度を持ち得たのは、ヤハウェ自身がイスラエルに対しての愛情を自覚し、子を喪うことの痛みを知っていたからである。それゆえ、この愛と痛みの自覚の消息が語られる 20 節後半は、事柄としては、15-17 節の出来事に先行し、この慰めの言葉を基礎付けている。したがって、20 節前半の神の自問と自由こそがこのラケルへの共感に先行している。つまり、エフライムの嘆きの呼び声に対して、これを一度退けながら反省する冷たさを経由していることになる。だから、神はラケルに対しても直接的、感情的に反応し、機械的に慰めているわけではなく、また、単なる愛の神であるだけでもなく、嘆きさえ

Werner H., *Das Buch Jeremia Kapitel 21-52*, S. 136)。

も退ける冷徹さを通過して、ラケルを慰める。

　以上の考察から、エレミヤの真正預言と考えられる 31 章 15-20 節においては、嘆き及び罪の悔い改めと、神からの憐れみと赦しの間には隔たりがあり、直接的、機械的、原理的なつながりがあるわけではない、ということが明らかである。悔い改めたからといって赦されるわけではないという考えは、一見救いようがなくネガティヴな考えにも思われるが、これは、3 章 1 節-4 章 2 節の真正預言部分で確認してきた通り、人間の意志や行いとは無関係に赦しが告げられるという思想とは整合的である。

　さて、ここまで、エレミヤ書 3 章 1 節-4 章 2 節及び 31 章 15-20 節から神の赦しが人間の行いとは独立であるという事情を確認してきた。とくに 3 章の細部において後代の加筆と読み替えが認められうるとはいえ、これらの預言の基本的な部分がエレミヤの初期の活動に由来しているとしてよいなら、エレミヤはその預言活動の初めから、申命記主義的な双務契約の履行に基づく条件的な保護と恵みを宣べたのではなく、悔い改めと立ち帰りの行いの根源に神からの一方的なはたらきかけがあるという思想を伝えていたことがわかる。

　この事情を端的に表しているのが、「立ち帰り（シューブ）」という語に関して語られる一連の言葉遊びなのではないだろうか。考察した二つの箇所において、人間の行いの善悪と立ち帰りの呼びかけの発動は関係がなかった。3 章 12, 22 節では、およそ救われるべきでない者に対して突如赦しが告げられ、救済の希望に溢れているように見える 31 章 20 節ですら、神は嘆きを一度退けているのである。それでいて、あるいはむしろこの倫理的相関関係を破壊するような自由さのゆえに、救済はつねに神の側にイニシアティヴがある。このイニシアティヴは、神自身がイスラエルの背信を癒し、神自身がイスラエルに立ち帰りの心を促すという認識によって語り出される。この認識は、一方では、3 章 22 節では「帰れ、背信の子らよ。わたしが癒そう、お前たちの背信を」と、神の言葉として語られ、他方では、31 章 18 節のように「私を立ち帰らせてください。そうすれば、立ち帰ります」という己の無力さを自覚した人間の言葉として語られる。

　少し広く眺めてみると、立ち帰りをめぐる言葉遊びを可能にするような思考の枠組みは、エレミヤ書には広く見られ、エレミヤ書に特有の性質であ

ることがわかる[361]。この言葉遊びは、主として二人称的関係において表され、使役・能動的行為と受動的行為が表裏一体となった表現形式を持つが、こういった表現形式が使われている箇所には、次のような箇所がある。

11:18 ヤハウェ[362]が私に知らせてくださったので、私は知りました[363]。
17:14 私を癒してください、ヤハウェよ、そうすれば、私は癒されましょう。私をお救いください、そうすれば、私は救われます。
20:7 あなたが私を口説かれたので、ヤハウェよ、私は口説き落とされました。
31:4 わたしは再び、あなたを建て直す、あなたは建て直される、乙女イスラエルよ。

これらの箇所は、神の側からの救済の約束として、イスラエルに向けて語られる 31 章 4 節を別にすれば、いわゆるエレミヤの告白録[364]に用例が集中していることが看取される。こうして注目されてくるのは、エレミヤ自身における立ち帰りの経験である。これまで見てきた 3 章 1 節-4 章 2 節、あるいは 31 章 15-20 節の箇所では、実は、必ずしもエレミヤ自身の立ち帰りの経験が反映されているとは言い難い。なぜなら、一面において、エレミヤはこれらの救済預言を、エレミヤに先立つ預言者ホセアからの影響と伝統に基づいて語り出していると考えられるからであり[365]、他面では、これらは悔い

---

361 Schmidt, Werner H., *Das Buch Jeremia Kapitel 21-52*, Das Alte Testament Deutsch: neues Göttinger Bibelwerk in Verbindung mit Beyerlin, Walter., ... [et al.], (Hg.) Kaiser,Otto., und Perlitt, Lothar. Bd. 21, Göttingen, Vandenhoeck & Ruprecht, 2013, S. 136.
362 元来の形は「あなたが私に知らせてくださったので」であり、現在の形は申命記史家の手によると考えられる。Vgl. Thiel, 1973, S. 158. また、七十人訳では、「主よ、あなたが私に知らせてくださったので」。
363 BHS は末尾の「ヘー」の文字を三人称女性単数の人称接尾辞と読むよう指示しているが、本稿はパラゴギックと解する。
364 告白録と言われるものの箇所を列挙すると、11:18-12:6, 15:10-21, 17:14-18, 18:18-23, 20:7-13, 14-18。
365 Weiser, *Das Buch Jeremia, Kapitel 25,15-52,34*, Das Alte Testament Deutsch, Bd.21, 7. unv. Aufl., Göttingen, Vandenhoeck & Ruprecht, 1982, S. 280; Schmidt, Werner H., *Das Buch Jeremia Kapitel 21-52*, S. 134. なお、W. H. シュミットがエレ 31:15-20 に関して挙げるホセアとの類似点は次のようになる。喪われた子についての語り（エレ 31:15、ホセ 9:10ff., vgl.

改めの典礼の形式を範とした定型表現であるようにも思われるからである³⁶⁶ ³⁶⁷。それでは、エレミヤ自身における立ち帰りのかたちと、あるいは定型表現からの逸脱はどこに認められうるのか。また、ヨシヤ改革の希望的ヴィジョンが次第に霞み、ヤハウェ宗教が次第に政治神学的なものへと傾斜してゆくとともに、精神性を失った祭儀典礼へと硬直してゆくなかで、かつてヨシヤの北方政策と調和して救済を語ったはずのエレミヤの預言はどのように変容を余儀なくされたのだろうか。これらの問題を取り扱うために、また、エレミヤ自身に降りかかった立ち帰りのできごとを考察するために、告白録の一節、15 章 10-21 節は欠くことができない。

3.2.3. エレミヤ書 15 章 10-21 節

まずはテクストを引用しておく。

13:13)、飼い慣らされない牛の喩え（エレ 31:18、ホセ 10:11, 4:16)、神がその息子を愛するように、懲らしめられるということ（エレ 31:18 に対し、ホセ 11:1, 7:12, 15, 10:10)、信頼の告白である「まことにヤハウェよ。あなたは私の神です」（エレ 31:18) が「お前の神、ヤハウェである」（ホセ 12:10, 13:4) という表現と類似していること、また、神自身に起因する転向の約束があること（エレ 31:20、ホセ 11:8f.)。W. H. シュミットが挙げるこれらの点は、どちらかといえば一般的な表現であることから、エレミヤが全面的にホセアに依拠していたということの証左とはならないが、ホセアとエレミヤに共有されていた思想を示すものとして興味深い。

366 Schmidt, Werner H., *Das Buch Jeremia Kapitel 21-52*, S. 133, 134.
367 ただし、ヴァイザーや W. H. シュミットが考えるように、実際にこれらの救済預言が悔い改めの祭儀典礼における定型表現であったとする場合、とりわけホセアの用例がどれほどその定型表現から逸脱していたのかが問われるべきだろう。もしも、この預言の原型が、悔い改めの祭儀における定型表現であったなら、おそらくそこには懲らしめを受けて反省したという文脈が流れるようになっていたと考えることは容易い。だが、エレミヤの師というべきホセアにおいてすでに、悔い改めの祭儀の定型は、エフライムに対する断罪表現によって破綻している。ホセ 6 章に現れる民の声は、裁きを受けたのちに、懲らしめから神に立ち帰ろうとする民の声を伝えているが、この民に対する神の直接の応答は、彼らの信仰の内面的な不誠実さを告発するものであって（ホセ 6:4, 7)、祭儀典礼が意図したような悔い改めの受容でもなければ、平安の約束でもない。懲らしめを受けた結果生じる悔い改めを神が受け容れないという思想はすでにホセアにおいて示されている。

¹⁰ ああ、悲しいことだ、私は。私の母よ、まことに ³⁶⁸ あなたが私を産んだ、争いの人間、国中に諍う人間 ³⁶⁹ を。
私は貸したことはなく、彼らは私に貸したこともない ³⁷⁰。みな ³⁷¹ が私を呪っている ³⁷²。
¹¹ ヤハウェは言われた ³⁷³。「必ずわたしはあなたを解き放つ ³⁷⁴、善きことのために。必ずわたしは、悪しき ³⁷⁵ 時、苦難 ³⁷⁶ の時に、あなたによって ³⁷⁷ 敵を執り成させる。
¹² 砕くことができようか ³⁷⁸、鉄を、北からの ³⁷⁹ 鉄や青銅 ³⁸⁰ を。
¹³ わたしは、あなたの財産、あなたの宝物を戦利品として与える。価な

---

368 七十人訳では、「私を産んだ母よ」。
369 少数の写本、シュンマコス訳、七十人訳では、「国中で争いかつ諍う人間を」。
370 七十人訳では「私の力は」が加えられ、また、後続する「クッロー（みな）」が「カーラー（果てる）」と読まれて、「私の力は果てた」となる。さらに、BHS では続く文脈を踏まえて、逆接の接続詞が必要とし、「キー」を挿入することを指示している。
371 ケレーに従えば三人称男性単数の人称語尾（すなわち、集合名詞的に解する）だが、BHS などは三人称男性複数に読み替えるよう指示している。
372 マソラの母音記号に従えば、ピエル態の能動分詞に人称接尾辞がついた形だが、BHS はミヒャエリスらに従って、ピエル態完了三人称複数に目的語としての一人称単数の人称接尾辞をとる形を指示している。Cf. McKane, *Jeremiah 1-25*, pp. 345f.
373 七十人訳は「アーメン」。
374 多くの校訂の提案がなされている箇所である。本稿はケレーに従い「シェーラー（緩める、解放する）」とした。その他の校訂の提案は、大まかに動詞の語根で分類すれば「šʾr（残される）」「šrr（硬くなる、強める。ただしアラム語を参照）」「ʾšr（導く）」「yšr（まっすぐにする）」「šrt（仕える）」などがある。Cf. McKane, *Jeremiah 1-25*, pp. 347, 349; Carroll, *Jeremiah*, p. 324f.; Koehler, L., and Baumgartner, W., et al., *The Hebrew and Aramaic Lexicon of the Old Testament*, Study Edition, vol. II, Leiden, Brill, 2001, pp. 1652rf.
375 七十人訳では三人称複数属格の代名詞が付される。
376 同上。
377 ペシッタでは「北からの」が付される。
378 少数の写本、古ラテン語訳、シロ・ヘクサプラ、テオドティオン、「（彼は）知ろうか」。七十人訳では、次節冒頭と合わせて、「鉄は知られようか。そして、あなたの力は青銅で覆われている」。シュンマコス訳では、「（彼は）悪をなさないだろうか」。アクィラでは「（彼は）結びつかないだろうか」。ウルガータは「（彼は）調印されようか」。
379 七十人訳とペシッタには、「北からの」は欠けている。
380 ペシッタには「青銅」は欠けている。

しに[381]、あなたのすべての罪のために、あなたのすべての領土において。[14]わたしはあなたをあなたの敵の奴隷とする[382]。あなたの知らない国で。まことに火がわたしの怒りに燃え、あなたがたの上に[383]燃える」。

[15]あなたはご存じです、ヤハウェよ。私を思い出し、私を顧み、私のために私を追う者たちに復讐してください。あなたの御怒りの遅さのために、私を取り去らないでください[384]。知ってください、私があなたのためにそしりを受けていることを。

[16]あなたの諸々の言葉が見つかると、私はそれを食べました[385]。そしてあなたの言葉[386]は、私にとって喜びとなり、私の心の愉悦となりました。まことにあなたの名前が私の上で呼ばれるからです、万軍の神ヤハウェよ。

[17]私は、戯れる者たちの集まりに座ったことも、こおどりして喜んだこともありません[387]。私はあなたの御手の前で、ひとりで座っていました。あなたが憤りで私を満たされたからです。

[18]なぜ、私の痛みはいつまでも続き[388]、私の治らない傷は癒されることを拒むのでしょう[389]。[390]あなたは、私にとって、欺く者、当てにならない小川のようになられるのですか。

---

381 七十人訳とペシッタには「なしに」が欠けており、「あなたのすべての罪の価として」となる。
382 少数の写本、七十人訳、ペシッタ、及びエレ17:4に従って、BHSの校訂を採用する。また、多くのヘブライ語写本では「わたしは奴隷とする（人称接尾辞なし）」。なお、マソラのままに読めば、「わたしはあなたの敵を過ぎ去らせる」。
383 少数の写本では、「あなたがたの上に」の代わりに「永久に」。エレ17:4参照。
384 この一文は七十人訳では「〔彼らを〕忍耐しないでください」。
385 七十人訳では「あなたの言葉を蔑する者から。彼らを尽かしてください。そしてあなたの言葉は……」。
386 「言葉」はケティーブでは複数形、ケレーでは単数形。
387 七十人訳では「（…）座ったことはなく、そうではなく、用心していました」。
388 七十人訳では「なぜ私を苦しめる者は私にまさり」。
389 七十人訳では「私の癒え難い傷、私はいつ癒されるのでしょう」。
390 原文では動詞「ハーヤー」の不定形と未完了形が連続するが、BHSは不定形のほうを「ホーイ（ああ、悲しいことだ！）」と読み替えるよう指示している。

¹⁹ それゆえ、ヤハウェはこう言われる
「もし、あなたが立ち帰るなら、
わたしはあなたを立ち帰らせよう、
わたしの前にあなたは立つ。
もし、あなたが賤しいことよりも、尊いことを語るなら、わたしの口のようにあなたはなる。彼らがあなたのところに帰るのであって、あなたが彼らのところに帰ってはならない。
²⁰ わたしはあなたを、この民に対し、堅固な青銅の城壁とする。彼らがあなたと戦っても、あなたには勝てない。まことに、わたしがあなたとともにいて、あなたを救い、あなたを助け出すからだ。——ヤハウェの御告げ——
²¹ また、わたしはあなたを悪人どもの手から助け出し、横暴な者たちの手元から贖い出す」。

　この告白録は 10-14 節と 15-21 節の大きく二部に分けられる。どちらも神の預言者でありながら迫害されるエレミヤの苦悩を伝えるものである。迫害の最中にあって、預言者が神に対して上げた抗議の声が、この告白録の暗い色彩を作っている。
　とりわけ注目したいのは、19 節から始まる神の応答である。エレミヤからの嘆きと訴えに対して、神の応答は、「もし、あなたが立ち帰るなら、わたしはあなたを立ち帰らせよう」という言葉から始まるが、これは嘆きに対する応答ではありえない。この応答は、悔い改めて立ち帰れという呼びかけであるが、そうであるなら、これはむしろエレミヤの罪を糾弾するものとなっている。のみならず、「もしあなたが立ち帰るなら（イム・ターシューブ）」というこのヘブライ語は、4 章 1 節で用いられている表現と全く同じであり、かつてエレミヤが民に対して語った言葉を、そのままヤハウェがエレミヤに対して語り出していることが窺える。であるなら、これは一種の当てこすりとして機能しており、その意味するところは、預言者の前に民が罪を犯していたように、神の前に預言者が罪を犯していることに気づかせるところにあるだろう。こうして、19 節には、嘆きに対する応答として罪の糾弾が与えられるという謎がある。これが第一の問題となる。
　第二の問題として、19 節にはさらに、動詞の構造においても問題がある。

この箇所で用いられる動詞は、同じ語幹の動詞の二つの話態が使われている。その話態は、単純な能動表現であることを示すカル態と使役表現を示すヒフイル態の組になっている。先にも確認したように、こういった使役・能動的行為と受動的行為が表裏一体となった表現形式はエレミヤ書には良く見られる。だが、注目すべきことに、ここでは能動的行為と受動的行為の順序がその他の箇所とは異なっている。つまり、まず人間エレミヤの能動的行為が問題となり、そうしてから神の使役行為（＝エレミヤにおける受動的発現）が問題となる、という順番である。これに対し、その他の箇所[391]では、常に神の行為が先行し、その働きを人間が受容するという順序が保たれている。上で見たように、預言者自身の罪を糾弾するという特殊な文脈において、この転倒が起こっていることは、偶然というよりも明らかに何らかの意図があることが察せられる。では、この能動性と受動性の転倒は何を意味しているのだろうか。

　この二つの問題を考察するに先立って、19節の条件法の構造について確認しておこう。同じ動詞の能動表現と受動・使役表現が混在していることで意味が不明瞭となっていることもあり、19節の条件法をどう読むかは幾つかのヴァリエーションがある[392]。第一のものは、条件節を「あなたが立ち帰るなら」までとし、それ以降を帰結節と解釈する。第二のものは、帰結節の始まりを「わたしの前にあなたは立つ」からとし、それ以前のすべてを条件節とする。第二の読みの場合、読み方はさらに二つに分化する。一つは神が「立ち帰らせる」ことを目的節ととり、エレミヤが立ち帰ることは、神の力が発動するための小さな条件となる。いま一つは、エレミヤの立ち帰りと神の立ち帰らせる働きは独立のものととらえ、両者が同格の条件節とする。最後に、第三の読みは、第一の読みと条件節の区切り方は同じだが、帰結節の「立ち帰らせよう」を副詞的に解釈し、「わたしの前にあなたは立つ」という節の補助動詞としてシューブを理解する。それぞれの読みを一覧にすると次のようになる。

　（1）もし、あなたが立ち帰るなら、わたしはあなたを立ち帰らせよう、

391　11:18, 17:14, 20:7, 31:4, 31:18.
392　ここでは Holladay, W. L., *Jeremiah: A Commentary on the Book of the Prophet Jeremiah*, V.1, Philadelphia, Fortress Press, 1986, pp. 462f. のまとめに従いつつ、再構成する。

わたしの前にあなたは立つ。
(2a) もし、あなたが立ち帰り、そうすることでわたしがあなたを立ち帰らせるなら、わたしの前にあなたは立つ。
(2b) もし、あなたが立ち帰り、かつ、わたしがあなたの立ち帰りを受け容れるなら、わたしの前にあなたは立つ。
(3) もし、あなたが立ち帰るなら、わたしはあなたがわたしの前に立つことを許そう。

では、それぞれの読みの妥当性はどうだろうか。(3) の読みは、コルニル[393]以降の批判的注解者たちにある程度受容されている読み方である。彼らの論拠は、ヘブライ語のシューブが副詞的に使われ、「再び」という意味をもつ場合があることである。だが、シューブの用例を旧約全体にわたって検討したホラデイによれば、そういったシューブの用例は、カル態の場合には認められるが、いま問題となっているヒフイル態の場合には用例が見られないという[394]。また、本稿がこれまでも確認してきた通り、ヒフイル（使役）態とカル（単純能動）態が組になって使われる用法はエレミヤ書に特徴的な語法であることから、この語法を副詞的に解することは、エレミヤ書のその他の箇所に見られる構造との連関からは支持されない。また、ヒフイルの使役表現が暗に示す、神からの内在的な立ち帰らせる働きという神学的含意をも削ぐ危険がある。したがって、(3) の読み方は支持されない。

では (2) の読み方はどうだろうか？　ホラデイは (2b) の読み方を積極的に支持する。彼は 19 節全体が持つパラレリズムにこだわることで、この読み方の正当性を訴える。ホラデイによれば、19 節は、「それゆえ、ヤハウェはこう言われる」という導入句を除けば六つの詩脚からなっているが、第五脚と第六脚に現れる「シューブ」のカル態はパラレルである。また、第三脚にも「もし、あなたが賤しいことよりも、尊いことを語るなら」という、ホラデイの見るところでは並行の条件節があり、これが第四脚に帰結節を持つ。そして、第四脚と第二脚が音韻的にも意味論的にも並行構造を持つことから[395]、第三脚と第一脚にも並行構造が成り立つはずであり、そこから、第

393　Cornill, Carl Heinrich., *Das buch Jeremia*, Leipzig, Chr. Herm. Tauchnitz, 1905, S. 199.
394　Holladay, 1986, p. 463 l.
395　「レパーナイ・タアモード（わたしの前にあなたは立つ）」と「ケピー・ティフイェ

一脚も第三脚と同様に、並行の条件節となっているはずだ、とホラデイは見るのである[396]。

だが、ホラデイの読み方は難点がある。確かに 19 節にパラレリズムは見られるのだが、それが彼の主張するほどに厳密なパラレリズムではない。第五、第六脚に見られるシューブはともにカル態で用いられているのであって、ヒフイル態とカル態が用いられている第一脚とは様子が異なる。また、第二脚と第四脚のパラレリズムも、どちらも預言者としての職務を語るものではあるが、厳密には意味にはズレがある。「ヤハウェの口となる」という場合は、神から人への言葉の伝達を示すものだが、「ヤハウェの前に立つ」という場合には、人から神への執り成しの意味が強くなる[397]。また、第三脚と第一脚の条件節がパラレルであるとするなら、「賤しいことを語る／尊いことを語る」と「エレミヤが立ち帰る／神が立ち帰らせる」ということが意味的にもパラレルに対応しているべきだが、第一脚の「エレミヤが立ち帰る／神が立ち帰らせる」ということはどちらも、第三脚では「尊いことを語る」に対応することになるから、意味的にはパラレリズムは崩れている。

さらに、ホラデイの提案する読みの難点は、彼の読みから引き出されうる神学的意義にもある。エレミヤが立ち帰り、ヤハウェが立ち帰らせるという「二つの行為がある意味で反対のものであるなら、それなら、エレミヤはヤハウェに向かって動かなければならないし、ヤハウェはエレミヤを彼自身のために取るために、エレミヤに向かって動かなければならないということが理解されるはずである。両者が選択しなければならない」[398]ことになる。すなわち、こうして神とエレミヤの両者がいわば水平的次元において契約関係を結ぶことが含意される。そこでは、エレミヤがヤハウェの預言者であることは、エレミヤ自身の決断に依拠していることが示唆され、そのような自由は、19 節の第三脚が暗示するように、エレミヤが賤しいことも尊いことも語りうるという選択の可能性によって裏書きされるようにも思われる。だが、

　（わたしの口のようにあなたはなる）」。「ヤハウェの前に立つ」という表現については、幾つかの解釈が可能であるが、ここでは預言者職に就くことを意味するとしたほうが適当である。Cf. Holladay, 1986, p. 439.
396　Holladay, 1986, pp. 462-464, esp. 463 l.
397　エレ 15:1。
398　Holladay, 1986, pp. 463f.

エレミヤにこうした自由を供するヤハウェの控えめさは、ホラデイ自身が認めるように、エレミヤの召命記事（1:7-10）や他の告白録（20:7, 9）に見られるような、ヤハウェの権能の力強さとは鋭く対立する。この 15 章 10-21 節でのみ、エレミヤの自由が語り出されなければならないというのであれば、それはなぜなのか。また、ヤハウェの絶対性やエレミヤの無力さを語るその他の箇所との整合性や関係はどう解されるべきなのだろうか。こうした問いに、ホラデイは答えてはいない。

　ヤハウェの優越性を制限し、19 節第一脚の条件節を二つの条件に基づくものだと理解することで、ホラデイの読みでは 20 節以降との連絡が取れなくなるという問題も生じてしまう。ホラデイの読みでは、19 節でエレミヤに選択の自由が与えられたことによって、エレミヤには選択にともなう責任が発生し、また、預言者職への再就任という状態は、エレミヤの行為によって条件づけられることになってしまっていた。だが、これに対して、20 節以降で語られるヤハウェによる保護の約束は無条件的なものとなっている。それゆえ、ホラデイは、20 節以降の約束を本来のヤハウェの応答とは見做し得なくなるのである[399]。

　だが、本稿がこれまでに確認したように、エレミヤの初期の預言から、ヤハウェの無条件的な救済の約束は認められうるのであり、（申命記史家的発想を別にすれば）この告白録においてのみ、救済が条件的なものだとされる必然性はないと思われる。

　とはいえ、神がそれまでの強制的な態度を緩め、エレミヤに選択の自由を与えて、彼をヤハウェの預言者たる責務と束縛から解放しうるよう、思いを改めたと見ることは可能である。だが、そう理解するためには、ホラデイが想定するように、条件節が相互に独立した二つの条件から成るという読みが必然的に要請されるわけではない。そのためには「もし、あなたが立ち帰るなら」という条件節だけで事足りるのである。以上から、(2b) の読みを積極的に支持する理由はない。

　次に、(2a) の読みは、ちょうど (2b) と (1) の中庸を取っているように見えるが、意味をつかむことが極めて困難となり、ともすれば曖昧さを糊塗することになってしまう。接続詞ヴェ＋未完了形という形が、エレミヤに立

---

[399] Ibid., p. 465.

ち帰りを可能にするための力を与えると理解されるのであれば、(1) の読み方との違いはほとんど無くなってしまう。また、ヤハウェがエレミヤを立ち帰らせるということと、エレミヤが再び預言者の職務に就く（「ヤハウェの面前に立つ」）ということは、敢えて条件－帰結という形で語らなければならないことだろうか。「ヤハウェがエレミヤの立ち帰りに力を与える」ということはすでに預言者の職に再び就くことを許容しているのではないのだろうか。

　以上から、19 節の条件節の構造としては (1) の「もし、あなたが立ち帰るなら、わたしはあなたを立ち帰らせよう、わたしの前にあなたは立つ」が最も適切だと思われる。このことは文法的にも、イムから始まる条件節がヴァヴから始まる帰結節で回収されるという一般的なケースの範囲内で説明されうる[400]。
　こうして、19 節の条件法の構造については確認された。では、その内容についてはどうだろうか？　エレミヤ書の類例表現と比較したとき、この告白録の能動態と受動態が転倒していることは何を意味しているだろうか？
　エレミヤの行為を示すカル態の能動表現が、神の働きを示すヒフイル態の使役表現に先行することは、ここでは例外的に、神の働きに対してエレミヤの決断や選択が先行することを意味しているのだろうか？　この見方は、申命記主義的発想を踏まえる場合には首肯される。すなわち、エレミヤが悔い改めるという行いが、いわば功績であると神から認められることによって、この条件下において、預言者職への再就任という神からの恩恵を受けることができる、と解する道がある。しかし、上で条件節の構造を確認するなかで触れたように、エレミヤの真正預言においては、神の恩恵の無条件性は確認されてきたのであって、ここでの恩恵を条件的なものと解することは、それほど確実なものではない。のみならず、この 15 章においても恩恵が無条

---

[400]　Joüon-Muraoka, *A Grammar of Biblical Hebrew*, 2nd ed., 3rd repr., Gregorian & Biblical Press, 2011 (1991), §167, 176d. なお、ホラデイは 19 節の第二脚の頭にヴァヴがないことを問題としているが（Holladay, 1986, p. 462）、これもやはり、彼がパラレリズムと条件節－帰結節を厳密に対応させようと拘ってしまっていることに起因していると思われる。パラレリズムを厳密に適用しなくてよいとすれば、第一脚のヴァヴから帰結節が始まると見ることに問題はない。

件的なものとして考えられていることの証左が二つあげられる。一つ目に、「ヤハウェがエレミヤを立ち帰らせる」というヒフイル態による表現が、立ち帰らせるはたらきの根源的な由来が神にあることを示唆していることから、エレミヤが自力的に立ち帰ることが十分に可能だとは考えられていない。むしろ、立ち帰らせる力が神にこそあるという発想は、人間による功績を否定する発想なのである。二つ目に、先にも触れたように、後続する 20-21 節で語られる保護と解放の約束は無条件的な性格を持っている。それゆえ、シューブのカル態がヒフイル態に先行することは、悔い改めの行為を神の働きが発動するための事実上の条件とすることを意味しない。

　では、この能動態と受動態の転倒表現の意味はどう解されるべきだろうか？　第一の問い、すなわち、エレミヤの嘆きに対して与えられた答えが罪の糾弾であったということを踏まえるならば、ほとんど避け難く考えられるのは、能動態と受動態の転倒表現は、エレミヤ自身の責任を問うために発せられたのではないのか、ということである。

　もちろん、上で見てきた通り、エレミヤに対する神の優位は揺るがない。召命記事においても、また、他の告白録においても、エレミヤは神の前に無力な者として描かれている。だが、この無力さの認識が、エレミヤにとって己の預言者としての責務から逃れるための遁辞となっていた可能性は皆無ではない。たとえば、この告白録 15 章には、預言者の召命を暗示するような言葉が多く[401]、また、しばしばこの箇所はエレミヤの第二の召命と呼ばれ、召命記事と関連付けて語られることも多いが、この召命記事において、出生以前から彼を預言者として召していたというヤハウェの言葉に対して、エレミヤは自分が若輩者であることを理由に、預言者としての責務を避けようとする。確かに、預言者の召命において自らの低さの認識からこれを辞そうとするのは、稀なことではない。モーセは己の口と舌が重いことを理由にあげ（出 4:10）、イザヤも己の罪の穢れを理由とした（イザ 6:5）。しかし、何人かの研究者はここにエレミヤの微妙な反抗を読み取っている。関根正雄によれば、「六節でエレミヤが語った言の中にはなお自己の弱さに拘泥している所が絶無ではない。己れの無に拘泥する時、彼は真に無でないことを示している。(…) エレミヤは微妙な意味で絶えず神に反抗した人であるが、その

---

[401]　15:10, 16, 19, 20-21; cf. 1:5-6, 9, 18-19.

姿がすでにここに出ていると言うことが出来よう」[402] として、己の弱さに拘泥するがゆえの逆説的な反抗をここに見ている。また、関根清三はこれを敷衍し、「低い自己の認識に固執し過ぎると、自己の認識を絶対視する高さに転ずる。また自己の低さに拘泥し過ぎると、いと高き神の行為に能動的に参与することができなくなる」[403] と述べている。

　エレミヤに無力さの認識を逆手にとった反抗の傾向を認めるなら、15章19節でヤハウェが能動態から語り出したことの意義は、ちょうど召命記事における窘めと同じような機能を持つと考えられる。自らが「若輩」であり「どう語っていいかわかりません」と言うエレミヤに対して、ヤハウェは「あなたは『若輩です、私は』などと言わないように」（1:7）という言葉をかけていた。すなわち、ヤハウェは一方では励ましつつ、しかし他方では、註解者が「召命はここで自己の小ささに拘泥するものを叩きつぶして始まる」[404] と言うように、低い認識に潜む高ぶりを砕きつつ、続く言葉のなかで、慄くエレミヤに保護の約束を与えていた（1:8）。同様に、15章においても、直後に神は保護の約束を与える（20-21節）。すると、「もし、あなたが立ち帰るなら」というヤハウェの語りかけは、エレミヤのなかに再び固まりかけていた、無力さの高ぶりを砕くためのものだったのではないか。

　早くも召命記事から察せられるように、あるいは初期の救済預言の無条件性からも読み取られるように、エレミヤはすでに、ヤハウェの前にあることの無力さを熟知していたことによって、ヤハウェの働きがあって初めて、己の行動を起こしうるという思考を確立しつつあった。その思考の現れが、ヤハウェを動因とする使役・能動的行為——人間による受動的発露という表現形態に定着しつつあった。このエレミヤにとって、ヤハウェが語り出した能動態表現「もし、あなたが立ち帰るなら」は、二重の衝撃となったはずである。第一に、それまでの自分に馴染み、ほとんど定型表現にまでなりつつあった思考が転倒されることによって、しかも、条件法によって間接的に問われることによって、今やエレミヤは自分の存在の仕方を選択することが可能となり、そのことによって、エレミヤ自身の責任が問われることになったからである。第二に、その語り方は、かつて自分自身が預言者として、民に語

402　関根正雄『エレミヤ書註解（上）』、37頁。
403　関根清三訳『エレミヤ書』、6頁、註四。
404　関根正雄『エレミヤ書註解（上）』、37頁。

りかけていた悔い改めの表現そのもの（4:1）であり、自分が神の前に、民と同じ罪人であることを知らなければならなかった[405]。これは、神から罪を宣告されたという以上のものである。なぜなら、預言者として活動した過去の自己からの断罪でもあるからである。その意味で、ここにエレミヤの徹底的な自己無化が成立している。このエレミヤに、神は立ち帰りに先立って赦しを約束している。であるなら、ここでも赦しと裁きは同時に現れているのである。しかも神は、エレミヤに能動性を認め得るような、自らの絶対性を制限する表現を語りだすことによって裁き、赦しているのである。

3.2.4. エレミヤにおける立ち帰り

こうして、本稿は 15 章 19 節にエレミヤの罪の痕跡と自己無化を認めるに至った。このエレミヤの暗部を洞察し、またここから如何にエレミヤが立ち帰ったのかについて、さらに考察を進めておきたい。この問題について、最も深く論じた研究として、宮本久雄による研究を挙げることができる[406]。本稿も宮本に学びつつ、論を進めていこう。

エレミヤの告白録をめぐる研究で、宮本は二つの特徴的な見方を取り上げて批判する。一つはレフェントローヴ[407]の様式史研究に代表される見方である。この見方によればエレミヤの告白録は完全に文学類型の作法に則ったものとなる。事実、様式史的に見るならば、告白録の文学類型は、「個人の嘆きの歌（Einzelner Kragelied ＝ EKL）」及び「預言（＝ P）」という形式が用いられているからである[408]。すると、レフェントローヴの見方を敷衍すれば、告白録にはエレミヤの個人的な感情も思考も表出されていないということになる。つまり、この見方では、およそエレミヤの個的実存は抹殺され、エレミヤはたんに定型表現の担い手にすぎないというデメリットがある。しかし、その一方で、告白録に表れる「わたし」とはエレミヤの人格ではなく、集合的人格であり、その場合、ユダヤ民族が一箇の「わたし」として表現されて

---

405 関根正雄『エレミヤ書註解（上）』、264 頁。
406 宮本久雄『聖書と愛智――ケノーシス（無化）をめぐって』新世社、1991 年。
407 Reventlow, Henning Graf., *Liturgie und prophetisches Ich bei Jeremia*, Gütersloh, Gütersloher Verlagshaus Gerd Mohn, 1963.
408 宮本『聖書と愛智』、84 頁。

いることになる。したがって、「わたし」とは実は公共的な存在であり、この「わたし」に共感をよせる人々にとって、このテクストは心の拠り所となる。さらに、その限りで、内面的な集会所ともなるわけである。つまり、定型表現であることによって、このテクストは言語空間のなかに、この言語空間に和する者たちに限ってではあるが、共同のための場所を開くというメリットがある。

　宮本のとりあげる第二の立場はルードルフ[409]に代表される見方である。ルードルフは如上のレフェントローヴの説に対立し、告白録は完全にエレミヤの内面的心情の吐露であって、そこにはなんら外在的な要因による強制がなかったとする態度をとる。この見方では、告白録の「わたし」とは、文字通りの意味での自我であり、人格を意味することになる。そこではエレミヤが経験した一回的な感情の高ぶりが詩的に表現されているということになる。この見方は、レフェントローヴが落としたエレミヤの実存が掬われていると評しうる一方で、極めて私秘的な告白録の性格を考慮するなら、エレミヤの告白録が所詮は愚痴と怨嗟の循環のなかで自閉していたという印象を拭うことができない。告白録中しばしば神に挑み、敵の破滅を乞い願うエレミヤは、預言者としての公共的性格を逸し、「彼が自分を語る・わ・た・しは、・わ・れ・わ・れというイスラエル民族とは遮断されている」[410]。もしも告白録が個人の怨嗟の記憶としか読まれ得ないのであれば、古代イスラエル人だけではなく、このテクストを読む我々にすら、エレミヤの告白録は開かれていないことになるだろう。

　これら二つの極端な見方を宮本は結び合わせる。彼によれば、レフェントローヴとルードルフの研究は「告白録のある性格を言い当てているともいえる。すなわち、告白録の・わ・た・しが、やはり公的われわれ的性格と私秘的わたしの性格を、各々の位相で示しているということである。そこから告白の・わ・た・し表現は、三重の相を内包していると考えられてくる。つまり、・わ・た・し表現は、第一に、レフェントローブ説のように、（イ）、われわれという公的性格と、次にルドルフ説のように、（ロ）、エレミヤのわたしという私的性格をもっており、しかも、（イ）は、（ロ）を媒介に新たに変容せしめられて、新

409　Rudolph, Wilhelm., *Jeremia*, 2. Aufl., Tübingen, Mohr, 1958.
410　宮本『聖書と愛智』、85頁。強調宮本。

しいわれわれを盛る表現という性格（ハ）が、告白に指摘されるという、この三重の（イ）、（ロ）、（ハ）の位相である」[411]。こう述べる宮本は、告白録にわたって用いられている形式と定型を同定するとともに、そこからのズレを吟味し、このズレ・歪みから再び告白録全体を吟味するという方法をとることによって、告白録に迫ろうとする。

このとき、EKLやPなどの公的定型表現がイスラエル民族の従来の価値を表すものともなっているがゆえに、この方法論は同時に次のような事柄にも重なり合うことになる。すなわち、旧来の公共的な価値が挫折したところにおいて、そこから一人の人間が新たな地平を開き、人々がともに生きうるような新しい価値を発見するという道行きである。先取りして言えば、この道行きにおいて、エレミヤ自身の回心があったことを、宮本は見ているのである。

以上が宮本による告白録研究の方法論となるわけだが、その充実した研究のすべてをここで眺めるわけにはゆかない。本稿が触れておきたいのは、そのうち、15章10-21節の告白録である。なぜなら、この箇所にこそ、これまでに論じてきた「立ち帰り」がエレミヤ自身の実存において生じたことが最も具体的に表現されているからであり、また、申命記主義的神学との断絶が最も鮮明に現れていると考えられるからである。

宮本のそういった洞察が最も特徴的に現れているのは、15-21節の分析である。とくに注目されるのは、15節と18節の両表現から宮本の読み取った瀆神的要素である。まず、15節について、「この節が神への呼びかけと願いを内容とするEKL形式である事は明らか」[412]であるとし、この節が一種の定型表現の作法に則ったものであることを宮本は示す。だが、この定型表現の内部に、通例の定式の中には回収しきれない異物が内含されていることを宮本は看破する。それが「あなたの御怒りの遅さのために、私を取り去らないでください」という一節である。ヘブライ語でエレ<u>ク</u>という語が用いられる「遅さ」という表現は、宮本によれば、元来、神の恵みを賛美する定型表現である。「『遅き』の原定式は『出』三四章6～7節にある。すなわち『主、

411　同、86頁。強調宮本。
412　同、112頁。

主、憐れみあり、恵みあり、怒ること遅く慈しみと誠との豊かなる神……』と。この定式はヤーウィスムの定式である。この定式はイスラエル民族の歴史を通して、その宗教的共同体の生命を支える価値基準を表現している。この価値とは換言すれば、シナイ律法の精髄たるシナイの神への信仰告白に外ならない。この定式を精神とする十戒と各律法の定式的表現は、以来神とイスラエルの契約のしるしとして遵守され、復唱され、そこからいささかの逸脱もあってはならなかった。民はこの言語定式とそこに示された価値を担う聖なる民であり、神の与えた律法的価値基準に応えるものと期待されてきたのである」[413]。

確かに、「長い」あるいは「遅い」を表す形容詞エレクは、しばしば「怒り」を意味する名詞アプと結びつけられて使われている。旧約中エレクの用例は15例あるが、エゼキエル書17章3節とコーヘレス書7章8節を除く13例がアプとの組み合わせで用いられ[414]、「怒るのに遅く」という意味で用いられている[415]。さらに、アプと組み合わされて用いられるエレクの13例中、神を主語とするものは10例であり、人間を主語とするものが3例あるが、この3例は箴言に限られている。

したがって、エレクの用例のほとんどは神の忍耐深さであり、また、これを讃える讃美である。そこで、もしこの定型表現のエッセンスが出エジプト記の中に結晶していると認めてよいとするなら、エレクが使われる定型表現は、宮本のいう通り「ヤハウェ、ヤハウェは憐れみ深く、情け深い神、怒るのに遅く、恵みとまことに富み……」(出 34:6) である。つまり、エレクは基本的には神に対して肯定的な態度をとる場合に使われる言葉なのだ[416]。出

413　同、112頁以下。強調宮本。
414　出 34:6、民 14:18、ネヘ 9:17、詩 86:15, 103:8, 145:8、エレ 15:15、ヨエ 2:13、ヨナ 4:2、ナホ 1:3、箴 14:29, 15:18, 16:32。
415　コーヘレスの場合にはエレクはアプとは組み合わされてはいないが、「エレク・ルーアハ」すなわち「長い魂」あるいは「長い息」という言い方で「忍耐」を表しており、意味的に他の用例と隔たっているわけではない。
416　神に対する肯定的な態度という点に注目して興味深いのは、エレクが悔い改めのメリットを説く根拠としても機能している例があるということだ。たとえば、ヨエル書のなかでは「あなたがたの神、ヤハウェに立ち帰れ。ヤハウェは情け深く、あわれみ深く、怒るのに遅く、恵み豊かで、災いを思い直してくださるからだ」(ヨエ 2:13) と言われる。ここで、エレクは、一度決定した災いを思い直す (ニハム) 神の形容と連続して用

エジプト記のこの原定式、ヤハウィストによる定式が厳密にどの時代に成立したのかという議論は措くとしても、「エレミヤがこの定式を熟知していた事は想像に難くない」[417]。

このように神に対して肯定的に用いられる用法を確認していくと、エレミヤ書15章15節でのこの表現の異様さが際立ってくる。本来は神の恵みと讃美のために用いられるはずのこの表現が、エレミヤ書では全く逆の意図のために用いられている。この15章15節において、エレミヤは「『神の怒りの遅き』に抗議している」[418]。

この神への抗議は、二重の意味で発せられる。もちろん、15節の嘆きは第一にはエレミヤの個人的な「わたし」の発露であり、宮本もその点を第一に踏まえている[419]。だから、「私を取り去らないでください」という訴えは、エレミヤという個人を滅ぼせしめるなという意味が第一の意味ではある。しかし、だが、宮本の読みは、この節がEKLであることから、さらにもう一層の訴えに踏み込もうとしているようである。すなわち、エレミヤのような苦しむ義人、貧しき民[420]を黙過したもうな、という訴え、エレミヤの「わたし」によって代弁される人々の「われわれ」が発する声なき訴えである。15節に伏在する、そのような集団的な訴えについて、宮本はこう述べている。「神の怒りの遅さは恵みをもたらすどころか、逆に不信の徒の幸福を招き、貧しい民の不幸をよぶにしか過ぎない。その怒りの遅きがゆえに社会の富と力の不平等はいや増した。ユダヤ滅亡時において、エレミヤは王族、司

いられている。これは、神が裁きを撤回してくださるのだから悔い改めよ、という回心の促しであるとともに、人の回心が神の裁きの撤回と連動しているという神学的思考を支える原理の一部をなしている。ヨエル書の成立年代については諸説あり、これが申命記主義的神学との関連においてどのような歴史的位置を持つのかは定かではないにせよ、エレクという語は、申命記主義的神学の発想に連なる用語の一翼も担っていることがわかる。

417　宮本『聖書と愛智』、113頁。なお、宮本はこのことの根拠として、エレ30:11, 32:18を挙げる。
418　宮本『聖書と愛智』、113頁。
419　同、112頁。
420　本稿では十分に論じることができないが、エレミヤの告白録が「苦しむ義人像」という新しい類型を披くものであり、またそこに和する新しい人々の範例を「貧しき人々」という名で呼び表すことも、宮本論文の豊富な知見のうちの一つである。宮本『聖書と愛智』、80, 92-94, 103頁その他を参照。

祭階級の暴政と貧民の窮状をみて、神にその正義の実現を迫っている」[421]。

　この宮本による敷衍は、極端なものではない。エレミヤがヤハウィズムの定式、あるいはむしろ申命記主義が依拠していたシナイ契約への信仰告白の文言を用いたことは、直接的には神へと向けられた抗議[422]ではあるが、間接的には、シナイ契約の文言によって守られていた宗教的指導者層に対する抗議でもあるからである。こうして宮本は、15 節が単にエレミヤの自閉した個人的な愚痴と怨嗟に尽きるものではないことに注意を喚起している。

　以上のように、神の怒りの遅さという定型表現のなかに、本稿は宮本とともに、伝統的価値、すなわちヤハウィズムやシナイ契約という旧来の価値の危機に直面し、預言者としての自らの信仰に苦悩した、エレミヤの絶望の痕跡を認めうる。

　告白録 15 章にはもう一箇所、従来の神理解、伝統的信仰との断絶を突きつけている箇所がある。18 節を再び宮本とともに見てゆこう。

　まず、18 節も 15 節と同様に、EKL の特徴が見られるという[423]。だが、18 節に祭儀的定式からの逸脱を認めないレフェントローヴとは異なって、宮本は 15 節同様に申命記的価値観との衝突を見る[424]。「欺く者、当てにならない小川」という表現がそれである。

　ヤハウェが生命の根源たる泉であるという表現は、エレミヤ書では 2 章 13 節、17 章 13 節に見られる。砂漠において命を与える泉をヤハウェの恵みであるとする表現は、しかし、申命記的伝統にも見ることができる。その特徴的な表現は、申命記 8 章 6-7 節に見られる。申命記 8 章 6-7 節は「あなた

421　宮本『聖書と愛智』、113 頁。
422　だが、ここで注目しておくべきは、神はイスラエルに対する保護を履行しないがゆえに告発されているのではないということだ。逆に、イスラエルの宗教的指導者層に対する保護を履行しているがゆえに告発されているのである。契約神学を盾に安心を得ている祭司、預言者たち、またその契約神学それ自体だけでなく、この契約神学を首肯するかのようにエルサレムを守っている神自身をも、エレミヤは告発しているのである。通常、神の働きがないように見えるところで発せられる神義論の問いとは異なって、神の働きがあるゆえに発せられる神義論の問いになっている。
423　宮本『聖書と愛智』、118 頁。
424　以下の二つの段落の記述は、宮本『聖書と愛智』、119 頁をもとにしつつ、補足と再構成を行った。

の神、ヤハウェの命令を守って、その道に歩み、ヤハウェを恐れなさい。まことに、あなたの神ヤハウェが、あなたを良い地に導き入れようとしておられるからである。そこは、水の流れと泉があり、谷間と山を流れ出た深い淵のある地」と語り、ヤハウェの命令の遵守が、泉の湧く良い土地への定住というヤハウェの恵みに対する条件と結びつけられている。このようなヤハウェの命令の遵守は、申命記主義的発想の中核にあるものでもあり、その基礎となる箇所は、申命記では、7章9節以下、32章4節以下で表現される。そこでは、神の命令を守る者には幸いと祝福を、神に背く者には災いを与えるという典型的に応報的な価値観が語られるが、その価値観は、先に15章15節について論じた際にも触れた、出エジプト記34章6-7節にあるシナイ契約の思考とも共通している。したがって、生命の根源たるヤハウェという表現もまた、申命記主義的な価値観における神の肯定的側面を表し、申命記主義的理解に基づく神への讃美なのである。

　このようにシナイ契約の記憶、申命記主義的価値観と結びつく神への讃歌であるはずのものを、18節のエレミヤの訴えは転倒させている。「欺く者、当てにならない水」という言い方は、砂漠の枯れ川に寄せた比喩である。遠くから眺めると豊かな流れを湛えているかに見えるが、近づいてみると水の枯れた、干からびた川（ワディ）である、というのがその含意である。だから、申命記主義的価値観において生命の泉であるかに見えた神は、近づいてみると命を与えるどころか、水を求めて彷徨う人間を欺く、枯れた川であった、というのが、18節のエレミヤの言葉の意味となる。

　それゆえ、18節の表現も決して宗教的なリトゥルギーの枠内に留まる穏やかな定型表現ではありえない。むしろ、かなり積極的な「シナイの神との断絶の表現である」[425]。

　こうして告白録15章の表現について、宮本の指摘するところに従うなら、そこには、エレミヤが従来のシナイ契約的・申命記主義的価値観のなかにもはや生きることができなくなり、これから離反し、あるいは神に背きさえしたという出来事が見えてくる。この背きが具体的にどのようなものであったかを確認することはできない。表面的には、15章15, 18節の瀆神的表現、

425　宮本『聖書と愛智』、119頁。

あるいはまた、別の告白録 20 章 7 節における瀆神的表現にエレミヤの罪の痕跡を認めうるだろう。もしくは、微妙な意味での反抗、すなわち、己の無力さの認識を逆手にとった反逆や、正義を求めての神への抗議など、エレミヤ書の各所に散見されるエレミヤの自己主張もまた罪の痕跡だと見做しうる。とはいえ、決定的な形でエレミヤの罪を明示することは困難であり、また、エレミヤの罪を具体的に明示することが重要になるわけではないだろう。むしろ、本稿にとって重要なのは、エレミヤ書の各所に暗示されたエレミヤの罪から、エレミヤが立ち帰ったということである。そしてエレミヤが立ち帰り得たということから、彼において生起した立ち帰りのダイナミズムを確認することによって、エレミヤにおける立ち帰りの意味するところとその範囲、この思考の向かう先を見定めることが、本稿の関心である。そのために、本稿はもう少し、告白録についての宮本の議論に学ぶ必要がある。

15 章 10-18 節までのエレミヤの嘆き、なかんずくその EKL 的あるいは P 的定型表現からのズレにエレミヤの絶望と挫折を確認したあとで、宮本は、19-21 節の分析によって、エレミヤに経験された立ち帰りの出来事を探求する。宮本によれば、19-21 節が語り出す、「この神のこたえはシナイの神のこたえではない。なぜならそれは無と化したエレミヤのわたしのすべてを照らす言葉となって新たな契約の地平を披いているからである」[426]。本稿も上で確認した通り、エレミヤの告白にはシナイ契約の神に対する根本的な疑義が含まれていたことから、この立ち帰りは、単純なシナイ契約の神への帰依ではありえない。では、この立ち帰りはどのようなものか。宮本は立ち帰りのアスペクトを三つに分けて論じる。「（イ）、立ち返りとは如何なる歴史的状況を指し示すのか、（ロ）、そこで如何なる現実が経験されたのか、（ハ）、如何なるすがたに立ち返るのであるか」[427]。

まず（イ）15 章 19-21 節の立ち帰りの示す歴史的状況について、宮本はこの「立ち帰り」がバビロン捕囚期において共有された危機意識を背景としながら、捕囚民にとっての次元と、エレミヤ個人にとっての次元の双方の歴史的状況を反映しているものだと考える。

定型とそこからのズレについて、18 節まではすでに見たが、19-21 節にも

426　同、120 頁。強調宮本。
427　同、122 頁。強調宮本。

定型とそこからのズレが認められる。「それゆえ、ヤハウェはこう言われる」は、通常「使者の定式」と呼ばれるが、「預言」（＝ P）という文学類型における定型表現に属し、その内容は裁きの託宣が一般的である。だが、ここでは裁きの託宣のみならず、「立ち返りを内容とする慰めの言葉」をも伴っており、その意味で、「破格の表現」なのである[428]。より精確に言えば、「もし、立ち帰るなら」という表現によって、裁きの託宣と慰めの約束が表裏一体となって語られている。ここに、定型とそこからのズレがある。加えて、内容的にも、預言という文学類型からの逸脱が見られることを宮本は指摘する。本稿でもすでに確認したように、19 節の条件法による表現において、エレミヤが「一度その執務を放棄し、神に背反したという現実への暗示を見ないわけにはゆかない」[429]。預言という文学形式において、預言者自身が罪を犯したという示唆は、当然、異常なものであり、古典的な預言形式の枠内ではおよそ認め難い。だから、この異常な預言形式が一般に受け入れられるためには、「背教と回心を経験した民の神学的成熟を俟って始めて可能」[430] となるはずである。そのような背教の認識が獲得され、回心が要求されるようになった時代とはバビロン捕囚期以降である。したがって、19 節の形式が預言という類型として受容されうる歴史的状況としては、捕囚後が考えられると宮本はいう[431]。

　さらに、捕囚期以降という時代状況を考えるならば、19 節の語る立ち帰りは、捕囚の地にあるイスラエルの民にとって「エルサレムへの立ち返り（帰還）を意味しうる」[432]。民がエルサレムに帰還することは、さらに「『お前を救い解放し、お前と共にいる』（20 節 b）という神の救済行為」[433] の約束と相まって、捕囚民にとっての希望の預言として機能しえたことだろう。

　こうして 19 節の「立ち帰り」は、捕囚後という時代状況において、民衆の次元では、ヤハウェへの回心とエルサレムへの帰還の両者を意味しうる。だが、当然、この公的理解、集団的理解の核にはエレミヤ自身の宗教的体験、

428　同。
429　同。
430　同。
431　同。
432　同。
433　同、122-123 頁。

実存的経験がある。エレミヤ個人の上での歴史的状況を、宮本はエレミヤの召命記事とつき合わせて検討する。「一章5節は誕生時におけるエレミヤの召命記事である。ところで一五章10節は、召命の日であるこの誕生日への呪いに外ならない。従って一五章ではエレミヤは自己の召命を否定している。一五章16節は、一章での神言との出会いの思い出を語り、神言の探究を古典的シナイ契約の定式の下になそうとしたエレミヤ像を窺わせる。しかし歴史とこの時期の彼はこの古典的価値に生き抜くことができなかった。エレミヤは預言者の類型と託宣形式、シナイ律法定式からずれて、新しい価値表現の実現を祖国荒廃の真只中に求めあぐねる」[434]。こうして宮本は、この告白録が、南ユダ王国滅亡の時期におけるエレミヤの実存を反映していると見る。ただし、このことはこの告白録のなかに語られるエレミヤへの迫害が南ユダ王国滅亡後に起こったということや、この告白録の中核となる出来事がその時期に起こったということを意味するものではない。「なぜなら預言者の表現は、一時代の特定の事柄に限定されずに却って諸々の事件をそこに重ね映してみる普遍的な交流の場として結晶化しているからである。これは（…）告白の根本的特徴を示すのである」[435]として、宮本は告白録がエレミヤの個人史に占める時期について、シナイ契約の破綻が明らかとなった時期だとゆるやかに設定しつつ、最終的には開いたままにしておく[436]。

　さて、では、次に立ち帰りの二つ目のアスペクトである、（ロ）そこで如何なる現実が経験されたのかという点について触れておきたい。立ち帰りの一つ目のアスペクトについても、民とエレミヤの二つの次元において歴史的状況が考えられたが、二つ目のアスペクトにおいても民とエレミヤの二つが考えられる。とはいえ、この立ち帰りが生じたのはまずエレミヤの実存においてであって、エレミヤにおける立ち帰りが民における立ち帰りを基礎付ける。

　エレミヤに生起した立ち帰りに関し、宮本が注目するのは、ヘブライ語「シューブ（立ち帰り）」のヒフイル態が示す事柄である。「第一に、エレミヤの回心を可能にするのはあくまでヤハウェである事を動詞のヒイフィル

---

[434]　同、123頁。

[435]　同、75頁。

[436]　一方で、宮本は、告白録の時期がヨシヤ改革の終わりころに位置するという推測もしているが（宮本『聖書と愛智』、71頁）、最終的な結論は下してはいない。

形が強調する」[437] ことから、「この立ち返りは、神の全面的一方的恩恵を強調している」[438] ことが導かれる。この神の恩恵、憐れみ（へセド）はしかも「人の回心の事実に立って与えられるのではなく、一方的な神の行為である。回心の土台は神が用意する。『わたしがお前と共にいる』（20節b）とは、『神われらと共にいます』というインマヌエルの現実を指すものであろう」[439]。このように宮本は、19節でシューブのヒフイル態が示すヤハウェの一方的恩寵が、20節の表現と結びあって、無条件的な恵みを性格とするインマヌエルの現実へと導かれていったことを示す。回心の事実とは関わりなくつねに人とともにいます神という、このインマヌエルの現実こそが、エレミヤの出会った新しい預言的価値であり、現実であったと宮本は述べる。

　こうして、インマヌエルに出会ったことによってエレミヤは、立ち帰りの第三のアスペクトである、（ハ）新しいすがたを獲得したと宮本は見る。そのすがたは、立ち帰りや召命がつねに「言葉」によって引き起こされていたことから、イスラエル史の初期に見られるような恍惚預言者のすがたではない。また、当然、シナイ契約を保護しようとする預言者のすがたでもありえない。いわんや、「或る組織に属してその組織の公文書を反復するような預言者類型」[440] である祭儀的預言者や神殿・宮廷付き預言者でもありえない。

　エレミヤの獲得した新たなすがたとは、神非難、自己否定、伝統的価値の否定といった否定的契機を必然的に含むとともに、これからの立ち帰りを告げる言葉と、インマヌエルの現実への確信を含む表現形態である。この新たな言語空間、文学類型を、宮本は「告白録」と呼び、エレミヤの立ち帰ったすがたを「告白する者」と名付ける[441]。すなわち、徹底的な無化を経験しつつ、その苦しみのなかで神と出会う者たちのすがたである。これは、「EKLの線では『告白する者』として苦しむ義人像に通じ、P的路線では『第二イザヤ』の主の僕像を先取具現している」[442] 者のすがたである。

　以上、宮本の卓抜な洞察に学ぶことで、本稿は、エレミヤの告白録15章

437　宮本『聖書と愛智』、124頁。
438　同。
439　同。
440　同、125頁。
441　同。
442　同、126頁。

を見つめるための視力を与えられた。宮本の議論から、ここで述べられる立ち帰りとは、単にある宗教的体系の内部に回収されてしまうような、ドグマティックな説教ではありえない。15章の告白録が打ち明ける立ち帰りとは、エレミヤ自身の実存に生起した立ち帰りの出来事であり、それを核として成立した、告白録という新しい文学類型の言語空間が開く共生の場である。そこでは、ヨブ的な苦しむ義人像を先取する、応報思想の彼岸にある不条理な苦しみのなかで、倫理的・応報的な合理的思考体系が崩れ、自己自身の無化と解体が遂行される。これらの一連の無化のなかで働きつつ、またそこから人を立ち帰らせるダイナミズムが、インマヌエルと名指される働きである。インマヌエルはまた、この無化の働きのなかで打ち砕かれるものたち、告白録の言語空間に参与するものたちを結びつける働きでもあることになるだろう。このことの消息は、宮本自身の言葉によるまとめが最も適切に述べているので、その箇所を引用しよう。

>　まずエレミヤは、シナイ契約の枠組で古典的預言者として活動し始めたとおもわれる（16節）。彼は災いの預言者として民族の罪を糾弾し、その破局を救おうという使命感に立脚していた（16〜17節、以上までわ・た・し・とわ・れ・わ・れ・の伝統的相即状況）。しかし彼の預言は成就せず（一七15、二〇7など）、神からも民からも遺棄された。即ち彼の価値根拠とその表現が、彼をも含め誰をも生かしえぬものとなったのである（10〜15節、以上までわ・た・し・とわ・れ・わ・れ・の乖離）。この時点で彼は預言者として背教し、聖なる民の一人として絶望し、個としても死んだ（10節と18節、以上でわ・た・し・の死）。この一切の伝統的観念的実存的規定の三重の死の究極にシナイの神ではなく、無条件に人のとがにもかかわらず、なお人を探す神、人とともにいる神（インマヌエル）の恩寵体験をなしたのであろう（20節）。
>　エレミヤの言葉とすがたは以来この恩寵の神、インマヌエルを示し続けてゆく（わ・た・し・のよみがえり）。このエレミヤの原体験は、条件法（19節）によって記述されており、それだけその言語表現はゆるい感を与えるが、逆にこの条件法こそ今日に通ずる回心の条件を示し、エレミヤ的時空をこえて恩寵表現たる告白録をわれわれに唱和させる契機となっている。この次元でエレミヤは歴史的過去性をこえて、現代の読者に生起

する回心の範例となっている（わ・た・し・とわ・れ・わ・れ・の新たなコムニオンの地平の開披）。
　このようにエレミヤは、シナイの神からインマヌエルの神に立ち返ったのである。[443]

3.2.4.1. インマヌエルの神とシナイの神：エレミヤの立ち帰りに補足して
　本稿は宮本の独創的かつ精緻な研究に賛同するが、微妙な一点で見解を異にする。宮本が想定するように、エレミヤが古典的なシナイ契約の枠内で預言活動を開始したというのは本当だろうか？　本稿はこの点で、宮本には同意しない。なぜなら、すでにエレミヤの師たるホセアにおいて、インマヌエルたる神、人の咎にもかかわらず、なおもこれを赦そうとする神の姿が認められるからである。のみならず、ホセアの活動の影響を受け、ホセア的イメージと言語によって語り出した、エレミヤの初期救済預言において、すでにインマヌエルたる神への洞察は、その萌芽を見せていたのではなかっただろうか（申命記主義的編集によって再び見えづらくされることになってしまったにしても）。
　であるなら、エレミヤはその預言活動の当初から、ホセアによって告げられたインマヌエルたる神を、それと自覚することなく宣べ伝えていたが、いつしか、シナイ契約の神、申命記主義的な神理解へと傾斜してゆき、この傾斜が彼の信仰的、実存的な暗闇と歩みを共にしてゆくことになったのではないか。そして、その暗闇のなかで再び出会われた神こそが、彼が最初に出会った神、インマヌエルだったのではないか。つまり、この意味で、エレミヤの立ち帰りはまさに十全の意味で立ち帰りだったのである。

3.3. 小括

　さて、本稿は、エレミヤ書3章1節から4章4節を主としてティールの研究に依拠しつつ、エレミヤの真正預言箇所に迫ろうと試みた。その結果見えてきたものは、赦しと悔い改めが通常考えられる順番とはおよそ異なった形

443　同、128-129頁。強調宮本。

で告げられているということである。エレミヤの初期預言を中心とするこれらの箇所では、まず赦しが告げられてから、罪の自覚が促され、そうした後に悔い改めが生起するという思考がある。この思考は偶然でも、分析方法の誤りでもなく、同時期に語られた救済預言においても確認することができる。31 章 15-20 節で語られた救済預言は、一見、悔い改めを救済のための条件とするように見えるけれども、事柄として悔い改めと救済は直接的には連動していない。神はイスラエルの嘆きに対して一度冷淡な態度を取り、イスラエルの嘆きと悔い改めを救済のための根拠とはしない。神がイスラエルを救済しようとするのは、神自身の反省の中で湧き起こってきたイスラエルに対する慈愛のゆえであり、救済の意志は神の自発性のみを根拠としている。

悔い改めと赦しの関係を、エレミヤ自身の生涯に起こった出来事のなかに求めると、告白録 15 章のなかに奇妙な文言を見つけることができる。「立ち帰るなら、立ち帰らせる」という条件法もまた、一見、悔い改めを救済のための条件とするように見えるけれども、ヤハウェが人を立ち帰らせるために、人自身の立ち帰りを条件とするということはナンセンスでしかない。だが、ヘブライ語シューブのヒフイル態による表現であることに着目し、また預言者の罪に注目することによって、別様の解釈を行うことが可能となる。すなわち、預言者自身の思考傾向と反逆の傾向を熟知した神による、預言者自身の言葉を用いた、預言者への審問であると同時に、救済を告げ、再召命へと招く言葉であったのである。

こうした視座は、宮本の研究を参照することによっても裏付けられた。告白録には定型表現とそこからの逸脱が確かに確認される。このズレを呼び起こしたのは、シナイ契約の破綻という歴史的出来事とエレミヤ自身の経験であった。この出来事のなかで、恵みをシナイ律法の遵守のもとに条件付ける思考、条件付きの恵みという申命記主義的な思考に対して、エレミヤは絶望し、そこに依拠する自身の預言者としての在り方に挫折し、背教したことすら窺われる。だが、背教の預言者自身に生起した立ち帰りのダイナミズムによって、預言者は立ち帰った。こうしたダイナミズムが、インマヌエルと呼ばれる神の働きであるが、このインマヌエルの働きは、すでに初期からエレミヤが宣べ伝えていた神の姿とも一致する。こう見たとき、エレミヤに遡りうる真正預言の中核には、インマヌエルと呼ばれる無条件の恵みの働きがある。インマヌエルは、人の咎にもかかわらずこれを赦そうとする働きであり、

応報的合理性や倫理的秩序の外部にある。だからこそ、罪の悔い改めに先行し、悔い改めていない罪人をそのままで赦そうとするのであり、告白録のエレミヤを立ち帰らせたのである。

　さて、それでは、申命記史家における悔い改めとエレミヤにおける悔い改めの違いは端的にどう表現されるのだろうか？　18章の定式が示す通り、申命記史家における悔い改めは赦されるための前提、条件である。これに対して、エレミヤにおける悔い改めは、必ずしも赦しの条件ではないことが確認された。エレミヤにおいては、悔い改めは必ずしも赦しとは関連しない（31:20）。あるいはむしろ、赦しこそが悔い改めの条件となる（3章）。そうであるなら、申命記史家における赦しは、悔い改めを対価とした、いわば商取引であり、基本的に条件的なものである一方、エレミヤにおける赦しはそういった限定的なエコノミーから自由な無条件的なものであると表現されることができるのではないか。この点について、章を改めて考えてみたい。

第4章

救済の条件法

　さて、申命記史家とエレミヤの悔い改めに対する態度の違いは次のような違いに帰着する。申命記史家にとって悔い改めは赦しのための条件であり、前提である。一方で、エレミヤにおいて、悔い改めと赦しは必ずしも関連していない。あるいはむしろ、赦しこそが悔い改めの条件である。これが前章で本稿が確認してきたことだった。

　それでは、赦されるためには、人間は何を行いうるのだろうか。救済のために人が行いうることについて、申命記史家とエレミヤにはなにか有効な偏差があるだろうか。それはどう表現されるだろうか。また、赦しの裏面としての裁きに目を向けるならば、裁きと罪の関連についてはどう考えられているだろうか。裁きと罪の関係については、申命記史家とエレミヤの間には違いがあるのだろうか。それとも一致があるのだろうか。いま、本稿はこれらの問いに向かってみたい。

4.1. 申命記史家における救済の教説

　申命記史家における救済を考えるために、史家たちが救済について触れる箇所を列挙していこう。史家の手になる箇所で、救済について語られる箇所は、エレミヤ書7章3節、7章5-7節、11章4-5節、17章24-25節、18章7-10節、21章8-9節、24章6-7節、26章3節、29章10-14節、31章31-34節、32章37-41節、36章3節、38章2節が挙げられる。

　これらの箇所のうち、最も原理的に表現されたものは、やはり人間の悔い改めとそれに対応して神が裁きを思い直すことを定式化したエレミヤ書18章7-10節である。そこでは、悪から悔い改めることが、救済の条件となっ

ていた。この悪とは、基本的には、異教崇拝[444]や律法に従わないこと[445]、あるいはヤハウェの言葉に従わないこと[446]などを指すと考えられる。さらに敷衍して、預言者に従わないこと[447]も悪だと考えられるが、史家が預言者として考える者の筆頭はあくまでモーセであり、律法の授与者及び律法の保護者としての性格が強い。すなわち、預言者といっても狭義の預言者ではなく、律法教師の役割が考えられている。

さて、ではエレミヤ書18章7-10節の定式はその他の箇所ではどう展開されているだろうか。

エレミヤ書18章7-10節の定式の肯定的側面、すなわち破滅から救済へという転換が取り出される箇所はエレミヤ書36章3節に現れる。「ユダの家はわたしが彼らに下そうと思っているすべての災いを聞いて、そうして、それぞれ悪の道から立ち帰るかもしれない。そうすれば、わたしも、彼らの咎と罪とを赦すことができる」。この箇所の前後には、否定的側面、すなわち救済の取り消し、あるいは災いや呪いの布告といった要素はない。この箇所ではやはりエレミヤ書18章7-10節と同様に、災いを聞いて、悪の道から立ち帰ることが救済の条件となっている。

では、救済されるためには人間は具体的には何をすべきだと考えられているのだろうか。たとえば神殿説教では次のように語られている。

> イスラエルの神、万軍のヤハウェは、こう言われる。あなたがたの諸々の道と業を改めよ。そうすれば、わたしは、あなたがたをこの所に住ませよう[448]。(エレ 7:3)

> [5] もし、ほんとうに、あなたがたがあなたがたの諸々の道と業を改め、あなたがたが人とその隣人のあいだで公義を行うなら、[6] 在留異国人、

---

[444] エレ 1:16, 2:20, 3:6-11, 5:19, 7:6, 9, 18, 30, 11:17, 13:10, 16:11, 13, 18, 19:4f., 13, 22:9, 25:7, 29:23, 32:34f., 35:15, 44:3, 8, 21.
[445] エレ 6:19, 9:12, 11:8, 16:11, 17:23, 26:4, 32:23, 44:10, 23.
[446] エレ 19:15, 26:4, 29:19, 32:23, 33, 34:13f., 35:13-17, 36:31, 37:2, 40:3, 42:13, 21, 43:4, 7, 44:23.
[447] エレ 7:13, 25-27, 11:7, 25:3f., 26:5, 29:19, 32:33, 35:15f., 37:2, 42:21, 44:4f.
[448] ウルガータやアクィラでは、「わたしはあなたがたと共にこの地に住もう」。

みなしご、やもめをしいたげず、無垢な者の血をこの所で流さず、ほかの神々について、あなたがたにとっての災いに赴くことをしなければ、7 わたしはこの所、わたしがあなたがたの父祖たちに与えたこの地に、とこしえからとこしえまで、あなたがたを住ませよう[449]。（エレ 7:5-7）

もしかすると彼らは聞いて、それぞれ悪の道から立ち帰るかもしれない。そうすれば、彼らの悪い行いのゆえに彼らに下そうとわたし自らが考えていた災いをわたしは思い直す。（エレ 26:3）

　ここでは、悔い改めの内容は、一度は、公義を行うことという一般的な表現形態を取っている。その直後にこれらの内容は具体化され、在留異国人、孤児、寡婦という社会的弱者を不当に虐げないこと、及び無垢なるものに対し不当に傷つけないことなどを意味すると敷衍される。そうして、いささか唐突に、異教崇拝の禁止が追加される。この唐突さは、おそらくは 7 節でこのパレスティナの地に住まわせるという救済、平和の約束が、土地取得伝承と併せて想起され、そこで十戒の第一戒[450]が思い出されたことが理由であろう。であるなら、ここでは抜き難くシナイ契約[451]が連想されていることになるだろう。救済はここではパレスティナの土地に住まうことと同義だが、この救済を獲得するためにはシナイ契約を守ればよい、ということになる。
　史家的な箇所で語られる救済は、場合によっては、古いシナイ契約から展開されて、ヨシヤ王による申命記契約[452]の履行によって与えられるとも考えられている。このことはたとえば次の箇所から窺われる。

　2「『あなたたちはこの契約の言葉を聞け』。これらをユダの人とエルサ

449　少数の写本及びウルガータでは、7:3 と同様、「わたしはあなたがたと共に住もう」。
450　ここでの十戒の数え方は、ギリシア正教及びプロテスタント改革派の数え方に従う。各教派による十戒の数え方の差異については、J. J. Stamm「十戒」、『旧約新約聖書大事典』教文館、1989 年、550 頁以下参照。
451　出 19:5, 24:8, 34:10, 27。
452　王下 23:1-3。

レムの住民に語って[453] ³彼らに言え。『イスラエルの神ヤハウェはこう言われる。この契約の諸々の言葉を聞かない者は呪われよ。⁴これは、わたしがあなたがたの父祖たちをエジプトの地、鉄の炉から連れ出した日に命じたものであり、こう言ったのだ「わたしの声に聞き従い、すべてわたしがあなたがたに命ずるように、それらを行え。そうすれば、あなたがたはわたしの民となり、わたしはあなたがたの神となる」。⁵それは、わたしがあなたがたの父祖たちに対して、乳と蜜の流れる地を彼らに与えると誓った誓いを、今日あるとおり成就するためであった』」。そこで、私は答えて言った。「アーメン、ヤハウェよ」。(エレ 11:2-5)

このテクストで言われる「契約の言葉」は、4節以下に展開される説明をそのままに受け取れば、シナイ契約を指すものとも解されるが、ここでは引かなかった9節以降の問題を踏まえるならば、シナイ契約を中核として解釈・敷衍された申命記契約を指すとしたほうが良いだろう[454]。ここでは、申命記契約の履行の中にシナイ契約の文言が含まれるという入れ子構造になっている。11章1-14節の大きな文脈のなかで見るなら、この箇所は申命記契約の破棄に起因する呪いである。とはいえ、このなかに嵌め込まれた救済のための条件法は、基本的にはシナイ契約のそれと一致する。

ここでも、条件法は18章7-10節と同じように、「契約の言葉」を聞かない者は呪われよ(11:3)とされる一方で、申命記律法の中核部分[455]を指すと思われるこの「契約の言葉」あるいは「ヤハウェの声」をヤハウェ(あるいはヤハウェの代理者)が命じるように履行し、契約のなかに含まれる要求を行う場合には、先祖たちがシナイ契約を履行することによって乳と蜜の流れるカナンの地の豊かさのなかで住まうことができたように、平安が与えられるという祝福が告げられている。

救済を導くために人が守るべき契約という考え方は、たとえば次の箇所で

---

453 七十人訳では「これらを」という接尾辞が訳されていない。そこから、BHSはこの動詞を二人称複数で読むよう指示しているが、本稿はマソラのままに、二人称単数に接尾辞がついた形として読む。
454 関根正雄『エレミヤ書註解(上)』、201頁以下。
455 申12-26章、及び申4:44-11:32, 28:1-68。関根清三「解説」、『エレミヤ書』岩波書店、2002年、327頁参照。

は、はっきりと安息日の規定とともに語られる。

> ²⁴ もし、あなたがたが、ほんとうにわたしに聞いて――ヤハウェの御告げ――、例外なく、安息日にこの町の諸々の門に荷物を持ち込まず、安息日をきよく保ち、例外なく、この日に [456] 何の仕事もしないなら、
> ²⁵ そうすれば、この町の諸々の門に入るのは、王たちや君侯たちといったダビデの王座に着くものたち、車や馬に乗るものたち、彼らと彼らの君侯たち、ユダの人、エルサレムの住民たち。こうしてこの町はとこしえに人が住む。(エレ 17:24-25)

以上の箇所を確認する限り、史家的編集における救済の発動を条件付ける悔い改めとは、具体的にはシナイ契約の遵守を意味する。たとえ厳密に現在の形のシナイ契約ではないにせよ、シナイ契約の中心部分である十戒の履行であることは揺らがない。

さて、しかし神の命令に従うこととは、史家的編集句において十戒及びシナイ契約の遵守だけに汲み尽くされるものではないことを示すように思われる箇所がある。たとえば次のような箇所に注目してみよう。

> ⁸「あなたは、この民に言いなさい。ヤハウェはこう言われる。『見よ。わたしはあなたがたの顔前に、いのちの道と死の道を与える。
> ⁹ この町に留まる者は、剣と飢饉と [457] 疫病 [458] によって死ぬが、〔この町を〕出て行く者、あなたがたを囲んでいるカルデヤ人にくだる [459] 者は生き [460]、彼の魂は彼の戦利品となる [461]』」。(エレ 21:8-9)

---

456 マソラの子音テクストでは、この人称代名詞は女性形に見え、男性名詞である「日」に合わせるために、男性形に読み替える指示がケレーによってなされている。WBCによれば、しかし女性形に見える形は捕囚期以前には、三人称男性単数の意味で用いられ、ケレーによる訂正は不要だという。Cf. WBC, *Jeremiah 1-25*, p. 238.
457 多くの写本では「剣によって、飢饉によって」。エレ 38:2 参照。
458 七十人訳には、「疫病」は欠けている。
459 「くだる」はペシッタには欠けている。エレ 38:2。
460 「生きる」はケレーではヴァヴ継続法完了形。マソラの子音テクスト、七十人訳、ペシッタ、ウルガタでは未完了形。意味上の変化はない。
461 少数の写本と七十人訳には「そして彼は生きる」が追加される。

⁴ そしてヤハウェの言葉が私にあって、言った、⁵「イスラエルの神ヤハウェは、こう言われる。これらの良いいちじくのように、わたしは、この所からカルデヤ人の地に送ったユダの捕囚民を良いものと見做す。⁶ わたしは彼らの上に目⁴⁶²を掛け、良いものとし、彼らをこの地に帰らせ、彼らを建てて、滅ぼさず、彼らを植えて、引き抜かない。⁷ また、わたしは彼らに与える、まことに、わたしがヤハウェであると知る心を。彼らはわたしにとって民となり、わたしは彼らにとって神となる。まことに、彼らが心を尽くしてわたしに立ち帰る。⁸ しかし、悪くて食べられないあの悪いいちじくのように、まことにヤハウェはこう言われる、ユダの王ゼデキヤとその司たち、またエルサレム⁴⁶³の残りの者たち、この地に残されている者たち、エジプトの地に住む者たちを、そのようにしよう。⁹ わたしは彼らを地のすべての王国にとっての恐怖と嫌悪⁴⁶⁴とし、わたしが彼らを追い散らすすべての場所で、叱責、嘲笑、侮蔑⁴⁶⁵、呪いとする。¹⁰ わたしは彼らのうちに、剣を、飢饉を⁴⁶⁶、疫病を送る。わたしが彼らとその先祖に⁴⁶⁷与えた地から、彼らが滅ぼし尽くされるまで」。(エレ 24:4-10)

「ヤハウェはこう言われる。『この町に留まる者は、剣と飢饉と疫病⁴⁶⁸で死ぬが、カルデヤ人のところに出て行く者は生きる⁴⁶⁹。彼の魂は彼の戦

---

462 マソラでは単数形。少数の写本と七十人訳、ウルガータでは複数形。
463 カイロ・ゲニザ写本では「ユ(ダ)」。
464 七十人訳には「嫌悪」は欠けている。また、ペシッタ、スペルバーによる校訂版タルグーム、ウルガータではこの語に接続詞が付加されている。BHSはこの語を消去するか、あるいは8節の末尾に移す提案をしている。
465 カイロ・ゲニザ写本、多くのヘブライ語写本、七十人訳、ペシッタ、タルグームの写本の一つでは接続詞が付加されている。
466 多くの写本、七十人訳、ペシッタ、ロイヒリン写本タルグームではこの語に接続詞が付加されている。
467 七十人訳には「とその先祖に」は欠けている。
468 七十人訳には「疫病」は欠けている。
469 エレ 21:9と同様に、ケレーではヴァヴ継続法完了形。マソラの子音テクスト、七十人訳、ペシッタ、ウルガータでは未完了形。

利品となり、彼は生きる』」。(エレ 38:2)

　カルデヤ人、すなわちバビロニアに下るものには幸いがあり、バビロニア以外の地、つまりパレスティナの地に残るもの、あるいはエジプトに逃れたものには災いがあるという二者択一構造もまた、史家的編集句の特徴とされるものである[470]。この箇所から読み取れるように、史家的編集者たちが説教を行った時代において、バビロニアの地で捕囚民として暮らすことこそが神の意思であると、史家的編集者たちは考えている。

　では、なぜバビロニアなのか。というのは、故国喪失というかたちで苦難を味わうことはすでに一種の贖罪だと考えることもできるわけだが、そうであればユダヤ人たちが住まうべき異教の地は必ずしもバビロニアに限られないはずである。異邦人に対する圧政、処遇の悪さはバビロニア以外でも味わうことができるはずだ。であるなら、史家的編集句が追放されるべき地をバビロニアに限定するとき、罪の報いとして苦しみを要求するのみならず、苦難以上のものが求められていることになるのではないか。

　そうした推察に手がかりを与えるのは、エジプトに下ったものたちに対する裁きの予告である。エレミヤ書44章にはエジプトに住むユダヤ人に対する審判預言が展開されている。その中核にはエレミヤの真正預言があることが想定されるとはいえ[471]、多くの箇所には史家的編集の手が入っていることが窺われる。

　エジプトに下った者たちに審判が下される理由の説明としては、他の史家的編集句と同様に律法に従わなかったからであるとも説かれるが (44:9-10)、しかし、この箇所で律法への不服従が直接的な原因であるかは、やや疑わしい。なぜなら、ここでは律法に従わなかった人々とは、エジプトに下った人々を指す「あなたがた」ではなく、その父祖たちである「彼ら」が律法に従わなかったからだと言われているからだ (44:10)。それゆえ、律法に従わなかったことは、ここでは直接的な理由ではなく、喩えとして機能している。

　エジプトに下った人々に対する裁きの原因は、他にも、ヤハウェの使者である預言者に聞かなかったこと (44:4)、あるいは犠牲を捧げたことなども

470　Thiel, 1981, S. 112; 関根清三『旧約聖書と哲学』、285頁、註334。
471　関根清三訳『エレミヤ書』、248頁、註二。

挙げられてはいるが、より中心的な原因としては、異教崇拝を考えるべきである。南ユダ王国の崩壊を生き延びた「残りの者」たち（44:7）が滅ぼし尽くされるのは、彼らが他の神々を崇拝するためである（44:8）。また、ヤハウェの使者たる預言者の言葉も、ここでの内容は、律法全体というよりも、他の神々に生贄を焼くことへの非難（44:3, 5）に焦点が当たっている。そして、この預言を語られた人々が反発する理由も、自分の妻たちが異教崇拝を行っていることを自覚しつつも、それをやめさせようとしないことを突かれたからである（44:15）と描かれている。

　以上の考察を踏まえると、エジプトに逃れることを拒絶する史家的編集の背後の意図として、エジプトへの逃避が異教崇拝を惹起するという懸念があったことが考えられる。それは一面では、異教的文化に晒されていることによって引き起こされるものではあるが、他面では、宗教的指導者層・知識人層がいないことによって引き起こされたものでもあるだろう。なぜなら、すでに生じた捕囚によって、有力な知識人層、上流階級の人々はバビロニアの地に集中することとなったからである。裏返せば、それはバビロニア以外にはヤハウェ宗教の指導者層がいないということを意味する。

　もし、バビロニア以外にヤハウェ宗教の指導者層がいなかったのであるなら、なぜ史家的編集層が、一面では、帰還への希望というかたちでエルサレムへの愛着をあれほど表現し、あるいは祭器の細々とした描出をするほどに[472]神殿への執着を示唆しながらも、バビロニアへと下る以外に生き残る道がないという脅迫的な宣告に訴えることになったのかという点も理解されることになる。すなわち、宗教的指導者層を失った民衆が再び異教崇拝に走り、あるいはシンクレティズムが再興することへの懸念が、言い換えれば、ヤハウェ宗教の純粋性が失われることへの懸念が、聖地エルサレムを離れることへの懸念にまさったからである。

　こう考えてゆく限り、バビロニアに下るならば生き残るというこの救済の条件法の背後にも、やはりヤハウェの他に神はないという十戒の第一戒を厳守させようという意図があることになる。バビロニアに下るという祝福の条件も、こうしてシナイ契約の遵守という律法主義的思考に帰着しうる。そうであるなら、申命記史家的救済は基本的にシナイ契約及びその中核である十

472　エレ 27:19-22。

戒、あるいはその敷衍である申命記法の遵守によって達成されることになり、苦難の経験はそれ自体では不十分で、副次的なものに留まることになる。

　こうした律法の遵守が、しかし律法の字義通りの遵守の次元でのみ考えられるべきものかといえば、必ずしもそうではないと思われる。もしも議論をここまでで区切るのなら、ちょうど新約でイエスやパウロが批判したような、悪しき律法主義を史家的編集層は説いているのだという印象が拭えないが、しかし、以下に引く史家的箇所が示す展望は、そういった字義通りの律法の遵守から逸脱するような射程を有している。

> [10] まことに、ヤハウェはこう言われる。「バベルに七十年の満ちるころ、わたしはあなたがたを顧み、わたしの幸いの言葉をあなたがたの上に成就させ、あなたがたをこの場所に帰らせる。
> [11] わたし自身があなたがたのために立てる計画を、わたしはよく知っている[473]からだ。
> ——ヤハウェの御告げ——[474] 平安の計画であって、災いのためではなく、あなたがたに将来と希望を[475] 与えるためだ。
> [12] あなたがたがわたしを呼び求め、来て[476]、わたしに祈るなら、わたしはあなたがたに聞こう[477]。
> [13] もしあなたがたがわたしを探し求めるなら、見出すだろう。まことにあなたがたが全心をもってわたしを探し求めるからである[478]。
> [14] こうして、わたしはあなたがたに見出される[479]。——ヤハウェの御告

473　「計画をわたしはよく知っている」は七十人訳には欠けている。
474　「ヤハウェの御告げ」は七十人訳には欠けている。
475　七十人訳では「将来と希望を」は「これらを」、オリゲネスとルキアノスの校訂による七十人訳では「これらの後のものどもを」。
476　七十人訳には「わたしを呼び求め、来て」は欠けている。また、ペシッタには「来て」は欠けている。
477　ペシッタには「わたしはあなたがたに聞こう」は欠けている。
478　七十人訳シナイ写本、アラビア語訳では「あなたがたが全心をもってわたしを探し求めるなら」。
479　七十人訳では「わたしはあなたがたに見られるだろう」となっており、BHSはこれに基づいてマソラ本文を語根 mṣ' から r'h に読み替える提案を行っている。また、これ以降の文は七十人訳には欠けている。

げ——わたしは、あなたがたの捕らわれ人[480]を帰らせ、わたしがあなたがたを追い散らした先のすべての国々と、すべての場所から、あなたがたを集める。——ヤハウェの御告げ——わたしはあなたがたを捕囚に送った先から、あなたがたをもとの場所へ帰らせる」。（エレ 29:10-14）

このテクストでは注目すべきことに条件法のトーンが変わっている。これまでの箇所では主として、律法への聴従を中心とし、ときには具体的に律法の文言を想起させるスタイルで書かれ、ときにはバビロニアに下れという命令の背後に退きながらも、悔い改めや公義を行えという言葉が繰り返されてきた。そしてそれらの諸テクストでは前後して災いや呪いが告げられることによって、断言的なスタイルが形成され、このスタイルが高圧的な印象を与えることに寄与していた。もちろん、29章にも17節以降にパレスティナ残留民に対する災いの布告が発せられるのだが、救済を告げている10-14節に先行する8, 9節では、偽預言者に聞くなという命令が下されるものの、偽預言者に聞いた場合の呪いの言葉が現れていない。これまでの史家的編集の語り口であったら、そこには呪いの言葉がすぐに続くことが期待される[481]にもかかわらず、である。

また、トーンが変わっている要素として、他のものも挙げることができる。まず、(1) 神の約束の言葉が「幸い」なものであること（10節）が言われ、次に、(2) 神の計画が基本的には平安のためのものであり、災いが本来的な意図ではないと強調されている（11節）。その上、(3) 求められる条件として提示されるものが、もはや律法の遵守ではなく、より内面的、自発的に神を求める民の姿に変更されている。

とりわけ、最後の (3) の点は重要であると思われる。「全心で（ベコル・レーバーブ）」という表現は史家的語法であり[482]、バビロニアに下る者への祝福を約束した24章7節にも、祝福の約束の説明として語られていた。また、申命記においても30章6節で「あなたの神、ヤハウェは、あなたの心と、

480　WBCによれば、ケティーブの読みは語根 šbh（捕虜にする）に由来し、ケレーの読みは語根 šwb（帰還する）に由来するという。WBC, *Jeremiah 26-52*, p. 62.
481　たとえば、近いところでいえば27:10など。
482　Thiel, 1973, S. 88f. なお、申命記史書における用例は、サム上 7:3, 12:20, 24、王上 8:23（代下 6:14）、王上 14:8、王下 10:31。

あなたの子孫の心に割礼を施し、あなたが心を尽くし、魂を尽くし、あなたの神ヤハウェを愛するように、それであなたが生きるようにされる」[483] と言われていたように、(3) の点には、申命記思想における理想状態との親近性が認められる。つまり、民がもはや外在的な律法体系に形骸的に従うのではなく、内在的な促しによって、自発的に、神の律法を守るようになるという理想、言い換えれば、外的な罰則を忌避しようという消極的な動機からではなく、神を愛するからこそ律法を守ろうとする理想状態との親近性が、この29章12-13節には認められる。

　こうして、29章に至って、それまで高圧的で訓戒的であった史家的編集のトーンは、二者択一の峻厳な合理性から、恩寵的な未来への約束に変容しつつある。にもかかわらず、それでは、史家的編集は二者択一の思想を放棄しているかといえば、そう言うことはできない。なぜなら、先行する8-9節に欠けていた災いの言葉が後続する17-20節に補完され、再び二者択一の思想、応報的合理性の思想を忘れないよう注意を喚起するような編集が行われているからである。

　29章において、この17-20節の書き込みが示している災いの厳しさと、10-14節の理想的なヴィジョンとの落差を前にしつつ、14章11節-15章4節でやはり史家が語り出した執り成しの禁止を想起するとき、同じ史家的編集に属するはずの29章10-14節と14章11節-15章4節とのあいだに、鋭い対立があることは見逃せない。14章12節では、神は断食、全焼の生贄、穀物の捧げ物をもってしても民の叫びを聞かないとしていたのだが、29章12-13節では、神を探し求める民に応答することが約束されている。

　この思想的対立を解決するための方途は幾つか考えられる。

（一）29章10-14節の中核をエレミヤに遡らせる、あるいは多層的編集を考える。

（二）14章11節-15章4節ではエレミヤ、あるいはモーセやサムエルという仲介者が存在しているが、29章10-14節では民と神は直接的な関係にある。

（三）14章11節-15章4節では、悔い改めの表現が断食や犠牲といった外在的な信仰表現をとるが、29章10-14節では信仰は、祈りや心といった内

483　また、申 4:29, 10:16, 30:11-14 なども参照。

面化を示し、神を探し求めるという切迫した自発性を考えている。

（四）バビロン捕囚の苦しみを通した信仰の純粋化が目指されている。

それぞれの可能性について考察を加えておきたい。

（一）29章10-14節と14章11節-15章4節とのあいだに鋭い対立があるのであれば、これらが同一の編集層に由来するものではないという指摘は十分に考えられるものである。そうであれば、最初に思いつかれるのは、この層がエレミヤに遡る中核を持っているのではないか、ということだ。

だが、29章10-14節の中核がエレミヤに遡りうるという主張を行っている研究者はさほど多くない。ティールのみならず、ヴァンケやベーマー、またキャロルやニコルソン、マッケインといった研究者は、それぞれ見解の相違こそあれ、この箇所がエレミヤに由来する箇所ではなく、後代の編集句に由来すると考える。とりわけ、14節後半は、バビロニアからの帰還のみならず、ディアスポラからの帰還というより一般的な表現であることから、10-13節よりもさらに後の時代に付加されたものだと見る見方が強い。

そういった中で、関根正雄は、積極的な仕方ではないにせよ、29章10-13節の中核がエレミヤに遡る可能性を示唆している[484]。その場合、関根正雄が考えているのは、待望のヴィジョンともいうべき、特殊な時間性である。

> 従来の総ての訳はギリシア訳以来、七〇年たった後に始めて捕囚民が神に祈り求め、そして神を見出す、という風にとる。それ故一二節の始めに多くの訳では「その時」を入れる（…）。しかし「その時」は原文にはない。私見によれば従来の訳は時間の先後を厳密にとるヨーロッパ的な考え方に支配されたものである（ギリシア訳は一一節すら未来に訳している程である）。原文の意味は今己に将来の希望を与えられ、神に祈ることが許され求められている、と解される。それに応じ、時満ちて神はその求めを聴くということだ、と想われる。そこに歴史と主体的に関わる祈りの意味もあると考えられるのである。[485]

---

[484] 関根正雄『関根正雄著作集　第15巻　エレミヤ書註解（下）』新地書房、1982年、84頁以下。

[485] 同、78頁以下。

すなわち、現在から未来に至る時間が圧縮され、それが現在という時制のなかに置かれることによって、将来への道を指し示すという特殊な宗教的時間性があるのだ、ということになるだろう。それはまさしく「将来」という時間性になるだろう。すなわち、希望を与えるある約束によって、「未だ来ぬ」未来という時間性から転化させられた、「将に来たらむ」とするものを「待ち望む」という待望・歓待のヴィジョンこそが「将来」という時間性の中核にあると考えられるからだ。メシアニズムの萌芽的段階をここに認め得るなら、そういった待望のヴィジョンは説得力を持ちうるであろうし、この卓抜な時間意識を表出しうるのは、おそらくエレミヤというやはり類稀な預言者であっただろうと考えたい気持ちはある。実際、学問的厳密性の名の下にこの宗教的時間意識の存在を抹消してはならないだろう。

　だが、関根正雄自身が認める通り、この七十年という時間については事後預言の可能性は残っている[486]。とはいえ、事後預言という問題を越えて、関根正雄の提案において、最も疑問として残るのは次の点である。これから捕囚の時間を歩もうとする民に、待望のヴィジョンという法外な時間意識に基づいた祈り求めが可能であると、エレミヤは考えていただろうか。むしろ、エレミヤには民の罪の深さが痛烈に意識されているとすれば、そのようなエレミヤが、とくに南ユダ王国滅亡に近い時期に、将来のために祈れという要求を民になし得たとは思われない。また、12-13節に語り出される条件法もまた、自分ではもはや己の罪に気づけないほどに罪に染まったはずの民が、自力で回心し、みずから祈り、神を呼び求めることを条件としていることから、エレミヤに帰しうるとは思われない。以上から、この箇所がエレミヤに遡りうる可能性は低いというべきだろう。

　では、この箇所は、エレミヤではなくとも史家ではない別の編集層を想定すべきだろうか。雪達磨式編集（Rolling Corpus）を奉じるマッケインはその方向に好意的である。マッケインは、10-14節が5-7節に基づく注釈的加筆であるとするヴァンケ[487]の見方を評価し、この見方がティールよりも優れ

---

[486] 同、85頁以下。
[487] Wanke, Gunther., *Untersuchungen zur sogenannten Baruchschrift*, BZAW 122, Walter de Gruyter, Berlin, 1971. なお、ヴァンケは1971年の時点では10-14節の加筆の年代について触れていないが、Wanke, Gunther., *Jeremia Teilband2: Jeremia 25,15-52,34*, Züricher Bibelkommentare AT 20.2, Theologischer Verlag Zürich, 2003, S. 267 では、終末論的預言か

ているとする[488]。

　しかし、本稿としては、何らかの意図を持った史家的編集の存在を一応仮定し、そうした上でどうしても解決できない点について、いわば最後の手段としてそういった多層的編集層を認めるべきではないかと考えたい。なぜなら、雪達磨式編集を容易に受容すれば、表面的な矛盾、対立については説明できるが、しばしば矛盾や対立といった緊張関係において展開されることの多い神学的・哲学的思考を取り落とす危険があるからである。また、矛盾や緊張をそれぞれ別個の単純な思想へと細分化することによって、古代の神学者たちの思考能力を軽んじることになりはしないだろうか。この問題は、近代聖書学の抱える問題とも通底している。近代聖書学が暗黙の前提としてきた合理性と宗教進化論的な予断が、古代の神学者たちの稀有な思想を、狭量で陳腐な合理性へと変容させてきてしまったのではないかという発問に目を向けるとき、不合理さの安易な解決は慎むべきであろうと思われる。

　実際、この二つの対立するような思想がともに史家的編集に内包される可能性は、上にあげたように他にも考えられる。その他の可能性を見ておこう。

　(二) 14章11節-15章4節ではエレミヤ、あるいはモーセやサムエルという仲介者が存在しているが、29章10-14節では民と神は直接的な関係にある、という点が両箇所の差異として考えられる。では、こう考える場合の意義はどこにあることになるだろうか。

　仲介者がいない場合、罪の赦しを乞い、罪の悔い改めを行うことを、人々は自らの口で表明しなければならない。つまり、罪の自覚を、より真剣な己自身への問いとして行うことが要求される。いわば実存的に罪を負うことが要求される。そうであるなら、これは信仰の内面化、あるいは信仰の個人化の傾向と結びつく問題である。

　もし(二)の点が信仰の内面化や個人化といった問題に帰着するのであれば、この点は(三)の問題と同じことになるだろう。すなわち、14章11節-15章4節では断食や犠牲といった外的な悔い改めの表現を禁じることによって、逆説的に、信仰をより真摯な内面の問題とすることが意図されていることになる。そうであれば、29章10-14節が描くような、祈りや心とい

　　らの影響を見て、捕囚期後期から捕囚期以降の時代を考えている。
488　McKane, *Jeremiah 26-52*, p. 738.

った内面化や、神を探し求めるという切迫した自発性と、14章11節-15章4節が禁止する外的な悔い改めの表現は矛盾しない。

　(四) バビロン捕囚の苦しみを通した信仰の純粋化が目指されているという可能性も、完全には排除できない。すでに触れたように、史家的思想において、苦難だけでは贖罪の条件としては不十分だと考えられていると推測する根拠がある。とはいえ、それは罪の報いとして苦難を受ける必要がないと史家が考えていたことを意味するものとはならないだろう。むしろ、応報思想を厳然と貫徹することが目指されているのであれば、悔い改めだけでなく、苦難もまた要求されているとすることは自然である。

　民は報いとしての苦難を受けるべきだと史家が考えていたのであれば、反捕囚派の意見は史家にとって見過ごし難いものとなっただろう。14章13-16節で触れられている偽預言者とはバビロン捕囚の現実性を否認し、南ユダ王国の政治的平和は揺るがないと説いた預言者グループを指していることから、14章13節は反捕囚派の意見を代表するものである。反捕囚派を偽預言者と断じることで、捕囚民の正当性と苦難の正当性を主張することは、応報思想を貫徹しようとする史家の性格と一致しうる。一方で、29章10節はバビロニアの地で捕囚が然るべき期間を経過したのちの時点を前提しており、すでに十分な苦難が経験された時点が考えられていることから、これもまた、史家的な応報思想と矛盾するものではない。

　バビロニアの圧政による苦しみと、上述した（二）（三）の点が指し示すような信仰の内面化が遂行されることによって、信仰の純粋化が達成されることになるだろう。そうした信仰の純粋化への熱意は、「残りのもの」を称揚する態度において、一面ではエレミヤの思考[489]とも共有されつつ、一面では、ヨシヤ時代の申命記改革とも繋がるものとなっているはずである。

　以上見てきたところから、29章10-14節にも、応報思想を基軸とする思考法において、史家的要素が見られ、これも史家的編集のもとに含めることができると思われる。

489　エレ 5:1, 6:9, 27-30。

4.1.1. 小括

ここまでの議論をまとめておきたい。これまでに検討したテクストから、史家における救済は基本的にシナイ契約の遵守によって達成されることが明らかになった。バビロニアへの投降も、有力な宗教的指導者層、なかんずく申命記主義的編集者たちがバビロニアにいることから、彼らの指導の届く範囲で、シナイ契約を遵守させようとする意図から説明されうる。こうしてシナイ契約の遵守を求めた宗教的指導者たちは、さらに外的な信仰表現を禁止し、執り成しを禁止することで、内面化への傾向を促し、信仰の純粋化を図ったと考えられる。史家たちは信仰のあり方については悪しき律法主義を超えて、信仰の内面化、個人化にまで進んでいたとみるほうが妥当である。そしてこれは、もはや神殿で祭儀を行うことができなくなった捕囚の地でヤハウェ宗教を存続させようという彼らの目的に合致している。

しかし、史家たちが信仰の純粋化について一定の成果を挙げていることは認めつつも、史家の考える救済はつねに条件的に考えられているという点は看過できない特徴として指摘しておかなければならない。

救済の条件法はさまざまな形で現れる。最も一般的な形としては、「悪の道から立ち帰る」（26:3、36:3）、「もろもろの道と業を改める」（7:3）といった形で布告される。もう一段具体化された形では、「ヤハウェの声、命令に聞き従う」「契約の言葉を守る」（11:4-5）といった形で、行うべき規範の外枠が設定される。最も具体化された形では、「あなたがたが人とその隣人のあいだで公義を行うなら、在留異国人、みなしご、やもめをしいたげず、無垢な者の血をこの所で流さず、ほかの神々について、あなたがたにとっての災いに赴くことをしなければ」（7:5-7）、「安息日を守るなら」（17:24-25）というように、申命記律法の記述に沿って行動規範が示される。また、申命記律法の中核にあたる十戒は、間接的に「バビロニアに下るなら」という条件によって示される。これらの、どちらかといえば外的な行動規範を超えて、最も内面化された形でも「ヤハウェを呼び求め、来て、ヤハウェに祈るなら」「全心でヤハウェを探し求めるなら」（29:12-13）という、申命記律法における理想状態[490]を視野に入れた表現形で条件が語られる。

---

[490] 申 4:29, 10:16, 30:6, 11-14。

こうした条件法は、つねに人間の自助努力のみによって達成される。このことのよい証左となるのが、すでに検討した14章11節-15章4節と29章10-14節とのあいだの対立的な見方である。すなわち、仲介者の執り成しによる悔い改めは無効であり、罪を犯した本人の自発的な立ち帰りが有効とされるのだ。信仰の内面化にともなう信仰の個人化への傾向は、悔い改めがあくまで自発的、自力的なものに限って有効であるという点を強化しこそすれ、決して減じるものではない。

　以上のことから、史家的編集句における救済思想は、基本的には己から発する悔い改め、立ち帰りを条件とすることが大きな特徴であるということができるだろう。史家的編集句によれば、救われるために人が行うべき事柄については箇所によって揺らぎがあるとはいえ、総じて、救済はつねになんらかの条件に基づいている。言い換えれば、なんらかの条件や前提なしに救済が与えられるように述べられている箇所は、史家には以下に述べる二箇所の例外を除けば、見られない。

　救済を人間的行為に条件づけることは、史家の説教者・宗教的指導者としての性格を考えるなら、何も不思議なことではないだろう。場所と状況によって、彼らが民衆に求めるものが変転するとはいえ、民がなんらかの秩序に従うことを彼らはつねに求めている。その秩序の形態は、捕囚期においては、パレスティナの地に残留することではなくバビロニアの地に逃れることであり、また神殿のない状況で空間的な聖別の代わりに案出された時間的聖別としての安息日の規定であり、民族としてのアイデンティティを保つための民族の記憶と結び付けられた律法の諸規定であった。赦されるためには、悔い改めて、赦しを乞う言葉を発さなければならないという、救いのためのごく一般的な条件法に照らせば、この発想には不思議はないかもしれない。だが、こと宗教としての側面から捉えたとき、この発想には必ずしも宗教的といえない面がある。とりわけ、彼らに続くユダヤ・キリスト教的思想の特徴が無条件の赦しにあるのであれば、史家的発想における赦しの概念は、ユダヤ・キリスト教的思想の流れにあって、むしろ異様なものとなってはいないだろうか。何より、救済が悔い改めとの相関項に尽きるのであれば、これは単なる商取引にすぎず、いかに壮大な救済の歴史を描こうとも、互酬的なエコノミーという枠を超えることは、結局は不可能であるということになりはしないだろうか。

191

さて、しかし、申命記史家的編集が考えられる箇所でありながら、条件法が成立しない救済思想が語られる箇所が二箇所あると、先ほど例外を示しておいた。31章31-34節、32章37-41節である。この箇所にはどちらも、人間が行いうるような条件が提示されていない。それでは、申命記史家的編集は無条件的救済という点にまで進み得たのだろうか？ この点については疑わしい。

なぜなら、これまでに確認してきたように、史家的な救済のヴィジョンは、この二箇所を除いてすべて条件法で語られていたからである。それは18章7-10節で定式化されていた、択一的な応報思想、悪因悪果善因善果の合理性の思考様式とも整合的である。その点に照らしてみる限り、31章31-34節、32章37-41節においてのみ、史家が救済の条件を語らないことは、いささか不可解である。もしここで史家が条件的救済から無条件的救済の思想へと舵を切ったのであるなら、その思想的転回がなぜ生じたのかが説明されなければならないはずだろう。主として語彙的な根拠からこの箇所を申命記史家的編集に帰すティールは、この点にまで考察を進めてはいない。

ティールの見るところでは、31章31-34節の示すような無条件性は、ヤハウェの行為という一面を示すにすぎず、史家的編集句である36章3節にあるように、悔い改めが救済の条件をなすことは揺らがないという[491]。つまり、ティールにとっては、史家的編集句において条件的救済と無条件的救済は同じ事柄の別の側面であるにすぎず、思想的転回ということは問題にならない。確かに、史家的な択一的教説が結局のところ道徳的な神の絶対性を固く信じるところでしか成り立たないことを踏まえ、この神の絶対性の側面を抽出して強調するなら、無条件的救済の方向とも整合するかもしれない。だが、そうした強引な操作を行っても、無条件的救済の思想と条件的・択一的応報思想との間には、埋められない懸隔があるように思われる。ティール自身が、31章31-34節では罪の赦しの布告が新しい神関係の基礎となっていることを認めるが[492]、そうであるなら、この箇所が無条件的救済の思想に傾いていることを裏付けていることにならないだろうか。

ところで、31章31-34節については、多くの研究者が、史家的編集を認

491　Thiel, 1981, S. 26.
492　Ibid., S. 26.

めつつも、その中核においてはエレミヤの真正預言があるということ、すなわち、実質的真正性を支持している。また、32 章 37-41 節はその並行箇所である。であるなら、この二箇所に現れた無条件的救済の思考は、エレミヤに遡るものとしたほうが自然なのではないか。この点を確認すべく、エレミヤにおいて救済がいかに達成されるのか、その関連箇所を検証する必要がある。

4.2. エレミヤにおける救済の要件

先立つ考察で、本稿はエレミヤの真正箇所においては悔い改めと救いは直接的な連関にないことを示した[493]。それでは、エレミヤにおける救済はすべて無条件的なものだとされるのだろうか。その他の箇所でもまた救済、あるいは赦しは無条件に与えられるのだろうか。エレミヤにおいて、なんらかの条件法に基づいて救いが語られていると考えられる箇所として、エレミヤ書 4 章 1-2 節、4 章 14 節、5 章 1 節、17 章 7-8 節、23 章 5-6 節、30 章 7 節を考えることができる[494]。このうち、4 章 1-2 節については、先に確認した通り、ヤハウェからの悔い改めへの呼びかけと癒しの提案に先行されている。それゆえ、ここでの条件法は救済されるための条件を示すものであるというよりも、むしろ将来のための、あるいは理想のための約束である。それでは、その他の箇所についてはどうなっているだろう。そこではなんらかの行為が救われるための条件と考えられているのだろうか。

---

493 3:1-5, 12-13、3:19-22、31:15-20.
494 30-31 章の救済預言集は、無条件的救済と考えられる箇所が多く、ここでの考察の対象から除外する。また、30-31 章のうち史家的編集句と考えられる箇所でなおかつ無条件的救済を語っていると思われる箇所については、いわゆる「実質的真正性」が考えられ、その中核であるところの無条件的救済が史家に帰されるとすべきか否かは、本論考全体の問題である。ここでの考察で最も大きな躓きの石となるように思われるのは、30:12-17 である。なぜなら、16 節の「それゆえ ラーケーン」が一見順接に見え、それゆえ条件法を語り出しているように見えるからだ。しかし、この箇所については、その唐突さゆえに後代の編集句に帰す見方が一般的であり（関根清三訳『エレミヤ書』、184 頁、註一）、エレミヤの思想における条件法を考える作業においては、ひとまず除外しておきたい。

4.2.1. エレミヤ書4章14節

あなたの心を洗って悪を除けエルサレムよ。あなたが救われるために。いつまで、あなたの中には邪念が宿っているのか。(エレ 4:14)

4章14節は救われるために悪を除けという相関付けが表現されている。救われるために悪を除くことが必要だという表現は、数少ないエレミヤの救済への言及の中でも、ここにしか見られない。この箇所について、何人かの研究者は、エレミヤが最後の瞬間まで悔い改めの希望を捨てなかったことの証左だとする[495]。しかし、それにしては、救われるために悔い改めよという肯定的表現が、ティールの示すエレミヤの真正箇所中ここにしか見出されないのは不可思議である。

また、文脈的に見て二次的付加だと見る研究者がいる[496]。W. H. シュミットは、13-15節で、裁きが不可避であることが告げられている一方、14節で悔い改めて救われよと言われることが不可解であるとし、また、2章22節で見られる同様の表現と正反対であることから、これを付加とする。また、キャロルもこの箇所の命令は曖昧であり、11-12節で表明されている感情と整合的でないことから、この箇所を付加と判断する。

一方、ランドボムはキャロルに反対し、2章22節では不可能とされていたことが求められているという見方を提示し、11-12節には反するかもしれないが、その他の箇所とは整合する[497]、という。

しかし4章5節以降、4章全体の文脈としてはもはや不可避となった裁きが目前に迫っていることを語っていることから、ランドボムがどの点を指して、14節がその他の箇所と整合的だと判断しているのかはっきりとしない。4章全体を眺めたときには、むしろキャロルの主張が補強されると思われる。

---

495 Weiser, *Das Buch Jeremia kapitel 1-25,14*, S. 39; Wanke, Gunther., *Jeremia Teilband 1: Jeremia 1,1-25,14*, Zürcher Bibelkommentare, AT. 20, Zürich, Theologischer Verlag, 1995, S. 62; Lundbom, Jack, R., *Jeremiah 1-20*, The Anchor Bible, V. 20A., New York, Doubleday, 1999, pp. 345f.

496 Carroll, *Jeremiah*, p. 164.; W. H. Schmidt, *Das Buch Jeremia Kapitel 1-20*, S. 131.

497 Lundbom, *Jeremiah 1-20*, pp. 345f.

第4章　救済の条件法

　本稿としては、ティールの研究を尊重しつつ、この箇所はとりあえず真正であると見ておきたい。ただし、その場合には留保が二つほど付されることになる。第一の留保は、この箇所があくまでエレミヤの初期の預言に属するもの[498]であり、最終的な到達点ではないということだ。おそらく、比較的平穏なヨシヤ王の治世下が想定されるが、この時代にすでに活動を始めていた申命記主義的運動は未だヨシヤ王の不条理な死といった事件に直面しておらず、それゆえに、彼らの応報思想の破れは未だ自明のものとはなっていない。そのような時代の状況下で、申命記主義運動の同時代人であるエレミヤが、この帰趨の決していない運動に対し、倫理的批判者としての熱心さをもって共鳴したことは考えられる。

　しかし、このことが第二の留保と結びつく。もし、この箇所が真正であり、かつ後期まで保持されていたのだとすれば、それが文字通りの意味として発せられているかは大いに疑問がある。なぜなら、第一に、救われるために悪を除くことが必要だという表現が、そのほかの箇所でほとんど見出されないということは、エレミヤが救済の希望を最後まで保持していたことを裏付けるというよりは、そのような希望などもはや持ち得ないという認識に至ったことを裏付けるように思われるからである。そして、第二に、このことをさらに裏付けるように、4章14節での「心を洗う」という表現に関連している2章22節では咎を洗い流すことが不可能だと言われていることから[499]、ある時期からのエレミヤは、人が自力で悪から立ち帰ることは不可能であると認識し、この言葉に諦めと自棄をこめたと考えることが可能であるからだ。ともあれ、現在の構成においては、4章14節の心を洗って救われよ、という表現は皮肉として機能している。この見方を裏付けるような表現は2章27-28節に見られ、そこではイスラエルが拝んだ偶像がイスラエルを救えばよい、と皮肉が言われている[500]。

　したがって、4章14節から読み取れるのは次のようなことである。エレミヤにも、悔い改めや善行が救済のための条件であるという考えは、一応認められる。しかし、それはあくまでエレミヤの初期の思想であると限定され

498　関根正雄『エレミヤ書註解（上）』、107頁。
499　この点について、さらなる例証となるのは、エレ 13:23。
500　Vgl. Fischer, Georg., *Jeremia 1-25*, Herders Theologischer Kommentar zum Alten Testament, Freiburg im Breisgau, Herder, 2005, S. 219f.

195

るべきである。裁きが不可避であるという認識が4章の全体にわたって展開されていること、その他の箇所においてこの条件がほとんど現れないことから、むしろこの救済の条件法は彼の預言者としての経験の深まりのなかで次第に放棄されていったことが窺われる。たとえこの4章14節の表現が後期に至ってもなお用いられたとしても、同様の表現を持つ他の箇所から、その場合の意図は皮肉であることが推測され、それゆえ、とくに後期のエレミヤが悔い改めや善行に基づく救済を現実に可能だと考えていたかは疑わしい。この洞察は、さらに以下の箇所を考察してゆくことによって裏付けられるだろう。

4.2.2. エレミヤ書5章1節

> あなたたちはエルサレムの巷を行き巡り、見てみよ、そして知れ、そして探せ、その広場で。もしあなたたちが一人の人を見つけたら、公義を行い、真実を探すものが〔一人でも〕いるなら、わたしはエルサレムを赦そう[501]。（エレ 5:1）

この箇所は容易に創世記18章22-32節を想起させる。堕落したソドムの街を滅ぼそうという神にアブラハムは交渉し、神は最終的に十人の義人がいればソドムを滅ぼさないと約束する。しかし、このエレミヤ書のテクストでは、最初からたった一人の義人がいればエルサレム全体を赦そう、という約束がなされる。つまり、アブラハムのように執り成す者がいないにもかかわらず、譲歩しきったところから話が始まっている。

ここで述べられていることは、一種の応報思想でもあるが、同時にその破綻でもある。一人の人間の義が街全体の罪を贖うために必要であるというのでれば、これは応報思想である。しかし、一人の人間の義と街全体の罪が、定量的に計算できるものと素朴に考えられる限りにおいては、明らかに釣り合わないという意味において、同等報復の原理は崩れ、厳密な応報は破綻している。この不平等な善悪の天秤によって、明らかに神はエルサレムを赦そ

---

501 BHS は七十人訳に基づいて「ヤハウェの御告げ」を挿入することを提案している。

うという意思を表明していることになる[502]。その限りで、我々は、義なる行為によって救われるという応報法則のひとつの極限をここに見ている。たった一人の義人によってエルサレム全体が贖われることを信じるというこの点までは、エレミヤと申命記史家との間に応報思想が共有されていると考えることができるだろう。

だが、もちろん、この箇所では赦しはもはや告げられない。一人でも義人がいればエルサレム全体を赦そうという神の恵みの言葉は、かえって一人の義人もいないという認識（2-5節）に反転し、もはやエルサレムは赦し得ず（7節）、罰せられるほかなく、ヤハウェは復讐心に駆り立てられる（9節）ことになる。

同時に、注目すべきことに、ここではエレミヤ自身が応報に訴えようとしていることが看取される。ヤハウェが民衆を罰したはずであるのに、民は慄かず、懲らしめを受けようともせず、それゆえ立ち帰ろうともせず（3節）、また軛と縄目、すなわち律法を断ち切っている（5節）と言われている。もしこれを文字通りに受け取るとすれば、このテクストが語っている事柄は、ヤハウェの応報が発動していないという現状認識である。実際、裁きを告げる預言の言葉（7, 9節）は、いずれも疑問詞や否定詞と結びつけられた未完了形であり、このことが未だ到来せぬ裁きであることを物語っているように思われる。

だが、そうであればこそ、なぜここでエレミヤの預言が民の罪ゆえのヤハウェの裁きを強調することになっているのかが理解される。神の恵みの提案にもかかわらず、一人の義人も見つからず、民の罪は甚だしいにもかかわらず、罰は未だ執行されていない（少なくとも当人たちは罰を認識していない）という認識が、罪に基づく罰が執行されるべきだという当為の意識へと結びついていったと想定することは必ずしも難しいことではない。

こうしてみると、5章1-9節は全体としては、現実には応報が破綻しているという認識と、正義の実現に促されて、応報が破綻している現実に抗おうとする預言者の苦闘が見て取れる。その地点から眺めてみると、5章1節で語られた救済の条件は、実際には実現されることのない条件であると、エレミヤには認識されていったのではないだろうか。たった一人の義人を捜し求

---

502 関根正雄『エレミヤ書註解（上）』、118頁以下。

めるエレミヤの苦闘は、その他の箇所[503]からも窺うことができる。だが、そうした努力は、結局、一人の義人もいないという絶望的な認識に導かれていくことになる。

したがって、5章1-9節でも、善や義が救済のための条件であるという考えを、原則としては、エレミヤが持っていたことは認められる。しかし、その原則は、もはや同等報復の原理としては保持され得ず、一人の義人の存在と、それで良しとする神の恩寵によってかろうじて成立しているものである。それでもなお、一人の義人もいないという認識が、結局のところ、救済が現実には不可能であるという深い諦念にエレミヤを導いていったと考えられる。であるなら、義や善行という条件によって救済が到来するという原則は、エレミヤにとっては希望的な観念としては存在しつつも、さきほど4章14節について確認したときと同様に、次第に実現不可能なものへと変容していったのである。

そして、ここに至ってエレミヤと申命記史家との間の断絶が決定的なものになったことが示される。申命記史家は繰り返し条件法を語ることで、人間が自力で悔い改めることができると信じて疑わないが、エレミヤはもはやそのような自力救済の道を信じることができないのだ。

4.2.3. エレミヤ書 17 章 5-11 節

17章5-11節からも、善因善果悪因悪果の応報法則が観念として、あるいは理想として考えられている一方で、その実現に対する諦念が読み取られる。

> [5] ヤハウェはこう言われる[504]。「呪われよ、人間に信頼し、肉を自分の腕とし、心が主から離れるその者。
> [6] 彼は荒地の裸の木のようになり、善きことが訪れても見ることがなく、荒野の枯れた土地、住む者のない塩地に暮らす。
> [7] 祝福されよ、ヤハウェに信頼し、ヤハウェを頼みとするその者。
> [8] 彼は、水のほとりに植えられた木のように、流れのほとりにその根を

---

503 エレ 5:10, 6:9, あるいは 6:27-30。
504 七十人訳にはこの句は欠けている。

伸ばし、暑さが来ても恐れ[505]ず、その葉は青々として、日照りの年に不安を抱くこともなく、実を結ぶことを止めない。
[9] 何よりも不正[506]なのは心、それは直らない[507]。誰がこれを知り得よう。
[10] わたし、ヤハウェが心を探り、[508] 思いを調べ、そして[509] それぞれその道[510]によって、[511] それぞれの行いの実によって報いる。
[11] ヤマウズラ[512] が自分で産まなかった卵を集めるように、公義によらないで富をなす者がある。彼の生涯[513]の半ばで、富が彼を捨て去り、その果てに彼は愚か者となる」。(エレ 17:5-11)

この箇所の真正性については、知恵文学の影響を認めて後代のものと見る見方もある[514]。しかし、ティールはこの箇所について史家的編集の痕跡を認めず、また、エレミヤに知恵文学が受け継がれていたことを想定しうる限り[515]、この箇所の真正性は認め得るだろう。

この箇所では明らかに応報信仰が見られる (5-8節、10節、11節後半)[516]。

---

505 ケティーブ、七十人訳、ペシッタに従う。ケレー、カイロ・ゲニザ写本、タルグームは「見る」。
506 七十人訳はでは「深い」。ルキアノス校訂版、古ラテン語では「重い」、ペシッタでは「固い」。
507 七十人訳では「人」。
508 多くの写本では、接続詞が付される。
509 マソラでは接続詞が付加されるが、多くの写本では欠けている。
510 ケレー、及び多くの写本に従って複数形とする。ケティーブは単数形。
511 多くの写本では接続詞が付加される。
512 七十人訳では「呼ぶこと」が付加されるが、ヘブライ語の子音テクストを二重に読んでいると思われる。
513 原語「ヨーム (日)」はケティーブでは単数形、ケレー及びカイロ・ゲニザ写本では複数形。
514 Nicholson, Ernest W., *The Book of the Prophet Jeremiah, Chapters 1-25*, Cambridge University Press, 1973, p. 148. ニコルソンは詩1篇との類似を指摘する。
515 関根正雄『エレミヤ書註解 (上)』、16, 278 頁。なお、関根正雄の論拠は、アモス、ミカ、イザヤという預言者の伝統の存在と、エレミヤ書中の次に挙げる箇所である。エレ 4:23-26, 17:5-11, 25:15 以下、46-51 章。
516 これらの箇所に関連し、多くの研究者が応報法則の成立を擁護しようとしている。最も顕著な例の一つがヴァイザーで、10節をエレミヤに宛てた慰めの応答とし、また11節の預言もイェホヤキムの早逝において成就したとみる。Weiser, *Das Buch Jeremia,*

しかし、応報信仰が全面的に貫徹されているとみることもまた難しい[517][518]。なぜなら、「ヤマウズラが自分で産まなかった卵を集めるように、公義によらないで富をなす者がある」という言葉は、明らかに応報がもはや成立していないという現実を直視した上でなければ出てこないはずの認識だからだ。10節で、ヤハウェが心と思いを調べてそれに報いるという表現は、応報思想が成立しうる余地を求めて、外面的なものから内面的なものへと信仰の場所を模索したことに起因するだろう。つまり、一見破綻している応報法則も、内面性を考慮するなら、実はそこに応報は成立しているのだという主張をしたいがためのものにも見える。だがそのような応報成立への期待もまた、すぐに打ち砕かれることになる。応報法則が成り立たないことをエレミヤはすでに幾度となく経験していた[519]。そのようなエレミヤが、9節の「何よりも不正なのは心、それは直らない」という言葉によって、あらかじめ応報法則の成立が不可能であることを見通していたとしても不思議はない。

そう読んでゆく限り、ここには応報信仰に一縷の期待を寄せつつも、それが不可能であることを見通してしまった預言者の諦念がある。

4.2.4. エレミヤ書23章5-6節

では、次のような箇所についてはどうだろうか。

> [5] 見よ、こうした日々が来る。
> ——ヤハウェの御告げ——
> そして、わたしは起こす、
> ダビデのために、一本の正しい若枝[520]を。

Kapitel 1-25, 14, S. 146.
517　たとえばW. H. シュミットもまた、エレミヤ自身が17:5-8とは全く異なった経験をしていたことを指摘する。W. H. Schmidt, *Das Buch Jeremia, Kapitel 1-20*, S. 300.
518　キャロルは5-11節が預言者自身の経験（たとえば15:10, 15-18など）と対立していることから、この箇所の真正性を疑う。また、その一方で、この箇所は17:18の苦しむ義人に関する反省を記した箇所であり、18節に向けた布石ともする。Carroll, *Jeremiah*, pp. 353, 355.
519　たとえば、12:1-5, 15:10, 15-18, 18:19-20など。
520　七十人訳を直訳すれば「正しき高まり」。ペシッタとタルグームでは、「正しい」が

彼は王として治め、栄え、

この地に公正と正義を為す。

⁶ 彼の時代に救われるのは、ユダ。

そしてイスラエル[521] は、安らかに暮らす。

これが、彼が彼を呼ぶ[522] 彼の名、

すなわち、『ヤハウェはわれわれの義[523]』。(エレ 23:5-6)

　この箇所を取り上げるにあたり最初に述べておかなければならないが、この箇所の真正性は争われている。ティールはこの前後、1-4 節と 7-8 節については申命記史家の手によると明確に述べ、また、3 章 15 節以下との関連で、3 章 15 節以下の著者が、23 章 1-4 節を参照した可能性を述べている[524]。だが、奇妙なことに、ティールはこの編集の核となった 5-6 節については明確には述べていない。一方では、他の箇所の手本となった元来の箇所であると考えているふしがある[525] が、他方では、捕囚期以降の可能性も捨ててはいないようである[526]。ただ、史家的編集を取り出そうというティールの研究意図を鑑みると、5-6 節は少なくとも史家的編集とは見なせないというのがティールの一応の結論であるように思われる。

　この箇所の真正性を疑う学者が、違和感の根拠とするのはおよそ、次の点に集約されるだろう。第一に、エレミヤと王政の距離を踏まえると、ダビデ王朝に期待するような姿はエレミヤにそぐわず、また、ダビデ契約の成就がエレミヤにおいては考えにくいことが挙げられる。第二に、この箇所のもつ

　名詞形となり、また、「若枝」はシリア語では同じ文字ながら「輝き」という意味になり、アラム語では「メシア」と読み替えられる。したがって、ペシッタでは「正義の輝き」、タルグームでは「正義のメシア」となる。

521　七十人訳シナイ写本では「エルサレム」。

522　マソラは通常の文法通りの形ではない。少数のヘブライ語写本では「彼らが呼ぶ」、ペシッタ、タルグーム、ウルガタ、アラビア語訳では「彼らが彼を呼ぶ」。

523　七十人訳は「主は彼の名をイオーセデクと呼ぶ」。シュンマコス訳は「主よ、我々に正義をなしたまえ」。ウルガタでは「主、我々の正義」、またタルグームでは「我々には正しきこと〔潔白、功徳〕がなされるであろう、ヤハウェの前に、彼の日々に」。

524　Thiel, 1973, S. 246-249.

525　Ibid., S. 92.

526　Ibid., S. 24.

終末論的、メシアニズム的な色彩を鑑みたときに、エレミヤの預言において、そういったメシアニズムが大きな役割を果たしたとは思われない[527]、という点がある。

　これらに加えて、「ヤハウェはわれわれの義」という王の名はヘブライ語ではヤハウェ・ツィドケーヌーとなり、ゼデキヤ王（原語「ツィドキッヤーフー」、「ヤハウェは義」の意）との連想を誘っている点が、何人かの学者の注意を引いている[528]。

　以上の点を踏まえると、これをエレミヤの真正とするにせよ、そうでないとするにせよ、いずれの立場にとっても問題のあるテクストであることは間違いがない。

　本稿はしかし、この箇所がエレミヤの真正テクストと考えることが可能だと考える。そう考えられる第一の理由は、やはりヤハウェ・ツィドケーヌーという王の名前である。ダビデ王朝だけを考えるなら、史家的編集句は契約・律法が守られる限りにおいてダビデ王朝の存続を肯定的に捉えることがある[529]ゆえに、ダビデ王朝存続を肯定的に捉える特徴を史家あるいは史家以降の編集に帰することは一見妥当に見えるかもしれない。しかし、史家にとってゼデキヤは決して理想的な王ではない[530]。ヨシヤならまだしも、理想とは掛け離れた王であるゼデキヤを連想させるような名前を、敢えて来たるべきメシアの名とすることは、ゼデキヤ時代以降には考えづらいはずである。

　あるいは申命記史家的編集とは別の学派の存在を想定し、ダビデ王朝を支持すると考えられるその学派が、南ユダ王国最後の王となったゼデキヤを記念して、このヤハウェ・ツィドケーヌーという王の名前を付け加えたということは考えられるだろうか？　バビロンの地には同じくダビデの血を引くイェホヤキンがおり、ダビデの血脈は受け継がれていたわけだが、ダビデ王朝支持派は、たとえば南ユダ王朝復興を願って、最後の王ゼデキヤの名を記念するような王の名前を選んだのだろうか？　だが、これもただの思いつきの域を出るものではない。いずれにせよ、ゼデキヤ時代以降に、ゼデキヤを想

527　Nicholson, *Jeremiah 1-25*, pp. 191-192.
528　Weiser, *Das Buch Jeramia 1-25,14*, S. 196; Carroll, *Jeremiah*, pp. 446-447.
529　エレ 17:25, 22:2-5, 33:14-26 など。
530　王下 24:18-20、エレ 33:21-22。また、申命記史家のみならず、歴代誌史家にとってもゼデキヤは悪王である。代下 36:12 等参照。

起させるようなメシア的王の名前が発案されることは考えづらい。

　であるなら、このテクストの元来の時代はゼデキヤ時代以前に遡るべきであり、それゆえエレミヤの真正句と考えられる。ただし、その場合でも、この預言がゼデキヤ時代のものであるという多くの研究者の査定は支持し難い。この預言の年代をゼデキヤ時代のものとする研究者の論拠は、主として、来たるべき王の名とゼデキヤとの言葉の連関であるが、関根正雄が正しく指摘するように、既存の王制に対する支持と捉えかねないような預言をエレミヤが為したとは思われない[531]。また、その一方で、メシアを義と結びつけて理解する伝統がイザヤ以来[532]受け継がれていることは、ゼデキヤをわざわざ前提とせずともこのテクストが理解可能であることを示している[533]。それゆえ、このテクストはゼデキヤ時代以前のエレミヤの預言、エレミヤにおいて未だダビデ王朝に対する絶望が決定的になってはいなかった時期のものとするべきである[534]。ゼデキヤの名との近さでいえば、逆に、かつてマッタンヤという名前で呼ばれていたゼデキヤ[535]がエレミヤのこの預言からゼデキヤ自身の名前を取ったという些か大胆な推測[536]は、研究者に疑念を抱かせるようなものではある[537]が、ゼデキヤがしばしばエレミヤに尋ねること[538]を想起すれば、必ずしも突飛な発想とはいえない。

　だが、そうは言っても、エレミヤは王政に対してかなり初期から距離をとるような態度をとってはいなかったかという反論はなされうる。たとえば、異教崇拝に傾斜していったイェホヤキムの時代にエレミヤが反王政的傾向を強めていったことは確かであるし、そもそもそれ以前に、ヨシヤの時代においても、申命記改革が王権イデオロギーに利用されていったことなどを機縁として、ヨシヤのこの改革に次第に絶望していった可能性を考えると、なお

531　関根正雄「エレミヤにおけるダビデ契約とシナイ契約」、『関根正雄著作集　第6巻』新地書房、1980年、305頁。
532　イザ 9:7, 11:4, 5。
533　関根正雄「エレミヤにおけるダビデ契約とシナイ契約」、304頁。
534　この点について、関根正雄はイェホヤキムの治世の初めから、その第四年までのごく短い期間を考えているが、これは魅力的な提案である。関根正雄前掲書、305頁。
535　王下 24:17。
536　関根正雄「エレミヤにおけるダビデ契約とシナイ契約」、305頁。
537　Weiser, *Das Buch Jeremia 1-25,14*, S. 196.
538　エレ 21:1, 32:3, 37:3, 38:14。

のことエレミヤが王政そのものに対する反感を強めていったことは非常に確かしい。であるなら、未来のダビデ王朝に向けられたこの希望的な預言がエレミヤのものだとすることは難しいことになるだろう。

しかし、現状の王政へ反感と 23 章 5-6 節に述べられた来たるべき王政への期待は必ずしも矛盾するものではない。むしろ逆に、義を為す王が立てられる時が来たるべきその日であるということは、現在の王が義をなしていないことを意味しうる。つまり、現実の王政への反発として、この預言が語られた可能性は十分に考えられるのである。

事実、このテクストの重心は決して王政の単純な支持にあるのではなく、あくまでも義を行う王政への期待を表明しているのであるということだ。言い換えれば、重心はあくまでも公正と正義の執行にあるのであって、王政の保持にあるのではない。すなわち、ダビデのための正しい若枝と表明される王は正義と公正を執行する義務を課せられている限りにおいて王として認可されるのであって、ダビデの血筋であることが王として認可されることを示しているのではない。端的に言えば、ダビデは正義の守護者として委任されているにすぎない[539]。

とはいえ、ダビデ王朝が正義の実現のために果たしうる職務に対する期待は、エレミヤが王朝に肯定的な態度を取っていたということを意味しない。実際のところ、ダビデ王朝が正義の担保者でありうるという期待は最終的には放棄されることになっただろう。そしてそのような絶望は、イェホヤキムの治世の第四年には確定的なものとなっていたと思われる[540][541]。

以上の考察をまとめると次のようになる。正義の執行者としての王という表象を導入すれば、エレミヤと現実の王政との間の隔たりを考慮しつつも、23 章 5-6 節の預言をエレミヤの真正句と見做すことは可能である。のみならず、このテクストの終末論的、メシアニズム的性格は、現実の王政に対す

---

539 エレ 21:11-12。
540 エレ 36:30。
541 なお、エレミヤ書中には、ダビデ王朝の存続に関心を寄せるテクストが幾つかあるが、それらは申命記史家的な条件法に基づいて、この択一的選択の枠内で許容された存続であって（エレ 17:24-25, 22:2-4）、ダビデ王朝の存続は中心的な問題ではないか、あるいは史家的編集にもエレミヤにも帰し難い後代の挿入句（エレ 30:8-9, 33:14-16, 17-26）と考えられる。

る反抗としてこの預言が語られたことを裏付けるものである。しかしそのようなダビデ王朝に対する正義執行への期待はあくまでもイェホヤキムの第四年以前の時代までに限られ、それ以降、エレミヤはもはやダビデ王朝が正義を執行しうるという期待を持ち得なくなったということになる。

　また、23章5-6節がエレミヤにしてはあまりに終末論的であるという批判に対しては、ここまでにすでに軽く触れているように、第一にイザヤ以来の伝統があることから、エレミヤにも可能であると考えられ、それゆえ、終末論的思想の存在がエレミヤの真正テクストでないことを示すわけではない。のみならず、第二に、すでに研究者が指摘しているように[542]、この箇所は終末論的思想、メシアニズム的発想としては簡潔なスタイルであって、この簡潔なスタイルという特徴は、かえってこのテクストがエレミヤのものだということを示しているように思われる。

　以上、長くなったが、23章5-6節はエレミヤの真正句であり、エレミヤ流のメシア預言であることが確認された。

　さて、エレミヤの真正句であることを確認する作業の中で明らかとなってきたことだが、このテクストの中心的な主題は正義の達成にある。同時に、このテクストの終末論的な特徴によって、現実には正義が達成されていないことが言外に語り出されている。そして、さらに別のエレミヤのテクストに表明されている王朝廃止の預言[543]をもあわせて考えたとき、導き出されてくるのは、この世界にあって人間が自力的に正義を達成することはできないという、エレミヤの絶望である。たとえ、23章5-6節のような将来への希望をエレミヤが持ち続けることが可能だったと考えるにしても、注目すべきことに、この終末的なヴィジョンの中には、人間が行いうるような行為は触れられていない。来たるべき世における正義の樹立と救済の成就は、ここでも一方的に与えられるだけであって、人間の行為連関の外側から到来する。すなわち、このテクストにおいても人間がなしうる善行と救済の間には、なんの関係もないのである。

542　関根正雄「エレミヤにおけるダビデ契約とシナイ契約」、305頁；同『エレミヤ書註解（下）』、25頁。
543　エレ36:30。

4.2.5. エレミヤ書 30 章 4-7 節

⁴ そしてこれらは、ヤハウェがイスラエルとユダについて語られた諸々の言葉である。
⁵ まことにヤハウェこう言われる。
「おののきの声をわれわれは聞いた[544]。恐怖だ、だが平安はない。
⁶ さあ、お前たちは尋ね、そして見よ。男性が子を産めるだろうか。なぜ、わたしが見たところ、男子がみな、産婦[545]のように腰に手を当てているのか[546]。また〔なぜ〕、みなの顔が土気色に変わっているのか。
⁷ 災いだ[547]。その日は大いなるもので、類するようなものはない。それはヤコブにも苦難の時だ。しかし彼はそれから救われる」。(エレ 30:4-7)

30 章 4-7 節の単元[548]は全体として審判の布告であり、末尾になって突然、

---

544 七十人訳は「あなたがたは聞くだろう」。BHS は 6 節と関連させ、一人称単数完了で読むことを指示している。
545 七十人訳では欠けており、代わりに「救いを」という語がある。
546 七十人訳では、「男子がみな、腰に手を当てている」は二重に、入り組んで訳されている。
547 七十人訳では「彼はなった」。BHS は「彼らはなった」という読みを提案している。
548 単元の区切り方について、4-11 節までを一つの単元とする見方もある。確かに 7 節でこのテクストが終わるとするなら、災いの預言ののちに続く救済の布告はあまりに短すぎる。だが、そのことへの不満が、のちに続く 8-9 節及び 10-11 節という二つの小単元の加筆を行わせる原因となった所以であるとも十分に考えられる。本稿は、8-9 節におけるダビデ王朝への再興の期待が、いささか唐突であり、この文脈にはそぐわないことから、分離しておく。また、ティールも 8-9 節がユダヤ教的であると見なしつつも、申命記史家的編集にとってダビデ王朝はさほど重要視されていないという理由から、この箇所を史家的編集とはしない (Thiel, 1981, S. 21)。10-11 節については、ティールはとくに触れておらず、このことはやはり史家的編集と見做せないということを示してはいるが、第二イザヤ (イザ 41:8-9, 13-14, 43:1, 5, 44:1-2) との近さを踏まえると、10-11 節は第二イザヤ以降のより後代の編集句である可能性が高い。もっとも、フォーラー (Fohrer, Georg., *Die Propheten des Alten Testaments, Bd.4. Die Propheten um die Mitte des 6. Jahrhunderts*, Gütersloher Verlagshaus, Gerd Mohn, Gütersloh, 1975, S. 69f.) のように、この箇所が逆に第二イザヤの先行者であるという解釈の道も残されてはいる。また、関根正雄も、第二イザヤとの差異を強調し、第二イザヤは苦難の時代が過去のものとなった時代から語るのに対し、エレミヤのこの預言は民と共に苦しみを共有しつつ現在形で語っ

ごく短く（ヘブライ語ではたった二語）救済が語られるにすぎない。多くの研究者はこの救済預言が真正だと見做しているが、この唐突さと短さのゆえに、ここでの救済預言が加筆であると疑いを持つ研究者も存在する。

たとえばエーリッヒ[549]は、7節の「イッヴァーシェーアゥ（彼は救われる）」を「イェシャッヴァゥ（彼は叫ぶ）」と読み替え、7節が苦痛の叫びで終わる提案を行っている。エーリッヒに従うなら、8-9節は絶望的な終末を補完するために加筆され、それがさらに10-11節の二次的加筆を促した、ということになる[550]。しかし、のちに見る通り、イザヤの伝統を加味すれば、ここに救済の文句が含まれることは不自然ではない。また、30-33章のいわゆる「慰めの書」あるいは、30-31章の救済預言集が、エレミヤ書全体の編集に先立って独立に編まれている可能性が指摘されていることを踏まえると、この30章4-7節が救済預言集のうちに編集されるためには、4-7節に元々救済預言としてまとめられうるための要素が含まれていなければならないはずである。さらに、エーリッヒの提案を支持するようなテクストの異同はない。それゆえエーリッヒの見方は支持し難い。

エーリッヒを引きつつ、マッケインもこの見方に共感を示す[551]。マッケインは7節が希望の予感で閉じられていることに疑問を呈し[552]、本来苦難の嘆

ているゆえに、第二イザヤへの過渡期の思想と見る（関根正雄『エレミヤ書註解（下）』、91頁）。

ところで、10-11節が七十人訳に欠けていることについて、マッケインは、七十人訳の場合、章の並び順ゆえに削除されたにすぎず、それほど重要ではないとする。すなわち、30:10-11は46:27-28とほとんど逐語的に一致するが、七十人訳では46（26）章が30（37）章に先行するゆえに、七十人訳の訳者は二回目に登場する30:10-11を消去したのだと、マッケインは見る（McKane, *Jeremiah 26-52*, p. 763）。あるいは、七十人訳の短い版は、より元来の形に近いと判断する（McKane, *Jeremiah 26-52*, p. 758）。しかし、マッケインは、七十人訳の底本に現在のヘブライ語マソラ本文とは別の伝承が用いられている可能性などを考慮しておらず、やはり十分な説明とはなっていない。

以上のような問題から、しかし、本稿としてはエレミヤの真正テクストと見做しうる最小限の範囲となる4-7節だけを取りあげておきたい。

549　Ehrlich, A. B., *Randglossen zur Hebräischen Bibel: Textkritisches, Sprachliches und Sachliches, iv Jesaia, Jeremia*, Leipzig 1912, p. 317 (cit. in McKane, *Jeremiah 26-52*, p. 757).
550　McKane, *Jeremiah 26-52*, pp. 757f.
551　Ibid., pp. 757f., 759f.
552　Ibid., pp. 757, 759.

きで締められていたこのテクストに、後代 8-9 節（そしてさらに 10-11 節）が付加されることによって、より希望的な結びが与えられることになったのだと考える。しかし、マッケインは主としてエーリッヒに依拠しており、エーリッヒ以上の根拠を考えているとは言い難い。とりわけ、7 節末尾の「しかし彼はそれから救われる」という句が真正である可能性を論じてはおらず、この句が苦難の叫びであると解さなければならない理由を説明してはいない。もしこのテクストがマッケインのいう通りに苦難の叫びで終わる審判預言であるなら、このテクストにわざわざ 8-11 節を付加して 30-31 章の救済預言集にまとめることの必然性と労力の意図を説明できないだろう。

　最後の句が真正句であるとしつつも、しかし、これはアイロニーであって救済の希望を言い表すものではないと見るのはホラデイである[553]。ホラデイは 30 章 4-7 節が徹頭徹尾審判預言であるという想定から始めて、7 節末尾の言葉を審判預言の文脈と整合的に理解するために、この言葉をアイロニーであると見る。ホラデイの見方では、元来アイロニーであったはずのものが、年を経てアイロニーとしての含意が失われ、そのことによって、後の加筆である 8-9 節及び 10-11 節を触発し、また 30-31 章という慰めの書のなかに編集されることになったのだという説明がなされる[554]。30 章 7 節末尾の句をエレミヤの真正句であると認めつつ、審判預言としての性格を示し、かつその後この句が救済預言集へと編集された消息を説明するものとしては、ホラデイの見解はエーリッヒやマッケインよりも優れている。

　確かに、エレミヤ書においてアイロニーが用いられていること自体は首肯されうる。ホラデイが例として挙げる箇所のうち、2 章 27 節、11 章 15 節などは確かにアイロニックな箇所である[555]。さらには、偽預言者ハナニヤに対する「アーメン」の言葉も結果としては、アイロニーとして機能している[556]。

553　Holladay, 'Style, Irony, and Authenticity in Jeremiah', pp. 53f.
554　Ibid., p. 54.
555　Ibid., p. 47. なおホラデイは 14:21 についてもアイロニーとはするが、この箇所はティールが史家に帰す箇所であり、捕囚期の祭儀典礼文であると解するなら、エレミヤの用いたアイロニーではなく、史家の用いたアイロニーであるということになるだろう。
556　エレ 28:6。ただし、それは結果としてであって、エレミヤ本人がこの言葉を発した時点では救済への希望も込めて語ったという読みを排除するものではない（関根清三訳『エレミヤ書』、173 頁、註四）。

しかし、エレミヤ書におけるアイロニーの存在と、30章7節でアイロニーが用いられているかどうかは別の問題であり、30章7節がアイロニーだという証拠としてホラデイは何を考えているだろうか。

ホラデイが依拠する点は二つあり、一つは30章7節における語順、もう一つがエレミヤ書における語根「yšʻ（救う）」という語の用法である。

ホラデイによれば、30章7節の「ヴーミッメナー・イッヴァーシェーア・ウ（しかし彼はそれから救われる）」という語順は通常の語順とは異なり、通例、この二つの語は入れ替わった順が普通であるという。すなわち、接続詞ヴァヴと前置詞ミン及び人称接尾辞の組み合わせ（ヴーミッメナーに相当する部分）が、動詞に先行するような例はコーヘレス書3章14節とダニエル書8章11節にしか見られないという。ここから、エレミヤ書30章7節のフレーズが極めて特殊な用例であることがわかり、そこに特別な意味が込められていることを想定しうるという。

さらに、ホラデイはエレミヤ書における「yšʻ」の用例を確認し[557]、それらはいずれも特定の思考様式のもとで使われていることを指摘する。すなわち「人々を救おうとするヤハウェの意思について疑問が提示されている文脈においてのみ」[558] この語が使われるというのである。

これらの点に加えて、ホラデイは後の註解では、7節の構造から最後の句が疑問文である可能性を示す。すなわち、まず、7節を四つの韻脚に分け、第一韻脚と第三韻脚、第二韻脚と第四韻脚がそれぞれ対応していると考えた上で、次に、第二韻脚の「メーアイン（どこから？）」という読みを、通例行われているように「メーエイン（そのようなものがない）」[559] という読みに変換せず、疑問文と解して、最後に、第二韻脚と対応している第四韻脚にも疑問文のニュアンスがあるとする[560]。

この二点を併せて考えると、導かれる考えは、30章7節の末尾の表現が一種のアイロニーであるというものである。すなわち「このようなものから、

557　エレ 2:27f., 4:14, 14:8, 17:14.
558　Holladay, 'Style, Irony, and Authenticity in Jeremiah', p. 54.
559　とりわけエレ 10:6, 7参照。この語はエレミヤ書中では他に、19:11, 26:9, 32:43, 33:10, 33:12, 34:22, 44:22, 46:19, 48:9, 51:29, 51:37 などに出てくるが、30:7のみ「メーアイン」という母音記号が付けられている。
560　Holladay, *Jeremiah 2*, 1989, pp. 150, 171, 172f.

第4章　救済の条件法

彼は救われると言うのだろうか？」561 というニュアンスがあるということを、ためらいつつもホラデイは主張する。

　ホラデイの提案は興味深いものであるとはいえ、しかしながら、やはりホラデイの論点にはいくつか難があることを認めざるを得ないだろう。第一に、語順が特殊であるとしても、同様の語順を持つとされるコーヘレス書3章14節とダニエル書8章11節のうち、ダニエル書8章11節には、特殊な含意があるとすることはできないのである562。また、コーヘレス書の用法においても、通常の用例とは異なる修辞的効果があると考えられるものの、その効果がアイロニーであるかは疑わしい。第二に、「yšʿ」の用例についても、確かにヤハウェの救済に対する疑問や、異教の神々に救う力がないという否定的な用法が多いことは確かではあるが、肯定的用法が皆無であるわけではない563。

　第三の、構造に基づいた疑問文の可能性は、しかし、首肯しうるかもしれない。6節から疑問文による問いかけは始まっており、さらに、マソラの元来の読みにより近付けつつ、整合的に読める読み方を提示しているからである。とはいえ、ホラデイが論拠とする7節第二韻脚「メーアイン」の読みについては、七十人訳からは支持されないことから、マソラにおけるネクダ（母音記号）の単純な誤りにすぎない可能性がある564。もしマソラの読みが元来のものであるとしても、この疑問文が反語的表現であり、救いの不可能性を示していると取る必然性があるわけではない。反語の可能性は排除しきれないにせよ、純粋な疑問文である可能性も残るからである。このように、ホラデイの説にしても、それほど強力な論拠があるわけではない。

　以上のように30章7節末尾が救済への転換ではなく、本来は審判預言が

561　ホラデイによる英訳原文は "and from such as *this*, he shall be 'saved' ?!" Holladay, 'Style, Irony, and Authenticity in Jeremiah', p. 54. 強調ホラデイ。あるいは、"and out of it shall he be saved?", Holladay, *Jeremiah 2*, p. 150.

562　もっとも、この点についてホラデイは自覚的である。Holladay, 'Style, Irony, and Authenticity in Jeremiah', p. 53.

563　エレ 15:20, 17:14, 23:6, 31:7. 後代の加筆と思しき箇所を含めてよいとするなら、さらに 30:10, 11, 33:16, 42:11, 46:27.

564　その一方で、七十人訳は7節冒頭の一語のヘブライ語の綴りを誤って訳していることから、七十人訳が手本としたヘブライ語テクストの伝承が正確ではなかったか、別の伝承であったことも考えられる。

意図されていたという説は、いずれも支持し難い。それでは、反対に、30章7節が救済預言への転換を意味しうるという積極的な主張は可能だろうか。
　30章7節に限らず、審判ののちに救済預言への転換が示されるような箇所は、他のエレミヤの真正句においても確認することができる。たとえば、裁きによって殲滅され尽くされるわけではなく、わずかながら生き残る者がいるという思想は確認されうる[565]。この裁きからの救済という急展開については、ホラデイ自身がエレミヤ固有のスタイルだと認める、「語り手と雰囲気の急転」[566]が、30章7節でも生じていると見ることもできるのである。その場合、この箇所の特殊な語順は、運命の急転を強調するために用いられているのだと、ホラデイの主張を逆手に取って解することもできる。
　のみならず、この審判預言と救済預言が密接に結びついていることは、次のように確認できるだろう。30章4-7節の箇所において、審判預言の性格を最も端的に示すのは、7節にある、大いなる「その日」であるが、これは「ヤハウェの日」[567]と解される。「ヤハウェの日が裁きの日であるというのは、アモス以来の記述預言者の伝統的理解であった（イザ二 12-21、アモ五 18-20、ゼファ一 7-11）」[568]。アモスやゼファニヤにおけるヤハウェの日の描きかたは、しばしばイスラエル自身に対する徹底的な絶滅であり、そこでは救済されるものがいないかのような印象が与えられる。イザヤにおいては、ヤハウェの日は宇宙論的な広がりで描かれ、やはり審判の厳しさという性格が強い（イザ 2:12-22, 13:6-22 等）。ただし、「その日」という語に関連する箇所でいえば、救いがあることも約束される（イザ 10:20-27）[569]。すなわち、アモスやゼファニヤの伝統だけがエレミヤに伝えられていたのであるなら、30

565　エレ 4:27, 5:10。なお、申命記史家的編集句にも同様の思想は見られる。エレ 5:18。また、おそらくはさらに後代の加筆である、エレ 30:11 も参照。さらに、編集上の問題があるとはいえ、全体的な裁きののちに簡潔に救済が告げられる箇所として、30:12-17 もある。

566　Holladay, 'Style, Irony, and Authenticity in Jeremiah', pp. 47f.

567　「ヤハウェの日」概念の歴史的な変遷については、R. Martin-Achard, B. Reicke「主の日」、『旧約新約聖書大事典』、597 頁以下参照。

568　関根清三訳『エレミヤ書』、181 頁、註七。

569　「その日」という語に関連する箇所でいえば、イザ 11:10-11, 12:1 も救済を述べる箇所ではあるが、これらの箇所においてはイザヤの真正性は疑われている（関根清三訳『イザヤ書』岩波書店、1996 年、49 頁、註一八、53 頁、註一一）。

章 4-7 節が裁きだけを意味することもありうるかもしれないが、イザヤの伝統がエレミヤに受け継がれていたことを考えれば、審判ののちに救済が続くことはそれほど不自然なことではない。事実、審判と救済が密接に連関しているという理解がなければ、30 章 6 節に産みの苦しみを表す比喩表現があることは理解し難いようにも思われる。関根正雄やヴァイザーの理解によれば、産みの苦しみという比喩は、与えられる苦難が救済に至るために必要なものである、ということを示していることになるだろう[570]。

では、苦しみこそが救いのための条件となるのだろうか。これまで、エレミヤにおける救済預言を確認してきたところでは、善行を行うことによって自力的に救われることは非常に困難であるという考えがエレミヤには強いことが次第に明らかとなってきた。そうであるなら、自力的に悔い改め、善行を行うことが不可能と認識されたところで、それらの代替手段として、ただ苦しむことによって救いに値するものとなるという発想が生じていることになるだろうか。苦しみは救済のための十分条件となるのだろうか。

しかしながら、産みの苦しみという比喩によって、救済の条件としての苦しみが語り出されているとするには、まだ問題が残っていると言わざるを得ない。というのは、6 節で産みの苦しみを味わうことになる主体が、女ではなく、男だからだ。つまり、現在イスラエル[571]の民が受けている苦難は、産みの苦しみという、人間の経験しうる最強度の痛みの一つに喩えられるけれども、この痛みを負う者が男であるがゆえに、結局何ものをも生み出すことがない、無益な苦痛であるという含意がないとは言い切れない。この場合、産みの苦しみという比喩は、苦難を通しての救済という構造を示す比喩ではなく、単に、比類なき痛みという痛みの強度を意図して用いられているということになる。

---

570 関根正雄『エレミヤ書註解（下）』、91 頁。Weiser, *Das Buch Jeremia, 25,15-52,34*, S. 269.

571 この単元で言われるイスラエルについては、全イスラエルを指すものと思われる。4 節のユダが二次的加筆であると見る研究者もいるが、その場合でも、研究者たちの見解は、元来、この預言が北イスラエル王国に向けられたものと見ることになるか、あるいはイスラエルだけであっても「全イスラエル」を指す用法であったかが分かれている。ただ、7 節の「ヤコブ」が、イスラエル全十二部族の父であるということを踏まえると、やはり全イスラエルに向けて語られたと見たほうが妥当であるように思われる。Cf. McKane, *Jeremiah 26-52*, p. 756.

旧約における産みの苦しみについて少し目を広げてみよう。『旧約新約聖書大事典』が挙げる旧約における産みの苦しみの用例を確認すると、そのほとんどは必ずしも出産という帰結を伴わず、ただ苦しみの側面だけを取り上げた用法が多いことに気づかされる[572]。また、少し視点を変えてみると、エレミヤ書において出産が言及されるとき、誕生を寿ぐ肯定的な意味で用いられることは少ない[573]。さらに、救いに与ると考えられない異邦人に対しても用いられる用法がある[574]ことから、産みの苦しみの比喩は必ずしも出産＝救済までを含意しない。これらに加えて決定的と思われるのは、イザヤとホセアが、イスラエルに対して用いた比喩である。ホセアの場合は

　子を産む女のひどい痛みが彼を襲うが、[575] 彼は知恵のない子で、時が来ても、彼は母胎から出て来ない。（ホセ 13:13）

と語るし、また、イザヤの場合は、

　[17] 子を産む時が近づいて、そのひどい痛みに、苦しみ叫ぶ妊婦のように。私たちはあなたの前にそのようでした、ヤハウェよ。[18] 私たちもみごもり、産みの苦しみをしましたが、[576] それはあたかも[577] 風を産んだようなものでした。私たちは救いを地にもたらさず、世界の住民はもう生まれません。（イザ 26:17-18）[578]

と語る。イザヤ、ホセアのどちらの場合にも、産みの苦しみが非常に強いにもかかわらず、その苦しみが無益であるという洞察が確認される。
　エレミヤに与えた影響が大きいと考えられるこの二人の預言者における用

572　イザ 13:8, 26:17-18、エレ 6:24, 22:23, 50:43、詩 48:6、ホセ 13:13。ただしミカ 4:10 については、救いと近いようにも思われる。
573　エレ 2:27, 4:31, 6:24, 14:5, 15:9, 10, 16:3, 17:11, 20:14, 15, 22:23, 26, 49:24, 50:12, 43。これに対して、出産が肯定的に語られるのは、29:6, 31:8 のみである。
574　エレ 49:24, 50:43。また、イザ 13:8, 詩 48:6。
575　少数の写本では、ここに接続詞が付加される。
576　BHS は「彼の時に」という読みを提案している。
577　七十人訳には「それはあたかも」は欠けている。
578　さらにイザ 21:3, 37:3 も参照。

例を踏まえるならば、エレミヤ書 30 章 6 節における、男が産みの苦しみを味わうという表現は、むしろ苦しみが無益なものであるという理解の方向に傾いている。もしそうであるなら、ここでは、苦しみが直接的には救済に寄与しないという洞察が伏在していることになり、受苦の経験の意味とは、苦しみ以上でも以下でもないというニヒリスティックな思想が顔を覗かせていることになるだろう。

さて、こうしてみると、6 節に見られた産みの苦しみとは、救済に至るために必要な苦しみを述べるものではなく、むしろ救済の希望を砕くかのような絶望的な苦難を述べているものであり、同時に、苦難になんらかの意味を与えようとする試みを解体する機能を持っている。こうして「その日」すなわち「ヤハウェの日」の審判の厳しさが徹底されることになる。すなわち、「悔い改めるならば救われる」というテーゼが、民はもはや悔い改めることができないという洞察によって潰えた後で、「苦しむならば救われる」というテーゼすら、成り立ちうるか疑問に付されることになる。

そうした場合、もう一度振り返って考えてみたいのは、ホラデイが提示した、7 節末尾の解釈である。苦しみが救いのための条件であるという考えが砕かれるのであれば、7 節末尾を疑問文として解することの正当性が主張されるのではないか、とも思われる。本稿の見る限り、7 節末尾が実は疑問文として機能している可能性は排除しきれないだろう。だが、7 節末尾を疑問文だと解するにしても、しかし、考えられるのは、エレミヤ自身が問い惑っているということまでであり、積極的に審判預言だと断定するには、上述してきた理由によって難しい。もし、7 節末尾が疑問文であるなら、そこでのエレミヤの問いは、ヤハウェの日という伝統的な審判概念とイスラエルの罪を目の当たりにしたときに、イザヤ以来の険しい救済思想の可能性がかろうじて想起されるにしても、そのようなわずかな救いの希望すら可能であるかどうか疑わしい、しかし救済の希望を捨てきることも難しい、というような問いであっただろう。

以上を踏まえると、30 章 4-7 節の単元について、本稿の見解は次のようになる。30 章 4-7 節では「ヤハウェの日」という伝統的概念に基づいて、徹底的な審判の厳しさが述べられている。6 節にある産婦の喩えは、救済に至るための苦しみという理解を許容するようにも見えるが、ホセア、イザヤの類似箇所などを確認する限り、救済のためという希望を抱かせるというよ

りも、むしろ希望を砕く意味で用いられている公算が強い。こうして裁きの側面が強調される一方で、しかし、やはりイザヤ的な伝統において、終末論的な「その日」に救いが語りだされることも認められるのであり、また、救済への希望がほとんど見込めないながらも、救済を求めるエレミヤの姿を考えると、7節末尾に登場するごく短い救済への言及がエレミヤに帰されないとする積極的な理由はない。してみると 30 章 4-7 節では、7 節末尾が文字通りの肯定文であるなら、救済のためのあらゆる条件が潰えたところで、逆説的に救済が告げられるということが生起している。あるいは、7節末尾が疑問文であるにしても、そこでは審判と救済の狭間で問い惑うエレミヤの姿が見られることになる。こうして 7 節末尾の解釈は決着しないが、いずれにせよ、どちらの解釈を取るにしても言いうることが一つある。すなわち、救済が到来するのであれば、その救済は一方的な恵みとしてしか考えられない、ということである。救済のための苦しみという希望が潰えるにせよ、あるいは救済という希望自体が潰えるにせよ、それらの無力さの経験の後に到来する救済は、人間がなしうる行為に依存するものとは考えられないからである。

4.3. 小括

　以上、エレミヤの思想において、条件法に基づいた救済が窺われる箇所を検討してきた。今それらの点についてまとめておこう。
　エレミヤにおいて、善行を行う者、ヤハウェに従う者、悔い改める者が救済に値するという思考があることは、原則的には認めうる。しかし、それはあくまで彼の活動の初期に限られるし、原則的・原理的なレヴェルでの話である。とくに後期のエレミヤにおいて、善行を行い、ヤハウェに従い、悔い改めることが現実に可能であると考えられていたかといえば、非常に疑問があり、積極的にいえばほとんど不可能だと考えられていた公算が高い。
　善行を行い、悔い改めるならば救われるという思想が原理的に現れる箇所について具体的に見ていったとき、初期の預言では、まだ民が自力で回心する可能性を信じて、4 章 14 節の「心を洗って悪を除け」という条件法が文字通りの意味で語られうる。そこでは、申命記主義に対する素朴な賛同を読み取ることもできるかもしれない。

しかし、エレミヤにとって応報法則に従っての救い、すなわち善行を行い、ヤハウェに従い、悔い改めることによる救いは、預言者としての経験の深まりとともにより一層不可能であることが明らかとなっていったように思われる。それは、エレミヤが応報法則の厳密な理解を歪め、一人の義人によってイスラエル全体が赦されるという方向へ思考を展開してもなお、公義の成立が不可能であるという帰結に至ったこと（5:1-9）から、推察される。それゆえ、原理的には、応報法則に基づく救済が可能であるとしても、現実的には、人間の有限性のゆえに、応報法則に基づいた救済は不可能だということになる。

このようなエレミヤの預言者としての道行きを証立てるのが、人の罪性の癒しがたさを吐露する 13 章 23 節、17 章 1, 9 節という箇所である。13 章 23 節は、クシュ人（エティオピア人）がその生来の黒い肌を、また豹がその生来の斑点模様を変えることができないように、イスラエルの人々もその罪性を変えることができない、というエレミヤの暗鬱な罪認識を示す。17 章 1 節も同様の罪認識を示すが、そこでは「ユダの罪は鉄の筆と金剛石のとがりでしるされ、彼らの心の板と彼らの祭壇の角に刻まれている」という、ちょうど書かれたトーラーを想起させるような表現が用いられながら、律法の遵守とは真逆の事態が表されており、人間の心性の底に纏わりつく罪性が剔抉されている。もしここで書かれたトーラーへの暗示を十分に読み取ってよいなら、その含意は次のようなものになるだろう。人は律法を守ろうとしても守ることができない。なぜなら、彼らの心の中に書き込まれた、より内在的な「律法」こそが罪だからだ。すなわち、これらの箇所は、より踏み込んで言い換えれば、ほとんど原罪の認識に肉薄する[579]。

そのような深い罪認識に先行されながら、17 章 7-8 節では知恵文学の言葉遣いによって、ヤハウェに信頼するものへの祝福が告げられてはいる。しかし、直後に場面は急転し、「何よりも不正なのは心、それは直らない」（17:9）という、やはり暗鬱な罪認識が述べられるに至って、ここでも皮肉的な色彩とともに、応報法則の破綻の認識を前提とした句（17:11）が告げられる。

事ここに至って、人は自ら立ち帰ることができると信じ、応報思想に基づ

579　関根清三『旧約聖書と哲学』、223, 286 頁。

く条件法の説教を繰り返したエレミヤ、ヨシヤ王の治世下に開始された申命記主義運動に共鳴したであろうエレミヤの姿はもはやどこにも見ることができない。

　正義を執行する者としての王に対する失望を背景とする預言から窺えるのは、もはやエレミヤの生きたその時代ではなく、到来するべき時間の中に正義を執行する者としての王を垣間見て、そこに希望を託そうとする（23:5-6）エレミヤの姿だが、結局彼は王朝そのものに対して完全に失望したようにも思われる（22:6-7, 18-19, 30?）。

　こうして応報法則に基づく救済が不可能であるのなら、期待されるのはただ、徹底的に破壊される裁きの日にあって、あらゆる希望が破壊されたあとに、ありうるはずのない可能性として告知される救済（30:7）だけなのではないか。もしも、先に本稿が考察したように、3章で語られた無条件的救済の布告がエレミヤのものであったなら、あるいは、精確にいえばホセアの影響下で初期のエレミヤが語りだしたものであったならば、預言者としての苦難の生の果てに、初期預言の根底に流れていた発想が再び湧きだしたと考えることは、必ずしも突飛なことではないはずだ。

　だが、ありうるはずのない救済こそがエレミヤにおける救済だと考えるためには、我々はまだ十分な考察を経てはいない。この点を考えてゆくために、救済に至るための条件法の裏面、災いの条件法について、確認しておきたい。

第 5 章

災いの条件法

5.1. 申命記史家における災いの教説

　エレミヤ書における災いについて考えてゆくために、まずは史家における災いの理解について触れておきたい。前節で本稿は救済の側面に光を当て、史家的救済思想が条件的なものであることを主張した。だが、この本稿の見方に対し、反論があるかもしれない。たとえば、申命記史家は、南ユダ王国末期において平安を告げる預言者たちを偽預言者であると断罪していた[580]。そうであるなら、申命記史家の中心的な関心は、もはや現実のものとなった災いの認識の仕方にあるのであり、申命記史家が告げる救済のための条件に注目することは、彼ら自身の意図から逸れているのではないかというものである。つまり、史家はバビロン捕囚という形で現れた罰を甘んじて受けることを求めているのであり、救済の約束は彼らの中心的な問題ではなかったのではないか。言い換えれば、史家が悔い改めに執着するのは、目的としての救済を獲得することよりも、原因となった罪を認識することのほうが中心的な意識であったためではないか、ということである。なぜなら、救済のために善を行うべきだという表現よりも、悪行のゆえに災いに至るという表現のほうが、テクストの分量として有意に多いからである。そしてこの点は、エレミヤと史家が共通して持っていた見解と考えられ、のみならず、民は罰を受けて悔い改めるべきだというこの点で見解が一致したからこそ、史家はエレミヤの預言を編集したのではないか、と思われるのである[581]。その消息を以下に確認してゆきたい。

580　Thiel, 1981, S. 110. エレ 14:13-16, 23:17, 27:8-10, 28:16bβ, 29:15-23, 31, 32。
581　そして、両者が決定的に異なるのは、救済に対する理解であった、と本稿は考える。

5.1.1. 18章7-10節の応報定式の着地点

　ここでも出発点としておきたいのは、エレミヤ書18章7-10節の択一的応報の定式である。この応報定式は、単元としては、以下の箇所に接続して閉じられていた。

> [11]「さあ、今あなたは言いなさい、ユダの人とエルサレムの住人たちに。言いなさい。『こうヤハウェは言われる[582]。見よ、わたしこそがお前たちの上に災いを形作り、お前たちの上に謀を謀っている。さあ、お前たちは立ち帰れ。各々悪の道から。善きものとせよ、お前たちの諸々の道とお前たちの諸々の行いを』。
> [12] しかし彼らは言う[583]。『だめだ。我々は自分の謀の後を追って歩み、各々の頑なで悪い心のままに行いたいのだ』」。（エレ18:11-12）

　こうしてこの単元の結尾を見る限りでは、史家の主眼は立ち帰りの呼びかけにあり、その一方で、民衆はこれを退けるという構造がある。これは指導者層の要望と一般民衆の実際の行動とのあいだのジレンマを示すものだろうか。もしこの構造が、指導者層である史家たちの言うことに民が従おうとしなかったという事実を反映するものであったなら、史家たちもまた、民は容易に悔い改めないという苦しさをエレミヤと同様に味わったことだろう。であるなら、民が聞かないというこの事実によって、不従順の場合には災いが下されるという側面を史家たちが過剰に強調するようになったと考えることは、難しいことではない。

　では、不従順と災いの連関は、エレミヤ書における史家たちのテクストではどのように展開されているだろうか。災いの原因とされるそれぞれの悪行について、まとめてみると次のようになる[584]。

・ヤハウェに聞かないこと、ヤハウェの軽視（7:13, 24-28, 9:12, [11:4][585],

582　七十人訳には「言いなさい。こうヤハウェは言われる」は欠けている。
583　七十人訳、ペシッタ、タルグームでは「言った」。
584　抽象的、一般的な表現である「悪を行う」などは除外する。
585　内容的には同じだが、「～ないならば、幸いを与える」と否定形で表現され、平安の

11:8, 12:17, 13:11, 16:11, 12, [17:24], 18:10, 19:3, 15, 22:5, 25:3, 7, 8, 26:4, 29:19, 32:23, 33, 34:13f., 35:13-17, 36:31, 37:2, 40:3, 42:13, 21, 43:4, 7, 44:5, 23)

- 異教崇拝（1:16, [2:20b, 3:6-11], 5:19, [7:6, 9], 7:18-20, 30, 9:13, 11:10, 12-13, 17, 13:10, 16:10-13, 18, 19:4f., 13, 22:8-9, [25:6], 32:29, 34f., 35:15, 44:3, 5, 8, [15, 17], 21-23)
- 預言者に聞かないこと（7:24-28, 25:4f., 26:5, 29:19, 35:14, 37:2, 42:21, 44:4f.）
- 自らの頑なな心に従うこと（[3:17], 7:24, 26, 9:13, 11:8, 9, 13:10, 16:12, [18:12], 19:15, [23:17]）
- 偽りの預言（[7:4], 14:14-16, 20:6, [23:17], 23:32, 34-38, 27:9-10, 14f., 28:16b, 29:21, 23, 31f., [37:19]）
- 律法に従わないこと（6:18-19, 9:12, 16:11, 26:4, 32:23, 44:10, 23）
- バビロニアに下らないこと、パレスティナに残留すること、エジプトに下ること（27:8, 29:16, 38:2, 42:13-22, [43:4, 7], 44章）
- 小児犠牲を行うこと（7:31, 19:5, 32:35）
- 「契約」[586]の言葉を聞かず、あるいは「契約」を破ること（11:3, 10）
- ヤハウェの前での誓約[587]を軽視すること（34:15, 18）
- マナセ王の行い（15:4。申 28:25, 王下 24:3, 23:6 も併照）
- 罪のないものの血を流すこと（19:4, [22:3], 22:17）
- 抑圧と暴虐（[22:3], 22:17）
- 在留異国人、孤児、寡婦を虐げ、罪のない者の血をこの所で流すこと。（[7:6], 22:3-5）
- 安息日を破ること（[17:24-25], 17:27）

ための条件法となっている箇所については [ ] で示す。また、内容的には同じだが、文脈的に直接的には災いの原因として語られない箇所についても同様にする。

586 直接にはヨシヤの申命記改革に関連して行われた申命契約を指し、シナイ契約ではないとするほうが一般的である。

587 原語はベリート で、契約と同じ語だが、ここではシナイ契約や申命記契約といった特別な契約ではなく、奴隷解放を行うという宣言に伴う契約を示す一般的用法であることを鑑みて、「誓約」と訳す。

・愚かなことを行い、隣人の妻たちと姦通すること（29:23[588]）
・宣言通りに奴隷解放を行わないこと（34:13-17）

　以上のようにまとめてみると、史家の思想傾向が自ずと明らかとなってくるように思われる。史家たちにとって最も重要な関心事は、ヤハウェの声に従うことである。同時に、ヤハウェへの信仰の裏面として、異教崇拝を行うことは大きな罪なのだ。そして、ヤハウェへの聴従と異教崇拝の禁止への言及の多さは、そのまま、十戒における第一戒を史家たちが非常に重視していたということの証明にもなっている。このことは、異教の地でのヤハウェ宗教の存続と純粋化を求めた史家の姿勢と一致している。

　ヤハウェへの聴従を捕囚民への中心的な要求として、これを一段具体的なレヴェルに落とすと、その要求内容は、律法を守ること、頑なな心を砕くこと、預言者の言葉に聴くこと、である。申命記史家的な文脈における預言者は、ヤハウェの声を伝える者ではあるが、宗教的・社会的・倫理的批判者であるという側面よりも、律法教師としての側面が強いという点には、一応注意を喚起しておきたい。

　そして、律法への聴従という無時間的なヤハウェの意思は、申命記史家の活動していた当時の歴史的状況下では、なによりもバビロニアへの投降を意味し、これ以外の地での活動を認めないものであった。こうした捕囚肯定派の立場は偽預言者に関する諸テクスト群によって、補強されている。偽りの預言の内容は、彼らの時代における平安を主張するものだが、その平安とは多くの場合[589]、エルサレム残留を肯定する主張である[590]。

588　通例、姦淫は比喩として使われ、異教崇拝を指す用例が多いが、ここでは「彼らの隣人たちの妻」という具体的な対象が明示されているので、文字通りの姦淫が咎められていると考えられる。

589　上述した「偽りの預言をすること」のうち 23:34-38 のみ、平安を告げることとは関係しない考えが述べられている。つまり、この箇所は「ヤハウェの託宣」という字句そのものを禁止することに拘泥している。そのうえ、元来のエレミヤの句（33 節）の皮肉とは接続していないので、おそらく、この箇所は史家よりも新しい時代に敷衍・加筆されたものである。（関根清三訳『エレミヤ書』、153 頁、註七）。

590　エレミヤ書に登場する偽預言者は、ほとんどがヤハウェの名によってヤハウェの語らなかったことを語る預言者であり、ヤハウェ宗教の外部の預言者ではない。エレミヤが偽預言者に対して戦ったという過去の出来事を史家が用いた意図として考えられるの

もしこれらの偽預言者に関するテクストが編集されたことに隠れた意図があるとすれば、想定されるのは史家たち自身が、当時、反発しあっていた派閥に対する反論として、これらのテクストを持ち出したということである。ただし、史家と反発していたグループの存在について、たとえば、ティールは次のように言う。「このテーマ〔偽預言者論〕に史家的編集が付与した意義には、史家的編集当時の問題が基礎にあるのではないか、と問うべきかもしれない。しかし、この想定は不確かである。というのは、バベルの支配への反対を依然として煽動したり、混交されたヤハウェ祭儀の復活を促進したりするような預言者たちの登場は、立証が難しいからである」[591]。確かに、こういった反バビロニア活動派が、バビロニアで活動し得たとは思われない。しかし、バビロニアから離れて崩壊したパレスティナにおいて、残留民がなんらかの宗教活動を行っていたと想定することは、必ずしも不可能ではない。もしそのような想定をしてよければ、パレスティナに残留している反バビロニア派は、バビロニアの支配が多少薄まった地域で、反対活動を行うことはできただろうし、崩壊直前のエルサレム第一神殿の状況から、彼らが混交化されたヤハウェ宗教を奉じていたとしても不思議はない。そして、このような想定は、バビロニアでの捕囚生活を肯定しつつ、エジプトへの亡命やパレスティナ残留を否定する史家の姿勢ともつながり、また、ヤハウェ宗教の純粋化を目指す史家の姿勢とも一致する。もちろん、この想定の場合には、反バビロニア派・パレスティナ残留派の実在について、どの程度の蓋然性があるのかが問題である。しかし、そもそも、史家がパレスティナに残るもの、エジプトに下るものに対して、わざわざ災いを告げなければならなかったのならば、そのような人々の集団が一定数いたことを言外に表しているように思われる。

　実際、その数は少なくなかったというのが多くの研究者の共通見解でもある。たとえば、捕囚に連行された人数としてレーマーが提示する数字は、多くの専門家の代表値として人口の 5-10％、人数にして 4,600 人（エレ 52:28-30 参照）であり、あるいはライナー・アルベルツによる最大値でも人口の 25％、すなわち 18,000 人（王下 24:14, 16 参照）ほどである[592]。しかも、レー

　　は、エルサレム残留派に対する非難である。

591　Thiel, 1981, S. 110.
592　Römer, *The So-Called Deuteronomistic History*, pp. 108-109; レーマー『申命記史書』、

マーが述べる通り、重要なのは、おそらく知的・経済的なエリート層のみが連行されたということだ[593]。「『捕囚時代』という観念は、ユダの住民全体がバビロンに捕らえ移されたかのように思わせるが、これは申命記主義的な書記たちのイデオロギーには合致するが（例えば列王記下二五 21 を参照）、史実とはまったく異なっているのである」[594]とレーマーはいう。つまり、捕囚時代そのものが知的エリートすなわち宗教的指導者層たちによる虚構的な構成物であるという可能性に注意が払われねばならない。

5.1.2. 偽りの預言者とその証明からの帰結

さて、捕囚後もパレスティナに残留しつつ反バビロニア活動を行っていたヤハウェ宗教の一派が存在したとするなら、その一派をこそ史家たちはかつての偽預言者たちと重ね合わせ、彼らが偽預言者であることを、自分たちの影響下にある民、すなわち捕囚民たちに示さなければならなかったし、パレスティナ残留派に対しても、彼らの活動が誤りであることを証明しなければならなかったはずである。この意図に対して有効に働いたと思われるのが、27-29 章という偽預言者をテーマにしたまとまりである。

すでに触れたことではあるが、この箇所はエレミヤに遡る逸話である 28 章のエレミヤとハナニヤの対決を中心として、これを挟み込むように 27 章と 29 章に、史家的編集に由来する多くの加筆がなされている。そして 28 章の中心的な箇所で、エレミヤがハナニヤを偽預言者として証明するために持ち出す基準が、申命記 18 章 15-22 節（また申 13:2-6 も併照）なのであった。

しかし、以前にも確認した通り、この申命記の基準が揺さぶられることがあったとしても、それに対する反応として起こったことは、預言者の真贋基準を成就するか否かという基準から悔い改めを促すか否かという基準へと部分的にシフトさせたことなのであり、応報法則はあくまでも保持されている。

のみならず、重大な一点においては、実は預言の成就という基準も保持されているというべきだろう。すなわち、前 587 年の南ユダ王国滅亡の出来事は、エレミヤによって語り出された災いの預言が正しかったことを証明して

159-160 頁。
593   Ibid., p. 109; 同、160 頁。
594   Ibid., p. 110; 同、161 頁。

いるのである[595]といわれるとき、この言説に力を与えているのは、まさに預言が成就したという事実である。エレミヤによる災いの預言があり、王国が崩壊したという事実がある限り、罰の原因としての罪を認めなければならないという主張を史家は大々的に行うことができる。

預言者の真贋基準としてどちらの基準を選択するにせよ、ユダの滅亡と捕囚の出来事は、史家にとって、応報法則の存在を越え出るようなものではない。

5.1.3. 史家的編集における応報法則への確信

ユダの滅亡と捕囚という前 587 年の出来事が応報法則の存在を確証するものであったということは、史家が応報法則に外れるような事例についてほとんど考慮していないという事実から裏付けられる。ティールが申命記史家的編集として上げた 12 の特徴[596]のうち、祭儀や聖所への無関心という点と、犠牲よりも律法への服従を重視するという点の 2 点を除く 10 点は、いずれも応報法則に基づき、応報法則に関連する思想である。また、ティールに補足して関根清三が申命記史家的編集の特徴として加える 4 点もまた、いずれも応報法則に関連し[597]、あるいは応報法則の成立を阻むような事態への禁止である[598]。

応報法則に外れるような事態は史家的編集句によっては考えられないのだろうか？　平安を与える側面について言えば、悔い改めという条件が、内面においては実は成立していなかったという論法が取られうるので、平安が到来しないことは、応報法則の破れに対する証明とはならない。応報法則の破れが証明されるのは、災いが到来するべき場合に、災いが与えられないという場合のみである。

災いが与えられるように見えず、それゆえ応報が成り立っていないような場合はしかし、ティールが史家的編集句とした箇所には、わずかだが垣間見

595　Thiel, 1981, S. 107f., エレ 40:2b, 3。
596　Ibid., S. 107-112. 数え方は、関根清三『旧約聖書と哲学』岩波書店、2008 年、220 頁以下の数え方に従う。
597　関根清三『旧約聖書と哲学』、223 頁。
598　同、239 頁。

られる。その消息を検討しておこう。

　²⁸「『そしてエジプトの国に来て寄留しているユダの残りの者たちはみな知るだろう。誰の言葉が成就するか、わたしのものか、彼らのものか⁵⁹⁹。²⁹これがあなたたちへのしるしである。ヤハウェの御告げ。まことに、このわたしがこの所であなたたちを罰する。あなたたちに災いを下すというわたしの諸々の言葉が、実に必ず成就することをあなたたちが知るためである⁶⁰⁰』。³⁰ヤハウェはこう言われる。『見よ。わたしは、パロ⁶⁰¹・ホフラ、エジプトの王を、彼の敵の手に、彼の命を狙う者たちの手に渡す。それはちょうど、わたしが、ゼデキヤ、ユダの王を、ネブカドレツァル、バビロンの王、彼〔ゼデキヤ〕の敵であり彼の命を狙う者の手に渡したのと同様である』」。(エレ 44:28b-30)

　この箇所では、29節で「しるし」が与えられるが、それは災いの言葉が必ず成就するということの担保である。であるなら、このことは逆に、災いの預言がまだ成就していないではないか、という疑問に対する応答であることを示している。それゆえ、ここには応報の破れの証明となるような事態が窺われる。つまり、ここで問題となっているのは申命記史家的な神義論なのである⁶⁰²。
　さて、しかし、44章はかなりの程度テクストの破損が認められるところであり、解釈が争われている⁶⁰³。確かに、この44章には、ティールが考えて

599　七十人訳には「わたしのものか、彼らのものか」は欠けている。
600　七十人訳には「この所で」「あなたがたに〔災いを〕(…) 知るためである」は欠けている。
601　七十人訳には「パロ」は欠けている。
602　McKane, *Jeremiah 26-52*, p. 1095.
603　44章の全体の史的編集の確定については研究者の間で意見が分かれてはいるが、それらは主として、エジプトに下ったユダヤ人に告げられた審判が徹底的なものか、それとも生き残るものがいるのか、という考えの違いを、エレミヤのものとするか、それとも史家に由来するものとするか、という点にある(関根正雄『エレミヤ書註解(下)』、214頁)。本稿としては、すべてのものが殲滅されるわけではない、というエレミヤの真正句(4:27, 30:11)が確認されることから、エジプトに下ったユダヤ人にも生き残るものがあるという思考がエレミヤに由来し、これに対し、生き残るものがないほどに裁

いるような史家による単一的な編集だけではなく、より複雑な編集が加えられていることは、ポールマン[604]以降確からしい[605]。ただし、ポールマンがこの箇所について元来のテクストとする箇所[606]にしても、歴史的な核を持つわけではなく、釈義的な意図によって生じたものと見做される[607]。いずれにせよ、上に引いた箇所に関して言えば、最晩年のエレミヤがエジプトの王パロ・ホフラの失脚を預言したという説[608]よりも、事後預言とする説のほうが説得的であり、また多くの研究者の見解でもある[609]。それゆえ、この箇所を後代の編集と解するにせよ、その編集者が史家であるかは、かなりの程度留保がつけられることになる。

そうであるなら、この箇所に現れるような応報の破れは、史家にとっては問題ではなかった、ということを意味するはずである。少なくとも、彼らの確信を揺らがせるほどのものとはならなかったということを意味していよう。

しかし、その上でなお、この箇所が史家的編集に由来する可能性を考慮し、ティールに従って上記の44章28b-30節を眺めたとき、そこで何が見えてくるだろうか。

やはり、最初に注目されることは、預言の成就によって、神の応報が証明されるという思考が鮮烈であるということだ。ティールはここに、二つの時間的な揺らぎを見る。すなわち、29節では史家は、告げられた審判の言葉が完全に成就するのは未来においてであるとして、その成就の正否を保留しようとしていると、ティールは見る[610]。だがその一方で、30節は事後預言であり、エジプトのパロ・ホフラがエジプトの将軍アマシスによって退位させられたことから、未だ成就せぬ29節の預言を補完したと、ティールは考えている。

つまり、ティールの想定に従うとしても、史家的編集は応報法則が破れる

きが貫徹されるという考えは史家に由来する、と考える。

604 Pohlmann, Karl-Friedrich., *Studien zum Jeremiabuch: ein Beitrag zur Frage nach der Entstehung des Jeremiabuches*, FRLANT 118, Göttingen: Vandenhoeck & Ruprecht, 1978.
605 関根正雄『エレミヤ書註解（下）』、222 頁、McKane, *Jeremiah 26-52*, p. 1092.
606 Pohlmann, *Studien zum Jeremiabuch*, S. 182.
607 McKane, *Jeremiah 26-52*, p. 1091.
608 関根正雄『エレミヤ書註解（下）』、213 頁。Cf. McKane, *Jeremiah 26-52*, pp. 1082f.
609 Cf. McKane, *Jeremiah 26-52*, p. 1082.
610 Thiel, 1981, S. 80.

ようなことを認めなかった、ということになるだろう。パロ・ホフラは前588年にパレスティナに派兵し、ネブカドレツァルによるエルサレム包囲を一時断念させたエジプト王であるが、そのような反バビロニア運動が誤りであったことは、ホフラの失脚によって証明されたのだ、と 30 節で史家的編集は主張している。そして、未だ完全には遂行されていないように見える応報法則の破れについては、近い将来に必ず成就するという信仰を史家的編集は抱いていることが、29 節から窺える。

このような見方をさらに裏書きするのは、44 章に散見される「今日」という表現である。

見よ、今日[611]の廃墟を、そこには住む者もいない。(2 節)

それらは廃墟となり[612]荒れ廃れてしまった、今日のように。(6 節)

[22] ヤハウェはもはや耐えられなくなった、お前たちの諸々の悪い行いに、お前たちの為した忌み嫌うべきことどもを目の前にして、そうしてお前たちの地は廃墟となり、恐怖となり呪いとなり、今日のように住む者もいない[613]。[23] お前たちが生け贄を捧げ、ヤハウェに罪を犯して、ヤハウェの声に聞かず、彼の律法に、彼の諸々の定めに、彼の諸々の証言にお前たちが歩まなかったゆえに、それゆえに、この災いがお前たちの上に来たのだ、今日のように[614]。(22-23 節)

すなわち、罪の結果として災いが成就していることは、今日のこの状況を見れば明らかではないか、という思考がこれらの箇所から読み取られるのである。

以上のように見てくるとき、史家的編集にとっては応報法則の存在は証明済みのものであり、疑い得ないものであったことが明らかとなった。彼らが証明の根拠とするものは、申命記 18 章 15-22 節以来の預言の成就という基

---

611 「今日」は七十人訳には欠けている。
612 カイロ・ゲニザ写本、幾つかの写本では接続詞が加えられる。
613 七十人訳には「住む者もいない」は欠けている。
614 この「今日のように」は七十人訳には欠けている。

準である。あるいはこれらの預言が成就していないように思われるところでも、将来には必ず成就するという信念を持って、彼らはなおも、この応報法則に執着したことがこれらのテクストから判明した。

　以上、史家的編集句における災いの条件法を検討してきた。その結果、史家的編集は一方で現実のものとなった災いを示し、他方で預言の成就という基準を用いることによって、悪因悪果の応報法則が成立することに強い確信を抱いていたといえる。

　では、次に、エレミヤにおける災いの条件法を確認していきたい。エレミヤにおいても、災いの条件法は史家的編集のように強固なものなのだろうか？

5.2. エレミヤにおける災いの条件法

　エレミヤが史家的編集と同様に、すでに生じた災いを根拠とすることで、応報法則の存在の証明としたという箇所は確認されうる。たとえば、前597-586年のゼデキヤ王の時代、すなわち第一次捕囚が現実のものとなり、第二次捕囚が間近に迫った時期に、エレミヤは軛をかけるという象徴行為を行って[615]、バビロニアへの屈服を説いたが、これは罪の結果として、捕囚という裁きを受けよという主張を意味しており、それゆえ、応報法則に基づく思想が伏在している。同様に、関根清三が挙げるように、北からの敵の襲来[616]や、前597年の第一次捕囚[617]の預言もまた、イスラエルの敗戦を民への審判として理解している。これらは現実に起こった事件を証拠として、イスラエルの民に罪があることを示そうとしたエレミヤの活動を表明している。

　歴史的に現実化した出来事を離れてみるならば、原則的にエレミヤにおいて、罪を犯したものが罰を受けるべきだという思想は非常に多くの箇所から確認される[618]。すなわち、エレミヤにおいて、罪を犯したものには罰が与え

615　エレ27:2-4, 11。また、関根清三『旧約聖書と哲学』、220頁。
616　エレ1:13-15, 2:17-19。
617　エレ13:18-19。また、王下24:8以下、関根正雄『エレミヤ書註解（上）』、236頁。
618　すべての箇所を挙げることはできないが、エレ2:8, 11, 13, 23-25, 27-37, 3:1-5, 20-21, 4:22, 5:5-11, 14-17, 20-31など。

られるという災いの条件法は中心的な思考と考えられるのだ。これに対し善行を行えば救われるという救済の条件法が鋭い対比をなしている。すなわち、エレミヤにおける災いの条件法と救済の条件法を比較すれば、用例的には圧倒的に災いの条件法が多く、救済の条件法はごくわずかであり、分量的に著しい不均衡が生じている。その上でしかも、災いの条件法については、その存在が繰り返し主張されるにもかかわらず、救済の条件法が語られる箇所では、そもそも救済の条件法が成立するかが疑われており、あるいはむしろ、罪の事実の前に救済の条件は現実のものとはならない、という思考が展開されている。

　こうしてみると、エレミヤと史家的編集は、罪のために災いが成就したし、民はその罰を受けるべきであるという点においては、ほとんど一致しており、思想的な差異は無いように思われる。だが、本当にそうだろうか。

　考えてみたいのは、一見、罪のための災いが成就しないように見えるケースである。史家的編集句の場合には、上で確認した通り、このケースが見られるのは44章28b-30節である。そこでは、機能していないように見える応報法則が、しかし、未来においては必ず実現するのだ、という信仰が表明され、その傍証として、パロ・ホフラの失脚という事後預言が付されていたのだった。つまり、応報法則に対する史家的編集の信仰は全く揺らいではいない。史家的編集にとって応報法則の堅固さは安心しうるものである。少なくとも、その存在に疑問が挟まれたりするということは、史家的編集句から窺うことはできない。

　では、エレミヤの場合はどうだろうか。

　まずは告白録を眺めてみよう。エレミヤの場合、彼自身が罪のための災いを執拗に語る一方で、しかし、応報がおよそ成立していないことへの戸惑いと疑念もまた、率直に表明されている。「なぜ、悪者の道は栄え、裏切りを働く者がみな安らかなのですか」(12:1)。これは、間違いなく神義論の問いである。しかも、この問いに対する神の答えは、不可解な反問である。「あなたは、徒歩の者たちと走っても疲れるのに、どうして、騎馬の者たちと競走できよう(…)」(12:5)。つまり、率直な神義論の表明に対し、応報法則の安易な保証などは与えられていないのだ。であるなら、エレミヤにおいて、救済のための条件法が、原則的な理念としてはありうるとしても、現実的には破綻していたように、災いのための条件法もまた、理念としてはありう

としても、現実にはかなりの程度破綻していたとエレミヤの目には映っていたのではないか。

　こうした、応報法則が存在しなければならないはずだという当為と、しかし、現実を直視する限りでおよそ応報が成立していないという認識との間の懸隔を、我々はエレミヤの真正句に見逃すことができない。たとえば次のような箇所に注目してみよう。

　　[20] 善に悪を報いてよいでしょうか。まことに彼らは、私のいのちを取ろうとして穴を掘ったのです[619]。思い出してください。私があなたの御前に立って、あなたの憤りを彼らから収めていただこうと、彼らについて良いことを語ったことを。[21] それゆえ、彼らの子供らをききんに渡し、彼ら〔の血〕を剣の手の上に注ぎ出してください。妻たちは子を失い、また寡婦となり、夫たちは虐殺されて死に、若い男たちは戦いで剣に打たれますように 。(エレ 18:20-21)

　ここには明らかに応報法則の破綻がある。しかも、そこにエレミヤ自身の破綻が加わり、幾つかの層に折り重なっている。

　エレミヤはかつて起こった日照りの際に、民の罪の結果として生じたと考えられたこの日照りを解消すべく、祭儀的預言の類型[620] を用いて、民の罪の赦しを乞い、民のために執り成しをしていた[621]。民のために執り成そうとする点は、執り成しを禁止する史家に比して、やはりエレミヤの特徴と見做すことができる[622] が、その際注目しておきたいのは、そもそも執り成しとい

619　七十人訳では「彼らは私のいのちに抗して諸々の言葉を語り、彼らの罰を私から隠したのです」となっている。

620　共同体の嘆きの詩篇の類型に属する（詩 79:8-11, 哀 1:18, 20）。ただし、祭儀に用いられる類型があるからといって、実際にエレミヤが祭儀的預言者として活動していたかは疑わしい。むしろエレミヤは神殿祭儀からは離れており、また神殿からも攻撃されていたことは、エレ 20:1-6, 26:7-11, 36:5 などから窺われる（関根正三訳『エレミヤ書』、97 頁、註四）。それゆえ、祭司の息子であったエレミヤはこうした預言者的祭儀文に通じており、神殿とは独立にこの類型を用いて、自発的に執り成したという想定が妥当であるように思われる。

621　エレ 14:7-9。

622　関根清三『旧約聖書と哲学』、223 頁。

う事態が応報思想の破綻を狙うものであるということだ。というのは、執り成しは、罪を犯した者に代わって、罪を犯していない者がその罪の責を負い、罪の被害者に赦しを乞うことであるが、本来であれば、赦しを乞う言葉を発することが赦されるのは罪を犯した者だけであり、また、罪ある者を赦すことができるのは、罪を被った者だけであるはずだ。つまり、悔いて赦しを乞うという行為とその罪を赦すという行為は、本来であれば二者間の問題であるべきなのに、執り成しはその二者の関係に介入し、悔いと赦しという相関関係を破壊しようとする。この点に、応報思想の第一の破綻が認められる。

さて、日照りにおける執り成しはしかし神に受け容れられることはなかった[623]。であるなら、そもそも神はエレミヤの執り成しを良しとしていなかったことが明らかなのだが、にもかかわらず、18章20-21節ではエレミヤは自らの行った執り成しを善行と自ら認定し、これを振りかざして神に自らの善さを主張する。そうであれば、これは相手方の意向を無視して、自分勝手に己の善性を主張するという、無理な筋を通そうとしていることになる。善と認められなかったことに対して密かに不服申し立てをしながら、善と認められなかった善に基づいて自己弁護をしている。ここに第二の破綻、エレミヤ自身のなかでの破綻が見られる。

第三の破綻も、エレミヤ自身のなかでの自家撞着である。執り成しはさきほど触れたように、応報思想の破れを目指したものだ。であるなら、執り成しを行う者自身は応報思想を踏み越えようとする者である。その限りで、自分が被害者となり、応報思想が踏み越えられたときにも、応報法則を根拠として自らの正当性を訴えることはできないはずである。だが、18章20節では、エレミヤはまさに応報法則を根拠として、自らの正当性と正義を訴える。すると、ここにもエレミヤ自身のなかでの一貫性に破綻が生じていることになる。

第四の破綻も、エレミヤ自身のなかでの一貫性に関わる。神殿祭儀から距離を持っていたエレミヤが、日照りに際して、民のために執り成しを行ったのであるなら、その行為は、職務に強いられたものではなく、自発的なものであったと考えられる。だが、ここではエレミヤはかつて自らが執り成そ

---

[623] エレ 11:10。史家的編集はここから展開し、執り成しの禁止へと接続するが（エレ 14:11-12, 15:11。また、7:16, 11:14)、エレミヤの真正句では、神はエレミヤの執り成しを受け容れないというにとどまる。

とした民そのものへの復讐を願っている。自らの意志に基づいて行ったはずの、自由な行為に対する見返りを求め、見返りが与えられないことに対して異議を唱え、翻って、復讐を願うことに堕ちるというこの態度の変化に対し、一貫しているという印象は持ち得ないだろう。

　第五に、とはいえこれまでのように穿った見方ではなく、素直に、執り成しが善行であり、にもかかわらず、これに対する対価がエレミヤへの危害であったと受け取ってみよう[624]。その場合に出来するのは、善行に対する悪が生じているという破綻であり、神の正義が果たされていないという応報思想の破綻である。

　こうしてこのテクストに絡み合っている破綻を見たときに、浮かび上がってくるのは、エレミヤ自身のなかの応報思想に対するアムビヴァレントな態度である。一面では、彼は応報法則の存在を願っている。善に対して悪が報いられてはならないという正義への熱望がある。また、具体的に自らに加えられた危害を契機として、悪に対して悪が報いられるべきだという信念が露呈し、応報法則への期待が示される。だが、もう一面では、実は執り成しという行為自体が含んでいるような、罪を持つ者が罰せられずに赦されることへの願い、あるいは罪に見合った罰を軽減されることへの願いという、応報思想を超えるものへの熱望がある。

　このような非合理性が、すなわち応報法則の実現への期待及び応報法則の破綻への願い、また同情を寄せる者への復讐の祈りという恐ろしい非合理性が、告白録のなかにはしばしば見られる[625]。告白録が、かつての研究史が主張したように、エレミヤの個人的な信仰の内面的な吐露であるということに幾ばくかの真理を認めうる限り、エレミヤにあって、応報法則の破綻は、自らの身に降りかかる災厄そのものとして経験されていることになるだろう。もちろん、エレミヤ自身は自分を罪なきものとはしないし、また己の罪の重

624　エレ37:3のように、民の側から執り成しの要請があったと考える場合、第三及び第四の破綻は成立しない。エレミヤは己の意志に基づいて執り成したとはいえなくなるからである。とはいえ、「民に同情して嘆く」というエレミヤの特徴（関根清三『旧約聖書と哲学』、223頁）を考慮する限り、民からの要請に対してこれに共感するエレミヤの姿が認められるのであり、エレミヤは必ずしも強制ではなく、それなりの自発性をもって執り成したとするほうが自然である。

625　エレ12:1, 3, 15:10, 15, 17:13, 18, 18:20-21, 23, 20:12。

さも知っており、何よりも自分の低さを知る預言者であったのだが[626]、しかし、それでも彼の身に降りかかる災厄と彼の行為とのあいだの著しい不均衡があることに、エレミヤは声を上げざるを得なかった。

このように応報法則が破綻しているという経験を我が身に負っているという点において、エレミヤは申命記史家とは異なっている。エレミヤの場合には、応報が成り立たないことを一面では苦難として経験しつつ、また他面では、執り成しが成立するようにと、応報法則の破綻を願いつつ、しかしまた、善に報われるべき善がなされ、悪に報われるべき悪がなされるようにと応報法則の成立を願う、そういった非合理的、情緒的な側面が強く看取されるのである。

さて、だが、この悲壮な抗議の声が己の身の上に降りかかる不幸を嘆くことに尽きるのであれば、これらの神義論の問いは、神義論という立派な様相を示しつつも、実はごく私的な怨嗟にすぎず、言ってしまえば、ただの愚痴であり、あるいは苦難を前にして預言者としての自覚を忘却した遁辞と戯言にすぎないことになりはしないだろうか。

しかし、これらの告白録を読む者が、このおぞましい非合理性を目の当たりにしながら、共感を覚えるということもまた事実であるように思われる。そうなら、これらエレミヤの迸るパトスには、単に私秘的な愚痴と怨嗟を超えた何ものかが隠されているのではないか。この点をもう少し考えてみたい。

5.3. 復讐と正義への熱望

エレミヤの告白録に散見される復讐表現をめぐって、宮本久雄は参照すべき議論を展開している。宮本によれば「イスラエルでは、復讐は、個人にではなく、公の組織、集団の権限とされた。すなわち私刑（リンチ）の禁止である。これは『レビ』一九17以下に明白に説かれている禁令である。この禁令の背後には、神こそ被害者や義人にさえ代わって、義しい人のために復讐する主体であるという考えがある」[627]。すると、いかに復讐を願おうとも、

---

626 エレ 10:23-24。
627 宮本『聖書と愛智』、146 頁。

個人は復讐を行うことができず、公的機関や神の裁きへと委ねなければならないという制限は、復讐が私的なものに閉じ切ることを禁止しており、なんらかの程度、公正さの基準に照らされなければならない、ということを示すはずである。であるなら、個人的な怨恨に基づく復讐の願いは、どれほど切実に祈られようとも、決して実現されることがない。

では、イスラエルの伝統に即して個人的な復讐が成就されないことが、一応預言者に熟知されていたのであるなら、預言者は何を求めて、復讐を願い求めていることになるのだろうか。宮本はこう答える。「エレミヤの告白録で復讐をテーマにしている箇所（一一20、一五15、一八19以下、二〇12）を見ると、そこでは結局エレミヤの怨恨ではなく、神の正義の実現が求められているのが解る」[628]。そのことを裏書きするように思われるのが「リーヴ（訴え）という法廷用語」[629]の存在である。すなわち、裁判という、公正さの求められる場所を示すことで、単に個人的なレヴェルでの怨恨ではなく、少なくとも公共的な正義という次元での不均衡の是正が目的であることが、法廷用語の使用から窺われる、ということになる[630]。

だが、宮本は同時に、求められている正義が、単なる社会正義の意味に尽きるものではないことに注意を喚起する。「もし人が復讐をなすなら、それはモラルとか、社会正義の枠を出ることはないであろう。そして人間の復讐を認めれば、正義の名において復讐は復讐を呼び、人間の歴史は血と怨念にまみれざるをえないし、実際歴史はそうであった（イスラエル史も含めて）」[631]。だから、求められていたのは社会正義ではなく、「神の正義」であったのだ。

だが、それでは神は自らの正義を実現したのだろうか？　およそエレミヤの目にはそう見えなかったはずだ、というのは本稿がこれまで見てきたとこ

628　同。
629　同。
630　リクールによる近年の議論も参照。正義と復讐とを区分するために、リクールは第三者による適切な距離の設定を導入し、その実現を訴訟という手続きに見る。Ricœur, Paul., *Le Juste [1]*, Paris, Éditions Esprit, 1995, pp. 193-208; リクール『正義をこえて』久米博訳、法政大学出版局、2007 年、184-199 頁 ; Id., *Le Juste 2*, Paris, Éditions Esprit, 2001, pp. 257-266; 同『道徳から応用倫理へ』久米博・越門勝彦訳、法政大学出版局、2013 年、265-273 頁。
631　宮本『聖書と愛智』、146 頁。

ろである。そうでなければ、「エレミヤが裁判官である神に正義の実現を迫ったり、逆に自ら裁判官となって、被告たる神に挑戦するという革命的表現」[632] などは見られなかったことだろう。告白録 15 章で見られた通り、「歴史の残酷な現実の中で、預言者は神の正義実現の遅きがゆえに [633]、呻吟せざるをえないのである」[634]。

宮本の議論はこうして、復讐が公正さに開かれたものであること、また、公正さを求めるがゆえに神の手に委ねられるものであることを示しつつ、しかし同時に、恵み深い神の性質ゆえに、この正義が実現されないということをも示し、正義が実現されないことへの嘆きがほとんど不可避のものであることをも示唆しているように思われる。

復讐の願いとそこから生じる苦しみの消息を以上のように描き出した後で、宮本はもう一つ、エレミヤの復讐の願いに重要な視点を付け加える。復讐の要求は、社会的弱者の要求を代弁するものである、という視点である。

エレミヤの告白録の中にあって、讃美から復讐へと急転する箇所がいくつか見受けられる [635]。こうした急転と非合理さから、復讐の願いを後代の加筆とする研究者もいるが、しかし、詩篇においても、同様の図式が見られることから [636]、むしろこれは個人の嘆きの詩（EKL）の類型の特徴の一つであると考えられることになるだろう [637]。であるなら、復讐への願いはすでに、ある共同的なものを指し示していることになるわけである。では、復讐を願う共同体とはなにか。あるいは、復讐を求めた人々とは、誰だったのか。

詩篇に表れる個人の嘆きの詩の類型で聞かれる復讐の要求 [638] が、しかし「イスラエルの国民的怨恨の感情を代弁」[639] しているわけではないと宮本はいう。すなわち、宮本によれば、詩篇に表出する復讐を願う声は「やもめや

632　同。

633　正義が実現されることの遅さは、すでに見た通り、神の恵み深さゆえに引き起こされているのであり、怠慢さのゆえではない。

634　宮本『聖書と愛智』、146-147 頁。

635　エレ 17:16-18, 18:20-21, 20:11-12。

636　詩 35:12-14, 22-26, 109:4-5, 6-20。

637　宮本『聖書と愛智』、137 頁。宮本の見るところでは、エレミヤ的なものを示すのは善き祈願から復讐への転化ではなく、過剰な復讐への願いである。

638　詩 5:11, 31:18, 54:7 など。

639　宮本『聖書と愛智』、147 頁。

みなし児や寄留の民に代わって正義の実現を求めているのである」[640]。そして、この詩篇作者の精神はエレミヤにも受け継がれ、エレミヤは「アナヴィーム（貧しき人びと）の代弁者として正義の実現を求めている（『エレ』五 26～31、七 5～6 など）」[641]。すなわち、EKL という類型によって、エレミヤの告白録に含まれている復讐の願いは、実は私秘的な次元には尽きず、むしろ、寡婦や孤児や在留異国人という社会的弱者の声にならない声を代弁する声であり、その点に、この告白録の言語空間の広がりがある、というのが宮本の見立てとなるだろう。

これらの点に加えて、宮本はさらに、応答としての神の沈黙と、それが指し示す恵みとしての神の絶対的他者性、さらには編集上の構造から読み取れる、人の嘆きに先立つ神の嘆きなどへと議論を展開するのだが[642]、今の時点の議論で踏まえておきたいのは、以上の点までである。

宮本の議論に学ぶ中で、本稿に示された点は二つある。一つ目は、復讐の願いが、実は正義実現の要求と深く結びついたものであるということ、二つ目は、この正義実現を要求する主体たちが、社会的弱者たちであるということである。

さて、しかし、ここで疑問が生じる。宮本が展開したような社会的弱者への視座、正義実現への熱量は、果たしてエレミヤに特有のものではないのではないか、むしろ、申命記史家こそ、そういった社会的弱者への共感を持って語ったのではないか、という問いである。事実、宮本が如上の議論において典拠とした箇所には、申命記史家的編集句に帰されるべき箇所[643]が含まれており、また、寡婦、孤児、在留異国人への倫理的感覚は、申命記的なものだというべきだろう[644]。しかし、同様にエレミヤの真正句にも、弱者への視座は認められるのである[645]。それゆえ、正義実現の要求や、社会的弱者への共感は、エレミヤと申命記史家がともに申命記的伝統から受け継いだ共有財であるということができる。

640　同。
641　同。なお、「貧しき人びと」に相当するヘブライ語は、正確には「エブヨーニーム」。
642　宮本『聖書と愛智』、147 頁以下。
643　エレ 7:5-6, 11:20。
644　エレ 22:3、出 22:21、申 10:18-19。
645　エレ 5:26-28。

5.4. 小括

とはいえ、復讐を呼び求める叫びが正義への熱望に基づいているとしても、そして正義の追求が史家的編集句とエレミヤの間に共通であるとしても、ここには何かなお蟠るものがありはしないだろうか。つまり、上で確認してきたように、応報法則に基づく正義の執行は申命記史家的編集句においては、事後預言的に証明されたものであり確実なものであったのに対し、エレミヤにあっては幾重もの破綻によって応報法則の確実性が揺さぶられているという、両者の違いを生じさせているものは一体何だろうか。言い換えれば、史家的編集句が神による復讐の実現を確信するがゆえに、自らの復讐心を冷静な合理性へと抑えることができているように見えるのに対して、告白録のエレミヤを絶えず復讐の願いへと駆り立てているものは何だろうか。

両者の違いに対して、時代の違いは必ずしも決定的な分岐点とはならないと思われる。確かに、史家の活動はいわゆる第二回捕囚以降、すなわちユダの滅亡が決定的なものとなった後のことであり、事後預言的な語りを証明するための素材はエレミヤよりも多かったとはいえ、しかし、エレミヤも、応報法則に固執しようとするなら、北イスラエルの破滅や第一次捕囚などの出来事を例証として、応報に固執することはできたはずである。確かに、史家が事後的、反省的な態度を持って眺め、エレミヤが時代の渦中において模索するという対比はできるが、時代状況の違いそのものは、両者の態度の違いを説明する決定的なものではない。

あるいは、両者の態度の違いを、正義を実現するための熱意の違いとして説明することはできるだろうか。これもまた難しいと思われる。たとえば、告白録のエレミヤは、同等報復を超えて倍の報復を願う[646]が、史家的編集句にも倍の報復によって復讐を果たす、という箇所が見られる[647]。正義の執行を願う感情の強度は、史家の場合には、災いの条件法を過剰に強調し、脅迫的に語り出す点に見て取られることだろう。

---

646 エレ 17:18。
647 エレ 16:18。

だが、この語り口の微妙な違いにおいて、申命記史家とエレミヤの決定的な違いが発現しているのではないだろうか。申命記史家にとって、復讐は神が果たすものだという思考によって、自らの復讐心は幾分か軽減され、自らが罰せないものを神の手に委ねることによって、赦せないはずの悪に対する罰の執行を、自らは断念することによって、この悪を、すでになにほどか赦してしまってはいないか。一方、エレミヤはいつまでも復讐の願いに囚われたままで、神がいつか必ず裁きを下すことに安住できず、その裁きの速やかなることを願っている。つまり、エレミヤは悪を赦せないという憎悪から抜け出せてはいないのである。

　悪に対する裁きの執行の遅延について、本稿が思い出さざるを得ないのは、告白録 15 章 15 節でエレミヤが語りだした、あの言葉である。そこでは、神の裁きの遅延は、何よりも神の恵み深さによって引き起こされていた。後に、新約の記者が「悪人にも善人にも太陽を昇らせ、義人にも邪悪なものにも雨を降らせる」[648] と記した恵みの神は、エレミヤにおいてもやはりホセアの伝統から伝えられていた。そのような恵みの神だからこそ、救済の条件法の外部から救うべきでないものを救い、悔い改めていないものをあらかじめ赦すことによって悔い改めへと導くような神となるのである。そして、本稿が見てきたように、数少ないエレミヤの真正句の救済預言から垣間見える神は、このような恵みの神であった。

　だが、神がこのような恵みの神であるからこそ、すなわち、悪人に対しても恵みを施し、罰の執行を待つ神であることをエレミヤが熟知していたからこそ、エレミヤの復讐心が満たされることはなかったのではないか。エレミヤに加えられた危害と悪について、恵み深い神は赦してしまうかもしれない。いや、むしろ神は赦すであろう。だからこそ、人間であるエレミヤ自身は、その不条理を赦すことができない。だからこそ、エレミヤは復讐を願うその連鎖から抜け出すことができないのではないか。

　そう考えてゆくとき、エレミヤを復讐へと駆り立てて止まないものは、赦すべきでないものを赦すという不条理なる恵みの神そのものなのである。

　してみると、史家がこうした復讐心に燃えることがなかった理由も同様に説明できる。神は赦すべきでないものをいつまでも認めてはおかない、いつ

648　マタ 5:45。

かは必ず罰するであろうと考える限りにおいて、不条理な赦しを与える恵みの神ではないと考える限りにおいて、言い換えれば、無条件的な恵みの神という表象を認めないことによって、史家は復讐心に制限を加えることができるのである。

第6章

「新しい契約」をめぐって

　前章まで、本稿は、申命記史家的編集句とエレミヤの真正句における思想的な違いを確認するために、まずは悔い改めに対する態度から始め、次いで幸いのための条件法とその裏面である災いのための条件法へと論を進めてきた。そのなかでは、申命記史家的編集句とエレミヤの真正句の間に、少なくない思想的な隔たりがあることが確認されてきた。もちろん、社会正義の実現に向けた熱意など、両者の間に共有される思想がないわけではない。だが、たとえば、悔い改めと救いの関係について、両者は明らかに相容れない、対立した見方を持っている。また、幸福と災いの条件法が理念の上では存在することを認めつつも、現実を目の前にして応報の破れに直面し、神の正義の実現を恐れずに問うエレミヤと、神の正義の実現を疑わず、現実の認識を応報の理念に沿って変容させる史家とでは、少なくとも現実認識がかなり異なっているというほかない。
　そうして、災いの条件法を自らの民に適用するにあたって、エレミヤは恵みの神を知っているからこそ、神が悪人を赦すことを許容し得ず、それゆえに、ある意味では神以上に、復讐表現に固執し、悪を赦すことができないという消息がほのかに見えてきた。エレミヤが預言した無条件的な救済を与える恵みの神が、同時にエレミヤを復讐へと駆り立てて止まず、どこまでも彼をどす黒い怨恨から解放しないものそのものであるということ、その錯綜した関わりと、エレミヤ自身の到達点を、我々はどこに見つけるべきだろうか。こうして本稿は、しばしばエレミヤ書のみならず、旧約中最も重要なテクストとさえ見做される「新しい契約」に取り組まなければならない。例によって、先にテクストを提示しておく。

　[31] 見よ、日々が来る——ヤハウェの御告げ——わたしはイスラエルの家とユダの家と新しい契約を結ぶ。
　[32] わたしが彼らの父祖たちの手をつかんでエジプトの地から連れ出した

日に結んだ契約のようではない。そのわたしの契約を彼らは破ってしまった。わたしは彼らの主人であったにもかかわらず――ヤハウェの御告げ――

33 まことにこれがイスラエルの家[649]とその日々の後に彼らと結ぶ契約である――ヤハウェの御告げ――[650] わたしはわたしの律法を彼らの真ん中に置き、彼らの心に書き記す。わたしは彼らに対して神となり、彼らはわたしにとって民となる。

34 そうして人々はもはやその隣人、またその兄弟に教えて、「ヤハウェを知れ」と言うことはない。まことに彼らはみな小さなものから大きなものまでわたしを知る。――ヤハウェの御告げ――なぜなら、わたしは彼らの罪を赦し、彼らの咎をわたしは二度と思い出さないからである。
（エレ 31:31-34）

6.1. テクスト上の問題

エレミヤ書 30-31 章は、通例「慰めの書」と呼ばれ、救済預言が集められている単元だが、それらは相互に緊密に結合しているというよりも、時代的にも内容的にも異なる救済預言がモザイク画のように集められているという見方が、研究者の間では一般的となってきている[651]。この単元の範囲は、31 節で「見よ、日々が来る」という導入の定式によって開始され、35 節からはすでに「ヤハウェはこう言われる」として別の単元が始まることから確定される。この単元がひとまとまりのものであるということは多くの注釈者が

---

649 少数のヘブライ語写本では「子たち」。
650 多くの写本では「そして」を加える。ヴァヴ完了形に関する問題については後述の註 654 を参照。
651 関根正雄『エレミヤ書註解（下）』、89 頁。Herrmann, Siegfried., *Die prophetischen Heilserwartungen im Alten Testament: Ursprung und Gestaltwandel*, BWANT 85, Stuttgart, W. Kohlhammer Verlag, 1965, S. 216-221; Thiel, 1981, S. 20-28; Schmid, Konrad., *Buchgestalten des Jeremiabuches: Untersuchungen zur Redaktions- und Rezeptionsgeschichte von Jer 30-33 im Kontext des Buches*, WMANT 72, Neukirchener Verlag, 1996, S. 52-55: Maier, Christl., *Jeremia als Lehrer der Tora: soziale Gebote des Deuteronomiums in Fortschreibungen des Jeremiabuches*, FRLANT 196, Göttingen, Vandenhoeck & Ruprecht, 2002, S. 338.

認めるところであるが、ひとりレヴィンだけが新しい契約が二つに区分される可能性を考えている。レヴィンは 27-34 節をひとまとまりと見た上で、31 章 27a, 29aβγb-30a 節及び 31 章 31a, 34aba^1 節を捕囚期初期のものと見、これらの救済預言がのちになって、27b-29aα, 31b-32, 33b, 34bα^{2}βγ 節によって補完されたとする。この二重の編集の上で、33a 節は旧約の時代の終わりになって説明のために加えられ、30b 節は小さな注釈だ、とレヴィンはいう[652]。しかし、レヴィンの議論はもっとも近年に至るまで、賛同を得るには至っていない[653]。それゆえ、基本的に、この単元の統一性は問題ではないということになる。

テクストの統一性は問題とはならず、また文献学的な問題は比較的少ないテクストであるにせよ、しかし、このテクストに文献学的な問題が皆無であるわけではない。文献学的に大きな問題としては、第一に、32 節の「彼らは破ってしまった」という関係節の掛かり方、第二に、同じく 32 節の「そしてわたしは彼らの主人であった」の異読の二点を数える[654]。

6.1.1.「彼らは破ってしまった」（32 節）の関係節

「彼らは破ってしまった」という節は、ヘブライ語原文では、「アシェル・ヘーンマー・ヘーペールー・エト・ベリーティー」となっており、関係代名詞アシェルによってそれ以前の部分に接続する。関係代名詞アシェルは、性・数・格などによる変化をせず、さまざまな場合に用いられる語であり、

---

652 Levin, Christoph., *Die Verheissung des neuen Bundes*, FRLANT 137, Göttingen, Vandenhoeck & Ruprecht, 1985, S. 60.

653 Vgl. Maier, *Jeremia als Lehrer der Tora*, S. 339f.

654 文献学的な問題について、グロースはさらに 33 節の「わたしの律法を彼らの真ん中に置き」が、ヘブライ語原文では完了形であることを疑問視する。通常これは預言的完了 perfectum propheticum と解されるが、彼によれば、この解釈は神学的なものではあるが、構文論的なものではないから、退けられるべきだという（Groß, Walter., *Zukunft für Israel: alttestamentliche Bundeskonzepte und die aktuelle Debatte um den Neuen Bund*, Stuttgarter Bibelstudien 176, Stuttgart, Verlag Katholisches Bibelwerk, 1998, S. 136）。しかし、いずれにせよ、グロースも意味としては未来を示すことを認め、ヴァヴ継続法のヴァヴが消失した可能性を採るのであり（Ibid., S. 137）、この完了形は解釈にさほど影響を与えない。

ここでアシェルの指示内容は、一義的に決定されるわけではない。それゆえ、アシェルが示す先行詞及び訳の可能性はいくつか考えられ、事実、研究者によって翻訳が異なっている。ここでグロースを参照しつつ、解釈の可能性をまとめておこう。

(1) 出エジプトの「その日」という時点にのみ関係する[655]。この場合には、訳は「その日、彼らはわたしの契約を破ってしまった」となる。だが、これでは、契約が結ばれた日と契約が破られた日が同じ日であるという奇妙な事態が表明されてしまう以上に、「この読みの提案は、父祖たちによって彼の契約が破られたその日に、ヤハウェは父祖たちと契約を結んだ、というナンセンスな言明を生み出すことになる」[656]。それゆえ、本稿としてもグロースとともに、アシェルが時点を示すという考えを支持できない。

なお、注目しておくべきことに、もしこの読みを支持するのであれば、契約を破った当事者は、出エジプトの時代の父祖たちであり、捕囚期前後当時生きていたユダヤ人ではない、という理解が前提されることになる。であるならこの読みは、父祖の応報を子が受けるのではなく、各人は各人の報いを受けるのだ、という申命記史家的発想[657]とは衝突する。

(2) アシェルを 32aα2 節[658] に先行する関係節(「その契約をわたしは彼らの父祖たちと結んだ（…）彼らをエジプトの地から連れ出すため」)の主語（わたし＝ヤハウェ）に関係させるという解釈も、ごく稀に見られる[659]。その場合、訳文は「わたしが……、そのわたしの契約を彼らは破ってしまった」（アシェルに該当するのは下線部）という具合になる。つまり、(2) の方向は、アシェルの属格的用法と解する。

(3) 先行する関係節に登場する父祖たちを指すという解釈は、近年に至るまで比較的多くなされてきている。この場合訳文は「彼らこそは、わたしの

655　Vgl. Duhm, Bernhard., *Das Buch Jeremia*, Tübingen und Leipzig, J.C.B. Mohr (Paul Siebeck), 1901, S. 255.
656　Groß, *Zukunft*, S. 135.
657　エレ 31:29-30。
658　節の下位区分については、下に改めて示すテクスト構造を参照。
659　Ewald, Heinrich., *Ausführliches Lehrbuch der Hebäischen Sprache des Alten Bundes*, Göttingen, Dietrich, 7. Ausg., 1863, S. 804.

契約を破ったものたちであった」となり、契約を破った当事者たちは、(1)の場合と同様に、出エジプトの父祖たちとなる。(3) の場合、アシェルは代名詞ヘームマーと同格で、主格的用法とする。

これは比較的多くの研究者に受け入れられている読みだとはいえ、しかし、グロースはこの場合、アシェルに後続する代名詞ヘームマー(「彼ら」)を説明することが難しいという。なぜなら、グロースによれば、アシェルの関係節の中で(代)名詞的な文成分が動詞の定形に先行する例は極めて稀であるからだ[660]。

(4) これまでの読みの可能性を踏まえて、グロースが支持するのは、32bα節「彼らは破ってしまった」という関係節を、32aα2節以下の「その契約をわたしは彼らの父祖たちと結んだ(…)彼らをエジプトの地から連れ出すため」とパラレルであるとし、32aα1節の「契約」に関係させるという読み方である[661]。この場合は、アシェルは対格的用法で読まれることになる。

この読みを取る場合、稀な用例であるとされたアシェルと動詞の定形に挟まれた代名詞ヘームマーは、32bα節の関係詞アシェルが32aα2-32aγ節での「彼ら」つまり父祖たちには関係しないことを示すために挿入されていることになる。なぜなら、「彼ら」が父祖たちを指すのであれば、アシェルが父祖たちを取ることは冗長となってしまうからだ。その一方で、しかし、32bα節でアシェルがすでに「契約」を指示するとすれば、その関係節中にある「わたしの契約」が余計となるが、グロースはこれを32aα1節から隔たってしまったための補足として説明し[662]、さらにインクルジオ的な効果を狙って置かれたことを理由とする[663]。

(5) 最後に、七十人訳の「ホティ」が採用しているように、アシェルを理由として意訳する解釈がある。その場合、訳文は「なぜなら、わたしの契約を彼らは破ってしまった」となる。

以上の五つの可能性を考えてみると、有力に見えるものは (3) か (4) で

---

660 Groß, *Zukunft*, S. 135f. ただし、グロース自身が例外として王下 22:13 を認める。
661 Ibid., S. 136.
662 アシェルの指示内容が重複しているようなものの例としてグロースが挙げる例は、創 49:30, 50:13、サム上 25:39a。これに加えて、創 13:16、王下 23:26、サム上 25:30 もおそらく例証となりうるとする。Groß, *Zukunft*, S. 136.
663 Ibid.

ある。いずれも例証を欠くわけではないが、しかし決定的だというわけでもない。(3) について言えば、グロースはアシェル節のなかに限って、代名詞が動詞に先行することは稀だというのだが、アシェル節に限らなければ、代名詞が動詞に先行することは、むしろ一般的な用法である[664]。してみると、(3) に対するグロースの論難は牽強付会の観がある。また、例証の数から言えば、(4) は、(3) に対してそれほど優位であるわけではない。

とはいえ、32bα 節の関係詞アシェルを対格と解し、「契約」に掛かるとする (4) のほうが、32bα 節のアシェルを主格と解し、「父祖」を意味するとする (3) よりも有力な点は、(4) のほうがこのテクストの構文によりうまく合致するという点にある。

32aα1 節と 33aα 節は対照関係にあって "nicht..., sondern..." の構造を作っており、問題となっている 32 節は全体として否定的な言明を構成する。この否定的言明部分のなかで、32aα2 節と 32bα 節は互いに補い合いつつさらに対照を構成している[665]。ヘブライ語原文の語順では、32aα2 節は「アシェル／わたしは結んだ／彼らの父祖たちと」であり、32bα 節は「アシェル・彼らは／彼らは破った／わたしの契約を」となっている。すると、アシェルに接続する部分は「わたし／彼ら」「結んだ／破った」「彼らの父祖たち／わたしの契約」とそれぞれに対照的な構造を形成している。この構文的特徴が生かされるためには、32bα 節のアシェルも、32aα2 節のアシェルとともに、32aα1 節の「契約」に掛からなければならない。

そしてこのことはさらに、32aα1 節と 33aα 節の対照関係が構成する "nicht..., sondern..." 構造において、肯定的言明である 33 節にある、「わたしは彼らに対して神となり、彼らはわたしにとって民となる」の「わたし／彼ら」の対照構造とも一致することになる。

また、ヘブライ語マソラに記された分離アクセント記号を手掛かりにすれば、32bα 節の前には、ピリオドに相当するスィッルークに次いで散文アクセントでは二番目に強い分離記号アトナハがあり、これも 32bα 節の前で構造が大きく区切れていることを示す。

664　左近義慈・本間敏雄『ヒブル語入門　改訂増補版』教文館、2011 年、254 頁。また、アシェル節のなかで、アシェルと動詞の間に代名詞が挟まれる用法としては、創 24:42 もある。

665　Maier, *Jeremia als Lehrer der Tora*, S. 342.

32bα 節のアシェルの指示内容が「契約」であるとすれば、その後の「わたしの契約」にかんして冗長となってしまうという難点については、アシェルは不変化詞であるため、格的用法を示す場合には、よく副詞や前置詞、目的辞と枠構造を構成して格変化を示すということによって説明されうる[666]。

以上から、結論としては、本稿はグロースの見方に一致して、32bα 節は 32aα2 節と並行であり、ともに 32aα1 節の契約に掛かる関係節だと解する。

6.1.1.1.「彼ら」とは誰か

さて、しかし、上述の点に関連して、もう一点問題が残っている。ヤハウェの契約を破ってしまった、「彼ら」とは誰だろうか。32 節を、文脈の流れに素直に従って読むなら、「彼ら」とは出エジプトの父祖たちを示すようにも見える。しかし、上述したように、32bα 節の関係詞アシェルは父祖たちを受けるわけではないので、実は、契約を破った張本人は、父祖たちではない。32aα2 節と 32bα 節との対立を見るなら、登場人物は三つに分けられる。すなわち、「わたし＝ヤハウェ」と「彼ら」そして「彼らの父祖たち」である。出エジプトの時代にヤハウェと契約を結んだ「彼ら」（32aβ, 32aγ 節）は、呼びかけられている現在の「彼ら」（32aα2 節）の父祖たちであることから、呼びかけられている現在の「彼ら」とは、31bβ 節で名指される「イスラエルの家とユダの家」であることになるだろう[667]。

もちろん、これはイスラエルの父祖たちが契約を遵守したということを意味しない。むしろ、実態は真逆であったろう。これは申命記史家的な箇所になるが、エレミヤ書 11 章 10 節では、確かに先祖たちもヤハウェの言葉に反逆したのだが、先祖たちの罪を「彼ら自身」も繰り返し、ヤハウェが先祖たちと結んだ契約を破ったのは、「イスラエルの家とユダの家」である「彼ら」なのである。申命記史家的な理解において、契約を破った責任を負うのは、先祖たちではなく、現在の「彼ら」でなければならない。それは、一面には集団的応報よりも個人的応報の思考がより強い[668]からであり、悔い改めを求めさせるためには、罪が現在の彼らの罪であると自覚させなければならないからだ。

666　左近・本間『ヒブル語入門　改訂増補版』、194, 302 頁。
667　Maier, *Jeremia als Lehrer der Tora*, S. 342.
668　エレ 31:29。

では、エレミヤにおいてはどうかといえば、罪が未だ過ぎ去らない問題であり、「いま・ここ」における問題であるという理解は、エレミヤの真正句に反するものではない。ヤハウェとの契約を破った「彼ら」が現在の「イスラエルの家とユダの家」であり、決して過去の父祖たちではないという思考は、エレミヤにも共有されうる。逆に、ヤハウェとの契約を破った罪を、過去の問題であったとすることが、罪に対するエレミヤの基本的な態度と対立することになるだろう。

　それゆえ、32bα 節での契約を破った者たちとは、この箇所を申命記史家のものとするにせよ、エレミヤのものとするにせよ、いずれにせよ第一義的には、31 節で言われる「イスラエルの家とユダの家」なのである。

　ただし、このことは 32 節で契約を破った「彼ら」が「イスラエルの家とユダの家」に限られるということを意味するわけではない。むしろ、父祖たちも同様に罪深かったことを示唆するようなレトリックが展開されている。注目しておきたいのは、「彼ら」の置かれたテクスト上の位置である。グロースが指摘しているように、「彼ら」はかつてヤハウェが契約を結んだ父祖たちへの言及に直接後続する位置に置かれている[669]。だからこそ、素朴な読者はこれを見て、契約を破った者たちが出エジプトの父祖たちであったと読むように誘われているのである。

　だとすると、ここでテクストは読者に対して「彼ら」を二重に読ませるようなストラテジーを採っているのではないだろうか。つまり、一方では関係詞アシェルの指示関係において、「彼ら」は「いま・ここ」のイスラエルとユダの人間であることを示しながら、他方では、テクスト上の近さによって、契約を破った「彼ら」は父祖たちをも含んでいるということを仄めかして、この書き方がなされているのではないか。グロースは、やはり「彼ら」が二重に読めるという点を指摘する。「32c〔32bα〕節のヘームマーはこうして（エレ 11 章に対応しつつ）32b〔32aα2-32aγ〕節の父祖たちの世代と並んで、さらに 31c〔31bβ〕節で名指されるイスラエルの家とユダの家にも関連しているのである。彼らすべてが契約を破ってしまったのだ」[670]。こうして、「彼ら」は第一義的には、テクストが語りかける当時のイスラエルの民であるが、

669　Groß, *Zukunft*, S. 142.
670　Ibid., S. 143.〔　〕内は本稿における表記を示す。

副次的には、その先祖たちをも意味しうる。

　それでは、この「彼ら」を二重に読ませるという多義性によって、このテクストが意味するものは何だろうか。再び、グロースは注目すべき点を示唆している。「契約違反は、持続的で力動的な出来事なのである」[671]。つまり、「彼ら」が過去の父祖たちと現在のイスラエルの両者を共に含むことによって、契約を破るという罪が、歴史的な厚みのなかで繰り返されてきたということへの理解がそれとなく示されている。ヤハウェとの契約を破るという罪は、単に過去の問題でも、あるいは単に現在の問題でもない。そうではなく、過去の問題であり、かつ現在の問題でもあるという、罪の持続性・歴史性が「彼ら」の指示対象を二重に写すというレトリックで示されている。

　そうであるならば、このレトリックが意味するものは、おそらくもう一点ある。過去の父祖たちの罪深さと現在の人々の罪深さの歴史の間に、預言者たち、宗教家たちは繰り返し、絶えず現れてきては、ヤハウェへの立ち帰りを説いていた。しかし、それにもかかわらず、現在においても民の罪深さには、なんらの改善もなされていないという理解と諦念が、この罪の連続性の歴史の中に含まれている。とするならば、この罪の歴史理解は罪性が人間にとって根源的なものであるという理解を持っている。すなわち、ほとんど原罪の認識ともいうべきものを持っていることになる。もっとも、これは、「アダムの堕罪によりて我ら皆罪人となれり」というキリスト教的に定式化された原罪理解ではないし、そうした定式から演繹された類の原罪の表現でもない。だがしかし、帰納的に、罪の歴史という認識から導き出された一種の原罪理解であるということはできるだろう。ドグマティックな原罪の教説からではなく、虚心に歴史を振り返るとき、人間は絶えず、つねにヤハウェとの契約を破ってきたし、そこには善人などいなかったという意味での、原罪理解なのである。

　それゆえ、「彼ら」が誰かという問いの答えは、それが、呼びかけられている当時のイスラエルの民であるとともに、また父祖たちでもあるということによって、罪の歴史を示唆しており、このテクストの著者が原罪の認識に近づいていることをも示しているのである。

671　Ibid., S. 143.

6.1.2.「そしてわたしは彼らの主人であった」の異読

　新しい契約の単元が含む数少ない文献学的な問題のうち、最も難しいと思われるものが、32bβ節「そしてわたしは彼らの主人であった」の読みである。古代訳である七十人訳とペシッタはこれを「そしてわたしは彼らを顧みなかった」としている。BHS は、七十人訳とペシッタのこの異読が文字の似ているヘブライ語「ガーアルティー（わたしは嫌悪した、拒んだ）」の読み違えに由来するという提案を行っている。しかし、読み違えだとしても、この箇所の読みづらさが軽減されるわけではない。

　「主人であった」と訳した動詞「バーアル」は、同じ語根の名詞として、「主人、支配者、夫、所有者」などを意味するが、固有名詞として異教の神バアルの名前をも意味する。名詞の意味の多様性に応じて、動詞の意味としても、「主人、支配者である」「夫となる、結婚する」「所有する」などの意味の揺れがあり、さらにそこにバアルの名に関連して、異教崇拝への当てこすりを読み込むか、という問題が生じるのである。そして、翻訳や研究者によってもこの箇所の解釈は割れており、決め手を欠く状況となっている[672]。

　ところで、この動詞の基本的な用例はどのようになっているだろうか。バーアルの動詞としての用例は旧約中に 16 例[673]あり、そのうち、完全に政治

---

[672] McKane, *Jeremiah 26-52*, pp. 819f. のまとめに従い、主要なもの列挙すると次のようになる。古代訳でもウルガータやアクィラは、「わたしが主であった」という訳を採用し、ヤハウェの支配を示す訳を当てている。タルグームは、七十人訳やペシッタとは対照的に、ヤハウェの彼の民への関心が持続しているという解釈をとる。KJV、RV、RSV などは「わたしは夫であったのに」という方向の訳を採用し、「バーアル」を婚姻のイメージで解そうとする。NEB（REB）は特異な解釈を提示し、「わたしは彼らに対して忍耐深くあった」とするが、これは、支配、責任、配慮と解釈を重ねた結果である。ルードルフは、「わたしは彼らの上にわたしの権威を示さなければならなかった」とする。ギーゼブレヒト、ドゥーム、コルニル、H. シュミット、ストリーン、ピークらは、「忌み嫌う」という訳を採用する。

レヴィンは「そしてわたしは彼らに対してわたしが主であることを明らかにするだろう。そしてわたしは彼らに対して神となり、彼らはわたしにとって民となる」として、33a 節を削除した解釈を提示するが、賛同者はいない。

[673] 創 20:3, 申 21:13, 22:22, 24:1, 代上 4:22, 箴 30:23, イザ 26:13, 54:1, 5, 62:4(2), 5(2), エレ 3:14, 31:32, マラ 2:11.

的な統治を意味する用例は2例[674]だけである。今問題となっているものを含むエレミヤ書の二箇所の用例を除く残り12例は、いずれも婚姻関係に関連した表現であり、男性が妻を娶るという他動詞的な用法を基本とすることがわかる。派生的に、女性を主語にとって「夫のある」という意味を表す場合には、受動態にして「娶られた」という形で用いられる。

　異教の神バアルとの関連について言えば、動詞「バーアル」として16例ある用例のうち、異教崇拝に関連するものは1例、あるいは2例にすぎず[675]、必然的に神バアルを想起しなければならないということはない。しかも、異教崇拝に関連する用例であっても、バアルが中心的に意図されているわけではなく、実際の婚姻が問題となっている[676]。これらのことを踏まえると神バアルとの関連は、音声上の連想以上の必然的なつながりはないとするほうが妥当だろう。

　以上から、エレミヤ書においても「バーアル」の訳としては、「支配者であることを明示する」という方向の訳よりも、「夫となる、娶る」という訳を採用するほうが、蓋然性は高い。

　しかしながら「バーアル」の基本的な意味を「夫となる、娶る」とするにせよ、あるいはこれに反対の意味を与えるにせよ、いずれにせよ、この語に対する解釈の方向は二つに分かれてしまう。一つは、ヤハウェの愛が不変であるという解釈の方向であり、もう一つは、ヤハウェは民を罰するという解釈の方向である。興味深いことに、この対照的な解釈の方向は、「バーアル」の訳語に何を当てるかによっては左右されない。もし、「支配者」の意味であるとしても、支配者であるがゆえに契約違反者に罰を与えなければならな

---

[674]　代上4:22、イザ26:13。

[675]　マラ2:11。あるいはイザ26:13 も。

[676]　マラ2:11 では、「外国の神の娘」を娶ることが問題視されているのだが、バアルは男神であるため、ここでの婚姻相手ではありえない。また、異教崇拝を不倫になぞらえる場合は、イスラエルを女性としバアルを男性とした用法が一般的である（エレ3章）。バアルの名を、ヘブライ語で「恥辱」を意味する女性名詞ボーシェトと崩して読むなら、バアルを女性名詞として扱うことが不可能ではないが（ロマ11:4)（『旧約新約聖書大事典』、896, 1097頁）、そうまでして発音を避けようとするなら、動詞「バーアル」を用いることになんの配慮もなされないのはいささか奇妙である。それゆえ、マラ2:11 の「バーアル」は、エズ9:1, 2, 10:2、ネヘ13:23-28 のように、異民族との実際上の婚姻を指すとすべきだろう。

いのか、それともその民への責任のために、この民への特別の配慮があることを示すのか、どちらとも解釈しうる。同様に、「夫」の意味であるとしても、夫として妻への愛着を示すのか、それとも婚姻法を背景にして不貞の妻を裁かなければならないことを意味するのか、どちらも可能である。

その上、ヘブライ語の接続詞ヴェは、順接、逆接のいずれも可能であるから、この二つの解釈の可能性のどちらを取るにしても問題は生じない。つまり、「そしてわたしは彼らの主人であった」の一句は、過去の罪に対する罰の根拠としても、あるいは将来の救いに転化する神の救済意志の不変性や忠実さとしても、どちらの読みにも開かれている。これらのような多義性からすると、文脈からこの訳語を一義的に決定することは困難であると思われる[677]。

しかし、もしこの一句がどちらの読みにも開かれているのだとすれば、さしあたっては、七十人訳やペシッタに従って、あえて「顧みなかった」という訳だけを選択しなければならない必然性はないように思われる。むしろ、ヘブライ語の「バーアル」が婚姻関係を示すことから、敷衍的に、愛着と愛着の反転した嫌悪の両義を含み得ることを踏まえて、「そしてわたしは彼らの夫であった」とするか、ジェンダー的に問題があることに留意しつつも、日本語の「主人」が歴史的には「男性の配偶者」を意味しうることを鑑みて「そしてわたしは彼らの主人であった」とすることが適当であろう。

6.2. テクスト構造

それでは、このテクストの構造はどうなっているだろうか。一見して、古い契約と新しい契約が対置され、両者は「〜ではなく、〜である (nicht..., sondern...)」の図式で繋がれていることは窺われる。この「nicht..., sondern...」図式を、グロースは前置詞キーの用法を手掛かりとして精緻化している。ヘブライ語の前置詞キーは、33aα節、34bα節、34bβ節の3箇所に表れている。この三重のキーについて、グロースは、33aα節、34bα節の前

---

[677] Groß, *Zukunft*, S. 144, Anm. 43 に反対して。

二者を「sondern」、34bβ 節のみを「理由」の意味で解する[678]。グロースの見方は主としてドイツ語翻訳の伝統に依っているが、それが特徴的に表れているのが、34bα 節のキーを sondern とする点である。邦訳では、この箇所は七十人訳とウルガータに従って「理由」の意味で訳しているものが多いが、ドイツ語訳では sondern を採用するものがある[679]。とはいえ、大勢としては 34bα 節の用例については、寧ろ、denn, for[680], car[681] などを用いて理由を示すもののほうが多い。

こうした多数派の見解に対して、グロースによれば、34bα 節のキーが逆接、対照を示すことは、「nicht mehr..., sondern...」となるようなエレミヤ書における用例によって示されるという。「特にこのような文のまとまりにおいては、対置によって強調された文成分——ここでは『クーッラーム（彼らすべて）』——が、大体の場合、動詞の定形の前に現れる」[682]という。しかし、エレミヤ書中、「nicht mehr..., sondern...」の意味を持つ文で、強調部分が動詞の前に現れるようなものは、エレミヤ書 31 章 29-30 節が明確な例となるほかは、必ずしもグロースのいうような構文上の根拠を裏書きするようには思われない[683]。

グロースの根拠に基づくことは難しいとしても、しかし、なお、34 章 bα 節のキーを sondern の意味で解する可能性は残されていると思われる。エレミヤ書中でも、キーを（しばしばイムを伴って）逆接・対置の強調点を示すために用いる例は確認されうるし[684]、エレミヤ書外にも、確かに否定詞ロー

---

678 Groß, *Zukunft*, S. 140.
679 Sondern を採用するものは、Einheitersetzung (1980), Herder, Luther Bibel (1545, 1912, 2009), Züricher Bibel (2007, 2008) などがある。Denn を採用するものは Elberfelder (1905, 1993), Schlachter (1951, 2000) など。
680 KJV, NAS, NRS, RSV.
681 DRB, LSG, NEG.
682 Groß, *Zukunft*, S. 140. Vgl. ders., 'Ernuerter oder Neuer Bund? Wortlaut und Aussageintention in Jer 31,31-34', in Avemarie, F., Lichtenberger, H. (Hg), *Bund und Tora. Zur theologischen Begriffsgeschichte in alttestamentlicher, frühjüdischer und urchristlicher Tradition*, WUNT 92, Tübingen, 1996, S. 50.
683 エレミヤ書中、キーが sondern の意味で解されうる箇所として、3:10, 7:32, 16:14-15, 19:6, 20:3, 23:7-8, 34:3, 38:4, 6, 23, 39:12 などがある。
684 上註参照。

とキーを対応させて、「nicht..., sondern...」とする用例はある[685]。そして、今問題となっているテクストで言えば、34aα節に否定詞ローが存在しており、「ロー…キー…」の対応関係は成立している。また、意味上でも、34節は、「民の一部ではなく、全体が」神を知るという意味で対照関係は成り立っている。それゆえ、34bα節のキーをsondernとする余地は十分にある。

ここで、すこし視点を変えて、4回登場する「ネウーム・ヤハウェ（ヤハウェの御告げ）」という引用定式について考えておきたい。マイアーによれば[686]、この引用定式は二つずつのペアで用いられている。すなわち、第一のペアは31bα-32bγ節、第二のペアが33aα-34aα節で構成される。そしてそれぞれのペアは、表題的な文（31a, 33aα節）に後続して導入され、またそれぞれのペアの末尾は、なんらかの判断（32b, 34bα節）によって閉じられる、とマイアーはいう[687]。

もしここでマイアーの指摘に従うなら、「ネウーム・ヤハウェ」という引用定式のペアによって囲まれた二つの部分が、それぞれ「新しい契約」の本論を形成するような構造が成立していることになる。すると、二つの本論はそれぞれ対照的な構造を示す。第一本論が語るのは古い契約とその帰結であり、第二本論が語ろうとするのは新しい契約である。つまり、第一本論を陰画、第二本論を陽画として両者が対照され、「nicht..., sondern...」の形を持つ。

ここで、三つのキーの意味の問題に立ち戻ると、「ネウーム・ヤハウェ」が作る構造と、三つのキーが作る構造は緩やかに連関している。すなわち、第一本論内部で示されるロー = nicht（32aα1節）に対して、第二本論導入部のキー = sondern（33aα節）が対応し、構造上の対照形式と意味上の対照形式が整合する。そして、対応するローを持たない34bβ節のキーは理由（denn, weil）として働き、「新しい契約」全体を根拠づける結尾部を形成することになる。

こうした構造に目を留めると、34bα節のキーはsondernの意味で解するべきであるという根拠がさらに二つ挙げられる。第一に、第一本論の末尾は、民の態度と神の態度の対照が成立しているが（32b節）、もし第一本

---

685 創 3:4, 5, 17:15, 18:15, 19:2, 45:8、ヨシ 5:14、サム下 20:21、アモ 7:14、ゼカ 4:6、詩 118:17。左近・本間『ヒブル語入門　改訂増補版』、266頁 ; Joüon-Muraoka, §172c.
686 Maier, *Jeremia als Lehrer der Tora*, S. 339.
687 Ibid.

論と第二本論の間にある程度の並行構造があるとするなら、第二本論の末尾（34abα節）にも、同様の対照を想定することができるからだ。第二に、34bα節のキーが理由ではなくなり、ただ34bβ節のキーのみが理由の意味であることによって、「新しい契約」を基礎付けるものは、ヤハウェによる赦し（34bβγ節）のみである点が強調されることになるが、この強調は引用定式「ネウーム・ヤハウェ」のペアが作る構造的な特徴と一致するからである[688]。

さて、以上のようにグロース及びマイアーの指摘を参考にしつつ、テクスト構造を示すと、一見して見通し難いテクストの構造はかなり明確になる。以下にそれを示す。

【第一導入句】 [31a] 見よ、日々が来る
［第一の引用定式開始点］ [31bα] ヤハウェの御告げ
〈第一本論〉
[31bβ] わたしはイスラエルの家とユダの家と新しい契約を結ぶ。
[32aα1] あの契約のようではない、
　　[32aα2] それをわたしは結んだ、彼らの父祖たちと、
　　　　[32aβ] あの日に、わたしは彼らの手をつかみ、
　　　　　　[32aγ] それは彼らをエジプトの地から連れ出すため、
　　[32bα] それを彼らは破ってしまった、わたしの契約を。
　　　　[32bβ] わたしは彼らの主人であったにもかかわらず
［第一の引用定式結尾部］ [32bγ] ヤハウェの御告げ

【第二導入部】 [33aα] まことにこれがイスラエルの家とその日々の後に彼らと結ぶ契約である
［第二の引用定式開始点］ ヤハウェの御告げ
〈第二本論〉

---

[688] すると「新しい契約」の到来は、律法の教授活動が実を結んだ結果ではないことになる。もし、民のすべてがヤハウェを知ることによって、「新しい契約」が到来するのであれば、その実現はあるいは律法教師の努力によって達成されうるかもしれない。しかし、34bα節のキーが理由としては機能していないことによって、そういった律法の教授活動によって「新しい契約」が実現される可能性は考慮されていないことになる。

第 6 章 「新しい契約」をめぐって

  33aβ わたしはわたしの律法を彼らの真ん中に置き、
  33aγ 彼らの心に書き記す。
  33b わたしは彼らに対して神となり、彼らはわたしにとって民となる。
  34aα そうして人々はもはやその隣人、またその兄弟に教えて、
  34aβ 「ヤハウェを知れ」と言うことはない。
  34bα まことに彼らはみな小さなものから大きなものまでわたしを知る。
［第二の引用定式結尾部］ヤハウェの御告げ [689]
【全体の結尾部】
  34bβ なぜなら、わたしは彼らの罪を赦し、
  34bγ 彼らの咎をわたしは二度と思い出さないからである。

　こうして示されたテクスト構造それ自体が、古い契約と新しい契約の間の非連続性を示すものになる。「nicht..., sondern...」というテクスト構造自体に「新しい契約」の特異性を強調する機能が備わっていることになるだろう。この新しい律法全体を基礎付けるのは、ただヤハウェの赦しによるということが、このテクスト構造によって強調される最大のアクセントである。こうしたヤハウェからの一方的な介入にのみ「新しい契約」の存立が懸かっているという思考は、単にテクストの文脈、意味の上からだけでなく、テクスト構造からも確認されることになる。

---

689 ここでのみ「ヤハウェの御告げ」の句は七十人訳には欠けており、マイアーはマソラによる補筆と見る。Maier, *Jeremia als Lehrer der Tora*, S. 338. もしそこに元来は「ヤハウェの御告げ」が欠けていたのであれば、34bβγ 節の結尾部は、全体を閉じるものであるというよりも、第二本論を閉じるものとして機能するかもしれない。だが、のちに見るように、34bβγ 節の無条件的赦しが新しい契約を根拠づけるものであることを考えれば、マソラによる補筆だとしても、むしろ本来の意図を補うものと見るべきだろう。なお、マイアーの依拠する Becking, Bob., 'Jeremiah's Book of Consolation: A Textual Comparison Notes on the Masoretic Text and the Old Greek Version of Jeremiah XXX-XXXI', VT 44 (1994), pp. 149, 169 は、結論としては、七十人訳がマソラの簡略版であるとか、その逆にマソラが拡張版であるという仮説を支持しておらず、違いは底本となったヘブライ語版の違いに起因すると見て、これを編集史的な要因に求めようとしている。

6.3.「新しい契約」の特異性

　さて、こうしてテクスト構造において、すでに「新しい契約」の「新しさ」を強調し、「古い」契約との断絶を示す機能が生じているのだが、それでは「新しい契約」の「新しさ」、あるいは新しい契約が従来の契約思想に対して持っていたはずの「新しさ」とは何か、という問いが答えられたことにはならない。

　確かに、この「新しい契約」が人の耳目を集める所以のひとつは、ここでの「新しい契約（ベリート・ハダーシャー）」という表現自体が、旧約中唯一の言い方だからである。しかし、マイアーが注意を喚起するように、単に「新しい契約」という語彙の存在だけが、この箇所の思想的、神学的正しさを自動的に裏書きするわけではない。では、「新しい契約」の「新しさ」はどこにあるのだろうか。また、新規性は必ずしも特異性を含意するわけではないが、それまでの契約思想に対する「新しい契約」の特異性は、一体どのような点にあるのだろうか。

6.3.1.「新しい契約」の「新しさ」を認めない諸派

　「新しい契約」はその名に反して、神学的、思想的には何ら新しいものを加えていない、と考える研究者は少なくはない。古くはドゥームがこの箇所の夢想的なヴィジョンを批判し、近年では、レヴィン、ローフィンク、ツェンガーといった研究者がこの箇所の新しさを喧伝する傾向に異を唱えている。

　ドゥームは、「古い契約と新しい契約は内容によっては区別されない。もしそうなら、少なくとも古いトーラーと新しいトーラーについて述べられなければならないだろうから」[690]と言い、新しいトーラーの内容については触れられていないことから、エレミヤ書31章31-34節の著者は律法について、モーセのトーラーを想定していたはずであると考える[691]。また、ドゥームの考えるところでは、「新しい契約」の語る理想状態とは、すべてのユダヤの

690　Duhm, *Das Buch Jeremia*, S. 255.
691　Ibid., S. 256.

民が律法を暗唱するほどに理解し、律法教師がもはや努力を要しなくなるというにすぎない。

では、ドゥームは、この「新しい契約」の新しさをどこに置くのだろうか。ドゥームによれば、新しい契約と古い契約は「両者の経過（Verlauf）によって」[692] 区別される。つまり「新しい契約が新しいのは、ただ、神が契約違反者たちを単に退ける代わりに、もう一度関係を結ぶということにあるのだ」[693] とドゥームは見る。

また、テクストの時代査定については、ドゥームは、このテクストが第三イザヤの新しい天と新しい地（イザ65:17）からの影響を受けていることを考え[694]、捕囚期以降の成立を考えている[695]。こうして、第一に新しい契約の新しさを最小限の意味で解し、新しい契約と古い契約の間に非連続性よりも連続性を認めようとする点で、第二に、テクストの成立を捕囚期以降とする点で、ドゥームの議論の基本線は、同じ傾向を持つ近年の研究者と一致している。

ドゥームが、新しい契約と古い契約の連続性を主張したのと同様に、レヴィンはこの連続性を翻訳のレヴェルで主張する。すなわち、レヴィンによれば、「ベリート・ハダーシャー」の正しい訳語は「新しい契約（Neuer Bund）」などではなく、「更新された契約（Erneuerter Bund）」である[696]。レヴィンは第二イザヤにおける「ハダーシャー」の用例を根拠として引きながら、そこで意味される「新しさ」とは、原則的、質的に古いものやすでに在るものに対する対立という意味で使われているのであり、決して、それまでに存在しなかったようなものが、すでに存在しているものを凌駕していくという意味での「新しさ」ではないと主張する[697]。すなわち、捕囚期及び捕囚期以降の意味での「新しさ」とは、失われたものへの思慕のなかで求められたものであり、それはかつてあったものの再生という意味での更新にほかならず、破られた契約の代わりに新しい契約が現れるということは、「元の状態に向

692　Ibid., S. 255.
693　Ibid.
694　Ibid., S. 258.
695　Ibid., S. 255f.
696　Levin, *Die Verheissung des neuen Bundes*, S. 141.
697　Ibid., S. 139.

けた再建（restitutio ad integrum）」にほかならない、というのがレヴィンの主張である[698]。

ローフィンクもまた、新しい契約の内容がシナイ契約のそれと変わらないことを追認し[699]、「新しさ」については、新たに与えられたことを指すとする[700]。ツェンガーは「新しさ」について、アクセントを別のところに置き、「新しい契約が意味するのは（…）、消費し尽くされない生命力と新鮮さを持った契約だということである。つねに『新しい』すなわち『新鮮な』ままでありつづけるであろう契約を意味する」[701]と解する。

マッケインもまた、「新しい契約」が内容的に新しいものを持っているとする立場には懐疑的である。もっともマッケインはドゥーム（及びその追従者たち）が取るような態度をドラスティックな還元主義と評して行き過ぎを諌めつつではあるが、基本的な姿勢としてはドゥームに共感を示し、申命記30章6, 11-14節、エゼキエル書11章19節、36章26節に沿って「新しい契約」を解釈することを是とするのであって、「新しい契約」を文字通りに新しいとすることを避けようとしている[702]。

6.3.2.「新しい契約」の「新しさ」を認めない諸説の検討

以上のように、「新しい契約」を文字通りには新しいと認めない論者たちの議論は、三つの点に集約される。第一に、対象となる読者層、契約定式によって書き表される神関係、とりわけ律法といった、契約の主要な要素が従来の契約と変わらないという点[703]。第二に、ハダーシャーの訳語としては「更

698　Ibid., S. 140.
699　Lohfink, Norbert., *Der niemals gekündigte Bund, Exegetische Gedanken zum christlich-jüdischen Dialog*, Freiburg, Verlag Herder, 1989, S. 59-67.
700　Lohfink, Norbert., 'Kinder Abrahams aus Steinen – Wird nach dem Alten Testament Israel einst der "Bund" genommen werden?', in Frankemölle, H. (Hg.), *Der ungekündigte Bund?: Antworten des Neuen Testaments*, Quaestiones disputatae 172, Freiburg, Verlag Herder, 1998, S. 33-35, 41f.
701　Zenger, Erich., *Das Erste Testament: Die jüdische Bibel und die Christen*, Düsseldorf, Patmos, 1991, S. 115f.
702　McKane, *Jeremiah 26-52*, 1996, pp. 826f.
703　Groß, *Zukunft*, S. 148.

新された」という訳が適切であるという点。第三に、内容的に見ても、申命記、イザヤ書、エゼキエル書などに並行箇所を確認することができる、という点である。

　これらの点について確認してゆこう。第一の点についてはどうだろうか。確かに、これらの要素について、その他の契約となんら変わりがないように思われる。この点は「新しい契約」の「新しさ」を主張するクラショヴェッツなども率直に認めるところである。クラショヴェッツによれば、ここでのトーラーという言葉の正確な規定は、その本質が十戒であるという点を押さえておく限り、それ以上の詳細な規定は証明できない。だが、その本質が十戒である限り、「トーラーの根本原則はしかし全歴史のなかで恒常的である（たとえば、マタ 5:17 参照）。新しい契約の新しさはそれゆえ、トーラーの内容が変えられるだとか、客体的な律法が個人的主体的な法に代替されるという点にはない」[704]とクラショヴェッツはいう。

　ここで、テクスト構造に見られた二つの「nicht..., sondern...」形式に着目しておこう。二回目に現れる 34aα-34bα 節の形式が強調する対立点は、契約の民における部分と全体という点にあることがわかる。すると、テクスト構造が強調しようとする古い契約と新しい契約の対立点は、決してトーラーの内容ではないことになる。同様に、神と民との主従関係の変更なども、テクスト構造が強調しようとする対立点ではない。してみると、律法の同質性を根拠に新しい契約と古い契約の間に差異がないことを主張する論者は、テクスト構造が主張しようとする対照を取り違えていることになるだろう。それゆえ、第一の点は、「新しい契約」が新しくないという主張のための根拠としては不適である。

　では、第二の点、「ベリート・ハダーシャー」を「更新された契約」と訳す方向についてはどうだろうか。ここでもやはりテクストの構造に注目してみると、一つ目の 32aα1-33aα 節の形式は大きな枠組みを作って、新旧の契約を対照させている。すると、グロースのいう通り、テクスト構造において、議論の重心は両者の連続性ではなく非連続性のほうに置かれている[705]。その上、語彙の上でも、グロースが示している通り、ヘブライ語において「新し

704　Krašovec, Jože., 'Vergebung und neuer Bund nach Jer 31,31-34', ZAW 105 (Heft 3), 1993, S. 435.

705　Groß, *Zukunft*, S. 148.

い」と「更新」を区別した表現法が可能であるにもかかわらず、このテクストの著者が「ベリー・ト・ハ・ダーシャー」という表現を選択している[706]ということが注意されるべきであろう。したがって、「ベリー・ト・ハ・ダーシャー」は「新しい契約」と訳すほうが理にかなっている。

　では、第三の点、内容的に並行箇所があるという点についてはどうだろうか。マッケインが示す、申命記30章6, 11-14節、エゼキエル書11章19節、36章26節といった箇所には総じて、律法の内面化が記されている。すなわち、律法は、「まことに、ことばは、あなたのごく身近にあり、あなたの口にあり、あなたの心にあって、あなたはこれを行うことができる」(申30:14) ものであり、律法が置かれる最奥の場所は、人格の中心である心臓(レーブ、レーバーブ) なのである。それゆえ、律法の内面化を取り上げて、これを「新しい契約」の特殊な点とすることはできない。

　では、少し視点を変えて、そういった内面化が行われる経過が、すなわち神からの一方的な授与、介入ということが「新しさ」であるということはできるだろうか。これもまた困難であると言わざるを得ない。すでに申命記にあって、一定の条件付きであるとはいえ、心を包む皮を切り捨てるのはヤハウェである (申30:6)。また、エゼキエルにあっても、人間に「一つの心」や「新しい霊」「(石の心に対立する意味での) 肉の心」、あるいは「新しい心」を与えるのは、ヤハウェである。それゆえ、神が一方的に介入し、人間の頑なな罪性を変容させるということに、「新しい契約」の特異性があるわけではない[707]。

　こうしてみると、内容的には、実のところ「新しい契約」はなんら新しいものではないのだ、という結論が導き出されそうではあるが、ここでもう一度問うてみるべきは、そういった、トーラーの不変性や内面化が、果たして「新しい契約」の本義であったか、ということである。「新しい契約」において、トーラーの内面化という考えは第一の「nicht..., sondern...」形式(32aα1-33aα節) によって導入されるが、この形式によって語られる「新しさ」は話の途中でしかない。むしろ「新しい契約」の文面は、第二の「nicht...,

---

706　Ibid., S. 149.
707　この点について、近年でも、マイアーが新しい契約の特異性を、「エレミヤ書31章33節に表明された、ヤハウェによって心に書き込まれたトーラーという思考」にあると見る (Maier, *Jeremia als Lehrer der Tora*, S. 345)。

sondern...」形式（34aα-34bα 節）によって先へと進むのである。この第二の形式が強調するのは、すべての者がヤハウェを知る、ということだ。

　このことが引き起こすことになる二つの結果に注目しておきたい。一つ目は、トーラー自体は微塵も否定されていないにもかかわらず、グロースやK. シュミットが指摘するように、トーラーの教授活動は廃棄され、否定されることが含意されうるということである（34a 節）[708]。二つ目は、一つ目の点と関連し、トーラーを知るものと知らないものの間の、あるいは教えるものと教えられるものの間の区別がもはや撤廃され、両者の間の対立がなくなった、共生のヴィジョンが示唆されるということだ。

　さらに言えば、この共生のヴィジョンは、すでに第一の「nicht...,sondern...」形式の中にすでに先取りされている。というのは、最初の宣言において「イスラエルの家とユダの家」（31bβ 節）と結ばれるはずのこの契約は、二回目の宣言では、南北両王国の総称としての「イスラエルの家」（33aα 節）と結ばれると言われ、そこでは、分断された二つの国家ではなく、統合され共生へと促される一つの民となることが含意されているからである[709][710]。すなわち、「新しい契約」は、一つの民のなかに生じた政治的分離と宗教的区別を再び統合し、両者の共生のヴィジョンを描いていることになる。

　その上、こうした共生のヴィジョンが何に基づいているのかを問うとき、この契約全体がヤハウェの赦しのみを根拠としていること（34bβγ 節）が洞察される。そうであるならば、ここにこそ「新しい契約」の本義があることになるだろう。そして、こうした赦しの思想は、上に挙げた類似箇所、申命記 30 章 6, 11-14 節、エゼキエル書 11 章 19 節、36 章 26 節には見られないものである。それゆえ、「新しい契約」の「新しさ」はこの点に求められなけ

---

[708] Groß, *Zukunft*, S. 146; K. Schmid, *Buchgestalten*, S. 67f.
[709] Groß, *Zukunft*, S. 142.
[710] 　もちろん、これらの二つの語法の違いから、両者は二つの資料に由来しているとする考えがないわけではない。しかし、多くの研究者が認めるようにエレ 31:31-34 がそれ自体一つの統一体をなしており、また、本文で論じている通り、共生・統合というヴィジョンにおいて、構造的・意味的にも説明しうることから、「イスラエルの家とユダの家」と「イスラエルの家」の表記の揺れを安易に二つの資料に帰す見方について、本稿は懐疑的である。

ればならない[711][712]。

6.4.「新しい契約」と申命記史家

6.4.1. 赦しの概念と申命記史家的発想

だが、赦しという発想こそが新しい契約の「新しさ」であり、特異点であるなら、赦しという概念は、しかし、申命記史家的な発想ではなかっただろうか、という疑問が湧き上がる。あるいは、ヘブライ語で赦しを意味するサーラハの用例は、多くが捕囚期以降のものではなかったかと考えられる。で

---

711 Krašovec, J., *Vergebung und neuer Bund*, S. 433f., 436; Groß, *Zukunft*, S. 150; 関根清三『旧約聖書と哲学』、232 頁。

712 ところで、新しい契約の新しさを最小限に理解しようとする論者たちの背景には、キリスト教とユダヤ教の対立を考えようという思いが、あるいはもっと踏み込んでいえば、キリスト教的世界のなかにある反ユダヤ主義的なものの根拠として、このエレミヤ書の箇所を使わせまい、とする意図がある。この意図はすでにドゥームにあって、新しい契約と古い契約の対立はキリスト教とユダヤ教の二つの宗教の対立ではなく、単に歴史的な時代の違いにすぎないというふうに主張されていた（Duhm, S. 255）。レヴィンにとっても、このテクストの解釈者は、新約的・キリスト教的な先入見から自由にならなければならないという意図がある（Levin, S. 140）。つまり、新しい契約を過小評価しようとする傾向の裏には、むしろ旧約のテクストを新約に引きつけて理解してしまうことを避けようとするアカデミックな規矩があり、このテクストの解釈史が福音書以来避け難く帯びてきてしまった政治性への懸念がある。であるなら、新しい契約を過小評価しようとする論者たちが問うているものは、むしろこのテクストを読む読者自身の先入見であり、予断であり、あるいは読者自身の地平なのである。実際、この点は、十分に注意が払われなければならない。しかし、このことがかえって軽々しく旧約思想の限界を設定することになりはしないか、という点にまで注意は払われなければならないだろう。読者自身の先入見を避けようとするあまり、逆にテクストの価値を過小評価する方向に傾くことも、また一種の先入見となってしまう。

そうした問題の解決のために、最善ではないにせよ、次善でありうる方法は、本稿が後に触れることとなる哲学的解釈学の方向であるように思われる。そこにおいて、ドゥームやレヴィンの指摘の中心にある、読者による先入見の混入という危惧は、単純に肯定されるのでも廃棄されるのでもなく、むしろテクストの深みへと分け入るための契機となる。

あるなら「新しい契約」の著者は、やはり申命記史家であるということになりはしないだろうか。

「新しい契約」の著者を申命記史家的編集者とするティールによれば、サーラハの 33 の用例のうち、確実に捕囚期前のものと考えられる例は 4 例（王下 5:18〔2 例〕[713]、アモ 7:2、エレ 5:7 [714]）だけであり、多くは捕囚期（申 29:19、哀 3:42）に見られ、とりわけ、申命記史家的なテクスト（王上 8:30, 34, 36, 39, 50、王下 24:4、エレ 31:34, 36:3）に見られるという[715]。こうした統計学的な羅列によれば、確かにサーラハという概念が広く浸透したのは捕囚期以降であり、その功績は申命記史家に帰せられるといいうるように見える。

しかし、もう一歩踏み込んで、サーラハという語の使われる文脈についても考慮するとどうなるだろうか。ティールが捕囚期以前の例とするものからエレミヤの用例を除いた 3 例は、いずれも人間の側からヤハウェに対して「お赦しください」という願い求めとして使われている。また、ティールが捕囚期の例とする 2 例は、いずれも、ヤハウェが罪を犯した者を「赦さない」という表現で使われている。

とりわけ注目すべきは、申命記史家的テクスト、祭司的伝統に連なるテクスト、捕囚期以降の用例に共通する型である。典型的に申命記史家的なテクストと見られる列王記上 8 章の 5 つの用例は、サーラハの前に必ず「シャーマウ（聞く）」が先行する。つまり、イスラエルの民がヤハウェに祈り、願いを捧げることを、ヤハウェが聞き入れることを願い、そうしてのちに、赦してくださるように、という形式が固持されている。そして、この祈りの前にはさらに、ヤハウェへの立ち帰りが先立つことになる（33, 35, 48 節）。したがって、ここには、「立ち帰り→祈り・願い求め→ヤハウェによる聞き入れ→ヤハウェによる赦し」という型は確固として抜き難い。この「シャーマウ→サーラハ」という型は列王記上 8 章の並行箇所である歴代誌下 6 章でも

---

713 イスラエル人でないものがヤハウェに赦しを乞うこの節を、捕囚期以降の考えだとする研究者もいる。Hentschel, Georg., *2 Könige, Die Neue Echter Bibel*, Würzburg, Echter Verlag, 1985, S. 24.

714 エレ 5:1 の用例については、ティールは 7 節に倣った加筆とする。Thiel, 1981, S. 26. Anm. 23.

715 Thiel, 1981, S. 26.

同様に確認することができる[716]。まず民が立ち帰り、ヤハウェに祈ることが赦しの条件となっているのである。

その他の用例についても、祭司が執り行う贖いの祭儀の結果として赦しが告げられるという例[717]か、あるいはパターナリズム的な着想のもとで無思慮な誓願の破棄が赦されるという例[718]で、サーラハは用いられる。

こうした用例を見てゆく限り、サーラハのほとんどの用例は、人間の側の立ち帰り、及びその表明としての祈りや贖いの犠牲といったものに結びついており[719]、こうした祈りや願い求めと無関係に用いられる例はほとんどない。願い求めや讃美の祈りのなかで用いられる例や、立ち帰りや贖いの相関として与えられる例を除き、ヤハウェを主語とし、かつ無条件的な赦しの宣言として使われるサーラハの用例は、エレミヤ書31章34節、33章8節、50章20節にしかない。その上、33章8節がエレミヤの要素と申命記史家的用語法が混交された箇所であり[720]、また、50章20節が31章34節から取られていると考えられる限り[721]、ヤハウェから布告される無条件的なサーラハは、エレミヤ書31章34節を最初の例とするはずである。したがって、新しい契約の「新しさ」は、この無条件的な赦しの布告にある。しかも無条件的な罪の赦しが契約の基礎となるという思考は、単にこの箇所において旧約中初出となるというだけでなく、旧約中ほかに類を見ない思想だというべきだろう[722]。

こうした無条件的な罪の赦しという点に注目したとき、「新しい契約」に

---

716 代下 6:21, 25, 27, 30, 39。
717 レビ 4:20, 26, 31, 35, 5:10, 13, 16, 18, 26, 19:22、民 15:25, 26, 28。
718 民 30: 6, 9, 13。
719 サーラハのその他の用例としては、出 34:9、民 14:19, 20、王下 24:4、代下 7:14、ネヘ 9:17、詩 25:11, 86:5, 103:3, 130:4、イザ 55:7、エレ 5:1, 7, 31:34, 33:8, 36:3, 50:20、ダニ 9:9, 19。
720 Thiel, 1981, S. 37.
721 Maier, *Jeremia als Lehrer der Tora*, S. 343, Anm. 66.
722 もっとも、無条件的な片務契約としては、ノア契約（創 9:8-17）、アブラハム契約（創 15, 17 章）、ダビデ契約（サム下 7:1-17、代上 17:16-27）も考えられる（ただし、アブラハム契約の場合、創 17 章では割礼が義務付けられるので、純粋な片務契約は無条件的な土地授与を約束する創 15 章を考えることになる）。しかし、これらの無条件的な契約と比較しても、明示的に罪の赦しに言及する点で、「新しい契約」の特殊性は際立っている。

含まれるサーラハはむしろ申命記史家的発想には対立するというべきではないだろうか。なぜなら、申命記史家的発想においては、サーラハの発動は立ち帰りという人間の行為を必要としているからである。それゆえ、両者において、たとえ語彙が同じであるにしても、これを根拠として「新しい契約」が申命記史家的編集者に由来すると判断することは拙速であり不十分だと言わざるを得ない。むしろ、悔い改め、立ち帰りとの相関概念として定型的に用いられるサーラハを独立させ、単独で用いることは、史家的思考を転倒させるようなアイロニーですらありうるのである。

6.4.2. 申命記史家と「新しい契約」との間の思想的対立

サーラハの用例において「新しい契約」と申命記史家的発想が実は対立しているというのみならず、他の点においても「新しい契約」と申命記史家的発想が対立していることを示すものがある。確かに「新しい契約」の語句は申命記史家的編集句と関連しているのだが、しかし、この箇所が申命記史家的編集の思想とは異なっている点を、グロースは幾つか挙げている[723]。

グロースによれば、第一に、もしこれが申命記史家的なテクストであれば当然想定しうるはずの、十戒の第一戒及び異教崇拝の排除といった文面が、「新しい契約」には欠けている[724]。さらに、第二に、民によるあらゆるイニシアティヴ、なかんずく「ヤハウェへの立ち帰り」という鍵語が欠けている。第三に、心に書き込まれたトーラーという比喩から導かれる申命記的思想との不整合。第四に、先ほどもふれたトーラーの教授行為の否定がある。こうしてグロースはこの四点から、エレミヤ書31章31-34節が申命記史家的発想をむしろ否定するものだと考える。

グロースの挙げる第一、第二点については特に説明の必要はないだろうが、第三点は、やや議論が入り組んでおり、整理しておく必要がある。グロースの議論に少し手を加えて解説すると次のようになる。「彼らの心に」（31:33aγ）という表現は、「彼らの真ん中に」（31:33aβ）とともに、33aβ-33aγ節というキアスティックな構造の中心をなしており、さらに定動詞に先行し

723　Groß, *Zukunft*, S. 144-146.
724　バーアルティーの語に神バアルの名前を読み取り、異教崇拝の要素を読み込む必然性がないことについては、本書250-251頁参照。

ていることから、これが強調部分であることがわかる。ところで、多くの注解者が指摘するように、33aβγ 節と関連しているように見える「ユダの罪は鉄の筆と金剛石のとがりでしるされ、彼らの心の板と彼らの祭壇の角に刻まれている」(エレ 17:1) という文面を想起すると、33aγ 節が意図する対立構造は、心に刻み込まれているものが「罪かトーラーか」という対立構造であるように見える。しかし、構文上の強調形式に従うと、「彼らの心に」こそが強調点であったのだから、33aβγ 節が問題としている対立構造は、実は「心に刻まれたトーラーか、それとも巻物に記されたトーラーか」という対立構造となるはずである。そうであるなら、33aγ 節は巻物や石板などに書かれたトーラーが受容されることを断念し、否定していることになるが、これは申命記的 – 申命記史家的な原則に対立している。なぜなら、申命記 6 章 4-9 節に見られるようにトーラーを教えることは申命記の中心的な考えであり、この考えはトーラーが受容可能・教授可能であることをそもそも前提としているからだ。以上がグロースの議論である。こうしたグロースの議論を、第四点の書かれたトーラーの教授行為に対する疑念が反申命記的であるという評価において K. シュミットや [725] マイアーが追従している [726]。

　グロースの議論はどれほど妥当だろうか。第一点目、十戒の第一戒及び異教崇拝の排除が書かれていないからといって申命記主義的ではないというのは、それほど強い論拠ではない。確かに申命記主義的なテクストはしばしば第一戒が破られたことに憤慨し、異教崇拝を断罪するが、必ずそうだというわけではない。もちろん蓋然性は高いが、決定打ではない。第二の点は、第三、第四の点と関連しているように思われるので、先に第三、第四点を検討しておこう。

　第三の点、つまり強調点が 33aγ 節「彼らの心に」であり、この対蹠点が「書かれたトーラー」であるという議論において、グロースが提示している論拠は、「彼らの心に」という語を囲むキアスムとこの語が定動詞に先行している構造である。だが、33aβγ 節が対句表現でもあることを考慮すれば、33aβ 節は「彼らの真ん中（ベキルバーム）」として、集団におけるトーラーの中心的位置を示し、33aγ 節が「彼らの心に（アル・リッバーム）」とし

725　K. Schmid, *Buchgestalten*, S. 302.
726　Maier, *Jeremia als Lehrer der Tora*, S. 340.

て、個人におけるトーラーの中心的位置を示しており、それぞれに強調する方向がわずかに異なる。グロースはこの対句的表現が強調する要素の片方だけ、個人的要素に注目しているにすぎないことになる。そうであれば、33aγ節の対蹠点は、外的に書かれたトーラーだけではないことになるだろう。つまり、グロースの議論は、誤りではないにせよ、一面的である。

さらに、グロースが誤りだとして退けた、心に刻まれているものが「罪かトーラーか」という対立構造は、本当に彼の言うように退けられうるのだろうか。33aγ節の対蹠点を罪と理解させる契機となるエレミヤ書17章1節が含んでいる思想は、文字通りに受け取ることを超えて敷衍すれば、ユダの民の罪性の根深さを物語るものである。ところで、こうしたユダの罪性の根深さは、エレミヤ書31章31-32節が暗に示していたものではなかったろうか。すなわち、すでに述べたように31章31-32節では、契約を破棄した「彼ら」が過去の父祖たちと現在の民の両者のいずれとも取れるようなレトリックを用い、絶え間ない罪の歴史を暗示していた。とするなら、ここで示唆されている罪への洞察は、17章1節の示す洞察から遠いものではないのである。こうして、31章31-32節のレトリックが、イスラエルの罪深さの認識へと読者を導くものである限り、17章1節との関連において31章33節を捉える読みは、排除されるものではない。

では、グロースの第三点の主張は誤りだというべきだろうか。そうではない。グロースの第四点が示しているように、教えるものと教えられるものの区別がなくなり、すべてのものがヤハウェを知るようになったところでは、もはや外的に書かれたトーラーは用をなさないと考えられるのであり、そうであるなら、33aγ節が実は巻物に書かれたトーラーに対する疑念を表明しているのであるという、グロースの第三点が示す読みの可能性もまた排除されるものではない。ただし、それは含意されているものの一部なのである。

だが、グロースが非申命記主義的な理由として挙げる第四点、教えるものと教えられるものの区別の廃棄を語る34aα-34bα節はむしろ申命記主義的な立場を示すのではないかという主張もありうる。すなわち、かつてドゥームが語ったように、すべてのユダヤの民がトーラーを暗唱するほどに理解し、律法教師がもはや努力を要しなくなるという理想状態は、律法教師たち自身の悲願であり、その目的においてはむしろ申命記主義的だというべきではないかとも考えられる。確かに、トーラー自体の基本的な理解と永続性につい

ては、申命記主義とエレミヤ書 31 章 31-34 節の著者の間には顕著な差がない。「新しい契約」においても、トーラー自体は不変なのだ。すると、民のすべてがトーラーを遵守するという理想状態自体は、申命記主義的な著者と「新しい契約」の著者の両者に共有された理想である。

　トーラー自体は不変であるとなると、申命記律法が外的な法体系であるという点と、これを教えることができるし、そうしなければならないという可能と義務（申 6:4-9, 11:18-20）の点、この二点が、トーラーの内面性とトーラーを教えることができるのは人間ではなくヤハウェであるというエレミヤ書 31 章 31-34 節の特徴と対立しているがゆえに、エレミヤ書 31 章 31-34 節は申命記-申命記主義的ではない、という論定が下されることになる。

　しかしここでも、異議は生じうる。というのは、申命記律法が外的な法体系だという断定もまた一面的だからである。申命記 30 章 6 節は、頑なさの原因である「心を包む皮」を切り捨てるものがヤハウェであることを伝えており[727]、このことはすでに、トーラーの内面性を目指し、かつ人にトーラーを教える究極的な力がヤハウェに淵源することを洞察したものである。そもそも、申命記律法の中核となる十戒のスタイルは二人称未完了形であって、これは「～するな」という禁令の語法ではなく、元来は「きみは～しないだろう」という信頼の語法である。すなわち、神の愛の場に目覚めた人間は、命令として下されずとも、神の望む平和を乱すようなことはしないはずだ、という信頼を語る表現によって十戒は書かれているのであり[728]、この申命記のスタイルを単に外面的なものとし、神からの内在的働きを欠くものだとすることは、やはり一面的な断定にすぎないと言わざるを得ない。

　こうした意味では、すなわち、本来の律法は内在から湧き起こって自律的に応答する主体であることを促す信頼の語りであるという意味では、エレミヤ書 31 章 31-34 節は申命記的でありうるのである。すると、問題は、申命記 30 章 6 節や十戒のような神からの内在的・一方的働きを示唆する箇所と、「シェマウ・イスラエル」として半ば定式化されている申命記 6 章 4-9 節の外的かつ履行可能な義務として課せられた命法のどちらを重視することが、

727　関根清三『旧約聖書と哲学』、231 頁。
728　関根清三『旧約における超越と象徴――解釈学的経験の系譜』東京大学出版会、1994 年、82-94 頁。また、関根正雄『関根正雄著作集　第 4 巻』新地書房、1985 年、97 頁。

申命記のより中心的な意義であるか、という問いになる。いや、この問いをより適切な形に整えるならば、申命記主義的編集者たちにとって、申命記のより中心的な意義と映ったのは、申命記30章6節か、それとも申命記6章4-9節か、という問いである。

このように問いを変形していったとき、この問いに対する答えは、申命記主義的編集者にとって重要だったのは「シェマウ・イスラエル」すなわち申命記6章4-9節だと答えることができる。なぜなら、第一に、申命記主義的編集者はときおり、奇妙にトーラーを文字通りに述べることによって、律法の文字通りの遵守を求める[729]が、このとき彼らは書かれた律法の外的側面を強調しているように思われるからだ。

第二に、申命記主義的編集の最大の特徴というべき択一形式の説教が成立するためには、人間の側に、たとえば悔い改めや立ち帰りを選択・決断するという形で一種のイニシアティヴが与えられなければならないが、これは神からの内在的な促しを強調する立場とは対立する。申命記の「シェマウ・イスラエル」の宣言において、ヤハウェへの立ち帰りと悔い改めや律法の遵守を求める要求は外的に与えられ、個々人はその要求に対して決断するか否かを迫られるが、決断の最終的な力と責任はあくまで個々人に帰せられる。

第三に、申命記主義的編集句が持つ高踏的な命法のスタイル自体が、「シェマウ・イスラエル」という命法と親和的である。「シェマウ・イスラエル」の最終的なテクストの確定がいつかという問題を措いても、「シェマウ」の宣言は、あるいはヨシヤによる北イスラエルの同化政策の際に用いられた「唯一の神、唯一の聖所、一つの国民」[730]という理念、あるいは捕囚下で「イスラエル」というアイデンティティを保つために用いられた理念、それともあるいは帰還後の国民を統一するための理念と解することができる。それらの理念はいずれも、そう用いられる限りで、政治的な色彩を帯び、また存在‐神‐論な輝きを帯びてしまうが、これは申命記主義的な「歴史を導く神」の表象に親和的だと考えられるのだ。

第三点にはさらに、申命記において「神を愛する」という概念が、人格同士の実存的な結びつきというよりは、むしろ政治的な忠誠を尽くす意味で用

729　関根清三『旧約聖書と哲学』、223頁。
730　鈴木佳秀『ヘブライズム法思想の源流』創文社、2005年、144頁。

いられる[731]ことを付け加えてもいいかもしれない。フォン・ラートも指摘するように、申命記では、ヤハウェとイスラエルの関係は、ホセアのような夫婦愛の表象によってではなく、父と息子のような垂直的な表象によって理解される[732]。

以上の点から、申命記主義的編集がより重視した申命記的思想の内実は申命記6章4-9節の系統であると考えられる。

こうした意味でならば、外的に書かれたトーラーが教授可能であり義務であると考える申命記6章4-9節の立場が、申命記主義的編集にとっての申命記の中心的思考であるとすることは許されるだろう。すると、すべての者がヤハウェを知るという理想状態においては申命記主義的にも見えたエレミヤ書31章31-34節は、この理想状態を達成する手段を鑑みたときに、反申命記主義的だということになる。なぜなら、33aβγ節にあるように、トーラーを教えうるのがヤハウェであるという言明は、律法教師の活動が無意味なものであることを仄めかしており、このことは律法教師が廃絶された状況を語る34abα節とも整合するからである。この状況においては、律法教師同様、外的に書かれたトーラーも廃棄されることになるだろう。

ところで、論じ残していたグロースの主張の第二点、「ヤハウェへの立ち帰り」という鍵語が欠けていることが、エレミヤ書31章31-34節の非申命記主義的立場を示しているということについてはどうだろうか。この点については、偶然この「立ち帰り」という鍵語が欠けているにすぎないといって済ませることは、もはやできないはずである。一面ではトーラーを与え内面化させるのが神であり、他面では律法教師の活動が否定されたところでは、原理的に、悔い改めて立ち帰り、律法を遵守するという人間の側からのイニシアティヴが許容される余地はない。つまり、「立ち帰り」という契機は

---

731 Moran, William L., 'The Ancient Near Eastern Background of Love of God in Deuteronomy', Catholic Biblical Quartely 25, 1963, pp. 77-87.

732 Von Rad, Gerhard., *Das fünfte Buch Mose: Deuteronomium*, Das Alte Testament Deutsch, Bd.8, Göttingen, Vandenhoeck & Ruprecht, 1964, S. 46; ゲルハルト・フォン・ラート『申命記』鈴木佳秀訳、ATD旧約聖書註解5-1、ATD・NTD聖書註解刊行会、2003年、99頁。申8:5, 14:1とホセ11:1-4を比較のこと。同じ親子関係の比喩でも、ホセアでは無力な幼児の世話をする父の表象であり、申命記ではある程度成長した息子を訓戒する家父長的な父の表象である。

偶々言及されていないのではなく、必然的に言及され得ないのだというべきだろう。

　以上、グロースの洞察を批判的に検討してきた。その結果、グロースの議論の難点を指摘せざるを得なかったにせよ、大きな方向としては、彼の言う通り、思想的には「新しい契約」と申命記主義的編集は、実は対立し合っているということができるだろう。

6.5. ポスト申命記主義的編集説

　前節で、グロースに沿いながら確認してきたことは、エレミヤ書 31 章 31-34 節の「新しい契約」と申命記主義的編集とは思想的には相互に異なるものであるということであった。だが、そうであるなら、次のような問いが生じることになるだろう。このテクストは思想的には申命記主義的ではないにもかかわらず、語彙的には申命記主義的な特徴を示す言葉が多用されているのは何故か、という問いである。こうした問いに対する答えの方途として、グロース及び K. シュミットが提出する仮説が、「新しい契約」の著者を申命記主義的編集以降、あるいは捕囚期以降の編集者とするというものである。

　グロースは、先に本稿が検討してきた四つの点から、エレミヤ書 31 章 31-34 節の著者が申命記主義的な神学と定式を熟知していながら、これに反抗する意図をもっていた者であると見て、申命記主義以降の成立を考えている[733]。ただし、グロースはそれほど詳細な論証を展開しているわけではない。

　グロースの議論をもう一歩詳しく展開したのは K. シュミットで、彼は、私見によれば、主に三つの点で、新しい契約が捕囚期以降の成立であることを主張する。第一に、エゼキエル書への依拠、第二に知恵文学との近さ、そしてとりわけ、第三にエズラへの依拠である。

　第一の点について、エゼキエル書 11 章 19 節、18 章 31 節、36 章 26 節には、エレミヤ書 31 章 31-34 節と似た思想が認められ、通例これはエレミヤ書からエゼキエル書への影響と考えられているのだが、K. シュミットは、この影響関係を逆転させ、時代的にはエゼキエル書のこれらの箇所がエレミ

733　Groß, *Zukunft*, S. 146.

ヤ書31章31-34節に先行しているとする。というのは、エゼキエル書11章19節は明らかにエレミヤ書32章39節を引用しているが、なぜかエレミヤ書31章31-34節ではない。この理由は、エゼキエル書の著者が引用した時点で成立していたテクストはエレミヤ書32章37-41節であって、並行テクストであるエレミヤ書31章31-34節は、これよりも後に成立したからである、とシュミットは考える。また、エゼキエル書36章26節以下にもエレミヤ書31章31-34節との連関が認められるが、ここでもシュミットは通説に反してエレミヤ書のテクストをより後代と見て、「エレミヤ書31章33節はエゼキエル書36章27節に対する醒めた反応であると見なされうる。というのは、心にトーラーを持つ者は、ヤハウェの律法を実現するためのヤハウェの霊を必要とはしないからである」[734]という。さらにエゼキエル書36章27節には、神の霊の付与という観点を持つ、同様の伝統に属するテクストが多いのに対し[735]、心の中のトーラーというエレミヤ書31章33節に由来するテクストが極端に少ないことが、エレミヤ書31章31-34節がより遅い成立を見たことの根拠だと、シュミットは考える[736]。

だが、この推論には問題がある。エゼキエル書11章19節とエレミヤ書との関係について言えば、シュミット自身が認めているように、argumentum e silentio であって、通説を覆すほどの決定力を持ってはいない[737]。また、エゼキエル書36章26節以下との関係については、エレミヤ書31章33節がエゼキエルに対する醒めた反応だという判断自体が、主観的なものにすぎないばかりか、しばしばユートピア的性格を指摘されているエレミヤ書31章31-34節の性格を見落としていることを示している。また、心の中のトーラーという考えに類例が少ないという点については、シュミットは奇妙なことに申命記30章6, 14節のような典型的なテクストに言及しておらず、あまりに一面的な断言だと言わざるを得ない。

加えて、ティールはシュミットへの書評のなかで、シュミットのこの判定を次のように批判している。ティールによれば、31章31-34節が32章36-41節より若いテクストだというのは考えにくい。というのは、新しい契

734　K. Schmid, *Buchgestalten*, S. 83.
735　シュミットが挙げる典型例は第二イザヤに属するイザ44:3。
736　K. Schmid, *Buchgestalten*, S. 83.
737　Ibid.

約というテーマは 31 章 31-34 節でのみ完結したまとまりを成しているのに対して、関連するその他のテクスト（エレ 32:37-41、エゼ 36:24-28, 37:21-28）では、離散した民が集められ、もとの土地に帰還するという約束が付加されているからである。この点に加えて、さらにティールはエゼキエル書 36 章と 37 章への注意を喚起するが、彼が見るところでは、エゼキエル書 36 章では偶像の汚れからの清めと律法における変容が付け加わり、37 章では一つの民への再統合と新しいダビデ、さらにイスラエルのなかに神の聖所を置くという約束が付け加わっている。こうした展開はむしろ伝承史的な思想の発展というべきであって、そうであるならば、エレミヤ書 31 章 31-34 節がこれらのテクストの展開の動因となったと見るほうがより確からしい、とティールは論じている[738]。このティールの批判はテクスト及び思想の発展という観点から一貫しており、K. シュミットの思いつきのような議論よりも説得力があるといいうるだろう。

　それゆえ、新しい契約が捕囚期以降の成立であることを主張する第一の点については首肯されない。

　では、第二の点、知恵文学との近さについてはどうだろうか。K. シュミットは、エレミヤ書 32 章 37-41 節と 31 章 31-34 節には救済の時代における人間の変容が視野に収められていることから、この二つのテクストと知恵文書における人間理解との親近性を認め、創世記 1-11 章、詩篇、さらにヨブ記や箴言、コーヘレス書などの知恵文学と歴史的に近しいと考える[739]。

　しかしこれも、時代査定の手掛かりとしては非常に難しいと言わざるを得ない。議論が極めて大雑把であることを除いても、すでに定説が崩れている創世記の成立を根拠とするにはもっと精緻な議論が必要になるはずであるし、詩篇はそもそも時代査定が非常に困難である。また、同じ知恵文学でも箴言とコーヘレス書では成立年代が大きく乖離することとなる[740]。すなわち、知恵文学との思想的親近性は時代査定について何事も言い得ない。のみならず、エレミヤ自身に、初期の知恵文学の知識は伝えられていたと見ることができ

738　Thiel, W., 'Das Jeremiabuch als Literatur', in Verkündigung und Forschung 43. Jg., Heft 2, Chr. Kaiser/ Gütersloher Verlagshaus, 1998, S. 79.

739　K. Schmid, *Buchgestalten*, S. 373.

740　「知恵文学」及び「伝道の書」、『旧約新約聖書大事典』参照。

るのだから[741]、なおのこと捕囚期以降とする必然性がない。したがって、第二点も、エレミヤ書 31 章 31-34 節が捕囚期以降の作であることを証明しない。

それでは第三点、エズラとの関係についてはどう考えられるだろうか。K. シュミットは次のように言う。「もしも 31 章 33 節のトーラーティーにおいて、『書き記す』というイメージの手掛かりから容易に想像されるように、書物として定着した五書を認め得るのであれば、すでに前四世紀中葉に開始されたトーラーの正典化を前提とすべきだろう」として、エレミヤ書 31 章 31-34 節の背景にはエズラ記 7 章があると、シュミットは考えている[742]。これは、エレミヤ書の成立を驚くほど後代のものとする考えになるが、シュミットの見るところでは、エレミヤ書 31 章 31-34 節は世界審判的な観点を前提としており、これはペルシアの世界支配が挫折した経験を消化するところにおいて最も考えやすいからである[743]。

だが、この主張も非常に困難である。エレミヤ書 31 章 33 節のトーラーを、申命記律法あるいはその中核としての十戒ではなく、書物として定着した五書全体と見なければならない理由は十分に提示されてはいない。つまり、時代的にエレミヤにずっと近いヨシヤの宗教改革期に「発見」された律法の書（王下 22:8）を差し置いて、エズラによる正典化を待たなければならない理由は十分には展開されていない。さらに、イスラエルとユダの家と契約を結ぶという宣言を行っているエレミヤ書 31 章 31-34 節は普遍的救済思想というよりも、民族的な個別的救済思想に傾いているのであって、ここに世界的な視点を読み込むことはかなり強引だと言わざるを得ない。

のみならず、33 節の「トーラー」を五書成立以降とする見方はシュミット自身の議論への反証ともなりうる。というのは、シュミットはエレミヤ書 31 章 31-34 節が申命記 6 章 4-9 節の、いわゆる「シェマウ・イスラエル」のテクストと構造的に類似しているがゆえに、後者に対する当て擦りであると論じていたのだが[744]、もし五書のテクストが確定した後であるならば、なぜエレミヤ書 31 章 31-34 節の語彙が申命記 6 章 4-9 節のそれと一致していないのか、また、構造的にもより近い類似性を示しうるはずなのに、実際に

741　関根正雄『エレミヤ書註解（上）』、16 頁。
742　K. Schmid, *Buchgestalten*, S. 304.
743　Ibid., S. 304, Anm. 499.
744　Ibid., S. 81.

はそうなっていないのはなぜなのか、という疑問に答えられないからである。してみると、第三点についても、支持することはできない。

　要するに、エレミヤ書 31 章 31-34 節の成立を捕囚期以降あるいは申命記主義以降とする論拠はいずれも薄弱なのである。結局のところ、確かなのはエレミヤ書 31 章 31-34 節が、語句的には申命記主義的であるが、思想的には申命記主義とは対立している、ということだけである。するとこの問いに対する可能な解答は、エレミヤもまた申命記主義的な環境に生きていたことから、エレミヤ自身に遡るこの言葉が申命記主義的編集の語法と一致したとする、エレミヤ真正説を慎重に主張するか、あるいは、エレミヤに遡る発想を申命記主義的編集が自分たちの語句で縁取ったという実質的真正説かのどちらかとなる。あるいは、思想的にも申命記史家によるという説に固執するなら、彼らのうちの一部が、申命記 30 章 6 節を申命記 6 章 4-9 節よりも重要視し、その他の箇所の申命記主義的編集を補完するものとして創作したというような想定であれば生き残りうるかもしれない。だが、そうした想定はもはや申命記主義的編集を思想的に統一された編集と見做す仮説から逸脱するものになる。

　さて、しかし、エレミヤ真正説を復活させるにせよ、あるいは実質的真正説を擁護するにせよ、「新しい契約」の中核がエレミヤのものでなければならないという、積極的な理由はありうるのだろうか。この問いに答えるために、次に我々は哲学的解釈の方法を試みたい。

第7章

「新しい契約」の哲学的解釈

7.1. 赦しをめぐる哲学的思考

　さて、「新しい契約」についてエレミヤの真正説を主張しようとするにせよ、実質的真正性を主張しようとするにせよ、そこで問題になる問いは、何が「新しい契約」の中核的な価値なのか、ということである。この問いに対して、「新しい契約」が「新しい」所以、あるいは「新しい契約」の特異性が、ヤハウェからの無条件的な罪の赦しにあることを本稿は示してきた。この中核が見失われない限り、このテクストに小さな加筆や編集が加えられたことが認められるにしても、このテクスト自体の意味と価値は大きく傷つくことにはならないだろう。それゆえ、「新しい契約」の中心点に置かれるこの赦しの思考に分析の焦点をあてることによって、このテクストの中核的思想が誰に帰されるべきかが明らかとなるはずである。

　このような見通しのもと、とはいえ赦しという困難な思考を分析するために、本稿は次に、赦しについて論じた哲学者たちに注目してゆきたい。注目されるのは、アーレント、ジャンケレヴィッチ、デリダ、そして参照項としてリクールである。注目される哲学者たちが二十世紀以降に限られることになるのは、技術上の問題もあるが、何より彼らがホロコーストという史上稀に見る悪の体験を踏まえた上で、みずからの議論を展開しようとしているからにほかならない。

7.1.1. アーレントの赦し論

　ハンナ・アーレントは『人間の条件』の一部で赦しについて論じている。この書におけるアーレントの議論は、基本的に人間の三つの基礎的な活動力という区分に従って構築されている。三つの基礎的な活動力というのは、

第一に人間の肉体的・生物的条件に対応する活動力である「労働（labor）」、第二に人間存在の非自然性に対応する活動力、言い換えれば、「人工物」を作り出す活動力である「仕事（work）」、第三に人間と人間との間で行われる活動力である「活動（action）」である[745]。

これら三つの活動力それぞれが直面することになる苦境について、アーレントは救済策をそれぞれ次のように考える。第一の活動力を実現する「労働する動物」は、「生命過程の反復的なサイクルに閉じ込められ、労働と消費の必要に永久に従属するという苦境」[746]に立たされることになるが、この「労働する動物」が救われるのは、個々の生命を超えて持続する耐久性を備えた世界を建設する「工作人」の能力によってである。ところで、第二の活動力を実現している「工作人」も、手段と目的の連関へと自閉する世界のなかでは無意味性に落ち込むほかないという苦境に立たされることになるが、この「工作人」は「活動と言論という相互に連関した能力」[747]によって救われるという。つまり、人と人との間で行われる「活動」という能力が「工作人」に有意味性を与えることによって、「工作人」は救われることになる。要するに、ここまでのところでは、人間の三つの基礎的な活動力のうち、「労働」「仕事」にはそれぞれの活動力の外部、すなわち第二、第三の活動力から救済が与えられるとアーレントは考える。

となると、第三の活動力である「活動」に従事する人間の場合は、この人間が直面する苦境からの救済はどこから与えられることになるのだろうか。この「活動」する人間に救済を与えるのは、外部や高次の力ではなく、「活動」それ自体に内在的な力であり、それが、「赦し」と「約束」であると、アーレントは論じている[748]。

赦しと約束は、それぞれ不可逆性と不可予言性という人間の活動に伴う二

---

[745] Arendt, Hannah., *The Human Condition*, Second Edition, Chicago, The University of Chicago Press, 1998, p. 7; ハンナ・アレント『人間の条件』志水速雄訳、ちくま学芸文庫、1994年、19-20頁。以下、アーレント『人間の条件』からの引用は志水による邦訳に依拠するが一部改変させていただいた。

[746] Arendt, *The Human Condition*, p. 236; アーレント『人間の条件』、370頁。

[747] Ibid.; 同。

[748] Ibid., pp. 236f.; 同、371頁。

つの苦境からの救済策であるとアーレントは位置付ける[749]。不可逆性というのは、「人間が自分の行っていることを知らず、知ることもできなかったにもかかわらず、自分が行ってしまったことを元に戻すことができない」[750]ということであり、不可逆性から人間を救い出すものが赦しと言われる。すなわち、ここでは赦しは、過去に対する救済手段となる。一方、不可予言性は、人間が自分の行為が引き起こす連鎖の結果を十分に予測できず、またそもそも人間が頼りない存在であるがゆえに引き起こされるものであり[751]、人間関係における活動の継続に困難を引き起こす[752]。不可予言性に陥って活動の連続性が妨げられるという未来への予防的な救済が約束だということになるだろう。

このような、過去と未来に対する人間の無力さから人間を解放する赦しと約束を、アーレントはなぜ要請することになったのだろうか。それは、「自分の行った行為から生じる結果から解放され、救されることがなければ、私たちの活動能力は、いわば、たった一つの行為に限定され」[753]て、人間と人間とが関わりあうという活動が停止することになるからである。罪が「日常的な出来事」でありながら、しかもそれが「人間の活動の本性そのものから生じる」のだから、「生活を続けてゆくためには、赦しと放免が必要であり、人びとを、彼らが知らずに行った行為から絶えず赦免しなければならない」のである[754]。つまり、アーレントが活動において赦しを要請する理由は、活動する者である人間を自由な行為者として絶えず解放し、とりもなおさず人間同士の関わりの行為である活動を継続するためである。人間に行為する自由を担保するという意味において、赦しは、実は活動一般の条件ともなっていると言えるだろう[755]。

以上のように展開されているアーレントの赦し論において、興味深いのは、

749　Ibid., pp. 236f.; 同、371 頁。
750　Ibid., p. 237; 同、371 頁。
751　Ibid., p. 244; 同、381 頁。
752　Ibid., pp. 237, 244; 同、372, 382 頁。
753　Ibid., p. 237; 同、372 頁。
754　Ibid., p. 240; 同、376 頁。
755　佐藤啓介「不可能な赦しの可能性——現代宗教哲学の観点から」、『宗教と倫理』第4号、宗教倫理学会、2004 年、67 頁（同『死者と苦しみの宗教哲学——宗教哲学の現代的可能性』晃洋書房、2017 年、22 頁）。

赦し、復讐、罰の関係である。アーレントの理解では、赦しは復讐との対立項であり、罰は赦しの反対物であるどころか代替物である。これはどういうことだろうか。

　アーレントによれば、復讐とは罪に対する反活動（re-acting）であるが、復讐という反活動を行った場合、最初の罪によって引き起こされた活動の連鎖は無限に引き起こされ、終止符を打つどころではなくなってしまう、という[756]。ところが、無限連鎖を引き起こす復讐とは対照的に、赦しはこの連鎖を断ち切る作用を持つのだとアーレントは主張する。「赦しは、単に反活動（リ・アクト）するだけでなく、それを誘発した活動によって条件づけられずに新しく予期しない仕方で活動し、したがって、赦す者も赦される者をもともに最初の活動から自由にする唯一の反応（リアクション）である」[757]。こうして、アーレントはさらにナザレのイエスにも言及しながら、赦しが、赦す者と赦される者、すなわち罪の行為者と受難者の両者を復讐の連鎖から解放し、両者に自由を与えると主張する[758][759]。つまり、復讐は罪の活動を継続させるものであるのに対し、赦しは罪の活動を終わらせるという意味で、対照的なのである。

　罰が赦しの代替物であり、両者が似ているというのも、両者がともに罪の連鎖に終止符を打つことになるからである。さらに、「赦しと罰は、干渉がなければ際限なく続くなにかを終わらせようとする点で共通している」のみならず、「人間は、自分の罰することのできないものは赦すことができず、明らかに赦すことができないものは罰することができない」[760]という事実もまた、罰と赦しの知られざる近さを証し立てるものとなっている。

　さて、しかし、それでは赦しという、恐らくは人間の活動において最も困難な活動を発動させる力はどこから来るのか。アーレントの問題提起において、この力の源を神ということは決してできない。アーレントが問うのはあ

756　Arendt, *The Human Condition*, pp. 240f.；アーレント『人間の条件』、376頁。
757　Ibid., p. 241；同、377頁。
758　Ibid.；同。
759　こう赦しについて述べるアーレントにおいて、さらに注目すべきことに、赦しが復讐の連鎖を断ち切る力学には、不可予見性が含まれている。復讐は「予見され、計算さえされうるもの」なのに対して、赦しは「けっして予見できないもの」なのである（Ibid., p. 241；同、376頁）。つまり、合理的に計算されうる復讐の力に対して、赦しがこれを切断する力は、計算されないという不可知的なものによって生じている。
760　Arendt, *The Human Condition*, p. 241；アーレント『人間の条件』、377頁。

くまでも「人間の条件」、人間的存在の次元であり、神学は参照されこそすれ、採用されてはいない。アーレントはイエスの説く愛の教説を参照するが、それは赦しの力が神から来ることを確認するためではない。「むしろ、人間が神によって赦されることを望むなら、その前に、人間がお互い同士赦し合わなければならないのである」[761] と、マタイ6章14節を解釈する。

こうして、アーレントは赦す力の源を、人間学的な次元における愛に求める。愛は、「比類のない自己暴露の力と『正体（who）』を暴露する比類のない明晰な透視力」を持っているがゆえに、愛する対象である人間が行ったこと（what）に関心を持たず、愛する人間が誰であるか（who）という点にのみ関心を持つ。このような愛がもつ人格的な力は、行為と行為者とを切り分けることによって、「行われたところのもの（what）がそれを行った者（who）のために赦される」ということを可能にする[762]。つまるところ、こうした赦しを発する力は人格を人格として認める点にある。そうであるからこそ、アーレントは、人間社会において稀であるはずの愛に代わって、赦しを与えるためには尊敬で十分[763]であるとするのである。

7.1.1.1. アーレントの赦しの問題点

極めて明快に整理されたアーレントの赦し論であるが、しかしそこに問題があることもまた指摘しておかなければならないだろう。すぐに思いつかれるのは、罰と復讐の近さである。罰も復讐も、両者はともに暴力的なのだ。

復讐における暴力と罰における暴力が区別できるのは、前者が水平的次元にあり後者が垂直的な高低差を持っているからである。しかし、アーレントの議論において、神は除外されているがゆえに、罰を罰たらしめるための仮想的な高低差を、制度なり公共性なりの方向に求めるしかなくなる。だが、この方向に求めたところで復讐と罰の両者の暴力的性格が同じ根を持つことを否定できるわけではない。このことを指摘したのがリクールであった。

リクールは正義と復讐について論じた小論において、こう問いを立てる。「正義感とはまさに復讐をのりこえようとめざすものであるのに、それを抑

761　Ibid., p. 239; 同、375 頁。
762　Ibid., pp. 241f.; 同、378 頁。
763　Ibid., p. 243; 同、380 頁。

えてどうしようもなく復讐心がまたも現れてしまう逆説」[764] はなぜ生じるのかという問いである。リクールは出発点からすでに、正義と復讐の近しさに注目している。「復讐を超えて正義感が発生する最初の段階は、憤慨の感情と一致し、それは『不正だ！』という単純な叫びに、もっとも素朴な表現を見いだす」[765] のだが、正義の感情を突き動かすこの憤慨は、「復讐欲と区別されていないが、それから遠ざかることによってすでに始まっていた」[766] ものでもある。ここにおいて、復讐と正義感の分かちがたさはすでに明らかになっている。

　では、この分かちがたい復讐と正義は何によって区分されるのか。リクールが持ち出すのは、第三者による適正な距離を設定することである[767]。リクールはこうして、苦痛を受けた被害者と罰によって加害者に与えられる苦痛の間に時間的な距離を置き、さらに両者の利害関心から離れた場所に正義を置くことで、正義と復讐とを区分しようとする。この第三者による距離をもたらすものとしてリクールは、政体、成文法、裁判所、判事という四つの構成要素を挙げるが、要するに、訴訟こそが距離を設定するものだとリクールは考える[768]。そして、訴訟の手続きの中で、「暴力の領域から言語活動と弁論の領域へ」の移行がなされることになる。

　しかし、こうした第三者的制度による一連の手続きが可能とする距離の設定にもかかわらず、なおも暴力が残存することをリクールは見逃さない。なぜなら、訴訟の過程の末尾に、訴訟を終わらせる判決の言葉に強制力を付与するのは結局のところ暴力なのだからである[769]。すると、次のような結論は不可避であるだろう。「公平な刑もやはり懲罰であり、ある種の苦痛である。その意味で刑としての懲罰は復讐心への道を再び開く。刑は調停を経て、時

764　Ricœur, Paul., *Le Juste 2*, Paris, Éditions Esprit, 2001, p. 257; ポール・リクール『道徳から応用倫理へ——公正の探求2』久米博・越門勝彦訳、法政大学出版局、2013年、265頁。以下、リクールからの引用はこの翻訳によるが、一部改変させていただいた。

765　Ibid.; 同。

766　Ricœur, Paul., *Le Juste [1]*, Paris, Éditions Esprit, 1995, p. 200; ポール・リクール『正義をこえて——公正の探求1』久米博訳、法政大学出版局、2007年、191頁。引用はこの邦訳による。

767　Ricœur, Paul., *Le Juste 2*, p. 258; リクール『公正の探求2』、266頁。

768　Ibid., pp. 259-262; 同、267-270頁。

769　Ibid., p. 264; 同、271頁。

間をかけ、訴訟手続き全体によって篩にかけられるという事実にもかかわらず、復讐心はけっして消えず、なくならない」[770]。

　このリクールの議論に照らしてみると、アーレントの議論の破綻が明らかとなるだろう。アーレントは、罰が一個の暴力であり、しかもこの暴力が復讐のそれと同じ根源に発していることを見逃している。いかに第三者的に判定された公正なものであっても、罰の執行が結局のところ暴力に訴えざるを得ないものである限り、復讐の連鎖に終止符を打つどころではないのである。罰が下されてもなお、復讐という反活動(リ・アクション)は連鎖する。のみならず、復讐の連鎖は拡大してしまってはいないだろうか。つまり、当初は被害者と加害者の二者間における行為の連鎖であったものが、適正な距離を設定しようと努める第三者の介入と裁定によって、この第三者もまた行為の連鎖に巻き込まれている。つまり、極端な場合には、罰を与える第三者もまた最初の罪の行為がもたらす結果の従属者となりうるのである。罰は、行為の連鎖を終結させるという目的においても、赦しと一致しないのだ。

　以上が、アーレントの赦し論が持つ第一の問題である。だが、アーレントの赦し論にはまだ若干の問題が残っている。第二の問題は、アーレントが想定している罪が過失に限られるということだ。イエスを人間学的に解釈しつつ、神が赦すよりも先にまず人間同士が赦し合わねばならないとするアーレントの議論において、かほどに弱い人間が赦すことができるのは「明らかに『彼らは自分のなすことを知らないから』」[771] なのである。実際、アーレントによれば、人間同士の赦しのこの原則は「極端な犯罪と意図的な悪には適用されない」[772] のである。そうしてアーレントをこう言わしめているのは、「犯罪と意図的な悪はまれであり、おそらくは善行よりもまれであろう」[773] という、どこかアリストテレスの倫理学を想起させるような楽観なのである。

　たとえ、人間が意図的な悪をなしうることは稀であると想定しえたとしても、第二の問題を延長した先にある第三の問題が回避できない。つまりアーレントの赦し論では、根源悪については全く手を打つことができない。というのは、アーレントの定式では、「人間は自分の罰することのできないもの

770　Ibid., p. 264; 同、272 頁。
771　Arendt, *The Human Condition*, p. 239; アーレント『人間の条件』、375 頁。ルカ 23:34。
772　Ibid.; 同。
773　Ibid., p. 240; 同、376 頁。

は赦すことができず、明らかに赦すことができないものは罰することができない」[774]からである。それゆえ、根源悪については、それがナチスとアウシュヴィッツという形で表出しているにもかかわらず、「このような罪は、罰することも赦すこともでき」ないと、アーレントは率直に認めるのである[775]。

　もっとも、この帰結はアーレントの議論のなかでは確かに整合的ではある。根源悪の一形態として「悪の凡庸さ」を名指しうるのであれば、何者であることをも拒むこの悪は、「誰であるか」を問うことによって行為と行為者を分かつ愛の透視力を避けるがゆえに、アーレントの見るところでは目立って人格的な事象である赦しの活動を挫折させるからだ。人格であることをやめた者は、愛されることを拒絶する代わりに赦しをも拒絶することになるが、それゆえに罰せられることもないことになろう。だが、こうして二十世紀に出来した未曾有の悪の現象については拱手傍観するほかないという点で、アーレントの赦し論は大きな問題を孕んでしまっている。

　もし、ここに第四の問題を付け加えるとすれば、上の問題にもかかわらず、また実際にアイヒマンが処刑されたように、制度上、罰を執行しうるのだが、にもかかわらず、この罰を十分なものと見做さないことも可能だという点がある。つまり、リクールを援用しつつ、佐藤啓介が指摘しているように、正義と赦しの両者は「『罰するか、赦すか』という二分法では考えられない」のであり、「罰して赦す場合、罰して赦さない場合、罰さず赦す場合、罰さず赦さない場合がありうる」のである[776]。なぜなら、二重の意味で、赦すことは義務ではないからだ。第一に、赦す権利を持つのは、おそらく犠牲者のみであるが、犠牲者が赦しの請願を拒絶する権利は正当だと考えられるからである。第二に、たとえ、法的な罰や和解や、あるいは「喪の作業」によって心的外傷を癒すことが完了したとしても、赦しは法の次元の外部にあるからである[777]。したがって、赦しと罰は排他的な関係にあるのではなく、両者は次元を異にしつつ同時に存在しうるのである。

　こういった問題を孕みつつも、我々がアーレントの赦し論において注目し

774　Ibid., p. 241; 同、377 頁。

775　Ibid.; 同。

776　佐藤啓介「不可能な赦しの可能性」、69-70 頁（『死者と苦しみの宗教哲学』、25-27 頁）。

777　Ricœur, *Le Juste [1]*, p. 206; リクール『公正の探求 1』、198 頁、佐藤啓介「不可能な赦しの可能性」、70 頁（『死者と苦しみの宗教哲学』、26-27 頁）。

なければならないのは、赦しの反対物が罰ではなく、むしろ復讐だということを明らかにしている点である。赦しが、それまでの行為連関を切断し、新しく行為を開始する自由へと、加害者と被害者を解放するのに対して、復讐は最初に行われた罪による行為連関へと関わるものたちを閉じ込め、永遠に罪の連鎖の中に縛りつけたままにしておくのであった[778]。

こうして、アーレントの赦し論の問題点と意義を確認したところで、アーレントの赦し論が取り扱えなかった問題を考えてゆくために、次にジャンケレヴィッチの赦し論、あるいはむしろ時効不可適用論を見てゆこう。

7.1.2. ジャンケレヴィッチと赦し得ないもの

ウラジミール・ジャンケレヴィッチは、『時効にかかり得ないもの』[779]という小篇集の中で、力強い口調で、ナチス・ドイツによる戦争犯罪を断罪している。ジャンケレヴィッチは、第二次大戦後20年を経てフランス国内に湧き上がってきた、ナチスの協力者たちに時効を認めようという主張に対して、憤慨を隠さない。「赦す時、あるいはせめて忘却する時なのだろうか？ 20年というのが、どうやら、驚くべきことに赦し得ぬものが赦しうるものになるために十分な時間であるようだ。1965年の5月まで贖い得なかった犯罪は、なんと突然、6月の初めに存在することをやめてしまう」[780]と皮肉を述べつつ、かつての対独協力者に時効を認め、あるいはナチスによる戦争犯罪を月並みな戦争の惨事と並べようとする様々な試みに、ジャンケレヴィッチは反対する。

ところで、厳密に言うならば、時効にかかり得ないことと赦し得ないことは同じ概念ではない。また、赦しと忘却も同じ概念ではないのだが、この小

---

778 ところで、ここで再びリクールの議論を思い出しておくことが有益であろう。復讐は、その初めにおいて正義と同じものであり、リクールの努力にもかかわらず、正義の執行には復讐と同様に暴力がつきまとうのであった。ところで、赦しが実は超法規的でありかつ超倫理的であるゆえに、法の埒内にないものであることを思い起こすと、この行為の連鎖を止める力は正義の外部にあることになる。すると、正義はその執行において、復讐の連関のなかにとらわれる宿命にあるのではないかという問いが生じる。

779 Jankélévitch, Vladimir., *L'imprescriptible: Pardonner? Dans l'honneur et la dignité*, Éd. du Seuil, coll. «Points», 1986.

780 Ibid., p. 17. なお、このテクストの初出は1971年。

著において、ジャンケレヴィッチは、おそらくは半ば意識的に、これらの概念を接近させて論を展開する。ともあれ、ジャンケレヴィッチの議論を辿ろう。この小著におけるジャンケレヴィッチの主張は大きく見て二つの論点からなっている。第一に、ナチスによる犯罪は人道に反する罪であるがゆえに時効にかかり得ないのだということ（「時効にかかり得ないもの」）、第二に、我々はドイツ国民から赦しを乞う声を聞いたことがないということ（「我々は赦しを乞う言葉を聞いたか？」）、この二点から、ナチスによる罪は赦すことができない、とジャンケレヴィッチはいう。それぞれの点について確認しておく。

7.1.2.1. 人道に反する罪

第一の点について、ジャンケレヴィッチは次のように語る。「慣習的に普通法における犯罪に適用される時効についてのあらゆる基準は、ここでは挫折させられる」[781] が、それはナチスの犯罪が、人間性そのものに対する罪であるからだ。「ドイツの罪はあらゆる観点からみて例外的なものだ。その法外さ、信じがたいサディズム……。しかしなによりも、その犯罪は、言葉の厳密な意味において、人道に対する犯罪（crimes *contre l'humanité*）である。つまり、人間の本質に対する犯罪、あるいは、こういってよければ、人間一般の『人間性（hominité）』に対する罪なのだ。(…) 人種差別の犯罪は人間としての人間に対する侵害なのである」[782]。こうしてジャンケレヴィッチは、1968年、第23回国際連合総会で採択された「戦争犯罪及び人道に反する罪に対する時効不適用に関する条約」とも結びつけながら、ナチスの罪が時効にかかり得ぬものだと主張する。

さらに彼は言葉を続ける。「ある行為が人間としての人間の本質を否定するときに、道徳の名の下にこれを無罪にしようとする時効は、それ自体が道徳に反している。ここで赦しを引き合いに出すことは矛盾しており、不条理でさえあるのではないか？　人間性に対するこの巨大な罪を忘却することは、人類に対する新たな罪であろう」[783]。そうして、この点において、ジャンケレヴィッチがこの小著の冒頭に置いた次のエリュアールの詩は、恐ろしい質

781　Ibid., p. 21.
782　Ibid., pp. 21-22. 強調ジャンケレヴィッチ。
783　Ibid., p. 25.

量を持ったものとして現れる。

　　地上に救いはない
　　人が虐殺者どもを赦すかもしれないかぎり [784]

　一見道徳的な発案である赦しの可能性が、かえって殺されたものたちの冥福を妨げ、正義の実現を阻害する新たな罪となる。赦しというこの上なく天国的な響きを持つ言葉が安易に用いられてしまうことによって、この地上は地獄と化してしまうという容赦のない洞察を、このエリュアールの詩句は突きつけている。こうした意識に裏付けられたジャンケレヴィッチは、アーレントの引いたイエスの懇願の言葉をひっくり返してこう言う。「主よ、彼らをお赦しにならないでください。彼らは自分が何をしているのか知っているからです」[785]。ここで、ジャンケレヴィッチは明らかに、意図的な悪が稀であるといったアーレントに挑戦している。というのは、ジャンケレヴィッチはアウシュヴィッツの悪を意図的なものと見做すからだ。彼は次のようにいう。「ユダヤ人の絶滅は、一度も存在しなかったかのような最も衒学的な教条主義者たちによって、教条的に基礎付けられ、哲学的に説明され、方法論的に用意され、体系的に遂行された。ユダヤ人の絶滅は、意図的に、また長々と熟成された、皆殺しにしようという意図に応える」[786] ものであるからだ。このように意図的に行われた犯罪は赦し得ず、人間性に対して行われた罪に時効を認めることは決してできないというのが、ジャンケレヴィッチの主張の第一点となる。

7.1.2.2. 赦しを乞う言葉

　ジャンケレヴィッチが、ナチスによる罪を赦すことはできないと考える第二の点は、ドイツ国民が悔い、赦しを乞う言葉を発していないという点にある。戦後ドイツが示した後悔とは、ジャンケレヴィッチの見るところでは、敗北という軍事上の後悔であるか、経済上の後悔であるか、あるいは外交に

784　Ibid., p. 11.
785　Ibid., p. 43. ルカ 23:34。
786　Ibid., p. 43.

おける後悔でしかなく、痛恨の念をともなう心情的な後悔ではない[787]。むしろ「罪人が『経済の奇跡』によって太り、肥え、栄え、富むなら、赦しなどは腹黒い冗談である」[788]。こうした切実な後悔の不在が、ジャンケレヴィッチに次の言葉を言わしめる。「赦し？ しかし彼らは我々にこれまで赦しを乞うたことがあっただろうか？」[789]。ジャンケレヴィッチが求めるのは、なによりも、真正な後悔なのである。「赦しを求めるためには、留保も情状酌量もなく、自らに罪があることを認めなければならないだろう」[790]。

では、もし、もしもドイツ国民が、ジャンケレヴィッチにも認められるような形で悔悛の行為を行ったとしたら、ジャンケレヴィッチは赦しの可能性を再考しただろうか？ どうやら、この可能性を求めることも難しいようである。というのは、そこで生起するのは、果たして生存者たちに赦す権利はあるのか、という困難な問いだからだ。ジャンケレヴィッチはこう言う。「私がわからないのは、なぜ赦すのが我々、生き残りたちであるのかということだ。(…) 赦すのは犠牲者たちなのである。一体どの点において、生き残りたちには赦す資格があるのだろう？ 犠牲者たちの代わりに、あるいは生存者の名において、犠牲者たちの父母、犠牲者たちの家族の名において？」[791]。この反語の向かう先は、次のように考えられることになるだろう。赦す資格を持つ唯一のものである犠牲者たちがすでにこの世にいないところで、生存者たちは赦す資格を持たないのであると。

生存者たちが赦す資格を持たないとすれば、それでは、生存者には何もすることができないのだろうか？ ジャンケレヴィッチの考えるところでは、そうではない。「(…) 何かが我々に課せられている。あの数えきれない死、あの大量虐殺されたものたち、あの拷問にかけられたものたち、あの踏みつけられたものたち、あの侮辱されたものたちは、・我・々・の・問・題である。我々がそれを語らなければ、誰がそれを語るだろうか？ 誰がそんなことを考えるだろうか？」[792]。つまり、生存者に課せられた使命は、惨禍を語り続けること、

787　Ibid., p. 49.
788　Ibid., p. 50.
789　Ibid.
790　Ibid., p. 51.
791　Ibid., p. 55.
792　Ibid., p. 59. 強調ジャンケレヴィッチ。

記憶することなのである。こうして、ジャンケレヴィッチが犠牲者たちに対して忠実を示す方法は、忘却を促進しうる特赦に真っ向から反対するのだ。

事実、ジャンケレヴィッチがこの世を去った犠牲者たちに対して行うべき記憶の責務は、むしろ復讐の思いに限りなく近づくこととなる。「(…) 一つの方法が残されている。つまり、思い出すこと、黙想することである。何も『する』ことができないとき、人はすくなくとも、尽きることなく、強く感じる（ressentir）ことはできる。(…) 我々が抱いている感情は、恨み（rancune）ではなくて、おぞましさ（horreur）と呼ばれるものである。起きてしまったことへのおぞましさ、このことを犯した狂信者たち、それを受け入れた無気力なものたち、それをすでに忘れてしまった無関心なものたちへのおぞましさである。これが我々の『ルサンチマン』なのだ」[793]。もしこれが、通例語られる意味でのルサンチマン、すなわち私怨、怨恨ではないとすれば、このルサンチマンは正義への熱望によって駆り立てられた復讐への思いであると特徴付けることができるだろう。だが、ルサンチマンは、いかに正義への思いにとらわれている点で恨みとは区別され、また直接手を下すのではなく、内省の次元にとどまるものであるという点において、新たな暴力を開始するものではないにしても、依然として、復讐の次元にとどまる。いや、このルサンチマンは、赦しを拒否し、罰として下される暴力に手を出さないことによって、復讐の次元にとどまらざるを得ないことになるだろう。ここで、ジャンケレヴィッチの次の言葉を引用せざるを得ない。「赦しは、死の収容所の中で死んだのだ」[794]。

7.1.2.3. エレミヤとジャンケレヴィッチの親近性

こうしてジャンケレヴィッチの赦し論、あるいはむしろ時効不可適用論を見る限りでは、ジャンケレヴィッチはあまりに感情的に正義の感情とその表出としての復讐にとらわれており、赦しについてあまりに不十分にしか考察していないようにも思われる。しかし、『時効にかかり得ないもの』の四年前、1967年に発表された『赦し』という書物の末尾では、ジャンケレヴィッチは無条件的な赦しについても言及している。そこでのジャンケレヴィッ

793　Ibid., p. 62. 強調ジャンケレヴィッチ。
794　Ibid., p. 50.

チは、明らかに、為された悪の大きさ、法外さに関わりなく、あるいは和解の十分さや怨恨の執拗さとは無関係に赦すような、無限の赦しについて言及している[795]。なるほど、そこでもやはり赦しに先行する悔いの存在が要請されており[796]、『時効にかかり得ないもの』と同じ議論も確認されうるかもしれないが、ジャンケレヴィッチが無条件的な赦しという可能性を考えようとしたことを示唆しているだろう。否、むしろジャンケレヴィッチ自身が、かつての自分の赦し論との齟齬に意識的であったことが、『時効にかかり得ないもの』の緒言で吐露されている。

> 我々が他で発表した「赦し」についてのある純粋に哲学的な研究における、「赦す必要があるのか？」という問いに対する答えは、ここに与えられた答えと矛盾するように思われる。愛の法の絶対性と悪意に満ちた自由の絶対性のあいだには、全面的には解かれ得ない一つの裂け目がある。我々は悪の非合理性を愛の全能性と和解させようと務めはしなかった。赦しは悪と同じように強い、しかし悪も赦しと同じように強いのである。[797]

赦す愛の全能性を知りつつも、これと復讐の執拗さを容易にこの全能性の中へと溶け込ませまいとする点において、ジャンケレヴィッチとエレミヤのあいだに親近性が確認される。ジャンケレヴィッチについては言うまでもなく、エレミヤにおいてもすでにホセアから赦す神という考えは伝えられていた。しかし、にもかかわらず、彼らはともに復讐の思いを募らせていった。もちろん、ジャンケレヴィッチの思考の展開が、エレミヤにおける思考の展開と全く重なるわけではないし、心理学的な手段によって確認されるわけでもないのだが、しかし、ジャンケレヴィッチの思考の展開は、エレミヤの身に起こったことを考えることに、ひとつの手がかりを与えているように思われる。ジャンケレヴィッチが、時効によって罪人に赦しを与えようとする風潮に触発されて、かえって、無限の赦しを捨てて、持続するルサンチマン

---

[795] Jankélévitch, Vladimir., *Le Pardon*, Paris, Aubier-Montaigne, 1967, p. 203; Id. trns. by A. Kelly, *Forgiveness*, Chicago, The University of Chicago Press, 2005, p. 156.

[796] Jankélévitch, *Le Pardon*, p. 204; *Forgiveness*, p. 157.

[797] Jankélévitch, *L'Imprescriptible*, pp. 14-15.

の方向へと舵を切ったという事実は、エレミヤもまた、無限の赦しを知りつつも、無限の赦しを安易に語ろうとする者たちの軽薄さ[798]に対する反感から、この赦しを離れていったと考えられる可能性を開いている。

　ジャンケレヴィッチが突きつけた問題は、安易に赦しについて論じる軽薄さを強く戒め、糾弾する。そして、ジャンケレヴィッチ自身が、無限の赦しと無限の復讐のあいだに横たわる深淵を和解させようとしなかったように、この問いをどちらかに片付けてしまうことは、問題の重大さに対する背任となってしまうことだろう。しかし、だからといってその問いを未決のままにとどめおくこともできない。なぜなら、無限の復讐にとらわれる限り、アーレントが指摘したように、人間は新しい活動、言い換えるなら、人間の多数性を前提として人と人とが関わる行為を始めることができないからである。かといって、赦そうとするならば、我々は「アウシュヴィッツのあとで、赦すことは野蛮だ」という声を聞くことになるだろう。このアンティノミーに対して、目下我々がなしうるのは、しかし無限の赦しと無限の復讐のあいだで、ともかくも思考を続けてゆくこととなるはずである。この赦しの困難さを前にして、しかし思考を続けようとした思想家として、我々は次にデリダの議論を参照しておきたい。

7.1.3. デリダによる赦し論

　本稿が冒頭部に挙げたデリダは、純粋な赦しという概念をジャンケレヴィッチに反論するなかで磨き上げていく。先にみたように、ジャンケレヴィッチは、ショアーの記憶に触れつつ、それが人道に反する罪であるがゆえに赦し得ないと主張したのだった。これがジャンケレヴィッチの時効不可適用論の第一の論点であった。デリダはヘーゲルを用いて、ジャンケレヴィッチの議論を少し補足する。「『赦し』と『和解』の大思想家であるヘーゲルは、すべては赦されうる、ただ精神に対する罪、すなわち赦しの和解させる力に対する罪だけは別であると言いました」[799]。こうして、人道に反する罪は、「赦

798　たとえば、エレ 3:4-5, 8:11。

799　Derrida, *Le Siècle et le Pardon*, p. 109-110. Vgl. Nohl, Herman (Hg.), *Hegels theologische Jugendschriften: nach den Handschriften der Kgl. Bibliothek in Berlin*, Tübingen, J.C.B. Mohr (Paul Siebeck), 1907, S. 318. マタ 12:31-32、マコ 3:28-30、ルカ 12:10 も併照。

す力そのものに対する」[800] 罪と拡張される。

　ジャンケレヴィッチはさらに第二の論点を加えていた。罪人が赦しを乞わなかったのだから、なおのこと赦すことはありえないのだと言わんばかりに、ジャンケレヴィッチは罪人に真正な後悔を求めていた。そしてデリダがジャンケレヴィッチを執拗に批判するのは、まさにこの点である[801]。ジャンケレヴィッチがいうような、赦しを乞うこと、悔い改めをすることを、罪を自覚することを前提とするような赦しは、条件づけられた赦しでしかなく、所詮、「条件つきの交換の論理」[802] でしかなく、それゆえ「エコノミー的な商取引」[803] でしかない、とデリダは看破する。

　確かに、ジャンケレヴィッチもまた、無限の赦しについて語ろうとしており、『赦し』の末尾[804]及び『時効にかかり得ないもの』の緒言[805]では、無限な赦しと無限な悪という二つの無限のあいだの裂け目を開いたままにしていた。そのことは当然デリダも知っているが、デリダの目には、そこでジャンケレヴィッチの語ろうとする無限の赦しが、まだ不徹底のものと見えている。というのは、『赦し』の末尾でジャンケレヴィッチは無限の赦しを導入したあと、すぐに留保をつけ、それでも赦すためには、罪人の悔恨という条件が必要だとしているからである[806]。つまり、ジャンケレヴィッチが考えた無限な赦しには、いまだ悔恨という条件性の残滓がある。デリダはこの点に拘泥する。

　それというのは、ジャンケレヴィッチが考えるように、もしも、罪人が自らの犯した罪を悔い、赦しを乞うなら、「罪人は、もはやすっかり罪人であるのではなく、すでに別の者、罪人よりはよい者になっています。この限りでは、そしてこの条件では、人が赦すのは、もはや罪人それ自体ではない」[807] からである。すると、ジャンケレヴィッチが無限な赦しとしたものは、

800　Derrida, *Le Siècle et le Pardon*, p. 109.
801　Ibid., p. 110.
802　Ibid.
803　Ibid.
804　Jankélévitch, *Le Pardon*, pp. 212-213; *Forgiveness*, pp. 164-165.
805　Jankélévitch, *L'Imprescriptible*, pp. 14-15.
806　Jankélévitch, *Le Pardon*, p. 204; *Forgiveness*, p. 157.
807　Derrida, *Le Siècle et le Pardon*, p. 110.

実のところ、いまだ無条件な赦し、純粋な赦しではなかったことになる。

では、デリダはどのような赦しを純粋な赦しと考えるのだろうか？ デリダの次の言葉は明確にこう言う。「赦しはただ赦し得ないもののみを赦す」。

> 思うに、そう、赦し得ないものがあるという事実から出発しなくてはなりません。本当は、唯一それだけが、赦すべきものなのではないでしょうか？ 赦しを呼び求める唯一のものなのでは？（…）ここから、無味乾燥で仮借ない、情け容赦のないその形式性において次のように記述されうるアポリアが出てきます。赦しはただ赦し得ないもののみを赦す。赦すことができるのは、赦さなくてはならないであろうのは、赦しが——そのようなものがあるとして——あるのは、ただ赦し得ないものがあるところだけである。[808]

それゆえ、デリダにおいて、純粋な赦しとは、不可能なものによってのみ可能となるものという意味において、贈与と同じく、不可能なものであり、厳然としたアポリアである。

ところで、ここでジャンケレヴィッチのアンティノミーとデリダのアポリアについて、それぞれの特徴の違いを強調しておこう。ジャンケレヴィッチが提起した赦しのアンティノミーは、恩寵の赦しと正義の復讐のあいだに調停し難い裂け目があることを語っていた。これに対して、デリダが示す赦しのアポリアは、そもそも純粋な赦し自体が不可能であるということを語っている。

7.1.4. 不可能な赦しは思考できるのか？

こうしてデリダは純粋な赦しという概念それ自体に内在するアポリアを示すわけだが、それではこのアポリアはそれ以上進んで思考することを妨げるようなものなのだろうか？ そうではない。むしろデリダの意図においては、まったく逆である。この赦しのアポリアは、アポリアであるからこそ、思考を触発して止まないものなのである。デリダにとっては、これがアポリアで

---

[808] Ibid., p. 108.

あるからこそ、法を変容させ進歩させるものでありうるのである[809]。

　思考を触発する赦しのアポリアについて、佐藤啓介はカントの統制的理念という考えを経由して次のようにまとめている。カントによれば、理念とは「経験的な認識一般における多様なものを体系的に統一する統制的原理」[810]である。それは「つまりは悟性を或る目標に向かわせるということであり、この目標をめざして悟性のあらゆる規則の有する方向線は一点に帰着する」ような理念の統制的使用である[811]。つまり、カントの統制的理念は、悟性を触発し、理念のある一点に集約させるような虚焦点（focus imaginarius）であり、経験の外部から経験を導くものである。それゆえ、佐藤は次のように述べる。「赦しの理念を条件つき赦しに限定してしまうならば、（既知の）赦しの経験に照らして（以後の）赦しの経験を導くことになる」が、それでは「赦しが真に必要とされている政治的現実を変革しうるような出来事が発生する可能性が、潜在的に剥奪されてしまう」[812]ことになる。それゆえ、現実に行われるべき赦しを導く赦しの理念は、無条件的なものでなければならないのである。

　しかし、一般的な統制的理念とは異なって、無条件的な赦しが「慄然たるアポリア」である以上、無条件的な赦しという理念は、人間的なるものの外部にある。これを佐藤は「こう形容することが許されるならば、デリダのいう無条件的赦しの理念とは『超越論的理念の統制的使用それ自体を統制する超越論的アポリア』」なのだと表現する。こうして「私を触発する理念、しかもそれがアポリアであるが故、私を絶えず屈曲させ転覆させる理念。それが、不可能な赦しという理念なのである」[813]と言われることになる。

　佐藤が適切に表現したように、デリダが考える無条件的な赦しは、アポリアゆえに、赦す主体を触発しつつ、かつ、挫折させる。だが、もしも無条件的な赦しが人間に可能な思考の外部にあるのであれば、どうしてそもそもこ

809　Ibid., p. 125.
810　Kant, Immanuel., *Kritik der reinen Vernunft*, Hamburg, Felix Meiner Verlag, 1998, A 671/ B 699. 強調カント。なおここでの邦訳は、熊野純彦訳（カント『純粋理性批判』作品社、2012年、661頁）による。
811　Ibid., A 644/ B 672. 前掲邦訳、640頁。
812　佐藤啓介「不可能な赦しの可能性」、75頁（『死者と苦しみの宗教哲学』、34頁）。
813　同。

のようなアポリアを思い描きうるのだろうか、という問いを、やはり佐藤とともに[814]問わざるを得ない。そして、佐藤がリクールを手引きにして主張するように、かように脆弱な人間が「無条件的な赦しというアポリアを想像するためには、それに相応しい図式（Schema）を用意する範例が要る」[815]ことになるだろう。では、そのような範例はどこに求められるべきか？　ここで我々は、エレミヤの初期救済預言を想起してみたい。

7.1.5. エレミヤ初期預言における無条件的な赦しの範例

すでに先に述べた通り、エレミヤ書 3 章では、通常の赦しのプロセスとは異なる赦しが生起していた。ここでいう通常の赦しのプロセスとは、デリダを踏まえて言い直せば、「痙攣＝回心＝告白（convulsion – conversion – confession）」というプロセスであり、悔い改めを必須の条件とするプロセスであり、さらに悔悛はジャンケレヴィッチの時効不可適用論の第二の論点でもある。

エレミヤ書 3 章では、イスラエルはヤハウェに対する背きの罪を犯していることが描かれているのみならず、そのような罪をヤハウェは結局のところ赦してくださるだろう、というイスラエルの慢心が抉り出されていた。しかし、3 章 1-5, 12-13 節という元来の構成では、そのようなイスラエルの慢心と傲慢を崩そうともせず、赦しの言葉が語られてしまう。

悔い改めない者に赦しが告げられるという構成は、3 章 19-22 節でも同様であった。19-21 節が描き出しているのは、上に述べたようにバアル祭儀に熱狂し混乱している民の姿であるのに、直接後続する 22 節は唐突に救いを告げてしまう。

しかし、そもそもこういった構成は、エレミヤの真正句と考えられる 12aβ-13bα 節に表れている。注目すべきは、罪の自覚なり告白なりがなされてから赦されるのではない、ということである。むしろ、まず赦しが告げられ（12aβ 節）、そうして後に、初めて罪の自覚が促される（13bα 節）のである。

814　同、76 頁（『死者と苦しみの宗教哲学』、35-36 頁）。
815　同、77 頁（『死者と苦しみの宗教哲学』、37 頁）。

第7章 「新しい契約」の哲学的解釈

このようにエレミヤ書3章において、無条件的な赦しの範例と見られる赦しが出来ている。

ところで、ここで再びデリダの議論を参照するなら、これこそが絶対の権能を持つ者が正当になしうる、おそらく唯一の赦しであることが理解される。注目したいのは、恩赦についての議論である。恩赦権を、純粋で無条件的な赦しを考えるための範例的モデルとしてデリダは挙げている。「恩赦権は、その名が示すように、たしかに一つの権利であり、法＝権利の次元に属しているのですが、しかしそれは、諸々の法のなかに、法を超える権力を書き込む権利なのです」とデリダはいう[816]。そしてこの恩赦が、法＝権力の例外として持つ力、法外の権力は、政治神学的伝統に由来し、神の名の下に発動されてきた。

だが、恩赦が恣意的に、不正に用いられることのないようにと、カントは恩赦権に厳密な制限を加えており、デリダもそれを踏襲する。「この制限とは、君主は犯罪を、それが彼自身を狙ったところにおいてしか恩赦することができない」[817]というものである。つまり、王は自らの身体が体現するところの政治的秩序に加えられた危害しか赦すことはできず、しかもそれを赦すことができるのは、自分自身の肉体的な身体を通じて危害が加えられた場合に限られる。そして、この王こそが赦す力を持つものである以上、やはりヘーゲルを参照すれば、王に対するこの罪だけが、赦し得ない罪だということになる。こうしてデリダは恩赦に、無条件的な赦しのモデルを見出す[818]。

デリダが見出したこの恩赦モデルは、ほとんどそのままエレミヤ書3章に適用されうる。エレミヤ書3章では、王と違って神が肉体的な身体を持っていないことを別にすれば、民は神に罪を犯し、神の赦す力を蔑し続けることによって、神の赦す力それ自体に挑戦しているからである。民の犯す罪が神の赦す力それ自体に挑戦する罪である以上、この罪こそが赦し得ない罪となり、それゆえに、反転して、この罪に対する赦しが無条件的な赦しを告げるものとなるのである。したがって、エレミヤ書3章には、恩赦モデルに基づいた無条件的な赦しのひとつの範例が見出されることになる。

816　Derrida, *Le Siècle et le Pardon*, p. 120.
817　Ibid.
818　Ibid., p. 121.

7.1.6. 恩赦モデルの不備

　しかし、恩赦モデルに基づく無条件的な赦しの範例が示されたからといって、これによって無条件的な赦しのアポリアが解かれたわけではない。先にも述べたように、無条件的な赦しのアポリアは、おそらく最終的には解かれ得ないままにとどまるのである。では、恩赦モデルを無条件的な赦しと同一視できない理由は何なのだろうか？　それは主権性である。恩赦は赦す者の主権性、赦す者の絶対性を裏書きこそすれ、減じることがない。つまり、恩赦の発動は、赦す者を絶対的な高みに上げてしまうのである。それゆえ、デリダはこう言う。「恩赦権は、主権者の偉大さや高邁さに、つまりは至高性＝主権性に最強の輝きを与える」[819]。こうして、もし恩赦が赦すものの強大さの追認になるのであれば、たとえその赦す者が神であっても、赦しは権力のためのエコノミーへと回収されてしまい、したがってもはや純粋な赦しでなくなってしまうだろう。ここに、無条件的な赦しを恩赦モデルで考えることの困難さがある。

　では、恩赦に類似しつつも、そこから主権性を除き去ったものは、恩赦モデルの困難を回避できるのだろうか？　そこで考えられるのは、主権者である王によって発せられる恩赦ではなく、議会からのみ発せられ、国民的和解のために用いられる特赦である[820]。だが、恩赦を特赦と言い換えたところでも、新たな困難が発生してしまう。特赦（amnistie）は記憶喪失（amnésie）を促進してしまう[821]が、これこそはジャンケレヴィッチが赦しに強硬に反対する理由であった。このジャンケレヴィッチの姿勢に、リクールも賛同する。リクールによれば「特赦は多くの点で、赦しのアンチテーゼとなる」[822]。なぜならば、特赦は「それはまるで事件が起こらなかったようにしむける、真

819　Derrida, Jacques., *Pardonner: L'impardonnable et l'imprescriptible*, Paris, Éditions Galilée, 2012, p. 35; ジャック・デリダ『赦すこと』守中高明訳、未來社、2015年、40頁。

820　Ricœur, *Le Juste [1]*, p. 205; リクール『公正の探求1』、196-197頁 ; Id., *La Mémoire, L'Histoire, L'Oubli*, Paris, Éditions du Seuil, 2000, pp. 585f.; 同『記憶・歴史・忘却〈下〉』久米博訳、新曜社、2005年、246頁。

821　Ricœur, *La Mémoire, L'Histoire, L'Oubli*, pp. 585-589, 650f.; リクール『記憶・歴史・忘却〈下〉』、246-249, 312-313頁参照。

822　Ricœur, *Le Juste [1]*, p. 205; リクール『公正の探求1』、196頁。

の制度的記憶喪失である」[823] からだ。もちろん、特赦は和解のために発せられる。しかし、「そのために支払う代価は大きい。忘却という悪事のすべては、公的な不和の痕跡を消そうとする、この信じがたい要求のなかに含まれている。この意味で、特赦は赦しの反対」[824] なのである。かえって、リクールの考えるところでは、赦しは記憶を要求する[825]。そして、これはやはりジャンケレヴィッチが次のような言葉で表現する事柄でもある。「時効もまた、まさに、赦しの存在理由（raison d'être）を取り除く。（…）厳密に言って、悪の存在が赦しの『理由』ではないにせよ（というのは、赦しは理由を持たないから）、少なくとも悪の存在は赦しの存在理由ではある」[826]。このように、恩赦と特赦が悪を忘却してしまうという点に、これらをモデルとして無条件的な赦しを考えることの困難がある。

7.1.7. 小括：赦しの要件

ここまで、アーレント、ジャンケレヴィッチ、デリダ、そして適宜リクールを参照しながら、赦しの哲学的考察を参照してきた。では、赦しのためには何が必要とされるのか、まとめておこう。

デリダが象徴的に言うように、赦しはただ赦し得ないものを赦すのでなければならない。それでは、そのような赦し得ないものとは何か。赦し得ないものの一つに、赦す力そのものに対する罪が考えられ、それは恩赦モデルによって、確かに無条件的な赦しの一つの範例となっていた。しかし、恩赦モデルには二つの困難がある。第一に、恩赦は赦す主権者の主権性を強めてしまうことによって、結局はエコノミーに回収されてしまうのだった。第二に、恩赦は忘却を促進することによって、悪の痕跡を消しさり、そうしてそもそも赦しが存在しうる根拠、赦しを赦したらしめるはずの赦し得ないものを抹消することによって、赦しの存在基盤をも抹消しうるのである。このように、恩赦モデルは赦しの範例としては不十分であることが明らかとなった。

では、恩赦モデルに代わってどのような範例が考えられるだろうか。恩赦

823　Ibid., p. 205; 同、197 頁。強調リクール。
824　Ibid., p. 206; 同。強調リクール。
825　Ibid.; 同。
826　Jankélévitch, *Le Pardon*, pp. 205f.; *Forgiveness*, p. 158.

モデルの困難から考えられる範例の要件は二つある。第一の要件は、赦すことによって、赦す者の主権性がかえって傷つけられ、赦す者自身の無化へと至るということである。第二の要件は、赦しの反対物であるようなものが、赦しの布告にもかかわらずなおも残存し、あるいはむしろ、より強化されてしまうことである。ここで、アーレントの議論に遡れば、この赦しの反対物は復讐であるということになるだろう。すなわち、第二の要件を満たすものを探すことで、無条件的な赦しの生起する場所を見定めようとすれば、無条件的な復讐、尽きることのない復讐が生じるところ、すべての赦しの可能性が挫折したところに注目することになる。これは、ジャンケレヴィッチが開いたアンティノミー、無限の赦しと無限の復讐が生じるような場所である。つまり、無条件的な、尽きることのない復讐に駆り立てられた者において、その地獄的な復讐から反転するような瞬間、あるいは、その一端を垣間見るような瞬間を観察し、吟味するという方法が取られうる。

　ところで、しかし、ジャンケレヴィッチにおいて無限の復讐へと駆り立てていたものも、また、(ジャンケレヴィッチにおいてはデリダほど十分に思考されなかったにせよ) 無限の赦しという理念ではなかっただろうか。

　すると、無条件的な赦しを垣間見ることのできるような範例を与えてくれるものは、一面で無限の赦しを知りつつ、しかし一面で無限の復讐にとらわれたものでなければならないはずである。であるなら、この点において、もしもエレミヤ書のなかに無条件的な赦しの象徴が求められうるのであれば、それはエレミヤの真正句となることだろう。というのは、エレミヤはその預言活動において、初期にはホセアによって伝えられた救済預言、さきほど恩赦モデルとして特徴付けたような、不十分とはいえ、無条件的な赦しの範例のひとつを語り出したからであり、のみならず、応報の破れを経験することを通して、神に対して不条理を叫び、告白録に見られるようなおぞましい復讐の祈りを発せずにはいられなかったからである。

　そして、この終わらない復讐の願いという赦し得ないものの経験こそが無条件的な赦しを開始することになる。それはちょうど、ジャンケレヴィッチの言葉を継いで、デリダが次のように言った通りである。

　　彼〔ジャンケレヴィッチ〕は言っています。「死の収容所で赦しは死んだ」。その通り。ただし、赦しというものが、それが不可能に思われる

とき、はじめて可能になるのだとすれば話は別です。赦しの歴史は、反対に、赦し得ないものとともに始まることになるでしょう。[827]

　しかし、復讐に駆られるエレミヤとは対照的に、申命記史家には無条件的な赦しという理念に接近することは困難なように思われる。なぜなら、先に述べたように、申命記史家には罰という形での決着の付け方が可能であったゆえに、あるいは、条件的な救済の教説によって赦しが与えられうるゆえに、復讐の連鎖を終結させることができたからである。
　それゆえ、無条件的な赦しの象徴をエレミヤ書のなかに求めることができるなら、それは、非申命記史家的な赦しの思想を中核に持ち、かつ、少なくともその実質においてエレミヤの真正預言を含むと考えられる、「新しい契約」を措いて他にない。
　とはいえ、そこで問われるのは次の問いである。これまで「新しい契約」の特徴は無条件的な赦しにあるとしてきたが、それでは、「新しい契約」は一体どの程度まで、無条件的な赦しの範例でありうるのだろうか。言い換えれば、純粋な赦しが原理的に不可能である以上、その表現もまたほとんど不可能ではあるにせよ、「新しい契約」という象徴は、純粋な赦しという彼方を指し示しうるだけの力を持っているのだろうか。

7.2.「新しい契約」の無条件性

　これまでに確認してきた赦しをめぐる哲学的思考を、「新しい契約」の無条件性を検討するために適用するなら、その赦しの性格上、問題となる点を二点取り出しうる。第一に、恩赦モデルの困難が示したような赦す神の主権性であり、第二に、この赦しには忘却の約束もまた付加されるという点である。
　先に、忘却のほうから考えてゆきたい。本稿は「新しい契約」全体を基礎付けるものを、神の一方的な赦しにあると見てきたが、その発現は構造的にも「新しい契約」の末尾に付される次の言葉に見られる。

827　Derrida, *Le Siècle et le Pardon*, p. 113.

^{34bβ} なぜなら、わたしは彼らの罪を赦し、
^{34bγ} 彼らの咎をわたしは二度と思い出さないからである。

　ここでは明らかに、赦しの約束は忘却の約束によって強化されている。だが、ジャンケレヴィッチとリクールが執拗に追及したように、為された悪を忘却することは、あたかもその最初の罪がなかったかのように振舞うことになる。ジャンケレヴィッチが言っていたように、赦しは、そもそも悪の存在が抹消されたところでは自らの存在理由を失ってしまう。悪があたかも為されなかったようにされたところでは、赦しを告げることはナンセンスなのである。こうして、忘却によって赦しはむしろ大きく傷つけられることになる。するとここに、「新しい契約」が約束するような赦しが、果たして真正な赦しなのかを問うべき綻びが見出される。

　「新しい契約」が果たして本当に真正な赦しを告げているかを疑うとするならば、次の問いも問われることになるはずである。神はそもそも赦す資格を持っているのだろうか？　罪を赦す資格のある者がいるとすれば、それはただ犠牲者本人でしかないが、神はここでは犠牲者なのだろうか？

　確かに、「新しい契約」が赦そうとする罪は、神との古い契約を破った民の罪であり、神に対する罪であるがゆえに第一の被害者は神である。「わたしは彼らの主人であった」（32bβ節）という表現に、しばしば婚姻関係に喩えられる神とイスラエルの契約関係[828]を背景にして、妻であるイスラエルに裏切られた夫ヤハウェの心痛を読み取ってよいとすれば、神は十全な意味で被害者であるのであり、それゆえ赦す資格を持っていることになるだろう。だがここで、もしもこの「主人であること」を意味する動詞「バーアル」の意味として、「支配すること」や「罰すること」という意味しか読み取られないのであれば[829]、神の赦す資格には疑問符が付されることになる。すなわち、もしも「バーアル」の意味として「罰すること」を意味するのであれば、神はすでに罰したものを赦すことになり、赦しはおよそ純粋な赦しではなくなる。また「支配すること」として、神の主権性だけを一面的に読み取ると

828　エレミヤ書において端的に現れている箇所は、3-4章。
829　この点に関する議論は、本書 250-252 頁を参照。

するなら、神は傷つくことのない全能者となってしまい、赦しは天の高みから与えられることになる——すなわち、赦しはただの恩赦となり、再び純粋な赦しではなくなるだろう。だが、「バーアル」の原義が「主人であること」であることを踏まえるなら、このテクストの語る契約の破棄が単に法の上での出来事ではなく、愛する妻による裏切りというアナロジーの助けを必要とすることがわかる。つまり、そこに傷ついた神という姿が垣間見られる限り、神は赦す資格を持つ者として、このテクストに表れているとすることができる。神は犠牲者であるがゆえに、赦す資格を持つのである。

　だが、神に犠牲者としての側面があり、神に対して犯された罪について赦しの言葉を発する資格があるとしても、そのことによってすべての罪について赦す資格があるということにはならないはずである。古い契約の中には、すなわち破られたトーラーのなかには、対神関係の罪だけでなく、対人関係、社会関係における罪もが含まれていた。これは、対人的な罪が神に対する罪でもあるということを示している。だが、対人的な罪が犯されたとき、その赦しを乞うべき第一の相手は果たして神だろうか？　そしてまたその罪を赦す資格を持つ第一の者もまた果たして神だろうか？　むしろ、それらの戒律が破られたときに直接的な害悪を被った人々こそが、赦しを乞われ、赦す資格を持つ第一の者たちであるはずである。それらの犠牲者たちに代わって、神が赦しうるというのは、果たして正しいことだろうか？　犠牲者に代わって赦す権能を神は持っているのだろうか？

　なるほど、すべての罪は結局、生命と存在の根源である神に対して犯すのだ、という態度もありうるだろう。しかし、だからといって、神に対して申し開きをすれば人に対する罪もが赦されるということを意味しはしないはずである。人に対する罪は神に対する罪の十分条件であるが、神に対する罪は人に対する罪の十分条件ではないからである。のみならず、そこで危害を加えられたものたちを神に還元するという同化の作業において、あるいは生命と存在の贈与者としての神を考えることにおいて、抜きがたく存在 - 神 - 論的な暴力が振るわれていることになる。

　だが、ここで異論があるかもしれない。「新しい契約」はあくまで神に対する罪と赦しを本義とするのであって、これを対人関係における罪と赦しにまで拡張することは、問題の本質を逸している、と。

　しかし、エレミヤの視野に入っていた罪は、明らかに神に対する罪だけで

第 7 章　「新しい契約」の哲学的解釈

はない。対人関係における罪をもエレミヤは糾弾している[830]。イスラエルの民の罪の根深さを見つめたこの預言者が、人に対する罪への解決を捨てて、神に対する罪へ与えられる赦しのみで満足するとは思われない。そして、申命記主義的編集もまた、孤児、寡婦、在留異国人といった弱者への視座を持つ[831]限り、「新しい契約」の赦す罪を神に対する罪に限定することは、逆に、「新しい契約」の価値を不当に貶めるように思われる。

　それでもなお、「新しい契約」の赦しの本義が神に対する罪に限定されるべきだとすれば、「新しい契約」とは所詮、ユダヤ・キリスト教の伝統の枠のなかに閉じられた、一個の特殊性の枠内での話にすぎないということになり、現代の我々がそこから受け取るべき答えなどないことになるだろう。なぜなら現代は、赦しを乞うべき相手がすでに不在であるがゆえに赦しを乞うことも赦されることもできない出来事によって重く刻印されたはずの時代だからだ。それはちょうど、ショアーが物語る通り、あるいはむしろショアーの犠牲者が語らないことによって語る通りである。こうした場合について考えるために、すなわち赦す主体がもはや存在しないところで、なおも赦しについて考えるためにこそ、この古いテクストが呼び出されるのである限り、もしこのテクストがこの要請に答えられないのであれば、このテクストは歴史的な資料でしかない。

　ここで再びデリダの示唆を参照しておきたい。なぜなら彼はまさに、赦す主体が不在であるときにそれにもかかわらず究極的に赦しを与えうるものとして神を考えるからである。とはいえ、もちろん、そこで神が赦しうるのは神が全能であるからではない。神が全能であるから赦しうるというなら、それは同一化の力によってなされることになる。デリダはこうした同一化する力を鋭く察知する哲学者だが、にもかかわらず、奇妙なことに、神の赦す力を認めている。デリダによれば、「懇請を受け容れるため、あるいは赦しを授けるために時としてそこにもはやいることすらないような犠牲者の特異性が不在であるとき、あるいは犯罪人ないし罪人が不在であるとき、神は唯一の名、絶対的でありかつそれとして名指し得る一つの特異性をそなえた名の名」[832]でありうる。この名とは「絶対的代理人の、絶対的証人の、絶対的

830　エレ 5:28, 31, 6:6-7, 13, 8:10, 9:3, 7, 20:8, 21:12, 22:16 など。
831　エレ 7:6, 22:3。
832　Derrida, *Pardonner: L'impardonnable et l'imprescriptible*, p. 64; デリダ『赦すこと』、78 頁。

superstes〔現前している者、証人、生き延びた者〕の、絶対的な生き延びた証人の」[833] 名である。つまり、神が赦しうるとすれば、あくまでも犠牲者の代理人として、あるいは、行われた悪に対する証人としてなのであると、デリダは考える。

　もしデリダのように考えられるとすればなおのこと、「新しい契約」の赦しは真正な赦しではなくなってしまう。なぜなら、神は忘却することによって、絶対的な生き延びた証人として、不在の者たちの代わりに語ることを放棄してしまうからだ。

　不在の者たちの無念を忘却することこそがジャンケレヴィッチを記憶するルサンチマンの復讐へと駆り立てたものだった。赦す神という慈愛の神を振りかざすことが、ナチスに加担した者たちを肥え太らせ、道徳的に振る舞おうとするディレッタントたちの赦しの感覚を鈍磨させることになる。そうした生温い赦しが犠牲者の側に立つ者の復讐心を絶えず燃え立たせている。

　それゆえ、もしも神が忘却するのであれば、犠牲者たちは救われない。行われた悪を忘却した証人は、もはや証人ではなく、犠牲者の代理人ではありえないからだ。もし、忘却によって赦すのであれば、そこで神の名の下に大きな悪がなされることになるだろう。いや、そこではこう結論せざるを得ない。「新しい契約」で神が行おうとする忘却による赦しは、一見救済的なものではあるが、その実、救われない犠牲者たちを見捨て、復讐に囚われた者たちの復讐心を駆り立てる、悪の業なのである。

　まとめよう。忘却は赦しを無化する。忘却は二通りの方法で、赦しを不可能にしている。第一に、行われた悪をなかったことにすることによって、忘却は赦しをナンセンスなものとしている。第二に、忘却は犠牲者とその擁護者を絶えず復讐に駆り立てることによって、真に赦す資格を持つものたちが赦しを与えることを不可能にし、また、証言を挫折させることで、罪悪の絶対的代理人・絶対的証人という資格によって赦すという絶対者の権能すら不可能にしてしまう。こうして、忘却の指し示す方向に立ち現れてくる神は、悪を記憶にとどめることのない無力な神であり、そのことによって悪を働く神となる。すると、ここにおいて、神の主権性が決定的に否定されていることに気づかされる。神は、輝かしい権能において赦しを与えているのではな

833　同。

く、赦し自体を挫折させ、不可能にするような忘却を赦しに付け加えているからである。

したがって、赦し自体が不可能とされるとともに、神の主権が大きく傷つけられることによって、「新しい契約」の約束する赦しはアポリアに直面している。だからこそ、ここに述べられる赦しは、無条件的な赦しという彼方を指し示しうる。「新しい契約」を純粋な赦しの文学的範例とすることはゆるされるだろう。

7.2.1. 忘却する神と黙過する神の近さ

改めて確認しておけば、赦しは厳然たるアポリアであり、知性的なものの外部にあり、あるいは「不可能なものの狂気」[834]である。それゆえ、おそらくは「新しい契約」といえど、あくまでも限定的な仕方で、赦しという超越を指し示しているにすぎない。上に示したのは、象徴としての「新しい契約」に現れている赦しの無条件性の一側面だということになる。そうして、次に検討することになるのは、「新しい契約」が示しているような無条件的な赦しのアスペクトが、果たしてエレミヤに顕現しえたかどうか、という点である。

そこで考えられる問いは、犠牲者の側に立ち、神に対して不正を告発していたエレミヤが、「新しい契約」の示すような忘却という不正を受容しえたのか、あるいは少なくとも看過しえたのか、という問いである。

この問いに応えるために、再び、告白録のエレミヤを思い出そう。エレミヤの告白録[835]において表白されたエレミヤの復讐の願いと神義論の問いに対して、神の応答は少なく[836]、一つは答えにならないような不可解な反問[837]で

---

834 Derrida, *Le Siècle et le Pardon*, p. 120.
835 エレ 11:18-12:6（ただし、エレミヤ的中核としては、12:1-5）、15:10-21, 17:12-18, 18:18-23, 20:7-18。
836 12:5-6, 15:11-14, 19-21。なお、17:17b「災いの日に、あなたこそ、私の隠れ場なのです」という一句を、エレミヤの口を借りた神の間接的応答と見る立場もある（宮本『聖書と愛智』、137頁）。しかし、エレミヤの信頼を表すかに見えるこの嘆願の言葉も、直接後続するエレミヤの復讐の祈り（18節）に対しての有効な応答とするには不足に思われる。
837 エレ 12:5。

あった。率直な神義論の問いに対して、神は身をかわすかのような反問を返し、迫害が増すにつれてより激しくなるエレミヤの糾弾する声と反比例するかのように、神の応答は少なくなる。最も暗く、重い絶望を語る最後の二つの告白録に対して、神はもはや沈黙している。

　この沈黙する神に対する最も率直な感想は、苦しむ義人として描かれたエレミヤを黙過する神というものだろう。この神の沈黙がいかなる意味を持つのか、テクストにはもはや書かれていない以上、その意味を確定する手段を我々は持たないが、しかし、それが現象しうる意味については推測しうる。エレミヤが復讐を求める声を上げたのは、神に見捨てられたかのように感じ、神の応答を求めていたからである。つまり、この神の沈黙は、苦しむ義人にとっては、神が彼を見捨てた経験として現象している。

　ところで、為された悪を忘却しようとする「新しい契約」の神を想起するならば、告白録の苦しむ者を見捨てる神は、これに極めて接近している。忘却する神は黙過する神と等質なのである。そうであれば、黙過する神を知っていたエレミヤの視界には、忘却する神の姿もまた見えていたはずなのだ。

　だが、そうであれば、エレミヤが忘却する神を許容し、あまつさえ赦して忘却する神の「新しい契約」を語りだすことなどありえなかったのではないか、と問われうるだろう。そこで、一つのヘブライ語を手掛かりにして、復讐を願うエレミヤと「新しい契約」の関係を探ってみたい。「ザーカ̇ル」という語がそれである。

　ヘブライ語のザーカ̇ルは、「言及する」「記憶する」などを意味する動詞だが、エレミヤ書には 16 例[838] ほどが使われている。そして、先ほど問題とした「新しい契約」における「わたしは二度と思い出さない」という忘却の言葉がヘブライ語では「ロー・エズコ̇ル・オード̇」であり、否定詞ロー＋ザーカ̇ルという形で表現されている。

　16 例のうち、カル態の命令形で「思い出せ、覚えよ」という意味になるのは、14 章 21 節、15 章 15 節、18 章 20 節、51 章 50 節の四箇所であり、このうち、エレミヤの真正句と考えられるのは 15 章 15 節、18 章 20 節の二箇所、いずれも告白録における用例である。

838　エレ 2:2, 3:16, 4:16, 11:19, 14:10, 21, 15:15, 17:2, 18:20, 20:9, 23:36, 31:20（2 例）, 31:34, 44:21, 51:50。

この告白録中の二箇所において、エレミヤは苦しむ義人として描かれ、かつ神に対して告訴している。すなわち、そこでザーカルは神に対して「私を思い出せ」「私の善行を思い出せ」という命令として発生している。そうしてさらに、これらの二箇所にはいずれも、復讐の祈りが直接後続する[839]。

　ここに、犯された罪悪を記憶せよという欲求への、エレミヤ的な発露を見て取ることができる。この二箇所で、エレミヤは破られたトーラーの犠牲者として、黙過する神に対して声を上げているわけだが、そこでは、記憶されることへの切望は、正義執行への願いを超えて、復讐への渇望に絡め取られてしまっている。犠牲を、犠牲者を覚えることは、ジャンケレヴィッチにおいてそうであったように、ここでもルサンチマンの復讐と分かちがたく結ばれてしまうのである。

　では、この「記憶せよ」というエレミヤの切望に対して、ヤハウェはどう答えたのだったろうか？ 15章においても、18章においても、ヤハウェはエレミヤに復讐も正義の執行も約束しない。15章においては、救済の約束を与えはするが（20-21節）、同時にエレミヤを問いただし、窘めてもいるのであった（19節）。そうして、18章では応答の声はもはや聞こえない。ヤハウェは沈黙してしまったかに見える。

　すると、エレミヤと「新しい契約」の間の隔たりはより深刻の度を増しているようにも思われる。だが、もう少しザーカルの用法を探ってみよう。

　告白録中、エレミヤの真正句に帰される箇所にはもう一例、ザーカルが用いられている箇所がある。それが20章9節である。ここで、より深刻になってゆく迫害の渦中で発せられたエレミヤの言葉は次のようなものである。「それ〔ヤハウェの言葉〕を思い出すまい。二度と彼〔ヤハウェ〕の名で語るまい」[840]。これは預言者としての職務を放棄する、棄教の決意である。絶望の中で棄教する決意を語る言葉が、ザーカルの否定形なのだ。預言者としての己を無化するこの決定的な瞬間にザーカルという語が登場する。

　しかし、棄教の決意の瞬間に、エレミヤは奇妙な体験をすることになる。20章9節は次のように続く。

839　エレ 15:15, 18:21。
840　エレ 20:9。下線部がザーカルに該当する。

> しかし、それ〔ヤハウェの言葉〕は、私の心の中で、骨々の中に閉じ込められて燃える炎のようになり、押さえつけるのに疲れて、耐えられませんでした。（エレ 20:9）

つまり、ヤハウェを捨てようとした絶望の底で、人格の中心である心や存在の中心である骨の中から突き動かすようなヤハウェの言葉をエレミヤは見つけたのである。

このエレミヤの体験と似たような構造を持つ箇所が、エレミヤ書の別の箇所に見出される。31章20節である。ここでは、エフライム（北イスラエル）への記憶の中で、ヤハウェが体験した出来事として、こう語られる。

> エフライムはわたしにとって掛け替えのない息子なのだろうか。
> また喜ばしい子供なのだろうか。
> まことに、わたしは彼のことを語るたびに、
> <u>彼のことを再び必ず思い出す</u>。
> それゆえ、わたしの 腸(はらわた) は彼のために悶え、
> わたしは彼を憐れまずにはいられない。
> ──ヤハウェの御告げ──（エレ 31:20）

ここでヤハウェは、確かにエフライムの嘆きを聞いて反応しているのだが、しかしそれは嘆きの深刻さとは距離を置くような自問である。果たしてエフライムが自分にとって本当に大事なのかという冷徹な自問の底で、ヤハウェはやはり感情の中心的な座である腸がうめくような思いに駆られ、エフライムへの憐れみの心を再確認する。そして、下線部で示したように、ここにもザー・カルの語が登場しているのである。

こうして、20章9節と31章20節には類比的な関係が成立している。つまり、告白録のエレミヤは31章20節という初期救済預言ですでに語られたヤハウェの体験を自らにおいて追体験しているのである。

「記憶せよ」という自らの訴えに対する神の沈黙に耐えかねて、神についての記憶を抹消しようとしたエレミヤはその絶望の底で、かつての北イスラエルに向けられた慰めの言葉を発したヤハウェと共鳴し、ヤハウェが北イスラエルへの憐れみを忘却しきれなかったと同じように、ヤハウェの記憶を抹

消しきれないことを悟った。そして、その救済預言において神が、傷つき痛んでいたことを洞察し[841]、神の痛みを燃える炎として経験しているのである。ここにおいて、痛みのなかで、自らを無化しつつ、エレミヤは神に出会っている。

そしてここから、犠牲者たちを代表するようなエレミヤの「記憶せよ」という告白録の訴えに対する神の応答が沈黙であった理由が窺われてくる。もしも神がエレミヤの訴えに応えて、復讐の思いを遂げ、正義を執行したのであったなら、この神は決して赦す神としては顕現しなかった。そのような神は、所詮、応報倫理の管理者としての神であり、応報のエコノミーに自閉した神であったろう。もし神が復讐を果たしたのだったら、エレミヤは、たとえ復讐の思いから自由になったとしても、応報倫理の束縛から解放されることはなかっただろう。そうして、エレミヤは、不純な赦しの神、恩赦の神、天の高みから主権性を振りかざすことによって赦す神を語り得たとしても、純粋な赦しの神、無条件的な赦しの神、自己無化し、悪を犯しながらも人を救おうとする赦しの神には出会い得なかったことになるだろう。

エレミヤは、復讐の思いを背後に潜ませた「記憶せよ」という要求に応えない神に絶望し、そうして棄教しようとしたそのときに、しかし抹消し得ない記憶を通じて、かつて自らが預言したはずの痛む神を見出した。その神は、度重なる民の背反にもかかわらず、これを赦そうという意志を持った神であった。ここにおいて、犠牲者たちを踏みにじるような忘却という暴挙を犯しつつも、なおも赦そうとする神の姿が見出されるのである。そして、ここにおいてこそ、翻って、犠牲者たるエレミヤ自身が、応報倫理の鎖に繋がれた復讐心から救い出される道が開かれてくるはずである。

こう見てゆくなら、この黙過する神、犠牲者たちを見捨てる悪魔的な神、極悪に下る神でありながらも、絶望の無化の底の痛みにおいて実は彼らと共にいます神[842]、インマヌエルの神を見出した者はエレミヤを措いて他にいない。なぜなら、エレミヤこそが、赦す神を知る者であり、神が赦すゆえに無限の復讐の思いに駆られ、かつこの神に挑んだ者だったからである。そして、

---

841 エレ 31:20 に表れている「神の痛み」については、北森嘉蔵『神の痛みの神学』教文館、2009年、197-220頁参照。

842 西田幾多郎「場所的論理と宗教的世界観」、『西田幾多郎全集 第十巻』岩波書店、2004年、321頁。

黙過しつつ救済するという二つの対照的な神の姿は、まさに忘却という悪によって人を赦そうとする「新しい契約」の神の姿のなかに結びついているのである。

　「新しい契約」に至る道筋はこう浮かび上がってくる。「記憶せよ」という復讐に満ちた要求を叫ぶ犠牲者エレミヤは、もはやヤハウェのことを「思い出さない」という絶望の底で、イスラエルへの「記憶」を抹消しきれない神の憐れみと共鳴し、イスラエルの咎を「二度と思い出さない」忘却の神、無条件的な赦しの神を見出すに至ったのだ。

　こうして、実は、エレミヤの預言者としての生涯における使信が一つの円環として閉じられることになる。ホセアの影響下で語られた、初期のものと思われる救済預言があるにもかかわらず、多くの災いの預言を告げ、また復讐の言葉をしばしば語るエレミヤの両極端な性格は、赦す神を知っていた預言者の、この神との存在を賭けた対話ゆえに生じているのであり、その対話の延長線の交わる点こそが「新しい契約」にほかならない。そこでは、預言者を裏切り、赦しを無化し、極悪に下ってまで、復讐に燃える預言者をその束縛から解放し、さらに、あらゆる咎にもかかわらずイスラエルを赦そうとする神の救済意志が発露している。

7.3. 記憶するもの：心に書き込まれたトーラー

　以上のように、「新しい契約」の著者問題は、少なくともその中核はエレミヤに遡らなければならない、というのが本稿の結論となる。しかし、まだ論じ残している問題がある。それは、「新しい契約」で神が赦す仕方は、結局のところ忘却という仕方でしかなく、そしてこの忘却は悪でしかなかったゆえに、正義が貫徹されていないではないか、という問題である。あるいは、この問題はこう言い換えられる。律法を破った者たちによって虐げられた犠牲者たち、あるいは殺された者たちの無念は、誰が晴らすのか。それとも彼らの無念もまた忘却されるのか。もしここで、律法を破った者たちの罪とともに、犠牲となった者たちの無念もまた忘却されるのであれば、赦しは、赦

しそのものの歴史の端緒を失うことになり、再び、赦しは「腹黒い冗談」[843]となることだろう。それゆえ、ジャンケレヴィッチのように、復讐＝ルサンチマンとしてではないにせよ、為された悪の痕跡を記憶することが必要となる。人は「赦された罪人」ではありうるにせよ、そこでもなお「罪人」であることをやめることはできないはずだ。というのは、そこで「罪人」であることが放棄されたとすれば、罪との相関概念であるはずの「赦し」がナンセンスになってしまうからだ。つまり、赦しが赦しでありうるための、罪の痕跡の記憶は最低限必要なのである。あるいはむしろ、リクールが言うように、「赦しは記憶の一種の癒しであり、記憶の喪の成就である」[844]のであれば、赦しは傷つけられた記憶を回復させ、未来へと解き放つことを目的とするのであって、忘却の正反対のものとなるだろう。であれば、赦しに忘却を付け加えようとする「新しい契約」は、ここに限界を持つとみるべきなのだろうか。

そこで手がかりとしたいのは、やはりリクールの次の言葉である。「（…）ある形の忘却が正当に喚起されるとするなら、それこそ悪を黙秘する義務ではなく、穏やかな怒りのない調子で悪を言う義務であろう。それを言う仕方は、もはや命令や指令ではなく、希求法での祈願としてであろう」[845]。リクールがこのように語る声、希求法として悪を示す義務のようなものが、「新しい契約」になおも見出されうるとすれば、「新しい契約」は犠牲者の無念を無視した赦すものの横暴ではなく、我々に可能な純粋な赦しの範例として耐えうることになるだろう。そのようなものは見出されるのか。

そこで見出されるものが、「心に書き記されたトーラー」（31:33a）である。「新しい契約」の忘却の作用の中で、あるいは、古い契約と対比される「新しい契約」の新しさの中で、このトーラーだけは、以前と変わらずに持続し、永続するものなのだった。そこでは、もはや過去に犯された罪は言及されないが、未来においても何が罪かは依然として示され続ける。そしてその語り方は、「ヤハウェを知れ」という命令形でもなければ、律法を守らなければ災いが下るという脅迫でもない（31:34a）。「まことに彼らはみな小さなもの

843　Jankélévitch, *L'Imprescriptible*, p. 50.
844　Ricœur, *Le Juste [1]*, p. 207; リクール『公正の探求1』、198頁。
845　Ricœur, *La Mémoire, L'Histoire, L'Oubli*, p. 579. Voir aussi, ibid., pp. 642f.; リクール『記憶・歴史・忘却〈下〉』、249頁。また、同、304頁併照。

から大きなものまでわたしを知る」(31:34bα) のである。

そうしてこのように内在化されたトーラーにあって、この中核がなおも十戒であるとすれば、その語り方は、関根清三が詳細に検討したように、否定詞ロー＋二人称未完了形という語り方、すなわち「あなたは〜することはないだろう」という語り方となる。この含意は、神の愛の場に目覚めたものは、神の与えたもうもの、共に生きるものたちをもはや傷つけることはありえないだろう、ということである[846]。したがって、このロー＋二人称未完了形という十戒の語り方こそが、リクールのいう「希求法」でありうる。このトーラーをこの希求法で語るものは、もはやそれ自身が復讐の思いに囚われたものであることをやめ、罪を忘却しつつも、犠牲者たちの記憶を復讐とは違った仕方で保ち続けるだろう。そこにおいて開けてくる未来こそが、アーレントが復讐に関連して述べたような、最初に犯された悪の結果に規定されてしまう未来ではなく、新しく活動を開始することのできる未来でありうる。そしてこれこそが「新しい契約」の成立する未来、「イスラエルの家とその日々の後」なのではないか。

---

[846] 関根清三『旧約における超越と象徴——解釈学的経験の系譜』東京大学出版会、1994年、82-94頁。

参考文献

Adorno, Theodor W., *Negative Dialektik*, Suhrkamp Taschenbuch Wissenschaft 113, Frankfurt a. M., Suhrkamp Taschenbuch Verlag, 2. Aufl., 1980（『否定弁証法』木田元・德永恂他訳、作品社、1996 年）.

アガンベン，ジョルジョ『アウシュヴィッツの残りのもの——アルシーヴと証人』上村忠男・廣石正和訳、月曜社、2001 年。

Andersen, Francis I., and Freedman, David Noel., *Amos*, The Anchor Bible, vol. 24A, New York, Doubleday, 1989.

荒井献・石田友雄編『旧約新約聖書大事典』教文館、1989 年．

Arendt, Hannah., *The Human Condition*, Second Edition, Chicago, The University of Chicago Press, 1998（『人間の条件』志水速雄訳、ちくま学芸文庫、1994 年）.

Becking, Bob., 'Jeremiah's Book of Consolation: A Textual Comparison Notes on the Masoretic Text and the Old Greek Version of Jeremiah XXX-XXXI', VT 44, pp. 145-169, 1994.

Biberger, Bernd., 'Umkehr als Leitthema im Zwölfprophetenbuch', ZAW 123, 2011.

Böhmer, S., *Heimkehr und neuer Bund: Studien zu Jeremia 30-31*, Göttingen, Vandenhoeck & Ruprecht, 1976.

Botterweck, G. Johannes., et al. ed., *Theological Dictionary of the Old Testament, V.14*, trns. by Scott, Douglas W., Grand Rapids, Eerdmans, 2004.

Brown, F., Driver, S. R., Briggs, C. A., *The Brown-Driver-Briggs Hebrew and English Lexicon: With an Appendix Containing the Biblical Aramaic*, Peabody, Massachusetts, Hendrickson Publischers, 12th printing, 2008.

Carroll, Robert P., *From Chaos to Covenant: Uses of Prophecy in the Book of Jeremiah*, London, SCM Press, 1981.

―――, 'Prophecy, Dissonance, and Jeremiah xxvi,' in *A Prophet to the Nations: Essays on Jeremiah Studies*, ed. Perdue, Leo G. and Kovacs, Brian W., Winona Lake, Eisenbrauns, 1984, pp. 381-391.

———, *Jeremiah: A Commentary*, London, SCM Press, 1986.

Cornill, Carl Heinrich., *Das Buch Jeremia*, Leipzig, Chr. Herm. Tauchnitz, 1905.

Craigie, Peter G. et al., *Word Biblical Commentary: Jeremiah 1-25*, Vol.26, Zondervan, 1991.

Cross, Frank Moore., 'The Themes of the Book of Kings and the Structure of the Deuteronomistic History', in idem, *Canaanite Myth and Hebrew Epic: Essays in the History of the Religion of Israel*, Cambridge, MA, Harvard University Press, 1973（「列王記の主題と申命記学派的歴史の構造」、『カナン神話とヘブライ叙事詩』輿石勇訳、日本基督教団出版局、1997 年）.

Dempsey, Carol J., '"Turn Back, O People": Repentance in the Latter Prophets' in Boda, Mark J. and Smith, Gordon T. ed., *Repentance in Christian Theology*, Collegeville, Minnesota, Liturgical Press, 2006.

Derrida, Jacques., «Le Siècle et le Pardon» , in *Foi et Savoir*, coll. Points, Éd. du Seuil, 2000（「世紀と赦し」鵜飼哲訳、『現代思想』2000 年 11 月号、青土社、89-109 頁）.

———, «Versöhnung, ubuntu, pardon: quel genre?» in Vérité, Réconciliation, Réparation, sous la direction de Barbara Cassin, Olivier Cayla et Phillippe-Joseph Salazar, «Le Genre Humain 43», Éd. du Seuil, 2004.

———, *Pardonner: L'impardonnable et l'imprescriptible*, Paris, Éditions Galilée, 2012.

———, 『赦すこと』守中高明訳、未來社、2015 年。

Dietrich, Walter., *Prophetie und Geschichte: Eine redaktionsgeschichtliche Untersuchung zum deuteronomistischen Geschichtswerk*, Göttingen, Vandenhoeck und Ruprecht, 1972.

Duhm, Bernhard., *Das Buch Jeremia*, Tübingen und Leipzig, J.C.B. Mohr (Paul Siebeck), 1901.

Elliger, K. et Rudolph, W. (Hg.), *Biblia Hebraica Stuttgartensia*, Deutsche Bibelgesellschaft, 5. Aufl., 1997.

Even-Shoshan, Abraham. ed. *A New Concordance of the Bible: Thesaurus of the Language of the Bible, Hebrew and Aramaic: Roots, Words, Proper Names, Phrases and Synonyms*, Jerusalem, Kiryat Sefer, 1996.

Ewald, Heinrich., *Ausführliches Lehrbuch der Hebäischen Sprache des Alten Bundes*, Göttingen, Dietrich, 7. Ausg., 1863.

Fahlgren, K. Hj., 'Die Gegensätze von ṣedaqā im Alten Testament', in Koch, Klaus., *Um das Prinzip der Vergeltung in Religion und Recht des Alten Testaments*, Darmstadt, Wissenschaftliche Buchgesellschaft, 1972.

Festinger, L., Riecken, H. W., and Schachter, S., *When Prophecy Fails*, University of Minnesota Press, Minneapolis, 1956.

Fischer, Georg., *Jeremia 1-25*, Herders theologischer Kommentar zum Alten Testament, Freiburg im Breisgau, Herder, 2005.

Fohrer, Georg., *Die Propheten des Alten Testaments, Bd.4. Die Propheten um die Mitte des 6. Jahrhunderts*, Gütersloher Verlagshaus, Gerd Mohn, Gütersloh, 1975.

深津容伸「悔い改めをめぐって」、『基督教論集』47、青山学院大学同窓会基督教学会、2003 年、33-41 頁。

Groß, Walter., *Zukunft für Israel: alttestamentliche Bundeskonzepte und die aktuelle Debatte um den Neuen Bund*, Stuttgarter Bibelstudien 176, Stuttgart, Verlag Katholisches Bibelwerk, 1998.

―――, 'Ernuerter oder Neuer Bund? Wortlaut und Aussageintention in Jer 31,31-34', in Avemarie, F., Lichtenberger, H. (Hg), *Bund und Tora. Zur theologischen Begriffsgeschichte in alttestamentlicher, frühjüdischer und urchristlicher Tradition*, WUNT 92, Tübingen 1996, S. 41-66.

Heidegger, Martin., 'Die Onto-Theo-Logische Verfassung der Metaphysik', in Ders., *Identität und Differenz*, Gesamtausgabe, Abt.1. Veröffentlichte Schriften 1910-1976, Bd. 11, Frankfurt am Main, Vittorio Klostermann, 2006（『同一性と差異性』大江精志郎訳、ハイデッガー選集 10、理想社、1960 年）.

Hentschel, Georg., *2 Könige*, Die Neue Echter Bibel, Würzburg, Echter Verlag, 1985.

Herrmann, Siegfried., *Die prophetischen Heilserwartungen im Alten Testament: Ursprung und Gestaltwandel*, BWANT 85, Stuttgart, W. Kohlhammer Verlag, 1965.

Hibbard, J. Todd., 'True and False Prophecy: Jeremiah's Revision of Deuteronomy', JSOT, 35.3 (2011), pp. 339-358.

Holladay, William L., *The Root ŠÛBH in the Old Testament: With Particular Reference to Its Usages in Covenantal Contexts*, Brill, Leiden, 1958.

―――, 'Style, Irony, and Authenticity in Jeremiah', Journal of Biblical Literature, 81-1, 1962, pp. 44-54.

―――, *Jeremiah: A Commentary on the Book of the Prophet Jeremiah, V.1*,

Philadelphia, Fortress Press, 1986.

―――, *Jeremiah: A Commentary on the Book of the Prophet Jeremiah, V.2*, Philadelphia, Fortress Press, 1989.

Horkheimer, Max., und Adorno, Theodor W., *Dialektik der Aufklärung: Philosophische Fragmente*, in Adorno, Theodor W., Gesammelte Schriften Bd.3, 2. Aufl., Frankfurt a. M., Suhrkamp, 1984（『啓蒙の弁証法――哲学的断想』徳永恂訳、岩波文庫、2007年）.

Hossfeld, F. -L., Meyer, I., 'Der Prophet vor dem Tribunal: Neuer Auslegungsversuch von Jer 26', ZAW 86, 1974, S. 30-50.

Jankélévitch, Vladimir., *Le Pardon*, Paris, Aubier-Montaigne, 1967 (*Forgiveness*, trns. by Kelly, A., Chicago, The University of Chicago Press, 2005).

―――, *L'imprescriptible: Pardonner? Dans l'honneur et la dignité*, Éd du Seuil, coll. «Points», 1986.

Jeremias, Jörg., 'Zur Eschatologie des Hoseabuches', in: Ders., *Hosea und Amos: Studien zu den Anfängen des Dodekapropheton*, FAT 13, Tübingen, J.C.B. Mohr (Paul Siebeck), 1996.

―――, *Die Reue Gottes; Aspekte alttestamentlicher Gottesvorstellung*, BThS 31, Neukirchener Verlag, 2. Aufl., 1997（『なぜ神は悔いるのか――旧約的神観の深層』関根清三・丸山まつ訳、日本キリスト教団出版局、2014年）.

Joüon, Paul. and Muraoka, Takamitsu., *A Grammar of Biblical Hebrew*, Gregorian & Biblical Press, 2nd ed., 3rd repr., 2011.

Kant, Immanuel., *Kritik der praktischen Vernunft/ Grundlegung zur Metaphysik der Sitten*, Werksausgabe Band VII, Wischedel, W. (Hg.), Frankfurt am Main, Suhrkamp, 1974.

―――, *Kritik der reinen Vernunft*, Hamburg, Felix Meiner Verlag, 1998（『純粋理性批判』熊野純彦訳、作品社、2012年）.

Keown, Gerald L. et al., *Word Biblical Commentary: Jeremiah 26-52*, Vol.27, Zondervan, 1995.

北森嘉蔵『神の痛みの神学』教文館、2009年。

Koch, Klaus., *Um das Prinzip der Vergeltung in Religion und Recht des Alten Testaments*, Darmstadt, Wissenschaftliche Buchgesellschaft, 1972.

Koehler, L., and Baumgartner, W., et al., *The Hebrew and Aramaic Lexicon of the Old*

Testament, Study Edition, vol. II, Leiden, Brill, 2001.

Krašovec, Jože., 'Vergebung und neuer Bund nach Jer 31,31-34', ZAW 105 (Heft 3), 1993, S. 428-444.

Lalleman-de Winkel, H., *Jeremiah in Prophetic Tradition, An Examination of the Book of Jeremiah in the Light of Israel's Prophetic Traditions*, Leuven, Peeters, 2000.

レオン＝デュフール, X., ほか編『聖書思想事典』Z. イェール翻訳監修、小平卓保・河井田研朗訳、三省堂、1999年。

Levin, Christoph., *Die Verheissung des neuen Bundes*, FRLANT 137, Göttingen, Vandenhoeck & Ruprecht, 1985.

Lévinas, Emanuel., *Dieu, La Mort et Le Temps*, Éditions Grasset & Fasquelle, 1993 (『神・死・時間』合田正人訳、法政大学出版局、1994年).

Lohfink, Norbert., *Der niemals gekündigte Bund, Exegetische Gedanken zum christlich-jüdischen Dialog*, Freiburg, Verlag Herder, 1989.

―――, 'Kinder Abrahams aus Steinen – Wird nach dem Alten Testament Israel einst der "Bund" genommen werden?', in Frankemölle, H. (Hg.), *Der ungekündigte Bund?: Antworten des Neuen Testaments*, Quaestiones disputatae 172, Freiburg, Verlag Herder, 1998, S. 17-43.

Lundbom, Jack R., *Jeremiah 1-20*, The Anchor Bible, V. 20A, New York, Doubleday, 1999.

Luther, M., *Deudsch Catechismus* (Der Große Katechismus), in Ders., Sonderedition der Kritischen Gesamtausgabe (Weimarer Ausg.), Werke, Teil 3, Bd.30-1, Verlag Hermann Böhlaus Nachfolger Weimar, 2005.

Maier, Christl., *Jeremia als Lehrer der Tora: soziale Gebote des Deuteronomiums in Fortschreibungen des Jeremiabuches*, FRLANT 196, Göttingen, Vandenhoeck & Ruprecht, 2002.

Mandelkern, Salomon., *Veteris Testamenti Concordantiae Hebraicae atque Chaldaicae*, Graz, Akademische Druck- und Verlagsanstalt, 1955.

マリオン, ジャン＝リュック『存在なき神』永井晋・中島盛夫訳、法政大学出版局、2010年。

McKane, William., *Jeremiah 1-25*, London, Bloomsbury, Edinburgh, T & T Clark, 1986.

―――, *Jeremiah 26-52*, London, Bloomsbury, Edinburgh, T & T Clark, 1996.

三田和芳『信徒のための聖書講解－旧約 第15巻 エレミヤ書・哀歌』聖文舎、1982年。

宮本久雄『聖書と愛智――ケノーシス（無化）をめぐって』新世社、1991 年。

―――,『他者の原トポス――存在と他者をめぐるヘブライ・教父・中世の思索から』創文社、2000 年。

―――,『旅人の脱在論――自・他相生の思想と物語りの展開』創文社、2011 年。

Moran, William L., 'The Ancient Near Eastern Background of Love of God in Deuteronomy', Catholic Biblical Quartely 25, 1963, pp. 77-87.

並木浩一『並木浩一著作集 1　ヨブ記の全体像』日本キリスト教団出版局、2013 年。

Nicholson, Ernest W., *The Book of the Prophet Jeremiah, Chapters 1-25*, Cambridge University Press, 1973.

西田幾多郎『西田幾多郎全集　第十巻』岩波書店、2004 年。

野家啓一『科学哲学への招待』ちくま学芸文庫、2015 年。

Nohl, Herman (Hg.), *Hegels theologische Jugendschriften: nach den Handschriften der Kgl. Bibliothek in Berlin*, Tübingen, J. C. B. Mohr (Paul Siebeck), 1907.

Noth, Martin., *Überlieferungsgeschichtliche Studien: die sammelnden und bearbeitenden Geschichtswerke im Alten Testament*, Tübingen, Niemeyer, 2., unveränderte Aufl., 1957（『旧約聖書の歴史文学――伝承史的研究』山我哲雄訳、日本基督教団出版局、1988 年）.

Pedersen, Johannes., *Israel: Its life and Culture I-II*, London, Oxford University Press, 1940（『イスラエル――その生活と文化』日比野清次訳、キリスト教図書出版社、1977 年）.

Peretti, Aurelio., 'Zeus und Prometheus bei Aischylus', Antike: Zeitschrift für Kunst und Kultur des Klassischen Altertums 20, Berlin, Walter de Gruyter, 1944, S. 1-39.

Podlecki, Anthony J., ed. and trans., *Aeschylus, Prometheus Bound*, Oxford, Aris & Phillips, 2005.

Pohlmann, Karl-Friedrich., *Studien zum Jeremiabuch: ein Beitrag zur Frage nach der Entstehung des Jeremiabuches*, FRLANT 118, Göttingen, Vandenhoeck & Ruprecht, 1978.

ラブキン，ヤコヴ・M.『トーラーの名において――シオニズムに対するユダヤ教の抵抗の歴史』菅野賢治訳、平凡社、2010 年。

―――,「シオニズム・イデオロギーの宗教的起源――現代イスラエルの成立と展開における、キリスト教シオニストの役割」、『キリスト教学』第 55 号、立教大学キリスト教学会、2013 年。

Rahlfs, Alfred. et Hanhart, Robert. (Hg.), *Septuaginta*, Editio altera, Deutsche Bibelgesellschaft, 2006.

Reventlow, Henning Graf., *Liturgie und prophetisches Ich bei Jeremia*, Gütersloh, Gütersloher Verlagshaus Gerd Mohn, 1963.

Ricœur, Paul., *Le Juste [1]*, Paris, Éditions Esprit, 1995（『正義をこえて──公正の探求1』久米博訳、法政大学出版局、2007 年）.

———, *La Mémoire, L'Histoire, L'Oubli*, Paris, Éditions du Seuil, 2000（『記憶・歴史・忘却〈下〉』久米博訳、新曜社、2005 年）.

———, *Le Juste 2*, Paris, Éditions Esprit, 2001（『道徳から応用倫理へ──公正の探求2』久米博・越門勝彦訳、法政大学出版局、2013 年）.

Römer, Thomas C., *The So-Called Deuteronomistic History: A Sociological, Historical and Literary Introduction*, T & T Clark, New York, 2005（『申命記史書──旧約聖書の歴史書の成立』山我哲雄訳、日本キリスト教団出版局、2008 年）.

———, 'How did Jeremiah Become a Convert to Deuteronomistic Ideology?', in Schearing, L. S., and McKenzie, S. L. (ed.), *Those Elusive Deuteronomists, The Phenomenon of Pan- Deuteronomism*, JSOTS, 268. 1999, pp. 189-199.

Römer, Thomas., and de Pury, Albert., 'Deuteronomistic Historiography (DH): History of Research and Debated Issues', in Römer, Th., and Macchi, J. D. ed., *Israel Constructs its History, Deuteronomic Historiography in Recent Research*, JSOTS, 306, 2000, pp. 24-141.

Rost, L., *Israel bei den Propheten*, BWANT 19, Stuttgart, Kohlhammer, 1937.

Rubenstein, Richard L., *After Auschwitz: History, Theology, and Contemporary Judaism*, 2nd ed., Baltimore and London, The Johns Hopkins University Press, 1992.

Rudolph, Wilhelm., *Jeremia*, 2. Aufl., Tübingen, Mohr, 1958.

左近義慈編著、本間敏雄改訂増補『ヒブル語入門　改訂増補版』教文館、2011 年。

佐藤啓介「不可能な赦しの可能性──現代宗教哲学の観点から」、『宗教と倫理』第4号、宗教倫理学会、2004 年、64-81 頁。

———,『死者と苦しみの宗教哲学──宗教哲学の現代的可能性』晃洋書房、2017 年。

Schmid, Konrad., *Buchgestalten des Jeremiabuches: Untersuchungen zur Redaktions- und Rezeptionsgeschichte von Jer 30-33 im Kontext des Buches*, WMANT 72, Neukirchener Verlag, 1996.

Schmidt, Werner H., *Das Buch Jeremia Kapitel 1-20*, Das Alte Testament Deutsch: neues Göttinger Bibelwerk in Verbindung mit Beyerlin, Walter., ... [et al.], (Hg.) Kaiser, Otto, und Perlitt, Lothar, Bd. 20, Göttingen, Vandenhoeck & Ruprecht, 2008.

―――, *Das Buch Jeremia Kapitel 21-52*, Das Alte Testament Deutsch: neues Göttinger Bibelwerk in Verbindung mit Beyerlin, Walter., ... [et al.], (Hg.) Kaiser, Otto., und Perlitt, Lothar. Bd. 21, Göttingen, Vandenhoeck & Ruprecht, 2013.

Seidl, Theodor., 'Jeremias Tempelrede: Polemik gegen die joschijanische Reform? Die Paralleltraditionen Jer 7 und 26 auf ihre Effizienz für das Deuteronomismusproblem in Jeremia befragt', in Groß, Walter. (Hg.), *Jeremia und die 'deuteronomistische Bewegung'*, Bonner Biblische Beiträge, 98, Weinheim, Beltz Athenäum, 1995, S. 141-180.

関根清三『旧約における超越と象徴――解釈学的経験の系譜』東京大学出版会、1994年。

―――訳『旧約聖書Ⅶ　イザヤ書』岩波書店、1996年。

―――訳『旧約聖書Ⅷ　エレミヤ書』岩波書店、2002年。

―――,『倫理思想の源流〔改訂版〕　ギリシアとヘブライの場合』放送大学教育振興会、2005年。

―――,『旧約聖書の思想　24の断章』講談社学術文庫、2005年。

―――,『旧約聖書と哲学』岩波書店、2008年。

関根正雄『関根正雄著作集　第4巻』新地書房、1985年。

―――,『関根正雄著作集　第6巻』新地書房、1980年。

―――,『関根正雄著作集　第9巻　ヨブ記註解』新地書房、1982年。

―――,『関根正雄著作集　第14巻　エレミヤ書註解（上）』新地書房、1981年。

―――,『関根正雄著作集　第15巻　エレミヤ書註解（下）』新地書房、1982年。

Sharp, Carolyn J., *Prophecy and Ideology in Jeremiah: Struggles for Authority in the Deutero – Jeremianic Prose*, Edinburgh, T & T Clark, 2003.

Smend, Rudolf., 'Das Gesetz und die Völker: Ein Beitrag zur deuteronomistischen Redaktionsgeschichte', in *Probleme biblischer Theologie: Gerhard von Rad zum 70. Geburtstag*, Wolff, Hans Walter. (Hg.), München, Chr. Kaiser Verlag, 1971.

Sommerstein, Alan. H., ed. and trns. *Aeschylus*, Loeb Classical Library, Harvard University Press, 2008.

Sperber, Alexander, *The Bible in Aramaic III: The latter Prophets, according to Targum*

Jonathan, Leiden, E. J. Brill, 1962.

Stade, B., 'Jer. 3,6-16', ZAW 4, 1884, S. 151-154.

Stipp, Hermann-Josef., 'Probleme des redaktionsgeschichtlichen Modells der Entstehung des Jeremiabuches', in Groß, W. (ed.), *Jeremia und die 'deuteronomistische Bewegung'*, Bonner Biblische Beiträge, 98, Weinheim, Beltz Athenäum, 1995, S. 225-262.

―――, *Deuterojeremianische Konkordanz*, Arbeiten zu Text und Sprache im Alten Testament Bd.63, Ottilien, EOS Verlag Erzabtei, 1998.

鈴木佳秀『ヘブライズム法思想の源流』創文社、2005 年。

高橋哲哉『デリダ――脱構築と正義』講談社学術文庫、2015 年。

Thiel, Winfried., *Die deuteronomistische Redaktion von Jeremia 1-25*, WMANT 41, Neukirchener Verlag, 1973.

―――, *Die deuteronomistische Redaktion von Jeremia 26-45*, WMANT 52, Neukirchener Verlag, 1981.

―――, 'Das Jeremiabuch als Literatur', in *Verkündigung und Forschung* 43. Jg., Heft 2, Chr. Kaiser/Gütersloher Verlagshaus, 1998, S. 76-84.

Volz, Paul., *Der Prophet Jeremia*, Kommentar zum Alten Testament band X, 2.Aufl. Leipzig, A. Deichertsche Verlagsbuchhandlung D. Werner Scholl, 1928.

Von Rad, Gerhard., *Theologie des Alten Testaments, Band I, Die Theologie der geschichtlichen Überlieferungen Israels*, München, Chr. Kaiser Verlag, 1957(『旧約聖書神学Ⅰ――イスラエルの歴史伝承の神学』荒井章三訳、日本基督教団出版局、1980 年）.

―――, *Das fünfte Buch Mose: Deuteronomium*, Das Alte Testament Deutsch, Bd.8, Göttingen, Vandenhoeck & Ruprecht, 1964(『申命記』鈴木佳秀訳、ATD 旧約聖書註解 5-1、ATD・NTD 聖書註解刊行会、2003 年）.

Wanke, Gunther., *Untersuchungen zur sogenannten Baruchschrift*, BZAW 122, Berlin, Walter de Gruyter, 1971.

―――, *Jeremia Teilband 1: Jeremia 1,1-25,14*, Zürcher Bibelkommentare, AT. 20, Zürich, Theologischer Verlag, 1995.

和辻哲郎『和辻哲郎全集　第九巻』岩波書店、1962 年。

Weippert, Helga., *Die Prosareden des Jeremiabuches*, BZAW 132, Berlin, Walter de Gruyter, 1973.

Weiser, Artur., *Das Buch Jeremia, Kapitel 1-25,14*, Das Alte Testament Deutsch, Bd. 20, 8. Aufl., Göttingen, Vandenhoeck & Ruprecht, 1981.

―――, *Das Buch Jeremia, Kapitel 25,15-52,34*, Das Alte Testament Deutsch, Bd. 21, 7. unv. Aufl., Göttingen, Vandenhoeck & Ruprecht, 1982.

Wolff, Hans Walter., 'Das Thema „Umkehr" in der Alttestamentlichen Prophetie', in Ders., Gesammelte Studien zum Alten Testament, Theologische Bücherei 22, München, Chr. Kaiser Verlag, 1964.

―――, *Dodekapropheton 2, Joel und Amos*, Biblischer Kommentar Altes Testament, Bd. XIV/2, Neukirchen-Vluyn, Neukirchener Verlag, 1969.

山我哲雄「訳者あとがき」、トーマス・C. レーマー『申命記史書――旧約聖書の歴史書の成立』山我哲雄訳、日本キリスト教団出版局、2008 年、293-302 頁。

Zenger, Erich., *Das Erste Testament: Die jüdische Bibel und die Christen*, Düsseldorf, Patmos, 1991.

あとがき

　本書は 2016 年 11 月 4 日、東京大学大学院人文社会系研究科に提出した博士論文に加筆、修正したものである。

　本書を執筆するにあたり、何よりも自らの未熟さを顧みて、先賢に胸を借りるつもりで先行研究から学ぼうと試みた。書き進む中で、いきおい批判せざるを得なかったこともあったが、目を通させていただいた諸研究からはいずれも多くを学ばせていただいた。ここに記して感謝を申し上げる。

　諸先行研究の問題意識をどれほど汲み取ることができたかは心許ないが、ともあれ、本書は客観的・学術的であろうとした。とはいえ、そこにやはり一種の信仰告白が含まれていることも認めないわけにはいかない。

　学問的な手続きは、何より、形骸化し、硬直し、固着してしまった信念を崩すものである。如何に感動的な、人を生かしめるような教説であっても、ひとたび硬直してしまえば、かえって人を束縛するものとなってしまう。そして、その教説が崩れることを恐れて、批判に開かれることを拒むとすれば、これは一見信頼と敬虔を表す態度に映ろうとも、その実、崩れかかっている教説への不安を糊塗するための虚勢にすぎないことになるだろう。もし、ある教説が理性的吟味に耐え得ないものであるなら、それは所詮その程度のものだったのであり、これを放擲し、新たな探求に向かうことこそが人を自由にし、他者に開かれることを可能とするはずである。

　他方、しかし、徒らに学問的であろうとするならば、やはり事柄の片面を取りこぼすことになってしまうだろう。もし、厳密に客観的な手続きによって、いわば客観的な真理が明らかになったとしても、そこにはまだ主体的な真理は不在である。ことに聖書のようなテクストが、何よりも読み手の実存を要求するテクストであればこそ、主体的な真理について口を閉ざすことは、主観的な読み込みを控えるという学問的規矩に則った作法であることをこえて、主体的真理の証言を避けるための遁辞となってしまい、類い稀なテクストの価値を貶めてしまう。

　如何に卓越した読み手であっても、解釈に臨むさいには己の地平を携えざ

るを得ず、完全に無色透明で客観的な解釈を行うことはできないという事実の前に頭を垂れるからこそ、本書は「旧約」という名称を用いざるを得なかった。おそらく、最も中立的な名称としては「ヘブライ語聖書」とすべきであったろう。にもかかわらず、「旧約」という名称を用いたのは、それが私の属する精神的伝統の言葉だったからであり、意識的であると否とにかかわらず、私が立ってしまっている地平であったからにほかならない。もちろん、この立場が他の立場よりも優位に立っているなどということを意味したいのではない。そうではなく、むしろ、顕在的であれ潜在的であれ私に影響を与えてしまっているものの由来を示すことが、より学問的な真摯さを表明し、責任を取る態度に思われたからである。つまり、この名称を採用していることは一箇の未熟な著者の限界と自覚を示すものと受け取っていただければ幸いである。

　おそらく、人は思想や思考なしには生きてゆけない。たとえ思想の名に値しないものであるとしても、しかし、思考、信念、思い込みといったかたちで、思想に類するものはいたるところで生を支えるものとなっている。意識が何ものかを志向するときには、避けがたく意味が浸透してしまうし、何気ない身体の振る舞い、癖、言葉遣いの一つ一つにさえ、何かしらの意味が付着し、歴史‐物語が伏在している。そこには、思想以前のものとはいえ、思想に類するものが潜んでいる。目を向けなければならないのは、この次元である。必ずしも顕在化しているとは言い難い、これら思想・思考のようなものを自覚し、吟味する反省と批判の次元が失われるとすれば、人間の生は捉え損なわれてしまう。

　さらに、いかなる思想・思考であれ、その思想・思考がその当の本人を生かしめているもの、支えているものであるという事実を理解しないかぎり、共生への道筋は現れてこない。己の立場から安易な外在的批判を下したところで、それは己の理解の偏狭さを披露したにすぎず、他なる人々の生と思想の連関は立ち現れてこない。

　そして、幸か不幸か、我々の時代にはこのことが喫緊の課題になっている。思想が、あるいはむしろ主体的真理が、真に人を人たらしめ、生かしめる力を持つからこそ、逆説的に、その思想のために人は命を賭しうるということを理解しないかぎり、あるいはテロリズムという暴力によって、あるいは排外主義という暴力によって、我々の命を奪うかもしれない隣人とともに在る

あとがき

ことはできないだろう。

だが、人を生かしめる思想の淵源を探っていったとき、その源泉において、人を生かしめ、なおかつ、人を人とともに在らしめるなにものかがあるとするなら、そこにこそ希望が見出されるはずである。

本書の執筆にあたっては多くの方にお世話になった。とりわけ、大学院での指導教官であった関根清三先生には非常に多くのことを負っている。テクストの精緻かつ厳密な読解において、読む者自身が砕かれながら、しかしまた、テクストに率直な疑義をぶつけることによってテクストの地平をも崩し、両者にとっての新しい地平を探求するという先生の研究スタイルを目の当たりにすることができた経験は、私にとって最良の贈り物のひとつである。たえず批判を積み重ねながら、過去の著者たちが語ろうとした思想の本質を明晰に剔抉していく鮮やかさを忘れることはできない。また、先生は、私の生来の怠惰と慢心を繰り返し砕いてくださった。旧約という途方もないテクストに惹かれつつも、そのあまりの大きさのまえに怖気付いていた私を励ましてくださり、しばしば迷い出てしまった私を忍耐深くご指導くださった。のみならず、本書の出版にあたっても先生からご配慮を賜った。まことに、先生への感謝は言葉に尽くすことができない。

また、口頭試問にあたって審査を務めてくださった頼住光子先生、熊野純彦先生、市川裕先生、魯恩碩先生にも特別の御礼を申し上げたい。ご多忙の中、この拙い論文を極めて丁寧に読んでくださり、ご批判をいただけたことは身に余る幸いであった。とくに魯先生はトーマス・C. レーマー教授やK. シュミット教授らをお招きして講演会の機会を作ってくださり、本書の執筆にとって非常に大きな励みを与えてくださった。

さらに、一々のお名前を挙げることはできないが、国際基督教大学、東京大学、また学会、研究会などで出会った師友からはたえず刺激を受けた。お一人お一人との出会いがなければ、本書を書き進めることはできなかった。衷心からの感謝の意をここに記したい。

本書の刊行にあたっては、東京大学学術成果刊行助成制度を受け、日本キリスト教団出版局の秦一紀氏、加藤愛美氏に大変お世話になった。篤く御礼を申し上げる次第である。

あとがき

　最後に、この場をお借りして私的なことについて書き残すことをお許しいただきたい。このあとがきを執筆している折、祖母岩﨑すみが召されていった。彼女が召天式のために備えていた詩篇23篇「主は私の羊飼い。私は、乏しいことがありません」の言葉の通りに、与えられたものを両の掌で受け取り、丁寧に用い、返していく日々の中で、いつも平らな心で従容として振舞っていた祖母の姿を想う。本書は、祖母と、私を信仰へと導き、学びを支えてくれた父敏、母治美に捧げたい。

　2017年　死者の月に　小金井にて

　　　　　　　　　　　　　　　　　　　　　　　　　　　田島　卓

田島　卓(たじま　たかし)

1984 年生まれ。国際基督教大学教養学部卒業。東京大学大学院人文社会系研究科基礎文化研究専攻倫理学専門分野博士後期課程修了。博士（文学）。

現在、国際基督教大学教育研究所助手、放送大学ほか非常勤講師。

著訳書　熊野純彦編『近代哲学の名著——デカルトからマルクスまでの 24 冊』（共著、中公新書、2011 年）、関根清三編著『アブラハムのイサク献供物語——アケダー・アンソロジー』（共訳、日本キリスト教団出版局、2012 年）、加藤尚武編著『ホモ・コントリビューエンス——滝久雄・貢献する気持ちの研究』（共著、未來社、2017 年）ほか。

エレミヤ書における罪責・復讐・赦免

2018 年 3 月 31 日　初版発行　　　　　　　　　Ⓒ 田島卓　2018

著　者　田　島　卓
発　行　日本キリスト教団出版局
〒 169-0051　東京都新宿区西早稲田 2-3-18
電話・営業 03(3204)0422、編集 03(3204)0424
http://bp-uccj.jp

印刷・製本　三秀舎

ISBN 978-4-8184-1001-5　C3016　日キ販
Printed in Japan

本書は東京大学学術成果刊行助成制度の補助を受けて刊行した。

日本キリスト教団出版局

アブラハムのイサク献供物語
アケダー・アンソロジー
関根清三：編著

ユダヤ教でアケダーと呼ばれる創世記のイサク献供物語。その一見不条理な内容は古代から信仰者を悩ませてきた。キルケゴールをはじめ、旧約偽典からブーバー、西田、デリダら現代の神学者・哲学者まで多彩な議論を幅広く収集。**5,200円**

なぜ神は悔いるのか
旧約的神観の深層
イェルク・イェレミアス：著
関根清三、丸山まつ：訳

人類創造を悔い、サウルを王にしたことを悔い、ニネヴェ滅亡を惜しみ……全知のはずの神が「思いを変える」のはなぜか？「悔いる神」のモティーフから、旧約聖書における、究極的には人類を救おうとする神の意志に迫る。**3,000円**

申命記史書
旧約聖書の歴史書の成立
T. C. レーマー：著
山我哲雄：訳

旧約聖書における歴史記述の始まりという問題を提起したM.ノートの「申命記史書」理論提唱から60年余り、その批判的研究の過程で様々に立てられた仮説を、旧約学の最新成果をもとに吟味し、相互に対話させる研究書。**6,400円**

旧約文書の成立背景を問う
共存を求めるユダヤ共同体
魯　恩碩：著

捕囚期以後の試練と苦難を神への信仰によって乗り越えようとしたユダヤ共同体。その苦闘の結晶が旧約聖書である。律法・預言書・諸書、旧約正典諸文書編纂の担い手となった人々、諸文書の成立した時代的・社会的背景を問う。**4,000円**

カナン神話とヘブライ叙事詩
F. M. クロス：著
輿石勇：訳

初期イスラエル宗教とカナン文化との連続性を「叙事詩」というキーワードから再確認、族長時代から黙示文学に至るまでの旧約テキストの多様な発展・変容の過程を綿密に分析する。**12,000円**

《オンデマンド版》旧約聖書の歴史文学
伝承史的研究
M. ノート：著　山我哲雄：訳

「ヨシュア・士師・サムエル・列王」と「歴代・エズラ・ネヘミヤ」が、それぞれ一人の著者による統一的歴史著作であることを論証。旧約聖書研究における伝承的・編集史の方法を確立した基本的な研究書。**6,600円**

重版の際に定価が変わることがあります。定価は本体価格。
オンデマンド版書籍のご注文は出版局営業課（電話 03-3204-0422）までお願いいたします。